Mobilitätspartnerschaften und zirkuläre Migration zwischen der EU und Afrika

Europäische Hochschulschriften

European University Studies

Publications Universitaires Européennes

Reihe II **Rechtswissenschaft**

Series II Law

Série II Droit

Band/Volume **5768**

Cornelia Heinzmann

Mobilitätspartnerschaften und zirkuläre Migration zwischen der EU und Afrika

Politische und rechtliche Rahmenbedingungen

PL ACADEMIC RESEARCH

Bibliografische Information der Deutschen Nationalbibliothek
Die Deutsche Nationalbibliothek verzeichnet diese Publikation in der Deutschen Nationalbibliografie; detaillierte bibliografische Daten sind im Internet über http://dnb.d-nb.de abrufbar.

Zugl.: Osnabrück, Univ., Diss., 2015

D 700
ISSN 0531-7312
ISBN 978-3-631-66510-7 (Print)
E-ISBN 978-3-653-05782-9 (E-Book)
DOI 10.3726/978-3-653-05782-9

PL Academic Research ist ein Imprint der Peter Lang GmbH.
Peter Lang – Frankfurt am Main · Bern · Bruxelles · New York · Oxford · Warszawa · Wien

Diese Publikation wurde begutachtet.

www.peterlang.com

Inhaltsverzeichnis

Einleitung

Migration aus Afrika nach Europa beherrscht in regelmäßigen Abständen die Schlagzeilen. Zwar spielt die Süd-Nord-Wanderung, also die Migration von ärmeren außereuropäischen Regionen nach Europa, zahlenmäßig eine verhältnismäßig untergeordnete Rolle, doch birgt gerade die Zuwanderung aus Afrika ein besonders hohes Maß an politischem wie gesellschaftlichem Zündstoff. Umfragen zufolge sehen die europäischen Bürgerinnen und Bürger das Thema Migration als eines ihrer Hauptprobleme an.[1] Die dramatischen Ereignisse vor den Toren Europas im August 2005, als rund 4000 mehrheitlich aus Westafrika stammende Menschen versuchten, die Grenzzäune der spanischen Exklaven Ceuta und Melilla zu überwinden,[2] haben die Migration von Afrika nach Europa erstmals in die Schlagzeilen und ganz oben auf die politische Agenda der Europäischen Union gebracht. Seitdem reißen Meldungen über afrikanische „Bootsflüchtlinge", die den Versuch unternehmen, mit teilweise seeuntauglichen Booten nach Europa zu gelangen, nicht ab. Nach Schätzungen spanischer Behörden kommt jeder sechste Migrant bei dem Versuch, das Mittelmeer zu überqueren, ums Leben.[3] Die Dunkelziffer ist hoch. Vor dem Hintergrund der politischen Umwälzungen in Nordafrika Anfang 2011 ist die Zahl der Bootsmigranten nochmals angestiegen. Der Tod von über 300 afrikanischen Migrantinnen und Migranten, deren Boot Anfang Oktober 2013 vor der Küste Lampedusas gekentert ist, sorgte kurzzeitig für große Betroffenheit. Im August 2014 sank vor der Küste Libyens ein Boot mit mindestens 170 afrikanischen Migrantinnen und Migranten an Bord, von denen die Mehrzahl ertrunken ist.[4] Im September 2014 kenterte ein Boot vor der libyschen Küste mit mehr als 200 Menschen aus verschiedenen afrikanischen Ländern an Bord, von denen mindestens 160 ertrunken sind.[5] Diese nur beispielhafte Aufzählung ist ein

---

1 Mitteilung der Kommission vom 5.12.2007, KOM (2007) 780, „Schritte zu einer gemeinsamen Einwanderungspolitik", S. 2.

2 Etwa 2000 Menschen gelang die Einreise auf spanisches Territorium, hunderte von Migranten trugen Verletzungen davon; 14 Menschen kamen ums Leben. Vgl. Newsletter „Migration und Bevölkerung", Ausgabe 9/2005, http://www.migration-info.de/archiv/ausgaben.

3 Vgl. Newsletter „ Migration und Bevölkerung, „EU: Illegale Migration per Boot hält an", Ausgabe 1/2007, ebenda.

4 Spiegel Online vom 15.9.2014, http://www.spiegel.de/panorama/gesellschaft/fluechtlingsdrama-dutzende-fluechtlinge-sterben-vor-kueste-libyens-a-991623.html.

5 Ebenda.

trauriger Beweis dafür, dass die Problematik nicht an Aktualität verloren hat. Auch die seit den Ereignissen in 2005 streng überwachten Grenzzäune zwischen den spanischen Exklaven und Marokko, die um mehrere Meter erhöht worden sind, schrecken viele Migrantinnen und Migranten nicht ab. Die Anzahl der Menschen, die den riskanten Grenzübertritt wagen, hat in den letzten Monaten abermals neue Höhepunkte erreicht. So versuchten im Februar 2014 mehrere Hundert Afrikaner im marokkanischen Ceuta über die Grenze nach Europa zu gelangen. Auf der Flucht vor den spanischen Sicherheitskräften, die mit Gummigeschossen bewaffnet waren, sprangen mehrere Migranten ins Meer; die Zahl der Ertrunkenen wird auf mindestens 13 geschätzt.[6] Wenige Tage später versuchten mehrere Hundert, mehrheitlich aus Kamerun stammende Migranten die Grenzanlage von Melilla zu überwinden, wobei rund 150 Menschen auf spanisches Hoheitsgebiet gelangten.[7] Anfang März scheiterten erneut über 1.600 Migranten bei ihrem Versuch, die Grenzzäune von Ceuta zu überwinden.[8]

Die Situation an den südlichen Außengrenzen der Europäischen Union wirft dringende menschenrechtliche aber auch moralische Fragen über den Umgang mit Menschen auf, die ihr Leben riskieren, um nach Europa zu gelangen.[9] Einen ersten Erfolg zum besseren Schutz der „Bootsflüchtlinge" stellt das Urteil des Europäischen Gerichtshofs für Menschenrechte in Straßburg vom Februar 2012 dar.[10] Der Gerichtshof hat das Abfangen von afrikanischen Bootsmigranten auf hoher See und deren Rücktransport nach Libyen für menschenrechtswidrig erklärt. Im Oktober 2013 bekundete der Europäische Rat „seine tiefe Trauer angesichts der jüngsten tragischen Ereignisse im Mittelmeer, die Hunderte von Menschen das Leben gekostet haben", und beschloss, Maßnahmen der Union zu verstärken, „damit derartige Tragödien sich nicht mehr wiederholen".[11] Auf der anderen Seite rufen diese Geschehnisse in der Bevölkerung aber auch Befürchtungen vor einem Massenzustrom afrikanischer „Armutsflüchtlinge"

6 Spiegel Online vom 7.2.2014, http://www.spiegel.de/politik/ausland/zahl-der-todesopfer-nach-massenansturm-steigt-auf-13-a-952156.html.

7 Spiegel Online vom 17.2.2014, http://www.spiegel.de/politik/ausland/melilla-30-000-fluechtlinge-wollen-ueber-spanische-exklave-in-die-eu-a-954012.html.

8 Spiegel Online vom 4.3.2014, http://www.spiegel.de/politik/ausland/tausende-fluechtlinge-scheitern-mit-ansturm-auf-ceuta-a-956937.html.

9 Vgl. etwa das Positionspapier „Menschenrechte auf Hoher See" der AG Innen des Forum Menschenrechte, 2008, abrufbar unter http://www.forum-menschenrechte.de/1/publikationen/.

10 EGMR, *Hirsi Jamaa and others/Italy*, Urteil vom 23.2.2012, Nr. 27765/09.

11 Schlussfolgerungen des Europäischen Rates vom 24./25.10.2013, S. 1.

hervor. Ängste, die nicht zuletzt durch Politik und Medien[12] geschürt werden und das mit Vorurteilen behaftete Bild über den afrikanischen Kontinent verfestigen.[13] Das auf diese Weise geförderte Bedrohungsszenario von Massenzuwanderungen aus Afrika, das zu Recht als „Mythos der Invasion“[14] bezeichnet werden kann, steht nicht nur der Suche nach effektiven Lösungen entgegen. Dringend notwendig ist es auch deshalb, dieser irrigen Vorstellung entgegenzuwirken, da gerade Migrantinnen und Migranten aus Subsahara-Afrika einer massiven Fremdenfeindlichkeit ausgesetzt sind.[15]

Zwischen einer Politik der Abschottung einerseits und der dringenden und berechtigten Forderung nach einer menschenwürdigeren Flüchtlingspolitik auf der anderen Seite,[16] gerät die notwendige Debatte über die Schaffung legaler Einreisemöglichkeiten für afrikanische Arbeitsmigranten oftmals allzu sehr in den Hintergrund.[17] Aus dem Blickfeld gerät dabei insbesondere die Vielschichtigkeit der Migration aus Afrika, die nicht auf das Phänomen „Lampedusa“ reduziert werden kann. Denn tatsächlich ist der Migrationsdrang gen Europa gerade in denjenigen Ländern Afrikas am größten, die in puncto politische Stabilität, wirtschaftliche Entwicklung und Armutsverringerung positive Ergebnisse zu verzeichnen haben. Die Europäische Union antwortet auf die Migration aus Afrika in erster Linie mit restriktiven Maßnahmen und einer Sicherung der Außengrenzen. Doch setzt sich langsam das Bewusstsein durch, dass Migration eine Realität ist, der nicht allein durch Abschottung entgegen getreten werden

---

12 Beispielhaft für viele andere der Artikel „Sturm auf Europa“ in der Frankfurter Allgemeine Zeitung vom 4.10.2005, in dem u.a. von „Vorboten der Völkerwanderung“ gesprochen wird.

13 Vgl. zur „Macht der Worte“ den in diesem Zusammenhang erschienen Artikel in der Wochenzeitung Freitag vom 10.10.2013: „Das Unglück der Sprache“ von *Felix Werdermann.*

14 *Hein de Haas*, The Myth of Invasion: The inconvenient realities of African migration to Europe, Third World Quarterly 2008, 29 (7), S. 1305–1322.

15 *Hein de Haas*, Länderprofil Marokko, Februar 2009, S. 6, http://www.focus-migration.de/.

16 Vgl. etwa der aktuelle Beitrag von *Walter Frenz*, EU-Recht gegen das Flüchtlingselend – Einordnungen und Folgerungen aus Lampedusa, in: ZAR 1/2014, S. 1–5.

17 Eine seltene Ausnahme in der öffentlichen Debatte macht der Artikel von *Stefan Kaiser*, „Katastrophe vor Lampedusa: Befristete Arbeitsvisa können Flüchtlingsproblem lindern“ aus: Spiegel-Online vom 9.10.2013, wenngleich schon der Titel eine falsche Verknüpfung von Flüchtlingsfragen und der Regelung von Arbeitsmigration herstellt, http://www.spiegel.de/wirtschaft/soziales/lampedusa-arbeitsvisa-koennten-das-fluechtlingsproblem-mildern-a-926718.html.

kann.[18] Vieles spricht dafür, dass die Konflikte ohne eine Öffnung für legale Zuwanderung nicht abnehmen werden. Nicht zuletzt der demographische Faktor und ein akuter Arbeitskräftemangel lassen Europa über eine gesteuerte Zuwanderung nachdenken. Schließlich fließen seit einigen Jahren verstärkt entwicklungspolitische Aspekte in die Migrationsdebatte mit ein, da von einer positiven Wechselwirkung zwischen Migration und Entwicklung in den Herkunftsländern ausgegangen wird. Dabei ist die Haltung der meisten afrikanischen Herkunftsländer gegenüber der internationalen Migration ambivalent: Einerseits ist man sich des immensen Entwicklungspotentials durch die getätigten Auslandsüberweisungen bewusst. Andererseits wird ein großes Problem in der Abwanderung von Qualifizierten und Hochqualifizierten, dem sog. „Brain-Drain", gesehen, von dem besonders stark der Gesundheitssektor betroffen ist.

Vor diesem Hintergrund steht die Europäische Union heute vor der Herausforderung, den Zuzug nach Europa und insbesondere die Wirtschaftsmigration neu zu organisieren. Die Frage sollte deshalb längst nicht mehr lauten, wie vermeiden wir Migration, sondern wie nutzen wir sie am gewinnbringendsten für alle Beteiligten.[19] Die Europäische Union setzt im Bereich der Migration aus Afrika zunehmend auf eine verstärkte Zusammenarbeit mit den Herkunftsländern. So sieht der Europäische Pakt zu Einwanderung und Asyl in seinen Leitlinien die Gestaltung der legalen Migration im Rahmen von Abkommen mit den Herkunftsländern vor, welche Bestimmungen zu den Möglichkeiten der legalen Migration, zur Bekämpfung der illegalen Einwanderung und zur Rückübernahme sowie zur Entwicklung der Herkunfts- und der Transitländer verknüpfen sollen.[20] Den großen Rahmen für die Steuerung der Wanderungsbewegungen aus Drittländern sollen sogenannte Mobilitätspakete bilden, die die von den Mitgliedstaaten und der Europäischen Union gebotenen Möglichkeiten miteinander verbinden.[21] Die Kommission hat hierfür das externe Instrument der

---

18 Der Europäische Pakt zu Einwanderung und Asyl vom 24.9.2008 anerkennt internationale Migration als eine Realität, die entscheidend zum wirtschaftlichen Wachstum der Europäischen Union beitragen kann; im Übrigen sei „die Hypothese einer Nullzuwanderung unrealistisch und gefährlich zugleich".

19 *Rita Süssmuth*, Migration und Integration: Testfall für unsere Gesellschaft, 2006, S. 17. Die Autorin war Mitglied der Weltkommission für Migration, die 2005 ihren Bericht UNO-Generalsekretär Kofi Annan übergab.

20 Europäischer Pakt zu Einwanderung und Asyl vom 24.9.2008.

21 Mitteilung der Kommission "Der Gesamtansatz zur Migrationsfrage nach einem Jahr: Schritte zur Entwicklung eines umfassenden europäischen Migrationskonzepts", KOM (2006) 735 vom 30.11.2006, S. 8.

Mobilitätspartnerschaften entwickelt, in dessen Rahmen legale Migration – insbesondere in Form der zirkulären Migration – ermöglicht werden soll. Die EU-Konzepte der zirkulären Migration und der Mobilitätspartnerschaften nehmen für sich in Anspruch, eine Triple-Win-Situation für alle Beteiligten zu schaffen, die Migrantinnen und Migranten, die afrikanischen Herkunftsländer sowie die europäischen Zielländer.[22] Doch sind die Vorbehalte gegen beide Konzepte groß. Befürworter einer restriktiven Arbeitsmigrationspolitik lehnen zirkuläre Migration schon deshalb ab, weil sie davon ausgehen und befürchten, dass Migranten aus afrikanischen Ländern, und insbesondere aus Subsahara-Afrika, nicht mehr in ihre Heimat zurückkehren wollen, ist ihnen einmal die Einreise in die Europäische Union gelungen. Teilweise wird auf das angebliche Scheitern der früheren Gastarbeiterprogramme hingewiesen und den Umstand, dass viele Migranten auf Dauer geblieben sind, obwohl dies von den Aufnahmestaaten nicht erwünscht gewesen sei. Dieser Vergleich hinkt aber schon deshalb, weil die Rückkehr, anders als im Rahmen des neuen Konzepts der zirkulären Migration, nicht als zentraler Punkt der Migrationsvereinbarungen angesehen wurde. So wurde die von den Anwerbestaaten beabsichtigte Rückkehrpolitik aus politischen und wirtschaftlichen Gründen ohnehin nicht mit Nachdruck verfolgt.[23] Während die Europäische Union die Rückkehr mithin als essentiellen Bestandteil des Konzepts der zirkulären Migration betrachtet,[24] stößt gerade der (zwingend) befristete Charakter von zirkulärer Migration auf vielfache Kritik. Diese wird sozialethisch damit begründet, dass Arbeitsmigranten auf ihre Arbeitskraft reduziert würden, wenn sie im Zielland in ihren jungen und leistungsfähigen Lebensjahren ihren Beitrag zum Aufbau des Gemeinwesens erbrächten, die Gesellschaft ihrerseits aber der zunehmenden Verbundenheit der Arbeitsmigranten nicht durch das Angebot von Integration und Einbürgerung entsprechen würde.[25] In der christlichen Sozialethik wird das Rotationsprinzip aus eben diesen

22 Mitteilung der Kommission „Zirkuläre Migration und Mobilitätspartnerschaften zwischen der Europäischen Union und Drittstaaten", KOM (2007) 248 vom 16.5.2007.

23 *Jochen Oltmer* in: Oltmer/Kreienbrink/Sanz Díaz (Hrsg.), Das "Gastarbeiter"-System: Arbeitsmigration und ihre Folgen in der Bundesrepublik Deutschland und Westeuropa, 2012, S. 15. Vgl. hierzu auch *Friedrich Heckmann/Elmar Hönekopp/Edda Curle*, Guest Worker Programs and Circular Migration: What works? GMF, Washington 2009, http://www.gmfus.org/publications-archive/.

24 Schlussfolgerungen des Rates vom 10.12.2007, "Globaler Ansatz in der Migrationsfrage – Zirkuläre Migration", S. 24–27.

25 Vgl. *Andreas Fisch*, Zirkuläre Arbeitsmigration und entwicklungspolitische Ansprüche, Hohenheimer Tage 2009, S. 79–96 (89).

Gründen eindeutig abgelehnt, da es den menschlichen Bedürfnissen nicht gerecht werde, den Aufenthalt bewusst zu begrenzen, um ein „heimisch werden" in Europa zu unterbinden.[26] Darüber hinaus fänden die Belange und Rechte der Migrantinnen und Migranten keine ausreichende Berücksichtigung.[27] Aufgrund des temporären und selektiven Charakters von Migrationsvereinbarungen wird gar von einem „Management der Entrechtung" gesprochen.[28]

Handelt es sich bei der Mobilitätspartnerschaft also um ein Instrument, das unter dem Deckmantel der Partnerschaft einseitig die Sicherheitsinteressen der Europäischen Union und ihren Mitgliedstaaten verfolgt, in Bezug auf die Belange der Migrantinnen und Migranten selbst aber eher eine „*Insecurity Partnership*"[29] darstellt? Oder könnte mit dem Instrument nicht etwa die Chance verbunden sein, afrikanischen Arbeitsmigranten legale und somit auch menschengerechtere Zugangsmöglichkeiten zum europäischen Arbeitsmarkt zu verschaffen? Ausgehend von der These, dass aufgrund des starken Migrationsdrangs ein Regelungsbedürfnis in Bezug auf die Arbeitsmigration aus Afrika besteht, wird im Folgenden die Frage untersucht, ob die von der Europäischen Union konzipierten Mobilitätspartnerschaften in Verbindung mit dem Konzept der zirkulären Migration geeignet sind, legale Wege der Arbeitsmigration aus Afrika nach Europa zu eröffnen und – im Sinne einer Triple-Win-Lösung – effektiv zu steuern. Gegenstand der Untersuchung sind politische und rechtliche Faktoren, die auf die erfolgreiche Umsetzung von Mobilitätspartnerschaften mit afrikanischen Ländern Einfluss nehmen.

---

26 Ebenda.

27 *Gisbert Brinkmann*, Externe Europäische Migrationspolitik, Hohenheimer Tage zum Ausländerrecht 2009, S. 32–43.

28 *Helge Schwiertz,* Foucault an der Grenze, Mobilitätspartnerschaften als Strategie des europäischen Migrationsregimes, 2011. S. 185 ff.

29 *Sergio Carrera/Raül Hernández i Sagrera*, The Externalisation of the EU's Labour Immigration Policy. Towards Mobility or Insecurity Partnerships? Centre for European Policy Studies (CEPS) Working Document No. 321, 2009.

Kapitel I: Arbeitsmigration aus Afrika

A. Arbeitsmigration weltweit: ein Überblick

Internationale Migration ist zu einem wesentlichen Merkmal der Globalisierung geworden. Migranten[30] spielen eine bedeutende Rolle in der globalen Wirtschaft. Migration, die historisch relativ dauerhaft angelegt war, ist heute zunehmend temporär und zirkulär.[31] Nach Berechnungen der Vereinten Nationen ist die Zahl internationaler Migranten von 154 Millionen im Jahr 1990 über 175 Millionen in 2000 auf etwa 232 Millionen im Jahr 2013 angestiegen.[32] Im Verhältnis zur Gesamtbevölkerung ist der Anteil internationaler Migranten mit 3,2 % (im Jahr 1990 betrug der Anteil noch 2,9 %) dennoch relativ gering.[33] Eine einheitliche Definition von internationaler Migration existiert nicht.[34] Einige Staaten betrachten als internationale Migranten nur diejenigen, die Ausländer im rechtlichen Sinne sind, stellen also auf die fremde Staatsbürgerschaft ab.[35] Die Vereinten Nationen bezeichnen als internationale Migranten all jene, die außerhalb ihres Geburtslandes leben.[36] Eurostat setzt einen voraussichtlichen Aufenthalt im Aufnahmeland von mindestens 12 Monaten voraus.[37] Jedenfalls

30 Es wird im Folgenden der Einfachheit halber der Begriff Migranten verwendet, um sowohl männliche als auch weibliche Migranten zu bezeichnen.

31 ECA, International Migration and Development: Implications for Africa, Economic Commission for Africa, Addis Ababa, 2006, S. 60.

32 United Nations, Trends in International Migrant Stock: The 2013 Revision, Department of Economic and Social Affairs, Population Division, http://esa.un.org/unmigration/wallchart2013.htm.

33 Ebenda.

34 Ausführlich zu dieser Problematik: *Franck Düvell*, Europäische und internationale Migration: Einführung in historische, soziologische und politische Analysen, 2006, S. 5 ff.

35 Siehe OECD, Statistical Annex, International Migration Data 2009, S. 6, http://www.oecd.org/migration/mig/42286309.pdf.

36 "*The number of international migrants generally represents the number of persons born in a country other than that in which they live.*"

37 "*Immigration denotes the action by which a person establishes his or her usual residence in the territory of a Member State for a period that is, or is expected to be, of at least 12 months*", Eurostat, International migration flows,3.4 Statistical concepts and definitions, http://epp.eurostat.ec.europa.eu/cache/ITY_SDDS/DE/migr_flow_esms.htm.

erfordert Migration nach allen Definitionen, dass der *gewöhnliche Wohnsitz*[38] im Zielland aufgenommen wird. Vorübergehende Auslandsaufenthalte zu Urlaubs- und Besuchszwecken, Geschäftsreisen u.a. sind hiervon ausgenommen.[39] Die Herkunft der Migranten hängt stark von der Zielregion ab: Während in den außereuropäischen Industrieländern die Zuwanderung aus Asien und Zentral- und Lateinamerika überwiegt, dominiert in Europa die innereuropäische Migration.[40] Dies gilt besonders für die Länder der Europäischen Union, die mit ihren Freizügigkeitsregelungen eine rege Binnenmigration geschaffen haben. Demgegenüber spielt die Süd-Nord-Migration in Europa eine weitaus geringere Rolle als in anderen wohlhabenden Regionen der Welt. In den letzten Jahren war durch den gestiegenen Bedarf an Arbeitskräften ein erheblicher Anstieg der Arbeitsmigration in die Industrieländer festzustellen.[41] Dabei wird bei dem Begriff Arbeitsmigration („*labour migration*") oder auch Wirtschaftsmigration („*economic migration*")[42] auf den Zweck der Migration, nämlich die Arbeitsaufnahme in einem anderen Land abgestellt. Hiervon abzugrenzen ist der Begriff des „*migrant workers*", der all jene Migranten bezeichnet, die im Ausland arbeiten, unabhängig von ihrem Aufenthaltszweck.[43] Der Umfang der irregulären Migration weist darauf hin, dass die Nachfrage nach Arbeitsmigranten nicht vom Angebot gedeckt ist und sich politische Ansprüche und wirtschaftliche Realitäten insoweit

---

38 *"Country of usual residence: The country in which a person lives, that is to say, the country in which he or she has a place to live where he or she normally spends the daily period of rest."* Recommendations on Statistics of International Migration, United Nations New York 1998, Schaukasten S. 18, http://unstats.un.org/unsd/publication/SeriesM/SeriesM_58rev1E.pdf.

39 Ebenda.

40 Bericht der Weltkommission für Internationale Migration (GCIM), Migration in einer interdependenten Welt: Neue Handlungsprinzipien, Global Commission on International Migration, 2005, S. 84.

41 OECD, International Migration Outlook, Annual Report 2009, deutsche Zusammenfassung online unter: http://www.oecd.org/els/mig/43183079.pdf.

42 Die Europäische Union verwendet beide Begriffe. ILO und OECD sprechen hingegen ausschließlich von „*labour migration*".

43 Die UN-Konvention zum Schutz der Rechte für Migranten definiert als Wanderarbeitnehmer („*migrant worker*") „jede Person, die in einem Staat, dessen Staatsangehörigkeit sie nicht hat, eine Tätigkeit gegen Entgelt ausüben wird, ausübt oder ausgeübt hat." Anknüpfungspunkt ist hier die Arbeitstätigkeit im Ausland, da es um den Schutz ausländischer Arbeitnehmer geht.

nicht decken.[44] Industrieländer sehen sich mit einem Mangel an Personal in hochwertigen und wissensbasierten Wirtschaftsbereichen wie dem Gesundheitswesen, dem Bildungssektor oder dem Informationstechnologiesektor konfrontiert. Eine wachsende Anzahl von Regierungen und Arbeitgebern wendet sich deshalb dem globalen Arbeitsmarkt zu. Darüber hinaus werden billige und flexible Arbeitskräfte im Niedriglohnsektor gesucht, um Arbeitsleistungen auszuführen, die sowohl Migranten mit regulärem als auch mit irregulärem Status anbieten können.[45] Auch Frauen treten in wachsender Anzahl in den globalen Arbeitsmarkt ein: Während sie früher überwiegend im Rahmen des Familiennachzugs auswanderten, migrieren sie heute immer öfter selbständig; oft sind sie Hauptversorgerinnen der Familien, die sie zurücklassen.[46] Die weltweite Wirtschaftskrise hat der steigenden Nachfrage nach Arbeitsmigranten einen Dämpfer versetzt. Doch wird nicht davon ausgegangen, dass sie langfristige Auswirkungen auf das Wanderungsverhalten von Arbeitsmigranten haben wird, da die strukturellen Probleme in den Industrieländern, die zu einer Nachfrage nach ausländischen Arbeitskräften führen, fortbestehen werden.[47] Migration aus familiären Gründen, die zu Beginn des 21. Jahrhunderts mehr als die Hälfte der gesamten legalen Einwanderung in die Industrieländer ausgemacht hat,[48] ging in den letzten Jahren nach und nach zurück. In der Europäischen Union macht ihr Anteil heute nur noch etwa ein Drittel an der Gesamtmigration aus.[49] Der Anteil der Arbeitsmigranten, die aus Drittländern stammen, ist in Europa relativ gering und liegt in vielen europäischen Ländern unter 10 %.[50] Zu berücksichtigen ist hierbei jedoch, dass auch in Ländern, die wenige Arbeitsmigranten aus Drittländern aufnehmen, erhebliche Arbeitsleistungen von Migranten erbracht werden, die sich aus humanitären oder familienbezogenen Gründen im Aufnahmeland niedergelassen haben. Hinzu kommt eine nicht unerhebliche Zahl von

44 ILO, Towards a fair deal for migrant workers in the global economy, International Labour Organization Genf, 2004, S. 12, Rdz. 40.

45 Bericht der Weltkommission für Internationale Migration (GCIM), Migration in einer interdependenten Welt: Neue Handlungsprinzipien, Global Commission on International Migration, 2005, S. 11 ff.

46 Ebenda, S. 14 f.

47 OECD, International Migration Outlook, Annual Report 2009, S. 9, S. 15 ff.

48 OECD, International Migration Outlook, Annual Report 2008, S. 35 ff. In 2006 machte die Zuwanderung von Familienangehörigen in den USA 70 %, in Frankreich 60 % aus.

49 Mitteilung der Kommission zur Migration, KOM (2011) 248 vom 4.5.2011, S 14.

50 Doch gibt es Ausnahmen wie Italien, Irland, den Vereinigten Königreich oder Portugal, wo der Anteil der Arbeitsmigranten aus Drittstaaten weitaus höher liegt. Vgl. OECD, International Migration Outlook, Annual Report 2008, Schaubild Seite 36.

Arbeitsmigranten mit irregulärem Status[51], deren Analyse durch den Mangel an präzisen Daten erheblich erschwert wird.[52] Schätzungen zufolge liegt der Anteil der Migranten mit irregulärem Status an der weltweiten Migration bei 10 bis 15 %.[53] Die Öffnung der Arbeitsmärkte für neue EU-Aufnahmeländer lässt den Anteil der europäischen Arbeitsmigranten an der Arbeitsmigration insgesamt regelmäßig stark ansteigen. Interessant ist aber, dass diese Zuwächse auf den Umfang der Arbeitsmigration aus Drittländern langfristig keine nennenswerten Auswirkungen haben. Vielmehr ist der Anteil der Arbeitsmigranten aus Drittländern an der gesamten dauerhaften Migration[54] nach Europa relativ stabil.[55] Neben der dauerhaften Arbeitsmigration stellte die temporäre Arbeitsmigration ein erhebliches Arbeitskräftepotential dar. So nehmen die Industrieländer ungefähr dreimal so viel temporäre wie dauerhafte Migranten auf, wobei Deutschland mit durchschnittlich 400.000 befristeten Arbeitsmigranten im Jahr EU-weit mit Abstand Spitzenreiter ist.[56] Auch bei der temporären Migration in der Europäischen Union gilt, dass die Mehrzahl der Migranten aus Europa stammt.[57] Was die Rückkehrbereitschaft betrifft, so wandern viele Arbeitsmigranten in der Absicht

51 Der Begriff "irreguläre Migration" wird verwendet, um eine Vielzahl unterschiedlicher Phänomene zu beschreiben. Er bezieht sich auf Personen, die gesetzeswidrig in ein fremdes Land einreisen, sich dort unerlaubt aufhalten oder arbeiten. Da ein Individuum weder „irregulär" noch „illegal" sein kann, wird im Folgenden der von der *Global Commission on International Migration* vorgeschlagene Begriff „Migranten mit irregulärem Status" verwendet. S. hierzu die Ausführungen in dem Bericht der GCIM, S. 32. Zur Frage der Unterscheidung von regulärer und irregulärer Migration vgl. auch: *Theodor Rathgeber/Tim Schröder*, Zirkuläre Migration – Ansätze zur Regelung durch die Europäische Union, Positionspapier, Forum Menschenrechte, Berlin.

52 Lediglich die USA verfügen über relativ verlässliche Daten, S. U.S. Department of Homeland Security, Immigration Statistics, http://www.dhs.gov/files/statistics/immigration.shtm.

53 ILO, Towards a fair deal for migrant workers in the global economy, International Labour Organization Genf, 2004, S. 11, Rdz. 37.

54 Vgl. zu dem Begriff der dauerhaften Migration die Empfehlungen der Vereinten Nationen, die einen Aufenthalt von mindestens 12 Monaten voraussetzen: "*A long-term migrant is a person who moves to a country other than that of his or her usual residence for a period of at least a year (12 months), so that the country of destination effectively becomes his or her new country of usual residence.*" Recommendations on Statistics of International Migration, United Nations New York, 1998, Schaukasten S. 18, http://unstats.un.org/unsd/publication/SeriesM/SeriesM_58rev1E.pdf.

55 OECD, International Migration Outlook 2008, S. 38.

56 Ebenda, S. 47 ff.

57 Ebenda, S. 37.

aus, nach einigen Jahren wieder in ihr Heimatland zurückzukehren. Etwa 20 bis 50 % aller in den Industrieländern ansässigen (regulären) Migranten verlassen das Zielland innerhalb eines Zeitraums von fünf Jahren wieder.[58] Die meisten Migranten kehren bereits innerhalb der ersten drei Jahre zurück; nach fünf Jahren Aufenthalt wird die Rückkehrrate sehr gering, mit Ausnahme derjenigen Migranten, die das Rentenalter erreichen.[59] Anders als vermutet gibt es bisher keine Anhaltspunkte dafür, dass die Wirtschaftskrise in Europa und den Vereinigten Staaten zu einer verstärkten Rückkehrmigration geführt hätte. Vielmehr scheinen Migranten gerade in wirtschaftlich schlechten Zeiten nicht bereit zu sein, in ihre Heimatländer zurückzukehren, da sie befürchten, aufgrund strengerer Einreisekontrollen nicht mehr in die Industrieländer einreisen zu können.[60]

B. Arbeitsmigration innerhalb Afrikas

In Afrika leben heute rund 19 Millionen internationale Migranten (einschließlich Flüchtlinge)[61], das sind etwa 12 % der internationalen Migranten weltweit.[62] Der Anteil der Flüchtlinge an der Gesamtmigration liegt innerhalb Afrikas um ein Vielfaches höher, als in den reicheren Regionen der Welt: So sind knapp 3 der insgesamt 19 Millionen in Afrika lebenden Migranten Flüchtlinge (also fast jeder sechste Migrant), während die entwickelten Regionen mit einem Gesamtumfang von 136 Millionen Migranten nur knapp 2 Millionen Flüchtlinge beherbergen.[63] Diese Zahlen sollten bei der Debatte über die „Aufnahmefähigkeit" Europas nicht aus den Augen verloren werden. Afrikanische Migranten wandern ganz überwiegend in benachbarte afrikanische Länder. Dabei konzentriert sich die interregionale Mobilität von Arbeitsmigranten vor allem auf zwei Regionen: die nordafrikanischen Maghrebstaaten sowie Westafrika. So findet nahezu die Hälfte der gesamten Migrationsbewegungen Afrikas innerhalb Westafrikas statt, einer Region, die sich traditionell durch eine außerordentlich hohe interregionale

58 Ebenda, S. 172 ff.

59 Ebenda.

60 *Dilip Ratha/Sanket Mohapatra/Ani Silwal*, Migration and Remittance Trends 2009, Development Brief 11, World Bank, November 2009, S. 4, http://www.worldbank.org/.

61 Diese zählen nach der UN-Definition auch zu den internationalen Migranten.

62 Trends in International Migrant Stocks: The 2013 Revision, Wallchart 2013, United Nations, Department of Economic and Social Affairs, Population Devision, http://esa.un.org/unmigration/documents/WallChart2013.pdf.

63 Ebenda.

Arbeitskräftemobilität auszeichnet.[64] Dies hat zur Folge, dass der Anteil der Migranten an der Gesamtbevölkerung in Westafrika bei bis zu 18 % liegt, während er im gesamten afrikanischen Kontinent bei durchschnittlich 2 % (und weltweit bei 3,2 %) liegt.[65]

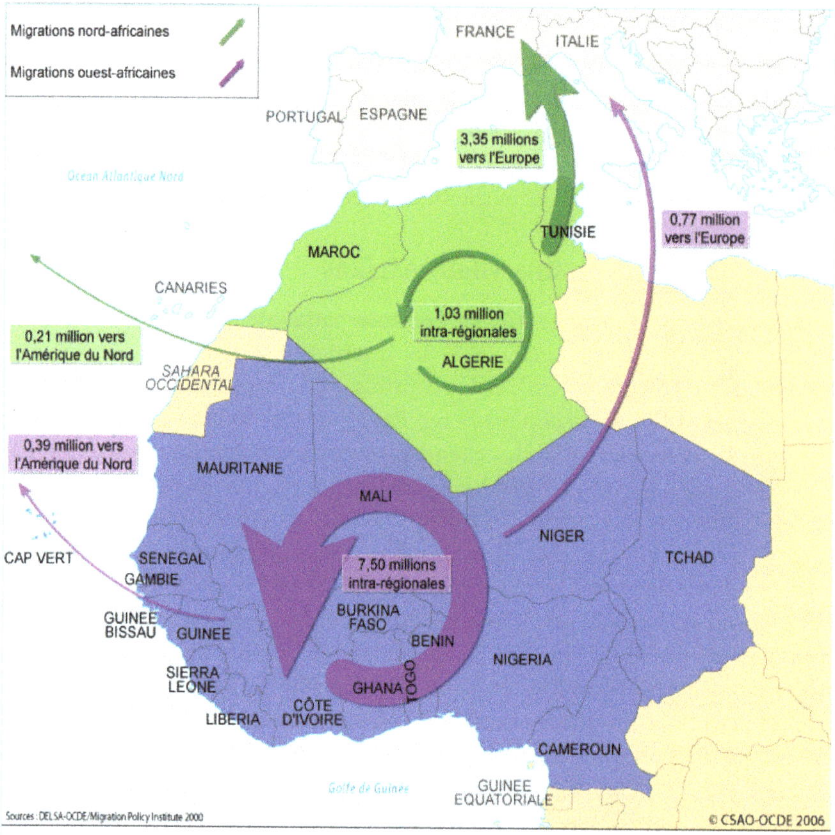

Migrations nord-africaines et ouest-africaines

64 *Donata Gnisci*, West African Mobility and Migration Policies of OECD Countries, West African Studies, OECD, 2008, S. 12; *Aderanti Adepoju*, Patterns of Migration in West Africa, in: At Home in the World: International Migration and Development in Contemporary Ghana an West-Africa, Hrsg. Takyiwaa Manuh, Accra 2005, S. 24–54 (S. 24 f.).

65 Regional Challenges of West African Migration: African and European Perspectives, West African Studies, OECD, 2009, S. 129 f.

Hinzu kommt, dass sich die Region aufgrund des sehr hohen Anteils junger Menschen an der Gesamtbevölkerung einem enormen demographischen Druck ausgesetzt sieht. So waren etwa in Ghana in 2010 ca. 38 % der Bevölkerung jünger als 15 Jahre alt und lediglich 6,7 % älter als 60 Jahre.[66] Angesichts dieser Zahlen verwundert es nicht dass der Mobilitätsindex innerhalb der ECOWAS-Region[67] dreimal so hoch ist wie in Europa.[68] Nicht zuletzt um zu verhindern, dass die Menschen sich gezwungen sehen, außerhalb der Region zu migrieren, ist die Wirtschaftsgemeinschaft Westafrikanischer Staaten deshalb sehr um die Förderung der interregionalen Mobilität bemüht. Dennoch zieht es viele West- und Nordafrikaner, wie das obige Schaubild zeigt, auch nach Nordamerika und Europa.

C. Arbeitsmigration aus Afrika in die Europäische Union

1. Reguläre Migration

a) Allgemeine Zahlen

Im Vergleich zu den Migrationsbewegungen innerhalb Afrikas stellt die Migration aus Afrika in die Industrieländer entgegen der gängigen Vorstellung einer „Massenwanderung" afrikanischer Migranten nach Europa ein eher marginales Phänomen dar. Verlassen afrikanische Migranten ihren Kontinent, ist ihr Hauptziel aber Europa. Neben dem geographischen Faktor ist dies nicht zuletzt auf die gewachsenen soziokulturellen Bindungen zu den ehemaligen Kolonialmächten zurückzuführen.[69] In der Europäischen Union leben ca. 4,5 Millionen afrikanische Staatsangehörige mit regulärem Aufenthaltsstatus; sie stellen damit 15 % der ausländischen Bevölkerung (einschließlich EU-Bürger) und 25 % der Drittstaatsangehörigen dar.[70] Hinzu kommen all jene, die die Staatsbürgerschaft

---

66 Population and Housing Census 2010, Ghana Statistical Service 2013, S. 58, http://www.statsghana.gov.gh/socio_demo.html.

67 Die Westafrikanische Wirtschaftsgemeinschaft umfasst die Länder Benin, Burkina Faso, Elfenbeinküste, Gambia, Ghana, Guinea, Guinea Bissau, Kap Verde, Liberia, Mali, Niger, Nigeria, Senegal Sierra Leone und Togo.

68 Expert Conference on Legal Migration, Final Report, Rabat 2008, S. 10, http://www.dialogueuroafricainmd.net/web/uploads/events/RML/EN_2008_experts_meeting_on_legal_migration_Rabat.pdf.

69 *Dirk Kohnert*, Afrikanische Migranten vor der „Festung Europa", GIGA Focus, Institut für Afrika-Kunde, Nr. 12/2006, S. 3.

70 Eurostat Datenbanken, Europäische Kommission, Stand 2008, eigene Berechnung. Die Daten von Frankreich stammen aus 2005, die von Großbritannien aus 2004; von

des Aufnahmelandes erlangt haben. Obgleich die Zuwanderung aus Afrika in vielen Ländern der Europäischen Union in den letzten 10 Jahren abgenommen hat, konnte EU-weit ein Zuwachs von ca. 1 Million afrikanischer Migranten verzeichnet werden, was vor allem auf eine Verdoppelung der afrikanischen Bevölkerung in Italien und Spanien zurückzuführen war. So ist die Zahl afrikanischer Migranten in Spanien von ca. 530.000 im Jahr 2004 auf über eine Million im Jahr 2012 und in Italien von rund 672.000 im Jahr 2005 auf gut eine Million im Jahr 2012 angestiegen.[71] Afrikanische Migranten in Europa stammen mehrheitlich aus zwei Regionen: Nordafrika und Westafrika.

b) Zuwanderung aus den Maghreb-Staaten Nordafrikas

Über die Hälfte der 4,5 Millionen in der Europäischen Union lebenden afrikanischen Staatsangehörigen stammen aus den Maghreb-Staaten Nordafrikas, davon allein 1,7 Million aus Marokko.[72] Nach der türkischen Bevölkerung bildet die marokkanische Gemeinde damit die zweitgrößte Zuwanderergruppe aus Drittstaaten in der Europäischen Union.[73] Auch in Deutschland stellen marokkanische Migranten die größte afrikanische Zuwanderergruppe dar.[74] Marokko, bis 1956 französische Kolonie, entwickelte sich in der Nachkriegszeit zu einem der wichtigsten Herkunftsländer von Zuwanderern in Europa. Konzentrierten sich marokkanische Migranten in den ersten Jahren noch auf das Zielland Frankreich, führte das Wirtschaftswachstum in Nordwesteuropa und der damit einhergehende Mangel an Arbeitskräften mit niedrigem Einkommen zu einer räumlichen Diversifizierung.[75] So wurden in den 1960ern von Frankreich, aber auch der Bundesrepublik Deutschland, Belgien und der Niederlande sogenannte Gastarbeiterabkommen mit Marokko geschlossen. Aufgewachsen in einer langen Tradition zirkulärer Migration beabsichtigten die meisten Migranten, in

---

Irland, Estland, Griechenland, Zypern und Luxemburg liegen keine Daten vor. http://epp.eurostat.ec.europa.eu/portal/page/portal/population/data/database.

71 Eurostat, ebenda.

72 Eurostat, Stand 2008, ebenda. Maghreb Staaten insgesamt: 2,6 Millionen, davon aus Marokko: 1.726.793, aus Algerien: 585.580 und aus Tunesien: 276.543.

73 Eurostat, ebenda. Die meisten marokkanischen Migranten leben in Frankreich, gefolgt von Spanien, Italien, Belgien und den Niederlanden.

74 In Deutschland lebten in 2012 etwa 67.000 Marokkaner und 24.000 Tunesier, Eurostat, ebenda.

75 *Hein de Haas*, Länderprofil Marokko, focus Migration, Februar 2009, http://www.focus-migration.de/.

ihre Heimat zurückzukehren, sobald sie genug Geld für ein Stück Land gespart hatten.[76]

Die Ölkrise von 1973 veränderte die politischen und ökonomischen Rahmenbedingungen der Migration jedoch radikal. Mit dem Anstieg der Arbeitslosigkeit sank die Nachfrage nach billigen Arbeitskräften. Die nordwesteuropäischen Länder schlossen ihre Grenzen für weitere Arbeitsmigranten. Die Einstellung der Anwerbemaßnahmen führte jedoch bekanntermaßen nicht zu weniger Migration, sondern zur dauerhaften Ansiedlung einer großen Anzahl marokkanischer Migranten im Rahmen der Familienzusammenführung; dies bedeutete eine Verschiebung von zirkulärer Migration hin zu dauerhafter Zuwanderung und einen Anstieg der marokkanischen Bevölkerung in Europa.[77] Nachdem die Familienzusammenführung gegen Ende der 1980er Jahre weitestgehend abgeschlossen war, gewann in den 1990er Jahren die Familiengründung als einzige Möglichkeit, legal in die traditionellen europäischen Zielländer zu gelangen, große Bedeutung; darüber hinaus führte die steigende Nachfrage nach billigen Arbeitskräften insbesondere in der Baubranche, dem Dienstleistungssektor und der Landwirtschaft in den 1990er Jahren aufgrund der restriktiven Einwanderungspolitik zu einem Anstieg der irregulären Migration und zu einer weiteren Diversifizierung der Zielländer: Die Mehrzahl der marokkanischen Migranten wanderten nunmehr nach Spanien und Italien, um dort geringqualifizierte Tätigkeiten auszuführen, während höher qualifizierte marokkanische Arbeitskräfte verstärkt nach Nordamerika auswandern.[78]

c) Zuwanderung aus Subsahara-Afrika

Neben Zuwanderern aus den Maghreb-Staaten stellen westafrikanische Migranten die signifikanteste Zuwanderergruppe aus Afrika dar. Dies liegt nicht zuletzt daran, dass Migranten aus anderen Teilen Afrikas sich in der Mehrzahl nicht für ein europäisches Land entscheiden, wenn sie ihren Kontinent verlassen.[79] In der Europäischen Union leben ca. 820.000 Migranten aus Westafrika, die mehrheitlich aus Nigeria, dem Senegal sowie aus Ghana stammen.[80] Migration aus

---

76 Ebenda.
77 Ebenda.
78 Ebenda.
79 OECD, International Migration Outlook 2008, S. 40.
80 Eurostat Datenbanken, Europäische Kommission, Stand 2008, eigene Berechnung, http://epp.eurostat.ec.europa.eu/portal/page/portal/population/data/database. Hauptherkunftsländer sind Nigeria mit rund 175.000, Senegal mit 163.000 und Ghana mit 126.000 Migranten.

anderen Regionen Afrikas nach Europa findet hingegen nur in recht geringer Größenordnung statt: So stammen aus Zentralafrika ebenso wie aus Ostafrika jeweils lediglich ca. 300.000 Migranten und aus dem südlichen Afrika 200.000 Migranten.[81] Zu beobachten ist, dass sich Migranten aus bestimmten Herkunftsländern zumeist auf bestimmte Zielländer konzentrieren. So leben etwa in Portugal 80 % der Zuwanderer aus Kap Verde; in Frankreich und Spanien sind 95 % aller Zuwanderer aus Mali ansässig; in Großbritannien, Italien und Spanien halten sich 80 % der Zuwanderer aus Nigeria auf.[82] Die drittgrößte ghanaische Gemeinde außerhalb des afrikanischen Kontinents (nach der in Großbritannien und den USA) befindet sich in Deutschland.[83] Die starke Konzentration auf bestimmte Zielländer ist zum Teil auf die kolonialen Wurzeln und den damit verbundenen Einreiseerleichterungen sowie die gemeinsame Sprache zurückzuführen.[84] Zum anderen hat die starke Nachfrage nach billigen Arbeitskräften in Südeuropa eine Rolle gespielt. Von entscheidender Bedeutung schließlich sind gut ausgebildete Netzwerke.[85] Bei der ersten Generation westafrikanischer Auswanderer handelte es sich überwiegend um Bildungsmigranten, da es nach der Unabhängigkeit der Länder Westafrikas Ende der 1950er und in den 1960er Jahren einer gewissen Anzahl von Studenten durch bilaterale Abkommen ermöglicht wurde, in Europa oder Nordamerika zu studieren.[86] Viele Aufnahmeländer bemühten sich schon damals, die gut ausgebildeten Migranten, darunter viele Ärzte und Ingenieure, im Land zu halten: So versuchte etwa die US-Regierung in den frühen 1960ern ghanaische Migranten, die ihr Studium in den USA absolviert hatten, zum Bleiben zu bewegen, indem sie ihnen die US-amerikanische Staatsbürgerschaft anbot.[87] Auch in Deutschland sind und waren vielerorts ghanaische Ärzte anzutreffen, die in den 1960er und 1970er Jahren im Land studiert

81 Eurostat, ebenda.

82 Ebenda.

83 *Steve Tonah*, Ghanaians Abroad and their Ties Home: Cultural and Religious Dimensions of Transnational Migration, Working Paper, COMCAD 2007, S. 8.

84 ECA, International Migration and Development: Implications for Africa, Economic Commission for Africa, Addis Ababa, 2006, S. 6 f.

85 Push and pull factors of international migration: A comparative report, Eurostat/NIDI, Europäische Kommission, 2000, S. 87 f.

86 *John A.* Arthur, The African Diaspora in the United States and Europe: The Ghanaian Experience, 2008, S. 37f; Steve *Tonah*, Ghanaians Abroad and their Ties Home: Cultural and Religious Dimensions of Transnational Migration, Working Paper, COMCAD 2007, S. 3.

87 *Steve Tonah*, ebenda.

haben.[88] Viele gut ausgebildete Migranten kehrten nach Abschluss ihres Studiums trotz intensiver Versuche der Aufnahmeländer, sie zum Bleiben zu bewegen, wieder in ihr Heimatland zurück.[89] Sie galten als zukünftige Führungselite und sollten nach ihrer Rückkehr in Schlüsselpositionen im öffentlichen und privaten Sektor den wirtschaftlichen und gesellschaftlichen Umbau ihres Landes vorantreiben und die ausländischen Führungskräfte nach der Kolonialzeit nach und nach ersetzen.[90] Erst mit der gegen Ende der 1960er Jahre zunehmend instabilen politischen und wirtschaftlichen Lage kam es zu größeren Auswanderungsbewegungen aus Westafrika.[91] Zahlreiche Ärzte, Lehrer und Universitätsdozenten, aber auch viele weniger oder nicht Qualifizierte migrierten in benachbarte westafrikanische Länder; diejenigen, die es sich leisten konnten, nach Nordamerika oder Europa.[92] Auch diese zweite Generation von überwiegend jungen Auswanderern[93] erlebte eine recht positive Aufnahme in den Zielländern; sie besaßen einen regulären Aufenthaltsstatus und wurden als „nützliche" Migranten angesehen, da aufgrund des schnellen Wirtschaftsaufschwungs in Europa ein großer Bedarf an Arbeitskräften bestand.[94] Gleichzeitig führte die politische Instabilität in vielen Teilen Westafrikas zu einer Zunahme westafrikanischer Flüchtlinge nach Europa.[95] In der Folgezeit gewann der Familiennachzug an Bedeutung.[96] Da ein großer Bedarf an billigen Arbeitskräften bestand, waren viele Migranten für die von ihnen ausgeübten Tätigkeiten überqualifiziert.[97] Im Bereich des

88 Ebenda.

89 Ebenda.

90 *John A. Arthur*, The African Diaspora in the United States and Europe: The Ghanaian Experience, 2008, S. 38.

91 *Miriama Awumbila u. a.*, Migration Country Paper: Ghana, Centre for Migration Studies University of Ghana, 2008, S. 9.

92 *Steve Tonah*, Ghanaians Abroad and their Ties Home: Cultural and Religious Dimensions of Transnational Migration, Working Paper, COMCAD 2007, S. 4.

93 Diese werden in Ghana gemeinhin als „*burger*", nach der Stadt Hamburg genannt, da dort viele ghanaische Migranten der zweiten Generation hinzogen und sich bis heute eine große ghanaische Gemeinde befindet.

94 *Steve Tonah*, Ghanaians Abroad and their Ties Home: Cultural and Religious Dimensions of Transnational Migration, Working Paper, COMCAD 2007, S. 4 f.

95 *Hein de Haas*, International migration and national development: Viewpoints and policy initiatives in counties of origin: The case of Nigeria, Working papers Migration and Development series No 6. Radboud University Nijmegen, 2006, S. 3 ff.

96 Ebenda.

97 *Steve Tonah*, Ghanaians Abroad and their Ties Home: Cultural and Religious Dimensions of Transnational Migration, Working Paper, COMCAD 2007, S. 4 f.

Gesundheitswesens dominieren die Frauen den Krankenpflegesektor und bilden damit einen großen Teil der qualifizierten Arbeitsmigration.[98] Gefördert durch Einreiseerleichterungen für Personen, die im Gesundheitssektor tätig sind, wandern Krankenschwestern, Ärzte und Pharmakologen, aber auch Ingenieure, Lehrer, Forscher und Universitätsprofessoren in großer Anzahl ab.[99] Je höher der Bildungsgrad, desto wahrscheinlicher ist die Migration in ein Industrieland: In Westafrika migrieren durchschnittlich 26,7 % aller über 25-Jährigen mit gehobener Schulbildung („*tertiary education 13+ years of schooling*") in ein Industrieland, während es bei denjenigen mit niedriger oder keiner Schuldbildung lediglich 0,3 % und mit mittlerer Schulbildung („*secondary education 9–12 years of schooling*") 2,8 % sind.[100] Interessant ist hier ein Vergleich mit dem Migrationsprofil nordafrikanischer Migranten: Zwar ist der Bevölkerungsanteil derjenigen, die in ein Industrieland migrieren, mit 2,5 % dreimal so hoch wie in Westafrika. Der Anteil der über 25-jährigen Migranten mit gehobener Schulbildung liegt jedoch nur bei 6,2 %, während immerhin 2,3 % mit keiner oder geringen Schulbildung migrieren.[101] Generell ist festzustellen, dass afrikanische Migranten aus Westafrika über den höchsten Bildungsstand unter den afrikanischen Migranten verfügen.[102] Dies ist nicht zuletzt darauf zurückzuführen, dass gerade in politisch stabilen und wirtschaftlich erfolgreichen Ländern wie dem afrikanischen Vorzeigeland Ghana die Rate junger gut ausgebildeter Menschen, die entweder arbeitslos oder unter ihrer Qualifikation beschäftigt sind, sehr hoch ist: So beträgt die Arbeitslosenquote bei Universitätsabgängern über 20 %, bei jungen Ghanaern mit mittlerer und gehobener Schulbildung sogar 27 %; qualifizierte Ghanaer sind damit weitaus häufiger arbeitslos als solche, die über sehr wenig oder gar keine Bildung verfügen.[103] Eine weitere Studie über Migranten, die sich mit irregulärem Aufenthaltsstatus in Deutschland aufhielten kommt zu dem Ergebnis, dass die soziale Selektivität der Migranten bei den Fernmigranten besonders stark

---

98 *Miriama Awumbila* u.a., Migration Country Paper: Ghana, Centre for Migration Studies University of Ghana, 2008, S. 16.

99 *John A. Arthur*, The African Diaspora in the United States and Europe, the Ghanaian Experience, 2008, S. 38 f.

100 ECA, International Migration and Development: Implications for Africa, Economic Commission for Africa, Addis Ababa, 2006, S. 28 ff. In dem Bericht ist eine Auflistung über den Bildungsgrad von Migranten aller afrikanischen Länder enthalten.

101 Ebenda.

102 Ebenda.

103 Ebenda.

ist.[104] So gehörten die befragten westafrikanischen Migranten fast ausschließlich der oberen Mittelschicht an.[105] Dies stützt die von der klassischen Migrationstheorie aufgestellte Annahme, dass die „Qualität" der Migranten mit der Zunahme der Distanz steigt und *vice versa.*[106] Dies bedeutet im Umkehrschluss jedoch nicht, dass die Migranten im Zielland eine ihrer Qualifikation entsprechende Arbeit aufnehmen würden. Bei irregulären Migranten bietet schon die Schattenwirtschaft hierfür wenig Raum. Obgleich die traditionellen Aufnahmeländer wie Großbritannien und Frankreich auch weiterhin hochqualifizierte Westafrikaner anziehen, geht die Tendenz heute jedoch zu mehr niedrig qualifizierter Auswanderung nach Südeuropa, während die USA die hochqualifizierten Migranten anzieht. So befinden sich unter der „neuen Generation" von Migranten Qualifizierte und weniger Qualifizierte, die meist der niedrigsten Stufe der Gesellschaft angehören, gezwungen sind, sehr niedrige Tätigkeiten auszuführen und einer feindseligen Bevölkerung sowie enormer sozialer Diskriminierung gegenüberstehen.[107] Für viele Migranten stellt dies im Ausland eine bittere Erfahrung dar.[108] Dies darf andererseits nicht darüber hinwegtäuschen, dass die Migranten zu Hause als sozial erfolgreich, modern und wohlhabend angesehen werden. Da die meisten Migranten im In- und Ausland in zwei Gesellschaften leben und dort einen entgegengesetzten Status innehaben, wird dieses Phänomen, das in der Migrationsforschung zunehmend Beachtung findet, als ein „Statusparadox der Migration" bezeichnet.[109]

---

104 *Georg Elwert*, Unternehmerische Illegale. Ziele und Organisationen eines unterschätzten Typs illegaler Einwanderer, in: IMIS-Beiträge 19, 2002, S. 7–20 (S. 12).

105 *Georg Elwert*, ebenda.

106 Vgl. zur klassischen Migrationstheorie etwa *Franck Düvell*, Europäische und internationale Migration, Einführung in historische, soziologische und politische Analysen, 2006, S. 80.

107 *Steve Tonah*, Ghanaians Abroad and their Ties Home: Cultural and Religious Dimensions of Transnational Migration, Working Paper, COMCAD 2007, S. 20.

108 *Boris Nieswand*, Theorising Transnational Migration: The Status Paradox of Migration, 2011, S. 124 ff.

109 Ausführlich wird dieses Phänomen in der Dissertation von *Boris Nieswand* beschrieben, der sich mit dem Leben ghanaischer Migranten in Deutschland und Ghana beschäftigt, ebenda.

2. Irreguläre Migration

a) Umfang und Charakteristik

Mit dem in 2007 gegründeten Projekt „Clandestino" hat die Europäische Union erstmals Anstrengungen unternommen, verlässlichere Daten über irreguläre Migration zu gewinnen.[110] Wurden in den EU-Dokumenten davor recht willkürlich festgelegte Zahlen von bis zu 8 Millionen Migranten mit irregulärem Status zugrunde gelegt,[111] gehen die Ergebnisse der Forschungsgruppe nunmehr von einem erheblich geringerem Umfang zwischen 1,9 und 3,8 Millionen Menschen aus.[112] Der Anteil afrikanischer Migranten an der irregulären Migration ist in keinem europäischen Land prägend. Selbst in Spanien, eine der Hauptanlaufstellen afrikanischer „Bootsflüchtlinge", liegt der Anteil der irregulären Migration aus Afrika Schätzungen zufolge mit 300.000 bis 590.000 Personen nicht über 10 bis 19 %, wobei der Anteil afrikanischer Migranten an den jährlichen Zugängen irregulärer Migranten lediglich bei ca. 5 % liegt, die meisten von ihnen aus Nord- und Westafrika.[113] In Deutschland, wo sich schätzungsweise 500.000 bis 1 Million irreguläre Migranten, überwiegend aus Osteuropa, aufhalten, ist der Anteil irregulärer afrikanischer Migranten sehr gering: in den Clandestino-Berichten aufgeführt sind lediglich eine gewisse Anzahl von Migranten aus Ghana sowie Kamerun.[114] Die überwiegende Zahl der Migranten mit irregulärem Aufenthaltsstatus, die in die Industrieländer wandern, reisen zunächst mit einem befristeten Visum in das Zielland ein und verlieren erst durch Ablauf des Visums den legalen Aufenthaltsstatus (sog. „*overstayer*"); jeder zehnte irreguläre Migrant reist mit gefälschten Papieren ein.[115]

---

110 CLANDESTINO (2007–2009) ist ein zweijähriges interdisziplinäres Projekt der EU zur Erstellung einer Datenbank über irreguläre Migration, an dem fünf europäische Forschungsinstitute, darunter das Hamburgisches WeltWirtschaftsInstitut (HWWI) beteiligt waren. Die Datenbank ist zu finden unter http://irregular-migration.net//.

111 „Neue Datenbank: Illegal in Europa", Migration und Bevölkerung, Online-Portal, Ausgabe 3, März/April 2009 (3/09), http://www.migration-info.de/.

112 CLANDESTINO, Database on Irregular Migration, European Union, Stock estimates for the EU in 2008, http://irregular-migration.net/.

113 CLANDESTINO Spain: *Carmen González-Enríquez*, Country Report, Undocumented Migration: Counting the Uncountable. Data and Trends across Europe, Januar 2009, ebenda.

114 CLANDESTINO Germany: *Norbert Cyrus*, Country Report, Undocumented Migration: Counting the Uncountable, Data and Trends across Europe, Dezember 2008, ebenda.

115 OECD, International Migration Outlook 2008, S. 39 f.

Ein überdurchschnittlich hoher Bildungsgrad ist, was vielleicht erstaunen mag, auch bei irregulären Migranten anzutreffen: So ergab eine Studie über westafrikanische Migranten, die sich in Marokko aufhielten und irregulär nach Europa weiter reisen wollten, dass über 30 % von ihnen über einen Universitätsabschluss verfügten; lediglich 20 % besaßen keine bzw. eine geringe Schulbildung und weniger als 25 % der Befragten waren in ihrem Herkunftsland arbeitslos gewesen.[116] Bei der Auswahl ihres Ziellandes scheinen reguläre und irreguläre Migranten sich nicht zu unterscheiden. Maßgeblich sind auch hier die kolonialen Wurzeln, eine gemeinsame Sprache sowie die Nachfrage nach Arbeitskräften.[117] Doch sind Netzwerke für irreguläre Migranten noch wichtiger als für reguläre Migranten, da sie sich in der Regel nicht an öffentliche Stellen wenden können und das Leben in der Illegalität organisiert werden muss; es erstaunt deshalb nicht, dass auch und gerade irreguläre Migranten sich verstärkt dort niederlassen, wo sich bereits andere Landsleute aufhalten.[118] Durch die Netzwerkstrukturen bilden sich zuverlässig funktionierende Institutionen heraus: Die meisten Migranten werden bereits vor der Ausreise durch gut ausgebaute Netzwerke mit Informationen über Berufsaussichten im Bestimmungsland versorgt; nach der Einwanderung wird ihnen Hilfe bei der beruflichen und sozialen Eingliederung angeboten; tatsächlich ist davon auszugehen, dass viele Migranten bereits über ein Arbeitsplatzangebot verfügen, bevor sie ins Land kommen.[119] Hingegen verfügt nur eine geringe Anzahl der Migranten über konkrete Kenntnisse in Bezug auf die Einreisebestimmungen in die Europäische Union – angesichts der Wahrnehmung von sehr begrenzten Zuwanderungsmöglichkeiten in die „Festung Europa“ scheint das Wissen darüber, wie man unabhängig von den jeweils geltenden Vorschriften nach Europa kommt, für die Migranten von weitaus größerer praktischer Bedeutung zu sein.[120] Aus ihrer Sicht sehen sich die Migrationswilligen schlicht dazu gezwungen, auf irreguläre Wege zurückzugreifen,

116 OECD, Regional Challenges of West African Migration, African and European Perspectives, 2009, S. 107.

117 Push and pull factors of international migration: A comparative report, Eurostat/NIDI, Europäische Kommission, 2000, S. XIX.

118 Ebenda.

119 *Georg Elwert*, Unternehmerische Illegale. Ziele und Organisationen eines unterschätzten Typs illegaler Einwanderer, in: IMIS-Beiträge 19, 2002, S. 7–20 (S. 17).

120 Push and pull factors of international migration: A comparative report, Eurostat/NIDI, Europäische Kommission, 2000, S. XIX.

da ihr Ziel, nach Europa zu kommen, ihnen auf andere Weise versperrt ist.[121] Gefördert durch die wachsende Einkommenskluft sowie eine restriktive Einwanderungsgesetzgebung in Europa migriert eine zunehmende Zahl von Migranten aus Subsahara-Afrika in den Norden Afrikas; für einige ist es lediglich eine Zwischenstation, von der aus sie – regulär oder irregulär – nach Europa weiterreisen wollen.[122] Gleichzeitig ist ein wachsender Markt für Visa-Händler entstanden: Zahlreiche Einzelpersonen sowie organisierte Gruppen bieten sich an, Migrationswilligen auf regulärem oder irregulärem Wege einen Aufenthalt in der Europäischen Union zu verschaffen sowie Informationen über die Lage auf dem jeweiligen Arbeitsmarkt zu erteilen.[123] Auch arrangierte Ehen gehören zu dem Angebot des „Visa-Marktes".[124] Der Schwarzarbeitsmarkt irregulärer Arbeitskräfte ist ein struktureller Bestandteil der europäischen Wirtschaft. Die trotz hoher Arbeitslosenquote große Nachfrage nach billiger Arbeitskraft ist deshalb als maßgeblicher Anziehungseffekt für die Migration zu werten.[125]

b) Das Phänomen der afrikanischen „Bootsflüchtlinge"

Regelmäßige Meldungen über afrikanische „Bootsflüchtlinge", die ihr Leben riskieren, um über das Mittelmeer nach Europa zu gelangen, bestimmen weitestgehend das Bild der irregulären Migration aus Afrika, wenn nicht der Migration aus Afrika überhaupt. Zwar macht der Anteil dieser Migranten nur einen sehr geringen Anteil der irregulären Migration in die Europäische Union aus.[126]

---

121 *Steve Tonah*, Ghanaians Abroad and their Ties Home: Cultural and Religious Dimensions of Transnational Migration, Working Paper, COMCAD 2007, S. 18.

122 IOM, *Meera Sethi*, Migration Trends in Sub-Saharan Africa, in: World Migration Report 2005: Costs and Benefits of International Migration, International Organization for Migration, S. 33–47 (S. 41 f.).

123 *John A. Arthur*, The African Diaspora in the United States and Europe: The Ghanaian Experience, 2008, S. 34 ff.

124 Die Kosten für solch eine arrangierte Ehe belaufen sich in Ghana auf bis zu 5.000 Euro. Vgl. *Steve Tonah*, Ghanaians Abroad and their Ties Home: Cultural and Religious Dimensions of Transnational Migration, Working Paper, COMCAD 2007, S. 18.Das jährliche Durchschnittseinkommen in dem Land liegt bei etwa 1.400 $.

125 *Hein de Haas*, The Myth of Invasion: The inconvenient realities of African migration to Europe, Third World Quarterly 2008, 29 (7), S. 1305–1322 (S. 1314 f.); *Georg Elwert*, Unternehmerische Illegale: Ziele und Organisationen eines unterschätzten Typs illegaler Einwanderer, in: IMIS-Beiträge 19, 2002, S. 7–20 (S. 20).

126 CLANDESTINO Spain: *Carmen González-Enríquez*, Country Report, Undocumented Migration: Counting the Uncountable. Data and Trends across Europe, Januar 2009, http://irregular-migration.net//.

Aufgrund der dramatischen Schicksale wirft dieses Phänomen jedoch in erheblichem Maße menschenrechtliche und moralische Fragen über den Umgang mit Migranten auf, die sich in Not befinden. Gefördert durch die mediale Berichterstattung und die Politik werden auf der anderen Seite Ängste geschürt, die dem Phänomen ein nicht vorhandenes Ausmaß vermitteln und damit jede sachliche Diskussion erschweren. Der starke Auswanderungsdrang lässt die Menschen zu drastischen Maßnahmen greifen: So machen sich manche Migrationswilligen, die sich andere Möglichkeiten der irregulären Migration nicht leisten können, auf den gefährlichen Weg durch die Sahara, um über das Mittelmeer nach Europa einzureisen. Diejenigen, die die Reise überleben und nicht sofort abgeschoben werden, arbeiten zumeist auf landwirtschaftlichen Betrieben in Italien, Spanien, Griechenland und Portugal.[127] Übliche Praxis unter den geringqualifizierten Migranten ist die Reise in verschiedenen Stufen, d.h. sie bleiben mehrere Jahre in einem Land, um Geld zu verdienen und reisen dann weiter gen Europa.[128] Zur Veranschaulichung sei im Folgenden das Beispiel des migrierenden jungen Ghanaers Kofi geschildert:

> *„Kofi, ein junger Straßenhändler aus Accra, beschloss, zusammen mit seinem Cousin und seinem Neffen nach Italien zu migrieren, wohin es bereits einige seiner Freunde erfolgreich geschafft hatten. Er erfuhr, dass man dort viel Geld verdienen könne, durchschnittlich $ 650 im Monat. Das ist mehr, als viele Ghanaer im Jahr verdienen. Kofi selbst verdiente pro Tag umgerechnet etwa 75 amerikanische Cents. Die Reise führte über Burkina Faso, Mali, Algerien schließlich nach Tunesien. In Tunis arbeiteten sie ein ganzes Jahr als Putzkräfte. Sie sparten 2.000 $ an und gaben das Geld einem Vermittler, der sie mit dem Boot nach Italien brachte. Kofi beschreibt die Bootsfahrt als das schrecklichste Erlebnis, das er jemals hatte. Einmal in Italien angelangt gestaltete sich die Arbeitssuche sehr einfach. Kofi sendet mehr als die Hälfte seines Gehalts in Höhe von 700 $ nach Hause, wo seine Eltern es auf einem Bankkonto ansparen. Sein Ziel ist es, genug Geld anzusparen um Land zu kaufen und ein eigenes Haus zu bauen. Die schlechten Arbeitsbedingungen auf den Plantagen halten ihn nicht davon ab, da er diese bereits von zu Hause gewöhnt ist. Ebenso wie seine ghanaischen Kollegen will er so lange in Italien arbeiten, wie es sein irregulärer Status erlaubt. Bis dahin möchte er so viel Geld wie möglich zurücklegen.“*[129]

Genaue Zahlen über den Umfang der Migrationsbewegungen über das Mittelmeer gibt es nicht. Fest steht aber, dass jährlich mehrere Zehntausende

---

127 *John A. Arthur*, The African Diaspora in the United States and Europe: The Ghanaian Experience, 2008, S. 39 ff.

128 Ebenda.

129 Ebenda, eigene Übersetzung.

Migranten auf dem Seeweg nach Europa einreisen.[130] Laut Schätzungen der spanischen Menschenrechtsorganisation *„Asociación pro Derechos Humanos de Andalucía"* (APDHA), die die irregulären Migrationsbewegungen von Afrika nach Europa seit Jahren intensiv beobachtet, sind in 2008 etwa 67.000 Bootsmigranten nach Europa gelangt.[131] Im Rahmen der von Frontex durchgeführten Operation „HERA I" wurden im Zeitraum von Juni bis Oktober 2006 allein auf den Kanarischen Inseln rund 19.000 „Seeankünfte" aus Afrika registriert. Wie viele Migranten aus Afrika bei der Seeüberquerung jährlich ums Leben kommen, kann nur geschätzt werden: Zwischen 2006 und 2008 sollen mindestens 5.532 Menschen umgekommen sein.[132] Die tatsächlichen Zahlen werden jedoch weitaus höher liegen. Von den 581 in 2008 in Spanien aufgefundenen Todesopfern stammten mindestens 439 Menschen aus Subsahara-Afrika.[133] Hinzu kommt, dass zahlreiche Migranten aus Subsahara-Afrika bereits die gefährliche Reise von Westafrika durch die Sahara nach Nordafrika nicht überleben.[134] Eines der schwersten Seeunglücke ereignete sich im März 2009 vor der libyschen Küste: Drei Boote mit über 600 Migranten, die von Libyen aus mit Kurs auf Italien gestartet waren, sanken; lediglich 23 Personen konnten gerettet werde.[135] Durch den arabischen Frühling wurden abermals Rekordzahlen verzeichnet. So führte etwa der Ausbruch des Konflikts in Libyen Anfang 2011 dazu, dass innerhalb weniger Monate Zehntausende von Personen unterschiedlicher Nationalität von Tunesien und Libyen aus das Mittelmeer nach Italien und Malta überquert haben, oft auf für den Passagierverkehr untauglichen Booten.[136] Unter ihnen befanden sich viele Angehörige von Ländern südlich der Sahara, die als Arbeitsmigranten oder

---

130 *Hein de Haas*, Irregular Migration from West Africa to the Maghreb and the European Union, International Organization for Migration, 2008, S. 9.

131 Auf den Kanarischen Inseln wurden 9.089, in Andalusien 3.017, in Italien 36.900, auf Malta 2.700 und in Griechenland 15.315 Bootsmigranten aufgegriffen. S. APDHA, *Rafael Lara*, Regulación de Flujos? 20 años de Muerte en las FronteraS. In: Derechos Humanos en la Frontera Sur 2008, Asociación pro Derechos Humanos de Andalucía, S. 91–103 (S. 97), http://www.apdha.org/media/fronterasur2008.pdf.

132 Derechos Humanos en la Frontera Sur 2008, APDHA, S. 100, ebenda.

133 Ebenda, S. 101, ebenda.

134 Siehe hierzu die eindringlichen Schilderungen von *Klaus Brinkbäumer*, Der Traum vom Leben: Eine Afrikanische Odyssee. Frankfurt am Main 2006.

135 Spiegel-Online vom 31.03.2009, „Drama vor Libyens Küste: Boote mit knapp 600 Flüchtlingen an Bord gesunken", http://www.spiegel.de/panorama/0,1518,616418,00.html.

136 Mitteilung der Kommission „Ein Dialog mit den Ländern des südlichen Mittelmeerraum über Migration, Mobilität und Sicherheit" vom 24.5.2011, KOM(2011) 292, S. 1.

Flüchtlinge in Libyen lebten. Die Europäische Union antwortete hierauf mit einem verstärkten Einsatz von Frontex im Rahmen der Operation EPN Hermes Extension 2011.[137] Der Tod von über 300 afrikanischen Migranten, die Anfang Oktober 2013 direkt vor der Küste Lampedusas den Tod fanden, ist ein weiterer trauriger Beleg dafür, dass das Thema nicht an Aktualität verloren hat.[138]

Obgleich die irreguläre Migration von Afrika über das Mittelmeer nach Europa erst seit einigen Jahren in den Fokus der Aufmerksamkeit gerückt ist, handelt es sich keineswegs um ein neues Phänomen: Vielmehr geht ihr Auslöser in die Jahre 1991/92 zurück, als Spanien und Italien die Visapflicht für Nordafrikaner aus dem Maghreb einführte und Saisonarbeiter fortan nicht mehr frei einreisen konnten.[139] Waren es in den 90er Jahren jedoch fast ausschließlich Nordafrikaner, die diese riskante Reise unternahmen, so versuchen seit 2000 immer mehr Migranten aus Subsahara-Afrika irregulär mit dem Boot über das Mittelmeer nach Europa zu gelangen; sie stellten fortan die deutliche Überzahl der afrikanischen Bootsmigranten dar.[140] Die Zuwanderung aus Subsahara-Afrika mit einer mehrheitlich schwarzen Bevölkerung scheint mithin deutlich stärkere Ängste in der Bevölkerung vor einer Massenzuwanderung hervorzurufen.

D. Migrationsmotive

Die Mehrzahl der afrikanischen Migranten migriert aus ökonomischen Gründen. Sie sind auf der Suche nach besseren sozioökonomischen Perspektiven und versuchen im Ausland zu arbeiten, in der Hoffnung auf bessere Lebens- und Arbeitsbedingungen für sich und ihre Familien sowie bessere Bildungschancen für ihre Kinder. In dieser Hinsicht unterscheiden sie sich nicht von den meisten anderen Migranten auf der Welt. Die weit verbreitete Vorstellung von vor Hungersnöten und Bürgerkriegen nach Europa flüchtenden afrikanischen Migranten stimmt mit der Realität der meisten Migranten aus Afrika nicht überein. Dies gilt nicht nur in Bezug auf die reguläre Migration. Auch irreguläre Migranten gehören in der

137 Ebenda, S. 2.

138 Spiegel-Online v. 6.10.2013: „Katastrophe vor Lampedusa: Meine Freunde konnten nicht Schwimmen", http://www.spiegel.de/panorama/lampedusa-katastrophe-der-fluechtlinge-aus-eritrea-a-926324.html.

139 *Hein de Haas*, Irregular Migration from West Africa to the Maghreb and the European Union, International Organization for Migration, 2008, S. 32.

140 *Hein de Haas*, ebenda; etwa 12.000 der 15.000 in 2008 nach Spanien eingereisten Bootsmigranten stammten aus Subsahara-Afrika, S. Derechos Humanos en la Frontera Sur 2008, APDHA, S. 94, http://www.apdha.org/media/fronterasur2008.pdf.

Regel nicht zu den Ärmsten der Armen, denn Migration erfordert Geld, Human- und Sozialkapital, wer über dies nicht verfügt, kann nicht migrieren, zumindest nicht über große Distanzen.[141] So findet die Migration der Ärmsten überwiegend innerhalb Afrikas, zumeist in angrenzende Länder statt. Internationale Migration wird als eine Form der wirtschaftlichen Pilgerreise angesehen, als eine notwendige Reise angesichts der Stagnation des wirtschaftlichen und politischen Systems.[142] Eine vergleichende Fallstudie über Migrationsmotive von Migranten aus den vier klassischen afrikanischen Auswanderungsländer Marokko, Ägypten, Ghana und Senegal kam zu dem Ergebnis, dass Migranten von Arbeitslosigkeit nicht häufiger betroffen sind als Nichtmigranten.[143] Viele Migranten wollten das ersparte Geld in ein Unternehmen investieren oder nach der Rückkehr ins Heimatland selbst ein Unternehmen gründen. Oftmals werden die Kosten der Migration von der Familie gerade mit diesem Ziel aufgebracht. Dabei entsprechen die afrikanischen Fernmigranten sehr genau dem Typus der zielorientierten Verdiener, der *target earners*, bei denen das Akkumulationsziel Investition eine zentrale Rolle spielt.[144] Wirtschaftliche Gründe alleine reichen jedoch nicht aus, um die Migrationsentscheidung zu erklären. Maßgeblich geprägt ist diese Entscheidung auch von dem Bild, dass sich die Migrationswilligen von Europa machen, von dem Traum vom besseren Leben.[145] Für die Migranten stellt die Migrationsentscheidung ein „Streben nach oben" dar sowie einen Versuch, ihr Potenzial zu verwirklichen, ihren Lebensstandard zu verbessern und ihr Wissen auszubauen.[146] Hilfreich für ein besseres Verständnis des enormen Auswanderungsdrangs in den westafrikanischen Auswanderungsländern ist der Blick in die gesellschaftlichen Strukturen. Der Begriff „*going abroad*", also „ins Ausland gehen", hat sich in Ghana mit den Jahren zu einem kulturellen

141 *Franck Düvell*, Europäische und internationale Migration: Einführung in historische, soziologische und politische Analysen, 2006, S. 90 f.

142 Ausführlich zu den Migrationsmotiven aus westafrikanischer Perspektive: *John A. Arthur*, The African Diaspora in the United States and Europe: The Ghanaian Experience, 2008, S. 27 ff., 179 ff.; Push and pull factors of international migration: A comparative report, Eurostat/NIDI, Europäische Kommission, 2000.

143 Push and pull factors of international migration: A comparative report, Eurostat/NIDI, Europäische Kommission, 2000, S. XVI.

144 *Georg Elwert*, Unternehmerische Illegale. Ziele und Organisationen eines unterschätzten Typs illegaler Einwanderer, in: IMIS-Beiträge 19, 2002, S. 7–20 (S. 14).

145 ECA, International Migration and Development: Implications for Africa, Economic Commission for Africa, Addis Ababa, 2006, S. 9.

146 Bericht der Weltkommission für Internationale Migration (GCIM), Migration in einer interdependenten Welt: Neue Handlungsprinzipien, Global Commission on International Migration, 2005, S. 24.

Phänomen entwickelt, das fast alle Teile der ghanaischen Gesellschaft umfasst: Junge und Ältere, Gebildete und Ungebildete, Stadt- und Landbewohner, Männer und Frauen. Dieser starke Migrationsdrang rührt von der Überzeugung, dass es durch harte Arbeit, Entschlusskraft und vielleicht sogar Glück möglich ist, die eigenen Lebensbedingungen und die der Familie zu verbessern sowie an sozialem Status zu gewinnen. Von einer restriktiven Einwanderungspolitik oder einer wachsenden Antipathie der Bevölkerung in den Zielländern lassen sich die einmal Entschlossenen dabei nicht aufhalten. Diejenigen, die aus dem Ausland zurückkehren oder zu Besuch sind und westliche Konsumartikel sowie ersparte Devisen mitbringen zeigen, dass es möglich ist und sind ein Vorbild.[147] Der in den 1960er durch die erste Generation der Auswanderer geprägte und bis heute sehr geläufige Begriff des „*been to*", bezeichnet all jene, die einige Zeit in Europa oder Nordamerika gelebt und es durch den Auslandsaufenthalt „zu etwas gebracht haben". Ein entscheidender und nicht zu unterschätzender Faktor bei der Migrationsentscheidung spielt die ‚Institution Familie':[148] Da diese in Westafrika, ebenso wie in vielen anderen Teilen Afrikas, aus besonders starken Bindungen und Netzwerken besteht, wird die Reise ins Ausland in den meisten Fällen als Familienangelegenheit betrachtet. D. h., die Entscheidung über die Auslandsreise wird vom gesamten Haushalt sowie entfernteren Familienangehörigen gemeinsam getroffen. Dies macht die Migration einerseits oft erst möglich, da die gesamte Familie Geld für die Reise zusammenlegt. Auf der anderen Seite entsteht hierdurch aber für die meist jungen Familienangehörigen ein enormer sozialer Druck, auswandern zu müssen, unabhängig von ihren eigenen Zukunftsvorstellungen. Einmal im Ausland angekommen, sind sie verpflichtet, ihre Familie zu Hause großzügig zu unterstützen.[149] Dies ist ein ungeschriebener Kodex der Migrationskultur. Der Auslandsaufenthalt erhöht das Ansehen und den sozialen Status der gesamten Familie.[150] Ein wichtiger Migrationsgrund stellt auch die Ausbildung der jüngeren Bevölkerung im Ausland dar.[151] Ein Phänomen, das bis in die untere Mittelschicht greift, in der Gewissheit, dass ein ausländischer Universitätsabschluss den Kindern nach der Rückkehr aus dem Ausland Zugang zu besseren und höher bezahlten Arbeitsplätzen eröffnet. So verlassen ungeachtet einer insgesamt positiven wirtschaftlichen Entwicklung

---

147 *John A. Arthur*, The African Diaspora in the United States and Europe: The Ghanaian Experience, 2008, S. 25 f.

148 Ebenda, S. 34 ff.

149 Ebenda.

150 Ebenda.

151 *Miriama Awumbila* u.a., Migration Country Paper: Ghana, Centre for Migration Studies University of Ghana, 2008, S. 20.

weiterhin eine große Anzahl unqualifizierter, qualifizierter sowie hochqualifizierter Ghanaer das Land.[152] Dabei spielt die Frage der legalen Einreisemöglichkeiten keine maßgebliche Rolle. Die Frage lautet vielmehr: Wie schaffe ich es, ins Ausland zu kommen, um Erfolg zu haben.[153] Als praktisches Problem des irregulären Aufenthalts wird aber das Problem gesehen, dass ein Heimatbesuch mangels Rückkehrmöglichkeit ins Zielland nicht realisierbar ist. Ghanaer, die über die entsprechenden Mittel verfügen, werden am Ende das Land verlassen, üblicherweise mit konventionellen Verkehrsmitteln. Für manche ist die Reise lebensbedrohlich; doch das Endergebnis wird als ausreichende Belohnung angesehen, wenn sich die wirtschaftliche Situation dadurch tatsächlich verbessert hat.[154] Migration wurde damit ein Teil der nationalen Psyche. Die Migration innerhalb Afrikas sowie nach Europa, Nordamerika und Asien ist immer noch die Norm, nicht die Ausnahme.[155] Dabei hängt die Migrationsentscheidung des Einzelnen in der Regel weit weniger von den rechtlichen, sondern vielmehr von den faktischen Möglichkeiten zu migrieren ab. Wie ein britischer Migrationsforscher wohl zutreffend feststellte, besteht das größte Hindernis für afrikanische Migranten, nach Europa zu migrieren, nicht in der restriktiven Migrationspolitik Europas, sondern darin, nicht über genügend Geld dafür zu verfügen.[156]

E. Rückkehrmigration

Die zunehmende Mobilität von Menschen, die Zunahme temporärer Wanderungsbewegungen sowie die steigende Anzahl irregulärer Migranten haben in neuerer Zeit auch zu einem wachsenden Interesse an Rückkehrmigration geführt.[157] Dies ist nicht zuletzt auf die Diskussion über die Zusammenhänge zwischen Migration und Entwicklung zurückzuführen. Zunehmendes Interesse

152 *Steve Tonah*, Ghanaians Abroad and their Ties Home: Cultural and Religious Dimensions of Transnational Migration, Working Paper, COMCAD 2007, S. 5.

153 *John A. Arthur*, The African Diaspora in the United States and Europe: The Ghanaian Experience, 2008, S. 44.

154 Ebenda.

155 Ebenda.

156 So *Loren Landau*, Director of the Forced Migration Programme, University of Witwatersrand, Johannesburg, im Rahmen der Konferenz der Heinrich Böll Stiftung „Fortress or Area of Freedom? Euro-Mediterranean Border Management", Berlin, 19–20 Mai 2009.

157 *Edda Currle*, Theorieansätze zur Erklärung von Rückkehr und Remigration, Fachbeiträge Migration und Ethnische Minderheiten 2006,GESIS, Leibnitz-Institut für Sozialwissenschaften, S. 9.

an der Rückkehr ihrer qualifizierten Staatsbürger zeigen seit Anfang der 1990er Jahren auch die Regierungen der Herkunftsländer, die sich bemühen, die Migranten oder zumindest ihr Know-how ins Land zurückzuholen, um deren Potenzial und Fähigkeiten für die Entwicklung des Landes zu nutzen.[158] Faktisch stellt Rückkehrmigration in Westafrika keineswegs ein neues Phänomen dar. So spielte sie bereits im 18. Jahrhundert eine wichtige Rolle, als nach dem Ende der Sklaverei eine nicht unerhebliche Zahl von ehemaligen Sklaven in ihre Heimat zurückkehrte.[159] Als ab Ende der 1950er Jahre die westafrikanischen Länder nach und nach ihre Unabhängigkeit erlangten, zog es viele Migranten wieder in ihre Heimat zurück. In der Folgezeit kehrten viele Migranten, die im Ausland studiert hatten, wieder nach Hause, um wichtige Positionen im Land zu übernehmen.

Verlässliche Zahlen darüber, wie viele afrikanische Migranten heute in ihr Land zurückkehren, existieren nicht. Einig ist man sich aber darüber, dass die Rückkehrbereitschaft der Migranten sehr groß ist: Ob die Migration international oder regional, lang- oder kurzfristig geplant ist, die große Mehrheit der Migranten – ob mit oder ohne regulärem Aufenthaltsstatus – beabsichtigt, in ihre Heimat zurückzukehren, sobald sie ihre wirtschaftlichen und kulturellen Ziele erreicht haben; maßgeblich für die Rückkehrentscheidung sind dabei die wirtschaftlichen Bedingungen sowohl im Aufnahme- als auch im Heimatland.[160] Die große Mehrzahl der Migranten kehrt nach Hause zurück mit dem Ziel, ein Unternehmen zu gründen; sie leisten sie gleichzeitig einen Beitrag zum Aufbau des Landes („*nationbuilding*"). Fast 90 % der Rückkehrer mit Universitätsabschluss wollen in ihrem Heimatland ein Geschäft oder ein Wirtschaftsunternehmen aufbauen; aber auch die weniger qualifizierten Migranten haben zum Ziel, nach Hause zurückzukehren, um dort ein kleines Geschäft zu eröffnen, etwa ein Kleinbus- oder Taxiunternehmen.[161] So beabsichtigt die Mehrzahl der in der Landwirtschaft in Südeuropa beschäftigten Ghanaer, 5 bis 10 Jahre im Ausland zu arbeiten, ihr Einkommen zu sparen und dann nach Ghana zurückzukehren, um sich und der Familie eine eigene Existenz aufzubauen; jeden Monat überweisen sie Geld nach Hause zur Unterstützung der Familie und – im Fall eines irregulären Aufenthalts – auch deshalb, um ihr Geld vor den Migrationsbehörden in

---

158 *Steve Tonah*, Ghanaians Abroad and their Ties Home: Cultural and Religious Dimensions of Transnational Migration, Working Paper, COMCAD 2007, S. 6 f.

159 *Miriama Awumbila* u.a., Migration Country Paper: Ghana, Centre for Migration Studies University of Ghana, 2008, S. 6 f.

160 *John A. Arthur*, The African Diaspora in the United States and Europe: The Ghanaian Experience, 2008, S. 140.

161 Ebenda.

Sicherheit zu bringen, für den Fall, dass sie aufgegriffen werden.[162] Unabhängig davon, welche beruflichen Tätigkeiten die Rückkehrer nach der Rückkehr ausüben, steht eines fest: Durch ihre Rückkehr verändern sie die ökonomische Landschaft des Landes, da sie für sich und andere neue Möglichkeiten schaffen, die bis dahin allein den Wohlhabenden vorbehalten waren.[163] Sowohl der einzelne Rückkehrer, dessen Arbeitschancen erheblich steigen, als auch das Heimatland profitieren von dem im Ausland erworbene Wissen und den Erfahrungen.[164] Die hohe Arbeitslosenrate in der Heimat scheint die Rückkehrentscheidung nicht maßgeblich zu beeinflussen; was sich wohl damit erklären lässt, dass die Mehrheit der Rückkehrer selbständig tätig werden und selbst Leute einstellen.[165] Ein problematischer Aspekt stellt jedoch die tatsächliche Verwirklichung des Rückkehrwunsches dar. Denn obwohl die meisten Migranten einen temporären Auslandsaufenthalt beabsichtigen, bleibt es in ihrer Vorstellung oft vage und unklar, wann und unter welchen Voraussetzungen diese Rückkehr stattfinden soll. So wollen die meisten Migranten zwar zurückkehren, sobald sie ihre wirtschaftlichen oder sonstigen Ziele erreicht haben, doch sind die meisten nicht dazu in der Lage, genau zu artikulieren, wann dies der Fall ist. Für manche von Heimweh geplagten Migranten wird die beabsichtigte Rückkehr nach Hause gar zu einer Art Mythos, einer puren Überlebensstrategie, um den Alltag in der Ferne weiterhin zu meistern.[166] Besonders schwierig gestaltet sich die Rückkehrentscheidung schließlich für diejenigen, die im Ausland keine Arbeit finden bzw. arbeitslos werden. Da sie nicht mehr genug Geld ansparen können, kann sich die Rückkehr erheblich verzögern. Noch problematischer stellt sich die Lage schließlich für irreguläre Migranten dar. Auf sie wirkt sich die Arbeitslosigkeit in der Regel am stärksten auf die Rückkehrentscheidung aus. Da sie nicht einmal mehr dazu in der Lage sind ihre Rückreise zu finanzieren, werden Rückkehrpläne immer weiter verschoben bzw. niemals verwirklicht. Manche kehren erst durch eine zwangsweise Rückführung ins Heimatland zurück.[167] Potentielle Rückkehrer wägen den wirtschaftlichen, sozialen und kulturellen Lebensstandard in der Aufnahmegesellschaft mit demjenigen zu Hause ab. Die meisten Rückkehrer

---

162 Ebenda.

163 Ebenda, S. 141 ff.

164 *Miriama Awumbila* u.a. Migration Country Paper: Ghana, Centre for Migration Studies University of Ghana, 2008, S. 17.

165 *John A. Arthur*, The African Diaspora in the United States and Europe: The Ghanaian Experience, 2008, S. 148 f.

166 Ebenda, S. 150.

167 Ebenda, S. 144 f.

schaffen es, ihren Lebensstandard im Vergleich zu demjenigen, den sie im Ausland gelebt haben, zu verdoppeln. Das Einkommen von Rückkehrern ist im Vergleich zu ihren Landsleuten, die nicht im Ausland waren, höher. Sie prägen mit ihrer Rückkehr sehr stark die kulturelle Landschaft ihres Heimatlandes.[168]

F. Internationale Migration aus afrikanischer Perspektive

„*Africa is losing his brightest and his best to other parts of the world*".[169] Das Problem des Brain-Drain gilt als eine der größten Herausforderungen Afrikas.[170] Die durch den globalisierten Arbeitsmarkt eröffneten Möglichkeiten veranlassen eine wachsende Anzahl von Personen mit beruflicher Qualifikation zur Arbeit ins Ausland abzuwandern, wobei diese Wanderungsbewegungen nicht nur in Richtung der Industrieländer, sondern auch innerhalb Afrikas stattfinden.[171] Und dennoch: In ihrer umfassenden Analyse über die Auswirkungen der internationalen Migration auf die Entwicklung Afrikas kommt die *Economic Commission for Africa* (ECA) zu dem Schluss, dass die internationale Migration insgesamt ein Entwicklungsmotor für den Kontinent darstellt.[172] Während sich die Migrationsforschung mit der traditionellen „Brain-Drain"-Theorie lange Zeit auf die negativen Folgen der Abwanderung von Fachkräften auf Gesellschaft und Wirtschaft der Herkunftsländer konzentrierte, beschäftigen sich neuere Forschungsansätze zunehmend mit den positiven Auswirkungen der Migration. Die positiven Effekte der Ko-Entwicklung (Co-Development) werden durch drei Mechanismen erklärt: Die positivsten Auswirkungen werden den Rücküberweisungen in die Entwicklungsländer zugeschrieben, die dazu beitragen können, die Armut in den Herkunftsländern zu mildern und Entwicklung zu fördern. Zweitens wird den Diasporagemeinden eine Brückenfunktion beim Aufbau von Handelsbeziehungen, Kapitaltransfer und Know-how zugesprochen und drittens gewinnt die sog. Brain-Gain-Theorie an Bedeutung, die besagt, dass zurückkehrende Migranten ihr im Ausland erworbenes Wissen und ihre Fähigkeiten

---

168 Ebenda, S. 142.

169 ECA, International Migration and Development: Implications for Africa, Economic Commission for Africa, Addis Ababa, 2006.

170 Ebenda.

171 Bericht der Weltkommission für Internationale Migration (GCIM), Migration in einer interdependenten Welt: Neue Handlungsprinzipien, Global Commission on International Migration, 2005, S. 24.

172 ECA, International Migration and Development: Implications for Africa, Economic Commission for Africa, Addis Ababa, 2006.

gewinnbringend im Herkunftsland einbringen können. Die Untersuchung der Zusammenhänge zwischen Rückkehrmigration und Entwicklung ist ein relativ junges Forschungsfeld.[173] Rückkehrer werden heute verstärkt als bedeutende Akteure in ökonomischen, soziopolitischen wie auch kulturellen Entwicklungsprozessen ihrer Herkunftsgesellschaften gesehen, einerseits indirekt durch finanzielle Transferzahlungen ins Heimatland, andererseits durch temporäre oder auch dauerhafte Rückkehr und damit einhergehenden Investitionen, Transfer von Wissen sowie Transfer von sozialem bzw. kulturellem Kapital und Unternehmertum.[174] Migranten, die in ihre Heimat zurückkehren, können ihr im Ausland erlangtes Wissen für die Entwicklung ihres Heimatlandes nutzbar machen. Dies bezieht sich einerseits auf berufliches Fachwissen, andererseits auch auf Grundwerte wie Meinungsfreiheit, Pluralismus und Demokratie.[175] Ob Migranten temporär oder dauerhaft zurückkehren, sie bringen Fähigkeiten, Erfahrungen und Kontakte mit, die in einer globalen, wissensbasierenden Wirtschaft von entscheidendem Vorteil sind.[176] In vielen afrikanischen Ländern existieren heute Hunderte von kleinen und mittelständischen Betrieben, die von Rückkehrern und zirkulären Migranten gegründet wurden. In vielen Fällen wurden diese Unternehmen gegründet und betrieben unter Zuhilfenahme des Vermögens, der Ideen und Fähigkeiten, die im Ausland gewonnen wurden.[177] Im Mittelpunkt der Diskussion über die positiven Auswirkungen von internationaler Migration auf die Herkunftsländer stehen aber die in den letzten Jahrzehnten enorm angestiegenen Rücküberweisungen. In 2012 beliefen sich die offiziellen, in die Entwicklungsländer fließenden Rücküberweisungen laut Schätzungen der Weltbank auf 389 Milliarden Dollar.[178] Ein beträchtlicher Anstieg im Vergleich zu 2004, als die Höhe dieser Rücküberweisungen noch bei 150 Milliarden US-Dollar lag. Hinzu kommen informelle Wege des Geldtransfers, die in Afrika besonders häufig

---

173 *Mirjam Laaser*, Rückkehr und Entwicklung – Folgen der Rückkehr im Herkunftsland, COMCAD Working Papers Nr. 36, 2008, S. 3.

174 Ebenda, S. 5 ff.

175 *Michael Hofmann*, BMZ, Migration als Chance begreifen, Tagungsbeitrag enthalten in der Publikation „Brain Drain oder Brain Gain – Die Migration Hochqualifizierter", Migration & Development, GTZ, 2003, S. 4 f.

176 Bericht der Weltkommission für Internationale Migration (GCIM), Migration in einer interdependenten Welt: Neue Handlungsprinzipien, Global Commission on International Migration, 2005, S. 23.

177 ECA, International Migration and Development: Implications for Africa, Economic Commission for Africa, Addis Ababa, 2006, S. 42.

178 Worldbank, Migration and Remittances Data, http://www.worldbank.org/migration.

genutzt werden und die nicht in die offiziellen Zahlen einbezogen sind; die Höhe des tatsächlichen Geldflusses wird daher bis auf das Doppelte der offiziellen Höhe geschätzt.[179] Rücküberweisungen fließen nicht nur von den reichen Industrieländern in die Entwicklungsländer. Vielmehr wurden etwa die Hälfte der in 2004 getätigten Rücküberweisungen von Migranten aus Entwicklungsländern getätigt, die in einem anderen Entwicklungsland arbeiteten.[180] Migrierende Frauen sowie geringer verdienende Migranten überweisen in der Regel einen höheren Anteil ihres Einkommens an ihre Angehörigen als andere Migranten.[181] Je länger die Migranten im Ausland leben, desto weniger Geld überweisen sie in ihr Heimatland.[182] Entwicklungsländer mit dem niedrigsten Nationaleinkommen („*low income countries*“[183]) erhalten den geringsten Anteil an den weltweiten Rücküberweisungen.[184] Da hierzu die meisten Länder Subsahara-Afrikas gehören, schneidet diese Region weltweit am Schlechtesten in Bezug auf die relative Höhe von Rücküberweisungen ab: In 2005 flossen lediglich 5 % der in die Entwicklungsländer fließenden Rücküberweisungen nach Subsahara-Afrika, wohingegen Nordafrika einen Anteil von 10 % erhielt.[185] Günstig für den Erhalt hoher Rücküberweisungen wirkt sich im Allgemeinen die geographische Nähe zu der Zielregion aus, da die Kosten der Migration dann am geringsten sind.[186] Nach Subsahara-Afrika, das von der weltweiten Wirtschaftskrise weniger betroffen war als andere Entwicklungsregionen der Welt, flossen in 2009 ca. 21

---

179 West Africa Observer, “West Africa, one year after the Crisis”, SWAC/OECD, No 3/4, July-December 2009, S. 13–19 (S. 17), http://www.oecd.org/swac/publications/44800213.pdf.

180 Bericht der Weltkommission für Internationale Migration (GCIM), Migration in einer interdependenten Welt: Neue Handlungsprinzipien, Global Commission on International Migration, 2005, S. 26.

181 Ebenda.

182 Ebenda, S. 26 ff.

183 Nach der Definition der Weltbank sind das Länder mit einem Bruttonationaleinkommen pro Kopf und Jahr von derzeit höchstens 1.035 US-Dollar, http://data.worldbank.org/about/country-classifications.

184 *Richard H. Adams*, International Remittances and the Household: Analysis and Review of Global Evidence, World Bank Policy Research Working Paper 4116, Februar 2007, S. 3 f.

185 ECA, International Migration and Development: Implications for Africa, Economic Commission for Africa, Addis Ababa, 2006, S. 75 f.

186 *Richard H. Adams*, International Remittances and the Household: Analysis and Review of Global Evidence, World Bank Policy Research Working Paper 4116, Februar 2007, S. 6 f.

Milliarden Dollar, davon allein 12,8 Milliarden nach Westafrika, wo das Niveau der Rücküberweisungen trotz Wirtschaftskrise konstant blieb. Letzteres Phänomen wird damit erklärt, dass westafrikanische Migranten in finanziell schlechteren Zeiten eher an den eigenen Lebenshaltungskosten im Aufenthaltsland sparen, als ihre finanzielle Unterstützung in die Heimat zu kürzen.[187] Hauptempfänger in Westafrika ist Nigeria. Das mit Abstand bevölkerungsreichste Land Afrikas erhält zwei Drittel aller in die Region fließenden Rücküberweisungen.[188] Auf die Volkswirtschaften vieler Subsahara-Staaten haben diese Geldflüsse trotz ihres weltweit relativ geringen Umfangs entscheidende Auswirkungen: Sie stellen in vielen Ländern einen beträchtlichen Anteil des Bruttoinlandsprodukts dar und übersteigen häufig den Umfang ausländischer Direktinvestitionen.[189] Dabei darf jedoch nicht übersehen werden, dass es sich bei den Rücküberweisungen um privates Vermögen und nicht um Entwicklungshilfe handelt.[190] Länder, die Rücküberweisungen erhalten, können in der Regel Armut reduzieren.[191] Haushalte mit Einkommen aus Auslandsüberweisungen investieren mehr in Bildung und unternehmerische Aktivitäten.[192] Doch kommen Rücküberweisungen nicht notwendigerweise den ärmsten Bevölkerungsteilen zu.[193] Da die Vorteile aus den getätigten Rücküberweisungen nicht gerecht aufgeteilt werden, kann es sein, dass die sozioökonomischen Unterschiede, die zwischen den einzelnen Haushalten, Gemeinden und Regionen existieren, noch verschärft werden.[194] Die Armutsreduzierung durch Rücküberweisungen ist dort am stärksten, wo sich auch die

---

187 West Africa Observer, "West Africa, one year after the Crisis", SWAC/OECD, No 3/4, July-December 2009, S. 13–19.

188 Ebenda, S. 18.

189 ECA, International Migration and Development: Implications for Africa, Economic Commission for Africa, Addis Ababa, 2006, S. 76 f.

190 Bericht der Weltkommission für Internationale Migration (GCIM), Migration in einer interdependenten Welt: Neue Handlungsprinzipien, Global Commission on International Migration, 2005, S. 27 f.

191 *Richard H. Adams*, International Remittances and the Household: Analysis and Review of Global Evidence, World Bank Policy Research Working Paper 4116, Februar 2007, S. 17; ECA, International Migration and Development: Implications for Africa, Economic Commission for Africa, Addis Ababa, 2006, S. 63.

192 *Richard H. Adams*, ebenda; ECA, ebenda, S. 43.

193 West Africa Observer, "West Africa, one year after the Crisis", SWAC/OECD, No 3/4, July-December 2009, S. 13–19 (S. 18).

194 Bericht der Weltkommission für Internationale Migration (GCIM), Migration in einer interdependenten Welt: Neue Handlungsprinzipien, Global Commission on International Migration, 2005, S. 28 f.

Ärmsten die Migration in die Industrieländer leisten können.[195] Schließlich hängt die positive Wirkung von Rücküberweisungen auch in erheblichem Maße von der Qualität der Regierungspolitik in den Herkunftsländern ab. Ohne gesunde Finanzsysteme, stabile Währungen, einem investitionsförderlichen Klima sowie einer ehrlichen Verwaltung ist es sogar im Falle des langfristigen Erhalts hoher Überweisungsbeträge unwahrscheinlich, dass diese zu einem nachhaltigen Wachstum beitragen.[196] Die positiven Auswirkungen der Rücküberweisungen können die in den Herkunftsländern durch internationale Migration entstandenen Verluste aber nicht immer ausgleichen. Denn es ist für einen afrikanischen Haushalt zwecklos, Rücküberweisungen zu erhalten, um Schul- und Gesundheitskosten zu tragen, wenn keine Lehrer oder Ärzte zur Verfügung stehen.[197] Für die Herkunftsländer kann die Abwanderung unverzichtbarer, qualifizierter Arbeitskräfte äußerst negative Folgen für Gesellschaft und Wirtschaft haben. Sie entzieht dem Staat Einnahmen und verhindert, dass die Herkunftsländer Gewinn aus den Investitionen, die sie in die Schul- und Ausbildung getätigt haben, ziehen können. Erschwerend kommt hinzu, dass zahlreiche Fachkräfte in die Industrieländer auswandern, um dort Tätigkeiten auszuüben, für die sie überqualifiziert sind, was sowohl für die Herkunfts- als auch für die Zielländer einen ökonomischen Verlust darstellt.[198] Schätzungen zufolge kostet jede Fachkraft, die Afrika verlässt, der Region 184.000 US-Dollar.[199] Bedenklich wird dies insbesondere, wenn hiervon verstärkt Sektoren wie Gesundheit und Bildung betroffen sind.[200] In einer Zeit, in der die meisten afrikanischen Länder verzweifelt nach Fachkräften suchen, wandern jährlich mehr als 20.000 qualifizierte Afrikaner in die Industrieländer aus.[201] Der Anteil der abwandernden

---

195 *Richard H. Adams*, International Remittances and the Household: Analysis and Review of Global Evidence, World Bank Policy Research Working Paper 4116, Februar 2007, S. 17.

196 Bericht der Weltkommission für Internationale Migration (GCIM), Migration in einer interdependenten Welt: Neue Handlungsprinzipien, Global Commission on International Migration, 2005, S. 28.

197 ECA, International Migration and Development: Implications for Africa, Economic Commission for Africa, Addis Ababa, 2006, S. 51 f.

198 Ebenda, S. 61.

199 Ebenda, S. 43.

200 Bericht der Weltkommission für Internationale Migration (GCIM), Migration in einer interdependenten Welt: Neue Handlungsprinzipien, Global Commission on International Migration, 2005, S. 23.

201 ECA, International Migration and Development: Implications for Africa, Economic Commission for Africa, Addis Ababa, 2006, S. 61.

Hochschulabgänger liegt in Afrika bei bis zu 70 %.[202] Schätzungen zufolge praktizieren zurzeit mehr Ärzte aus Malawi in der nordenglischen Stadt Manchester, als in ihrem gesamten Heimatland.[203] In Großbritannien waren in 2006 über 6.000 südafrikanische Ärzte registriert und in den Vereinigten Staaten praktizierten in 2002 etwa 5.300 Ärzte aus Subsahara-Afrika, die hauptsächlich aus Nigeria, Südafrika und Ghana stammten.[204] Die Ausbildung und das Verbleiben bzw. die Rückkehr einer angemessenen Zahl qualifizierten Personals ist daher für die meisten afrikanischen Länder zu einer Schlüsselaufgabe geworden.[205] Während die negativen Effekte der Abwanderung Hochqualifizierter auf die Entwicklung der Herkunftsländer in der Migrationsforschung umfassend untersucht wurden, ist den Auswirkungen nicht bzw. gering qualifizierter Migranten auf die Entwicklungsländer bisher allerdings kaum Beachtung geschenkt worden. Denn die Abwanderung von Arbeitskräften stellt für die Entwicklungsländer nicht notwendigerweise einen Verlust dar. Vielmehr trägt in vielen afrikanischen Ländern gerade die Auswanderung von weniger und nicht qualifizierten Menschen dazu bei, einen Überschuss an Arbeitskräften zu vermeiden sowie die Arbeitslosen- und Unterbeschäftigtenrate zu begrenzen.[206] Gefordert wird von afrikanischer Seite deshalb zu Recht, eine gesonderte und verstärkte Debatte über die positiven entwicklungspolitischen Effekte von gering oder nicht qualifizierten Migranten.[207] Die Kritik an der als restriktiv und selektiv wahrgenommenen europäischen Migrationspolitik wird lauter. So könne die Lösung in einer zunehmend globalisierten Welt nicht in der ohnehin kaum

202 In Cap Verde wanderten in 2000 etwa 70 %, in Somalia knapp 60 %, in Ghana 43 % und in Nigeria 36 % aller Hochschulabgänger auS. ECA, International Migration and Development: Implications for Africa, Economic Commission for Africa, Addis Ababa, S. 29 f.

203 Bericht der Weltkommission für Internationale Migration (GCIM), Migration in einer interdependenten Welt: Neue Handlungsprinzipien, Global Commission on International Migration, 2005, S. 24.

204 ECA, International Migration and Development: Implications for Africa, Economic Commission for Africa, Addis Ababa, 2006, S. 45 f.

205 Ebenda, S. 59 ff.

206 Bericht der Weltkommission für Internationale Migration (GCIM), Migration in einer interdependenten Welt: Neue Handlungsprinzipien, Global Commission on International Migration, 2005, S. 23.

207 ECA, International Migration and Development: Implications for Africa, Economic Commission for Africa, Addis Ababa, 2006, S. 63.

umsetzbaren Beschränkung der Mobilität von Arbeitskräften liegen.[208] Stattdessen gelte es, die positiven Auswirkungen von internationaler Migration in Zusammenarbeit zwischen Herkunfts- und die Zielländer zu maximieren.[209] Statt irreguläre Migration, die als Folge der Einschränkungen legaler Migrationsmöglichkeiten betrachtet wird, zu bekämpfen, müsse die Motivation, die hinter dieser Form der Migration stünde, berücksichtigt werden; diese Migranten würden viel Geld aufbringen und sehr große Gefahren auf sich nehmen, um im Ausland nach Arbeit zu suchen.[210] Dass eine Öffnung für Zuwanderer aus Afrika nicht stattfindet, obwohl man sich über die positiven demographischen Effekte von Zuwanderung auf die Zielländer einig sei, wird als Diskriminierung afrikanischer Migranten wahrgenommen.[211] Je restriktiver die Einreisepolitik gestaltet werde, desto höher stiegen die Kosten und Risiken der Migration und desto größer sei für den einzelnen Migranten die Gefahr zu scheitern und die in die Reise eingebrachten Investitionen zu verlieren. Ohnehin sei für viele Migrationswillige, die die gesetzlichen Anforderungen nicht erfüllten, die begründete Erwartung einer wirtschaftlichen Verbesserung Grund genug, zu migrieren.[212] Die Öffnung von Grenzen würde den freien Verkehr von Arbeitskräften erleichtern und es Migranten ermöglichen, ihr Heimatland so oft wie sie wollen zu besuchen, ohne befürchten zu müssen, dass ihnen die Rückkehr bei der Wiedereinreise verweigert würde. Eine solche Lösung könnte in der Tat zu mehr temporärer Migration und weniger dauerhafter Migration in die Industrieländer führen und einen verstärkten Beitrag von Migranten am Wachstum und Fortschritt von Entwicklungsländern leisten.[213]

---

208 ECA, International Migration and Development: Implications for Africa, Economic Commission for Africa, Addis Ababa, 2006, S. 9 f.; Bericht der Weltkommission für Internationale Migration (GCIM), Migration in einer interdependenten Welt: Neue Handlungsprinzipien, Global Commission on International Migration, 2005, S. 25.

209 ECA, ebenda, S. 36.

210 African Union, Draft Strategic Framework for a Policy on Migration in Africa, Addis Ababa, 2004, S. 11; ECA, ebenda, S. 69.

211 ECA, International Migration and Development: Implications for Africa, Economic Commission for Africa, Addis Ababa, 2006, S. 69, S. 9 f.

212 Ebenda, S. 11.

213 Ebenda, S. 110 f.

Kapitel II: Interne Dimension der EU-Arbeitsmigrationspolitik

A. Regelungskompetenzen der Europäischen Union

1. Zusammenarbeit der Gemeinschaft vor Amsterdam

Die auswärtige Migrationspolitik der Europäischen Union baut auf dem Recht und den Rechtsinstrumenten der Union auf. Maßgeblich für die Frage, ob Mobilitätspartnerschaften geeignet sind, Arbeitsmigration aus Afrika zu regeln, ist deshalb zunächst die Reichweite der Regelungskompetenzen der Union im Innenbereich sowie ihr Handlungsspielraum nach außen. Wenngleich die nationalstaatlichen Vorbehalte gegen eine gemeinsame Arbeitsmigrationspolitik bis heute groß sind, ist die Erkenntnis über die Notwendigkeit einer Zusammenarbeit auch in Fragen der Wirtschaftsmigration doch früh gereift. Mit ihrem Vorhaben, einen Raum ohne Binnengrenzen zu schaffen, in dem der freie Personenverkehr gewährleistet sein sollte, stellte sich bei den Mitgliedstaaten auch die Frage, wie der Wegfall der Binnengrenzkontrollen ausgeglichen werden könnte. Denn mit dem schrittweisen Abbau der Personenkontrollen an den gemeinsamen Grenzen durch das Schengener Übereinkommen[214] erhielten *de facto* auch Drittstaatsangehörige die Möglichkeit, sich frei innerhalb des Schengener Raums fortzubewegen. Ihr Aufenthalt in einem Vertragsstaat konnte damit auch Folgen für andere Vertragsstaaten haben. Im Schengener Übereinkommen von 1985 erklären sich die Vertragsparteien deshalb ausdrücklich bereit, Bemühungen zur Harmonisierung der Einreisebedingungen von Drittstaatsangehörigen zu unternehmen.[215] Auf Gemeinschaftsebene setzten die Innen- und Justizminister im Jahr 1986 die Ad-hoc-Gruppe Einwanderung ein, die Konzepte für ein gemeinsames einwanderungspolitisches Vorgehen ausarbeiten sollte.[216] Diese Ad-hoc-Gruppe war aus der sog. TREVI-Gruppe heraus entstanden, die zehn Jahr zuvor vom Europäischen Rat vor dem Hintergrund des wachsenden Terrorismus mit der Aufgabe betraut worden war, die Koordinierung der Innen- und Rechtspolitik

---

214 Schengener Übereinkommen zwischen den Regierungen der Staaten der Benelux-Wirtschaftsunion, der Bundesrepublik Deutschland und der Französischen Republik betreffend den schrittweisen Abbau der Kontrollen an den gemeinsamen Grenzen vom 14.6.1985, GMBl. 1986, S. 79.

215 Artikel 20 des Schengener Übereinkommens.

216 Vgl. hierzu *Marcus ter Steeg*, Das Einwanderungskonzept der EU, 2006, S. 68 f.

der Mitgliedsstaaten auf den Gebieten der inneren Sicherheit und öffentlichen Ordnung vorzunehmen.[217] Damit bildeten sich von Anfang an Strukturen, die die europäische Einwanderungspolitik in den Bereich der Gefahrenabwehr und der gemeinsamen Sicherung der Außengrenzen ansiedelte.[218] Auch die Kommission machte in ihrem im Jahr 1985 veröffentlichten Weißbuch zur Vollendung des Binnenmarktes deutlich, dass im Zuge der Öffnung der Binnengrenzen eine Angleichung von nationalstaatlichen Regeln für die Niederlassung, die Einreise und den Zugang zu Beschäftigung von Drittstaatsangehörigen erfolgen müsste.[219] Diese sollten freilich dazu dienen, eine unerwünscht hohe Zuwanderungsrate von Arbeitnehmern aus Drittländern zum Schutz des gemeinsamen Arbeitsmarktes zu verhindern.[220] Noch im selben Jahr führte die Kommission ein Mitteilungs- und Abstimmungsverfahren über die Wanderungspolitik gegenüber Drittländern ein, das alle Mitgliedstaaten verpflichten sollte, Mitteilung über „Maßnahmen gegenüber Arbeitnehmern aus Drittländern und ihren Familienangehörigen hinsichtlich Zuwanderung, Aufenthalt und Beschäftigung" sowie „geplante Abkommen mit Drittländern" zu machen.[221] Die Mitgliedstaaten sahen die Regelungskompetenzen der Kommission durch diese Maßnahme bei weitem überschritten. Jedoch wurde der von einigen Mitgliedstaaten angestrengte Rechtsstreit zugunsten der Kommission entschieden: Der Europäische Gerichtshof war der Auffassung, dass die Wanderungspolitik gegenüber Drittländern von der Zusammenarbeit zwischen den Mitgliedstaaten in sozialen Fragen im Sinne von Artikel 118 Absatz 1 des Vertrages umfasst werde.[222] Das Verfahren trat somit in Kraft. So zeichnete sich schon damals der bis heute andauernde Kompetenzstreit zwischen der Kommission und den Mitgliedstaaten über die Zuständigkeitsverteilung bei der Wirtschaftsmigration ab. Mit dem im Jahr 1992

---

217 *Johannes Velling*, Schengen, Dublin, Maastricht: Etappen auf dem Weg zu einer europäischen Immigrationspolitik, Working Paper, Zentrum für Europäische Wirtschaftsforschung (ZEW), März 1993, S. 3 f.

218 *Marcus ter Steeg*, Das Einwanderungskonzept der EU, 2006, S. 68 f.

219 Weißbuch der Kommission zur Vollendung des Binnenmarktes vom 14.6.1985, KOM 85 (310) endg. S. 15, Nr. 55.

220 *Marcus ter Steeg*, Das Einwanderungskonzept der EU, 2006, S. 71.

221 Entscheidung 85/381/EWG, Abl. Nr. L 217 vom 14.8.1985, S. 25.

222 EuGH, Urteil des Gerichtshofes vom 9. Juli 1987, C-281/85, Bundesrepublik Deutschland, Frankreich, Niederlande, Dänemark und Großbritannien gegen die Kommission der Europäischen Gemeinschaften, verbundene Rechtssachen 283/85, 284/85, 285/85 und 287/85.

unterzeichneten Vertrag von Maastricht[223] wurde aus der wirtschaftlichen Gemeinschaft eine politische Union. Die Einwanderungspolitik fand Eingang in die dritte Säule der Europäischen Union, die die Zusammenarbeit der Mitgliedstaaten im Bereich Justiz und Inneres umfasste. Zur Verwirklichung der Ziele der Union, insbesondere der Freizügigkeit, wurden die Asylpolitik, die Grenzpolitik sowie die Einwanderungspolitik zu Angelegenheiten von gemeinsamem Interesse erklärt.[224] Dabei umfasste der Bereich der Einwanderungspolitik die Einreise- und Aufenthaltsbedingungen von Drittstaatsangehörigen einschließlich der Familienzusammenführung und des Zugangs zur Beschäftigung sowie die Bekämpfung der illegalen Einwanderung, des illegalen Aufenthalts und der illegalen Arbeit von Staatsangehörigen dritter Länder. Eine gemeinschaftliche Regelungskompetenz ergab sich daraus nicht, da die Angelegenheiten ausschließlich im Bereich der dritten Säule der Union angesiedelt waren.[225]

2. Übertragung weitreichender Befugnisse durch den Amsterdamer Vertrag

a) Kompetenznorm

Durch den Amsterdamer Vertrag[226] wurde die europäische Einwanderungs- und Asylpolitik von der Regierungszusammenarbeit im Rahmen der dritten Säule auf die erste Säule übertragen. Die Europäische Gemeinschaft erhielt damit erstmals eigene Zuständigkeiten in der Einwanderungspolitik. Durch den neu eingefügten Titel IV EGV wurden der Gemeinschaft weitreichende Kompetenzen in den Bereichen „Visa, Asyl, Einwanderung und andere Politiken betreffend den freien Personenverkehr“ in konkurrierender Gemeinschaftskompetenz übertragen.[227] Die Zuständigkeiten im Bereich der Wirtschaftsmigration ergaben sich

223 Vertrag über die Europäische Union vom 7.2.1992, in Kraft getreten am 1.11.1993, ABl. EG Nr. C 191 vom 29.7.1992.

224 Titel VI (Bestimmungen über die Zusammenarbeit in den Bereichen Justiz und Inneres), Artikel K.1 Nr. 1 bis 3 EUV in der Fassung vom 7.2.1992.

225 Eine Ausnahme bildeten Visaangelegenheiten, die gem. Art. 100c EGV (konsolidierte Fassung 1992) in die erste Säule aufgenommen und damit in die Zuständigkeit der Gemeinschaft fielen.

226 Vertrag von Amsterdam zur Änderung des Vertrags über die Europäische Union, der Verträge zur Gründung der Europäischen Gemeinschaften sowie einiger damit zusammenhängender Rechtsakte vom 2.10.1997, in Kraft getreten am 1.5.1999, ABl. EG Nr. C 340 vom 10.11.1997.

227 Seit dem Vertrag von Lissabon ist von geteilter Zuständigkeit die Rede (Artikel 2, 4 AEUV).

aus Artikel 63 Nr. 3 a EGV, der die Gemeinschaft zu einwanderungspolitischen Maßnahmen berechtigte in den Bereichen

> *„Einreise- und Aufenthaltsvoraussetzungen sowie Normen für die Verfahren zur Erteilung von Visa für einen langfristigen Aufenthalt und Aufenthaltstitel, einschließlich solcher zur Familienzusammenführung, durch die Mitgliedstaaten."*

Angesichts der großen Vorbehalte einiger Mitgliedsländer – allen voran Deutschland – gegen eine gemeinschaftliche Regelungskompetenz im Bereich der Arbeitsmigration, war eine solche umfassende Kompetenzzuweisung keineswegs selbstverständlich. Doch wurde von den Mitgliedsländern durch mehrere Mechanismen dafür Sorge getragen, unerwünschte gemeinschaftliche Regelungen im Bereich der Arbeitsmigration zu verhindern: So wurde die Arbeitsmigration durch den Vertrag von Amsterdam zum einen nicht in diejenigen Regelungsbereiche aufgenommen, für die dem Rat ein zeitlich vorgegebener Handlungsauftrag erteilt wurde. Denn während dieser zum schrittweisen Aufbaus eines Raums der Freiheit, der Sicherheit und des Rechts den Handlungsauftrag erhielt, innerhalb eines Zeitraums von fünf Jahren einwanderungspolitische Maßnahmen zur Kontrolle an den Außengrenzen, der Vereinheitlichung der Visapolitik für Kurzaufenthalte, zur Bestimmung des für die Prüfung eines Asylantrages zuständigen Mitgliedstaates, Mindestnormen für den vorübergehenden Schutz von Flüchtlingen und Vertriebenen sowie Maßnahmen in Bezug auf die illegale Einwanderung und den illegalen Aufenthalt zu treffen (Artikel 61 EGV), waren Regelungen im Bereich der Arbeitsmigration ausdrücklich von der Fünfjahresfrist ausgenommen (Artikel 63 Abs. 3 Satz 2 EGV). Damit gehörte die Regelung der Arbeitsmigration zu den Bereichen, bei denen bereits bei Abschluss des Amsterdamer Vertrages unklar war, ob und wann gemeinschaftliche Rechtsakte erlassen werden würden.[228] Zweitens gab das in Artikel 67 EGV für einen Übergangszeitraums von fünf Jahren u.a. von Deutschland vertraglich ausbedungene Einstimmigkeitserfordernis jedem Mitgliedsland die Sicherheit, dass keine Entscheidung gegen seinen Willen getroffen werden konnte. Damit sollte jedes Mitgliedsland in die Lage versetzt werden, die Verabschiedung einer „unangemessen großzügigen, gemeinschaftlichen Einwanderungspolitik zu verhindern", um der „Notwendigkeit einer restriktiven Einwanderungspolitik auf Gemeinschaftsebene rechtlich uneingeschränkt Geltung zu verschaffen".[229] Die

228 *Wolfgang Weiß* in: Streinz (Hrsg.), Kommentar, EUV/EGV, 2003, Artikel 63 EGV, Rdnr. 72.

229 So *Christian Hilllgruber* in seiner Stellungnahme vom 14.5.2003 zur Anhörung des Innenausschusses des Deutschen Bundestages zum Entwurf des Zuwanderungsgesetzes

während der Amsterdamer Vertragsverhandlungen von den Mitgliedstaaten befürwortete Überführung der Einwanderungspolitik vom dritten in den ersten Pfeiler der Europäischen Union konnte somit nicht, wie teilweise gefordert, mit der Etablierung des Mehrheitsentscheidungsverfahrens verbunden werden.[230] Diese Hoffnungen zerschlugen sich jedoch, als sich die deutsche Bundesregierung entschloss, eine harte Linie in der Einwanderungs- und Asylpolitik zu vertreten und auf EU-Ebene am Einstimmigkeitsprinzip festzuhalten.[231] Auch der nach Ablauf des Fünfjahreszeitraums vorgesehene Übergang zum Mitentscheidungsverfahren setzte wiederum einen einstimmigen Ratsbeschluss voraus.[232] Der Europäische Rat beschloss in seinem Haager Programm in 2005, das Mitentscheidungsverfahren fortan auf alle migrationspolitischen Maßnahmen anzuwenden; hiervon ausgenommen wurde jedoch der Bereich der legalen Zuwanderung.[233] Damit wurde die Einstimmigkeitsregelung nach fünf Jahren durch das Prinzip der einfachen Mehrheit ersetzt. Die Beibehaltung des Einstimmigkeitserfordernisses im Bereich der Arbeitsmigration blieb jedoch erhalten. Drittens vergrößerten sich durch den Amsterdamer Vertrag zwar grundsätzlich die Mitwirkungsrechte des Europäischen Parlaments, als es im Rahmen des so genannten Mitentscheidungsverfahrens nach Ablauf einer Fünfjahresfrist in die Gesetzgebung zur Asyl- und Migrationspolitik einbezogen werden sollte, während bis 2005 lediglich das so genannte Anhörungsverfahren galt. Doch waren hiervon wiederum Gesetzesinitiativen zur legalen Migration ausgenommen, so dass hier weiterhin das so genannte Anhörungsverfahren galt. Das hatte zur Folge, dass das Parlament zwar Änderungsvorschläge einreichen konnte, der Rat aber keineswegs verpflichtet war, die Positionen des Parlaments in seine Richtlinien oder Verordnungen zu integrieren. Die Kommission beklagte mithin nicht zu Unrecht, dass durch die geschaffenen institutionellen Hindernisse nationale

---

in Bezug auf die europarechtlichen Vorgaben für die Regelung der Zuwanderung, S. 5, abrufbar unter: http://www.migration-online.de/data/stellungnahmeprofdrchristianhillgruber.pdf.

230 *Marcus ter Steeg*, Das Einwanderungskonzept der EU, 2006, S. 111 ff.

231 Ebenda, mit Verweis auf das Weißbuch zur Regierungskonferenz 1996, das einen guten Überblick über die Positionen der Mitgliedstaaten während der Amsterdamer Regierungskonferenz bietet, http://www.europarl.europa.eu/igc1996/pos-toc_de.htm.

232 Artikel 67 Abs. 2 EGV.

233 Haager Programm zur Stärkung von Freiheit, Sicherheit und Recht in der Europäischen Union, ABl. C 53 vom 3.3.2005, S. 3.

Interessen mitunter Vorrang vor den Tampere-Prioritäten – nämlich der Verwirklichung einer gemeinsamen Einwanderungspolitik – hätten.[234]

b) *Kompetenzstreit zwischen der EU und den Mitgliedstaaten*

Unter Geltung der Verträge von Amsterdam und Nizza gehörte der Umfang der Regelungskompetenz der Europäischen Union im Bereich der Arbeitsmigration zu den umstrittensten Rechtsfragen, die insbesondere in der deutschsprachigen Kommentarliteratur umfassend diskutiert wurde.[235] Dieser Streit wurde vor allem durch die Existenz einer Abweichungsklausel mit unklarer Reichweite geschürt. So regelte Artikel 63 Satz 2 EGV, dass einwanderungspolitische Maßnahmen, die vom Rat beschlossen worden sind, die Mitgliedstaaten nicht daran hindern,

> *„in den betreffenden Bereichen innerstaatliche Bestimmungen beizubehalten oder einzuführen, die mit diesem Vertrag und mit internationalen Übereinkünften vereinbar sind."*

Diese unklare Regelung warf die Frage auf, in welchem Umfang nationale Sonderregelungen der Mitgliedstaaten möglich sein sollten. Nach verbreiteter Auffassung wurde Artikel 63 Satz 2 EGV als eine Öffnungsklausel für nationale Sonderregelungen verstanden, die den Mitgliedstaaten ein Abweichen von dem auf der Grundlage von Artikel 63 Satz 1 Nr. 3 und 4 EGV erlassenen Sekundärrecht ermöglichen sollte.[236] Wenn und soweit nationales Recht andere Regelungen vorsehe, sollte Sekundärrecht in den Mitgliedstaaten allerdings keine Wirkung und keinen Anwendungsvorrang haben, da die Regelung sonst ins Leere laufen würde und sinnlos wäre.[237] Die Vorschrift berechtige die Mitgliedstaaten im Ergebnis dazu, Drittstaatsangehörigen ein Aufenthaltsrecht etwa aus arbeitsmarktpolitischen Überlegungen oder mangels ausreichender Existenzmittel zu verweigern, selbst wenn sekundäres Gemeinschaftsrecht eine Einwanderung in

---

234 Mitteilung der Kommission zum Raum der Freiheit, der Sicherheit und des Rechts: Bilanz des Tampere-Programms und Perspektiven vom 2.6.2004, KOM (2004) 401, S. 3.

235 *Marcus ter Steeg*, Das Einwanderungskonzept der EU, 2006, S. 326 ff.; *Daniel Thym* in: Grabitz/Hilf/Nettesheim (Hrsg.), Kommentar, EUV/AEUV, 2011, Artikel 79 AEUV, Rdnr. 43; *Jürgen Bast*, Aufenthaltsrecht und Migrationssteuerung, 2011, S. 147 ff.

236 *Malte Graßhof* in: Schwarze (Hrsg.), EU-Kommentar, 2009, Artikel 63 EGV, Rdnr. 37; *Winfried Brechmann* in: Callies/Ruffert (Hrsg.), Kommentar, EUV/EGV, 2007, Artikel 63 EGV, Rdnr. 48.

237 *Wolfgang Weiß* in: Streinz (Hrsg.), Kommentar, EUV/EGV, 2003, Artikel 63 EGV, Rdnr. 68; *Winfried Brechmann* in: Callies/Ruffert (Hrsg.), ebenda.

diesem Fall gestatten sollte.[238] Diese Auslegung der auf den Wunsch Deutschlands eingefügten Klausel hatte auch der frühere Bundeskanzler Kohl in einem Schreiben an den Ratspräsidenten vom 13.3.1998 für sich in Anspruch genommen, um politischen Forderungen der Länder zur Klarstellung der Öffnungsklausel entgegenzukommen.[239] Einer solchen Auslegung, die den Anwendungsvorrang des europäischen Rechts aushebelte, wurde jedoch zu Recht das Erfordernis der Vertragskonformität entgegengehalten, die auch die Übereinstimmung mit erlassenem Sekundärrecht einschließt.[240] So können einzelstaatliche Vorschriften nicht Vorrang vor erlassenem Sekundärrecht beanspruchen, um unerwünschte Zuwanderung zu verhindern, sondern bedürfen gemeinschaftlicher Abstimmung und Akzeptanz.[241] Die äußerst unklare Sonderregelung des Artikels 63 Satz 2 EGV ist durch den Lissabonner Vertrag weggefallen und der Streit über ihre Auslegung damit an sich obsolet geworden. Doch wurde mit Artikel 79 Abs. 5 AEUV eine andere Ausnahmebestimmung in den Vertrag aufgenommen, die den Streit über die Reichweite der EU-Zuständigkeiten im Bereich der Wirtschaftsmigration, wie im Folgenden deutlich wird, teilweise weiterträgt.

3. Regelungskompetenzen nach dem Vertrag von Lissabon

Der am 1. Dezember 2009 in Kraft getretene Vertrag von Lissabon[242] hat die verfahrensrechtlichen und institutionellen Rahmenbedingungen für die Entwicklung einer gemeinsamen Arbeitsmigrationspolitik erheblich verbessert. Insbesondere können zukünftig alle Beschlüsse zur Migrationspolitik im Wege des ordentlichen Gesetzgebungsverfahrens gefasst werden, da das in Artikel 67 EGV

---

238 *Malte Graßhof* in: Schwarze (Hrsg.), EUV/EGV, 2009, Artikel 63 EGV, Rdnr. 37; *Winfried Brechmann* in: Callies/Ruffert (Hrsg.), EUV/EGV, 2007, Artikel 63 EGV, Rdnr. 48.

239 *Winfried Brechmann* in: Callies/Ruffert (Hrsg.), ebenda.

240 *Albrecht Weber*, Möglichkeiten und Grenzen europäischer Asylrechtsharmonisierung vor und nach Amsterdam, Zeitschrift für Ausländerrecht (ZAR) 1998, S. 147–152 (S. 151).

241 Ebenda; so im Ergebnis u.a. auch *Kay Hailbronner*, European Immigration and Asylum Law under the Amsterdam Treaty, Common Market Law Review (CMLRev) 35, 1998, S. 1047–1067 (S. 1051) sowie *Michael Wollenschläger*, Das Asyl- und Einwanderungsrecht der EU, EuGRZ 2001, 354–363 (S. 358); *Jürgen Bast*, Aufenthaltsrecht und Migrationssteuerung, 2011, S. 148.

242 Vertrag von Lissabon zur Änderung des Vertrags über die Europäische Union und des Vertrags zur Gründung der Europäischen Gemeinschaft vom 13.12.2007, in Kraft getreten am 1.12.2009, ABl. EU C 306 vom 17.12.2007.

enthaltene Einstimmigkeitsgebot weggefallen ist. Die Beschlussfassung im Rat wird damit erheblich erleichtert. Schließlich sind die gerichtlichen Kontrollmöglichkeiten verstärkt worden. Dem Europäischen Gerichtshof obliegt fortan die gerichtliche Nachprüfung aller Aspekte des Raums der Freiheit, der Sicherheit und des Rechts. Die Einwanderungspolitik der Europäischen Union hat durch den Vertrag von Lissabon aber auch politisch erheblich an Bedeutung gewonnen. Artikel 79 AEUV, der die Einwanderungspolitik fortan in einem eigenständigen Artikel verankert, hält als ausdrückliches politisches Ziel die „Entwicklung einer gemeinsamen Einwanderungspolitik" fest. Hingegen war vor Lissabon lediglich von „einwanderungspolitischen Maßnahmen" die Rede. Der Handlungs- und Gestaltungsauftrag der Europäischen Union umfasst drei Regelungsbereiche:

- wirksame Steuerung der Migrationsströme
- angemessene Behandlung von Drittstaatsangehörigen, die sich rechtmäßig in einem Mitgliedstaat aufhalten
- Verhütung und verstärkte Bekämpfung von illegaler Einwanderung und Menschenhandel

Nach dem Grundsatz der begrenzten Einzelermächtigung wird die Union nur innerhalb der Grenzen der Zuständigkeiten tätig, die die Mitgliedstaaten ihr in den Verträgen zur Verwirklichung der darin niedergelegten Ziele übertragen haben (Artikel 4 Absatz 1, Artikel 5 Absatz 2 EUV). Maßnahmen, die den Raum der Freiheit, der Sicherheit und des Rechts betreffen, sind von der Union nach Artikel 4 AEUV in „geteilter" Zuständigkeit mit den Mitgliedstaaten auszuüben. Der Begriff der „geteilten Zuständigkeiten" wurde mit dem Vertrag von Lissabon neu in die Verträge eingeführt und ersetzt den früheren Begriff der „konkurrierenden Zuständigkeiten". Dabei stellt der neue Terminus der „geteilten Zuständigkeit" vorrangig auf die Kompetenzteilung zwischen der Union und den Mitgliedstaaten ab, spiegelt jedoch nur unzureichend die Sperrwirkung wider, die im Fall der Kompetenzausübung der Union erfolgt.[243] Denn zwar können sowohl die Mitgliedstaaten als auch die Union im Bereich der geteilten Kompetenzen gesetzgeberisch tätig werden und verbindliche Rechtsakte erlassen, doch dürfen die Mitgliedstaaten nur tätig werden, sofern und soweit die Union ihr Zuständigkeit nicht ausübt (Artikel 2 Absatz 2 AEUV). Die Union hat im Bereich der geteilten Kompetenzen aber den Grundsatz der Subsidiarität zu beachten (Artikel 5 Absatz 1 Satz 2 und Absatz 3 EUV). Sie darf also nur tätig

243 *Albrecht Weber* in: Blanke/St. Mangiameli (Hrsg.), The Treaty on European Union (TEU), Kommentar zum EUV, 1. Aufl., 2013, Artikel 5, Rdnr. 19.

werden, sofern und soweit die Ziele der in Betracht gezogenen Maßnahmen von den Mitgliedstaaten nicht ausreichend verwirklicht werden können und auf Unionsebene besser zu verwirklichen sind. Die im Lissabonner Vertrag für den Bereich des Einwanderungsrechts einschlägige Kompetenznorm ist Artikel 79 Absatz 2 a AEUV. Diese entspricht weitestgehend Artikel 63 Nr. 3 a EGV,[244] weist der Europäischen Union also dieselben Regelungskompetenzen im Bereich der Arbeitsmigration zu, wie sie ihr durch den Amsterdamer Vertrag erstmals übertragen wurden. Die Sonderregelung des Artikels 63 Satz 2 EGV ist weggefallen. Doch wurde mit Artikel 79 Abs. 5 AEUV eine andere Ausnahmebestimmung in den Vertrag aufgenommen, die die Regelungsbefugnisse der Union empfindlich einschränkt:

> *„Das Recht der Mitgliedstaaten festzulegen, wie viele Drittstaatsangehörige aus Drittländern in ihr Hoheitsgebiet einreisen dürfen, um dort als Arbeitnehmer oder Selbständige Arbeit zu suchen, bleibt unberührt“.*

Die Bestimmung normiert eine Berechtigung der Mitgliedstaaten zur *quantitativen Migrationssteuerung*.[245] Die Vorschrift behält es vertraglich ausdrücklich den Mitgliedstaaten vor, den *Umfang* der Arbeitsmigration festzulegen.[246] Der Vorbehalt bezieht sich nur auf mengenmäßige Regelungen.[247] Die Vorschrift stellt klar, dass die Kompetenzen der Union nicht so ausgeübt werden dürfen, dass das Recht der Mitgliedstaaten zur Regelung des quantitativen Zugangs zum Arbeitsmarkt beeinträchtigt wird.[248] Weitergehende Einschränkungen der Zuständigkeiten der Union zugunsten einer Erweiterung des Kompetenzbereichs der Mitgliedstaaten lassen sich aus Artikel 79 Abs. 5 AEUV trotz teilweise gegenteiliger Auffassung[249] allerdings nicht entnehmen.[250] Umso erstaunlicher ist es, wie hartnäckig in der Literatur trotz Klarstellung durch den europäischen Gesetzgeber teilweise an früheren Auffassungen und Streitfragen festgehalten

---

244 Lediglich „Verfahren zur Erteilung“ wurde durch „Erteilung“ ersetzt.

245 *Daniel Thym* in: Grabitz/Hilf/Nettesheim (Hrsg.), EUV/AEUV, Stand Mai 2014, Artikel 79 AEUV, Rdnr. 45.

246 *Jan Hecker*, Zur Europäisierung des Ausländerrechts, ZAR 2011, S. 46 (47); *Matthias Rossi* in: Calliess/Ruffert (Hrsg.), EUV/AEUV, 2011, Artikel 79 AEUV, Rdnr. 34.

247 *Malte Graßhof* in: Schwarze (Hrsg.), EUV/AEUV, 3. Aufl., 2012, Artikel 79, Rdnr. 26.

248 *Matthias Rossi* in: Calliess/Ruffert (Hrsg.), EUV/AEUV, 4. Aufl., 2011, Artikel 79 AEUV, Rdnr. 34.

249 *Kotzur* in: Geiger/Khan/Kotzur, Kommentar, EUV/AEUV, 2010, Artikel 79 AEUV, Rdnr. 12; *Rosenau/Petrus* in: Vedder/Heintschel von Heinegg (Hrsg.), Europäisches Unionsrecht, 2012, Artikel 79 AEUV, Rdnr. 14.

250 Wolfgang Weiß in Streinz, 2. Aufl. 2012, EUV/AEUV, Artikel 79 AEUV, Rdnr. 48 ff.

wird.[251] Die Frage, inwieweit eine Steuerung der Arbeitsmigration auf europäischer Ebene angestrebt werden sollte, wird unter dem Lissabonner Vertrag mit politischen, nicht mit kompetenzrechtlichen Argumenten zu führen sein.[252]

B. Entwicklung einer gemeinsamen EU-Arbeitsmigrationspolitik

1. Fehlender politischer Wille bei den Mitgliedstaaten

a) Politische Vorgaben durch das Tampere-Programm

Bis in die 1990er Jahre hinein basierte die Einwanderungspolitik der Gemeinschaft und ihrer Mitgliedstaaten auf dem Prinzip der Nullzuwanderung. Das vorrangige politische Ziel bestand deshalb in der Beschränkung der Einreise von Drittstaatsangehörigen. Eine aktive Zuwanderungspolitik wurde von keinem Mitgliedsland betrieben. Aufgrund der hohen Arbeitslosigkeit, so der Rat, müsse eine gemeinsame Einwanderungspolitik „zwangsläufig restriktiv" sein; die Zulassung zum Zweck einer vorübergehenden Beschäftigung könne daher „nur als strikte Ausnahme in Aussicht genommen werden".[253] Vor diesem Hintergrund und gestärkt durch die mit dem Amsterdamer Vertrag neu gewonnenen Regelungskompetenzen im Bereich der Migrationspolitik findet im Oktober 1999 im finnischen Tampere der Gipfel des Europäischen Rates statt.[254] Dieses Treffen stellt neue Weichen für eine gemeinsame Migrationspolitik.[255] Die Staats- und Regierungschefs sprechen sich in ihrem Mehrjahresprogramm zur Schaffung eines Raums der Freiheit, der Sicherheit und des Rechts für die Notwendigkeit der Entwicklung einer gemeinsamen Migrationspolitik aus und formulieren als Bestandteile der zukünftigen europäischen Migrationspolitik:[256]

---

251 Vgl. etwa *Kotzur* in: Geiger/Khan/Kotzur, Kommentar, EUV/AEUV, 2010, Artikel 79 AEUV, Rdnr. 12.

252 *Jürgen Bast,* Aufenthaltsrecht und Migrationssteuerung, 2011, S. 152.

253 Entschließung des Rates vom 20.6.1994 über die Beschränkungen für die Einreise von Staatsangehörigen dritter Länder in die Mitgliedsstaaten zur Ausübung einer Beschäftigung, Abl. EG Nr. C 274 v. 19.9.1996, S. 3–6 (S. 3).

254 Europäischer Rat (Tampere) vom 15./16.10.1999, Schlussfolgerungen des Vorsitzes.

255 Ausführlich hierzu *Marcus ter Steeg,* Das Einwanderungskonzept der EU, 2006, S. 205 ff.

256 Diese Elemente wurden teilweise wortgleich in Artikel 79 Abs. 1 AEUV aufgenommen.

- die Partnerschaft mit den Herkunftsländern,
- ein gemeinsames Europäisches Asylsystem,
- die gerechte Behandlung von Drittstaatsangehörigen sowie
- die Steuerung der Migrationsströme.

Das geringe Interesse der Mitgliedstaaten an der Entwicklung einer gemeinsamen Arbeitsmigrationspolitik lässt sich unschwer an den vier Schwerpunktbereichen der angestrebten europäischen Migrationspolitik erkennen. So findet sich der Bereich der Arbeitsmigration etwas versteckt unter der „gerechten Behandlung von Drittstaatsangehörigen" wieder, was sich nicht ohne weiteres aus der Formulierung erschließen lässt. Hingegen betrifft die „Steuerung der Migrationsströme" ausschließlich Maßnahmen gegen die irreguläre Migration. Der Europäische Rat beschränkt sich in seinen Vorgaben an die Kommission denn auch trotz der durch den Amsterdamer Vertrag neu gewonnen Befugnisse zur Regelung der Einreise- und Aufenthaltsbedingungen von Arbeitsmigranten darauf, Vorschläge in Bezug auf die „Annäherung" der einzelstaatlichen Rechtsvorschriften über die Bedingungen für die Aufnahme und den Aufenthalt von Drittstaatsangehörigen zu unterbreiten.[257] Vor dem Hintergrund der Terroranschläge vom 11. November finden im Dezember 2001 die Beratungen des Europäischen Rates in Laeken statt. Der Europäische Rat verpflichtet sich, auf der Grundlage der Schlussfolgerungen von Tampere innerhalb kürzester Zeit eine gemeinsame Asyl- und Einwanderungspolitik zu beschließen, die „das notwendige Gleichgewicht zwischen dem Schutz der Flüchtlinge, dem legitimen Wunsch nach einem besseren Leben und der Aufnahmekapazität der Union und ihrer Mitgliedstaaten" wahren soll. Die Staats- und Regierungschefs fordern neben einer effizienteren Kontrolle der Außengrenzen ein neues Konzept zur Beschleunigung einer „echten" gemeinsamen Asyl- und Einwanderungspolitik.[258] Allerdings beschränken sich die Forderungen auf gemeinsame Normen in den Bereichen Asyl und Familienzusammenführung. Von einer Harmonisierung der Arbeitsmigrationspolitik scheint man noch weit entfernt, wenngleich die gesetzlichen Rahmenbedingungen hier bereits einen Schritt voraus sind. Dennoch sehen sich die Mitgliedstaaten durch den Wegfall der Binnengrenzkontrollen zunehmend „dazu gezwungen", eine gemeinsame Asyl-, Flüchtlings- und Einwanderungspolitik zu entwickeln, „um nicht vollends die Kontrolle über Asylsuchende, Flüchtlinge und Zuwanderer zu verlieren, die

---

257 Europäischer Rat (Tampere), Tagung vom 15./16.10.1999, Schlussfolgerungen des Vorsitzes, Rdnr. 20.

258 Europäischer Rat (Laeken), Tagung vom 14./15.12.2001, Schlussfolgerungen des Vorsitzes, Rdnr. 38 ff.

sich über die nationalen Grenzen hinweg frei bewegen können, wenn sie nur in einem Mitgliedstaat Aufnahme gefunden haben".[259] Doch während die Europäische Union im Inneren zusammenwächst, nehmen die Abschottungstendenzen nach außen hin zu.

b) Vorstöße der Kommission zur Harmonisierung der Wirtschaftsmigration

Anders als die im Europäischen Rat vertretenen Mitgliedsländer setzt sich die Kommission schon früh für eine gesteuerte Zuwanderung im Rahmen einer gemeinschaftlichen Arbeitsmigrationspolitik ein. Vor dem Hintergrund der durch den Amsterdamer Vertrag neu erworbenen Gemeinschaftszuständigkeiten weist sie bereits im Jahr 2000 in zwei umfassenden Mitteilungen nachdrücklich auf die Notwendigkeit einer gesteuerten Aufnahme von Wirtschaftsmigranten hin.[260] Die Kommission vertritt die Auffassung, dass die Wirtschaftsmigration einen der Eckpfeiler der europäischen Migrationspolitik darstellt. Angesichts des drohenden Bevölkerungsrückgangs, der guten Wirtschaftsaussichten und des zunehmenden Mangels an qualifizierten Arbeitskräften sei eine Kehrtwende in der Migrationspolitik unumgänglich. Die Kommission weist darauf hin, dass einzelne Mitgliedsstaaten aufgrund des fortgesetzten Mangels an qualifizierten und unqualifizierten Arbeitskräften bereits damit begonnen hätten, Drittstaatsangehörige außerhalb der Union anzuwerben. Des Weiteren argumentiert die Kommission mit einem gestiegenen Einwanderungsdruck, der verstärkt von irregulärer Einwanderung begleitet werde. Die Kommission kommt vor diesem Hintergrund zu folgender Schlussfolgerung:

> *„Vor diesem Hintergrund, müssen wir uns entscheiden, ob wir daran festhalten wollen, dass die Union dem Einwanderungsdruck widerstehen muss, oder ob wir bereit sind zu akzeptieren, dass die Einwanderung nicht aufzuhalten ist und angemessen geregelt werden sollte".*[261]

---

259 So *Christian Hilllgruber* in seiner Stellungnahme vom 14.5.2003 zur Anhörung des Innenausschusses des Deutschen Bundestages zum Entwurf des Zuwanderungsgesetzes in Bezug auf die europarechtlichen Vorgaben für die Regelung der Zuwanderung, S. 5, abrufbar unter: http://www.migration-online.de/data/stellungnahmeprofdrchristianhillgruber.pdf.

260 Mitteilung der Kommission vom 22.11.2000 über eine Migrationspolitik der Gemeinschaft, KOM (2000) 757; vgl. *Marcus ter Steeg*, Das Einwanderungskonzept der EU, 2006, S. 208 ff., der sich ausführlich mit dieser Mitteilung befasst.

261 KOM (2000) 757, ebenda, S. 3.

Bereits im Juli 2001 prescht die Kommission mit einem weitreichenden Richtlinienvorschlag vor.[262] Die Richtlinie sieht Regelungen für die Neuzulassung von Arbeitsmigranten sowie für diejenigen Drittstaatsangehörigen vor, die noch keinen Anspruch auf einen gefestigten Aufenthaltstitel nach der Daueraufenthaltsrichtlinie haben. Die Kommission hält die Festlegung eines harmonisierten Rechtsrahmens auf Gemeinschaftsebene angesichts der deutlichen Unterschiede der Rechts- und Verwaltungsvorschriften der Mitgliedstaaten für unerlässlich. Sie spricht sich für ein flexibles Gesamtsystem aus, das mehrere Rechtsstellungen vorsieht und die Aufnahme von Wirtschaftsmigranten erleichtern solle, anstatt sie zu behindern. Durch die Richtlinie sollten gemeinsame Definitionen, Kriterien und Verfahren über die Bedingungen für die Einreise, den Aufenthalt sowie die Zulassung von Drittstaatsangehörigen zur Ausübung einer unselbständigen oder selbständigen Erwerbstätigkeit geregelt werden. Erfüllten Arbeitnehmer oder Selbständige aus Drittstaaten die aufgestellten Kriterien (Arbeitsvertrag, wirtschaftliche Erforderlichkeit etc.), so sollte ihnen ein Rechtsanspruch auf Erteilung eines Aufenthaltstitels zustehen, sofern die Mitgliedstaaten nicht Beschränkungen (z.B. Höchstgrenzen je Mitgliedstaat oder Beschränkungen aufgrund der öffentlichen Ordnung, Sicherheit oder Gesundheit) erlassen.

c) Ablehnung der Kommissionsvorschläge durch die Mitgliedstaaten

Da der Richtlinienvorschlag bei den Mitgliedsländern auf wenig Zustimmung stößt, unternimmt die Kommission mit ihrer Mitteilung über Einwanderung, Integration und Beschäftigung[263] im März 2003 einen erneuten Versuch, von der Notwendigkeit einer gemeinsamen und gleichzeitig weniger restriktiven Politik im Bereich der Arbeitsmigration zu überzeugen. Die Kommission argumentiert zum einen mit der wirtschaftlichen Erforderlichkeit von Zuwanderung und auf der anderen Seite damit, dass der Druck auf die Europäische Union durch einen Anstieg der irregulären Einwanderung zunehmen könnte, wenn bei den Verantwortlichen kein Umdenken im Hinblick auf die legale Einwanderung einsetzen würde. Engpässe auf dem Arbeitsmarkt, der globale Wettbewerb um die am besten qualifizierten Arbeitskräfte sowie die zunehmende Überalterung der Bevölkerung erforderten ein gemeinsames Handeln. Die größte Herausforderung

262 Vorschlag über eine Richtlinie des Rates über die Bedingungen für die Einreise und den Aufenthalt von Drittstaatsangehörigen zur Ausübung einer unselbständigen oder selbständigen Erwerbstätigkeit; KOM (2001) 386.

263 Mitteilung über Einwanderung, Integration und Beschäftigung vom 3.6.2003, KOM (2003) 336, S. 16.

werde darin bestehen, für den EU-Arbeitsmarkt geeignete Einwanderer zu rekrutieren, um so auch künftig für nachhaltige Produktivität und Wachstum zu sorgen. Hier gelte es, Zuwanderern ausreichend attraktive Rahmenbedingungen zu bieten, da es zu einem verstärkten Wettbewerb zwischen EU- und OECD-Ländern kommen werde. Interessant ist, dass die Kommission zu diesem Zeitpunkt noch gegen die Förderung zirkulärer und befristeter Migration argumentiert. So hält sie die zeitlich begrenzte oder saisonale Einwanderung in vielen Fällen für nicht realistisch, da die Erfahrungen der letzten Jahre gezeigt hätten, dass es äußerst schwierig sei, eine auf Zeit angelegte Zuwanderung umzusetzen. Zudem sollte nicht vergessen werden, dass es gegebenenfalls etwas Zeit brauche, bis sich die Zuwanderer integriert hätten und einen Beitrag zum Arbeitsmarkt leisten könnten. Darüber hinaus könnten die für die kommenden Jahre erwarteten demografischen Verwerfungen weitgehend nur über eine unbefristete Zuwanderung ausgeglichen werden. Die Kommission weist darauf hin, dass die rasche Verabschiedung der bereits vorgelegten Richtlinienentwürfe durch den Rat eine zentrale Voraussetzung für künftige Maßnahmen sei, da die Regelungen den Rechtsrahmen bildeten, in welchem die gesamte künftige Einwanderungspolitik eingebettet sein werde. So könne die nötige Transparenz und die Voraussetzungen für eine effiziente Aufnahme von Wirtschaftsmigranten in die Europäische Union geschaffen werden. Der Kommission gelingt es jedoch nicht, die Vorbehalte der Mitgliedstaaten gegen gemeinsame Regelungen im Bereich der Wirtschaftsmigration zu entkräften. Zu stark sind die nationalen Souveränitätsansprüche und zu groß die Befürchtungen vor einer unkontrollierbaren Öffnung der Grenzen für Wirtschaftsmigranten aus Drittstaaten. Trotz positiver Stellungnahmen der europäischen Institutionen kommt der Richtlinienentwurf bei den Beratungen im Rat über eine erste Lesung nicht hinaus und wird schließlich zurückgenommen.[264] Die Bilanz der Kommission über das Tampere-Programm fällt entsprechend negativ aus: Nach fast zwei Jahren Verhandlungen, so die Kommission, hätten die Mitgliedstaaten deutlich gemacht, dass der politische Wille für gemeinsame Regelungen im Bereich der Wirtschaftsmigration fehle. Der einzig mögliche Weg sei somit „eine Politik der kleinen Schritte".[265]

---

264 Vgl. zum Werdegang des interinstitutionellen Verfahrens sowie den Stellungahmen der Verfahrensbeteiligten unter: http://ec.europa.eu/prelex/detail_dossier_real.cfm?-CL=de&DosId=167020.

265 Mitteilung der Kommission vom 2.6.2004 über den Raum der Freiheit, der Sicherheit und des Rechts: Bilanz des Tampere-Programms und Perspektiven, KOM (2004) 401, S. 3.

2. Erste Schritte hin zu einer gemeinsamen Arbeitsmigrationspolitik

a) Politische Vorgaben durch das Haager Programm

Auf seiner Herbsttagung im November 2004 nimmt der Europäische Rat das Haager Programm, sein neues Mehrjahresprogramm für die Bereiche Justiz und Inneres an.[266] Vor dem Hintergrund einer zunehmenden Anzahl von Bootsmigranten aus Subsahara-Afrika und der Terroranschläge in Madrid konzentriert sich die europäische Migrationspolitik verstärkt auf gemeinsame Maßnahmen im Bereich der Grenzsicherung, der Eindämmung der irregulären Migration, der Rückkehr- und Rückübernahmepolitik sowie einer gemeinsamen europäischen Asylregelung. Trotz der Schwerpunktsetzung auf restriktive Maßnahmen wird dem Bereich der Arbeitsmigration im Haager Programm mehr Raum eingeräumt, als dies noch im Tampere-Programm der Fall war. Zwar formuliert auch das neue Programm keine konkreten Ziele in Bezug auf gemeinsame Regelungen zur Arbeitsmigration, doch halten die Staats- und Regierungschef erstmals ausdrücklich die positiven Auswirkungen der Arbeitsmigration fest und bestätigen, dass die Zuwanderung von Arbeitsmigranten eine wichtige Rolle bei der Förderung der wirtschaftlichen Entwicklung Europas spiele. Der Europäische Rat fordert die Kommission auf, einen Strategischen Plan zur legalen Zuwanderung vorzulegen, der Vorschläge zur Zulassung von Arbeitsmigranten enthalten soll. Als Grundlage des Strategischen Planes sollen die Ergebnisse der Beratungen über das Grünbuch zur Arbeitszuwanderung dienen, das unter Einbeziehung der EU-Institutionen, der Mitgliedstaaten und der Zivilgesellschaft eine Debatte über die Notwendigkeit und den Umfang gemeinschaftlicher Regelungen zur Aufnahme von Wirtschaftsmigranten anstoßen soll.[267] Das Haager Programm bringt somit abermals Bewegung in die Diskussion um eine gemeinsame Arbeitsmigrationspolitik und leitet eine langsame Abkehr vom Prinzip der Nullzuwanderung hin zu einer gemeinsamen Politik der gesteuerten Aufnahme von Arbeitsmigranten ein. Mag es am politischen Willen zur Umsetzung solcher gemeinsamer Regelungen auch noch fehlen.

---

266 Haager Programm zur Stärkung von Freiheit, Sicherheit und Recht in der Europäischen Union, Europäischer Rat (Brüssel), 4./5. 11.2004, Schlussfolgerungen des Vorsitzes, S. 11, Anlage I.

267 Grünbuch der Kommission vom 11.1.2005 über ein EU-Konzept zur Verwaltung der Wirtschaftsmigration, KOM (2004) 811.

b) *Strategischer Plan zur legalen Zuwanderung*

Nach dem Scheitern des ersten Richtlinienentwurfes soll ein umfassendes Konsultationsverfahren eine erneute Debatte über eine gemeinsame europäische Arbeitsmigrationspolitik anstoßen.[268] Im Januar 2005 legt die Kommission das Grünbuch über ein EU-Konzept zur Verwaltung der Wirtschaftsmigration vor, mit dem mögliche Optionen für einen legislativen Rahmen der EU im Bereich der Wirtschaftsmigration aufgezeigt werden sollen. Angesichts der Bedenken und Vorbehalte der Mitgliedstaaten gegenüber dem ursprünglichen Richtlinienvorschlag von 2001 wirft die Kommission zunächst die grundsätzliche Frage auf, ob überhaupt ein horizontales Vorgehen angestrebt wird, das sich entsprechend dem ursprünglichen Richtlinienvorschlag praktisch auf alle Drittstaatsangehörigen, die in die EU einreisen, erstreckt, oder lediglich sektorale Regelungen entwickelt werden sollen, die nur auf bestimmte Einwanderergruppen abstellen.[269] Nach Abschluss der öffentlichen Konsultation verabschiedet die Kommission im Dezember 2005 den Strategischen Plan zur legalen Zuwanderung.[270] Die Kommission legt darin einen „Fahrplan" zur Regelung der Wirtschaftsmigration für den noch verbleibenden Zeitraum des Haager Programms (2006–2009) fest.[271] Sie kommt nach Analyse der öffentlichen Diskussion zu dem Ergebnis, dass eine gemeinsame Strategie für die Wirtschaftsmigration zwar generell befürwortet werde. Ausreichende Unterstützung für eine umfassende horizontale Regelung zur Bestimmung der Zugangsbedingungen für alle Drittstaatsangehörigen, die Zugang zum Arbeitsmarkt der Mitgliedstaaten suchen, jedoch nicht vorhanden sei. Vielmehr seien im Zuge der öffentlichen Konsultation Gruppen von Arbeitnehmern ermittelt worden, für die spezifische Regelungen in Betracht kämen. Die Kommission sieht deshalb zwischen 2007 und 2009 ein Maßnahmenpaket von fünf Legislativvorschlägen vor, welches eine allgemeine Rahmenrichtlinie sowie vier spezifische Rechtsakte vorsieht, in denen die Zugangsbedingungen und –verfahren für wenige ausgewählte Kategorien von Arbeitsmigranten geregelt werden sollen. Das horizontale Instrument soll sich dabei auf einen gemeinsamen Rahmen hinsichtlich derjenigen Rechte beschränken, der allen bereits in einem Mitgliedstaat legal beschäftigen Drittstaatsangehörigen, die noch keinen Anspruch auf eine langfristige Aufenthaltsberechtigung haben, zu gewähren

---

268 Ebenda.

269 Ebenda, S. 5.

270 Mitteilung der Kommission vom 21.12.2005: Strategischer Plan zur legalen Zuwanderung, KOM (2005) 669.

271 Ebenda, Roadmap for the proposed measures, S. 14–16.

sind.[272] Regelungen über die Einreise- und Aufenthaltsvoraussetzungen von neu zuzulassenden Arbeitsmigranten sollen hingegen ausschließlich auf sektoraler Ebene erfolgen. Aufgrund des Mangels an hochqualifizierten Arbeitskräften sei hier insbesondere eine Richtlinie über die Bedingungen für die Einreise und den Aufenthalt hoch qualifizierter Arbeitnehmer zu erlassen. Dabei müsse der gravierende Mangel an medizinischen Fachkräften in Teilen Afrikas berücksichtigt werden.[273] In einer zweiten Richtlinie sieht der Strategische Plan Regelungen für die Einreise- und den Aufenthalt von Saisonarbeitnehmern vor, die vor allem in der Landwirtschaft, im Baugewerbe und im Tourismus benötigt werden. Damit soll einerseits gewährleistet werden, dass den Mitgliedstaaten die benötigten Arbeitskräfte zur Verfügung stehen und andererseits die Rechtsstellung der betreffenden Zuwanderer gesichert ist. Ein Konflikt mit Interessen der EU-Arbeitnehmer wäre bei dieser Zuwanderergruppe selbst bei hoher Arbeitslosigkeit kaum zu erwarten, da erfahrungsgemäß wenige EU-Bürger und in der EU ansässige Personen bereit seien, saisonale Tätigkeiten auszuüben. Der strategische Plan zur legalen Zuwanderung sieht schließlich noch zwei sektorale Richtlinien zur Regelung der Einreise und des befristeten Aufenthalts von innerbetrieblich versetzten Arbeitnehmern sowie von bezahlten Auszubildenden vor. Die Kommission spricht sich in ihrem Strategischen Plan nunmehr ausdrücklich für eine Förderung von zirkulärer Migration und Rückkehrmigration aus.[274] Sie begründet dies zum einen mit den positiven entwicklungspolitischen Auswirkungen, die zirkuläre Migration auf die Herkunftsländer habe.[275] Zirkuläre Migration sei aber auch als ein Beitrag zur Entwicklung der EU-Strategie im Bereich der Wirtschaftsmigration anzusehen, da sie den Arbeitsmarkterfordernissen in den Mitgliedstaaten Rechnung trage.[276] Die Europäische Union solle sich deshalb aktiv darum bemühen, interne Regelungen für eine befristete Migration auszuarbeiten sowie Bestimmungen über eine gesteuerte befristete und zirkuläre

272 Ebenda, S. 6 f.

273 Ebenda, S. 7.

274 Ebenda, S. 12.

275 Vgl. hierzu auch die Mitteilung der Kommission vom 1.9.2005 über Migration und Entwicklung: Konkrete Leitlinien, KOM (2005) 390.

276 Mitteilung der Kommission vom 21.12.2005: Strategischer Plan zur legalen Zuwanderung, KOM (2005) 669, S. 12. Vgl. hierzu auch die Mitteilung über die Konsolidierung des Gesamtansatzes zur Migrationsfrage: Für mehr Koordinierung, Kohärenz und Synergie vom 8.10.2008, KOM(2008) 611, in der sich die Kommission dafür ausspricht, im Bereich der Wirtschaftsmigration mehr Anreize für zirkuläre Migration zu schaffen.

Migration in einige der spezifischen Rechtsakte aufzunehmen. Damit nimmt die Kommission Abstand von ihrer noch im Jahr 2003 vertretenen ablehnenden Haltung gegenüber Modellen zirkulärer und befristeter Migration. Ungeachtet des im Haager Programm signalisierten Interesses sowie der Zustimmung des Europäischen Parlaments[277] stoßen die Kommissionsvorschläge bei den Mitgliedsländern abermals auf wenig positive Resonanz. In ihrer „Mitteilung über die Schritte zu einer gemeinsamen Einwanderungspolitik" zieht die Kommission deshalb im Dezember 2007 erneut eine sehr negative Bilanz.[278] So erklärt sie ihre bisherigen Bemühungen zur Regelung der Wirtschaftsmigration für gescheitert und plädiert für eine neuerliche Verpflichtung zur Entwicklung einer aus wirtschaftlicher und demografischer Sicht dringend notwendigen gemeinsamen Einwanderungspolitik. Ein branchenspezifisches Konzept – so die Kommission – scheine die einzige Möglichkeit zu sein, aus dieser Sackgasse herauszukommen und die Vorbehalte der Mitgliedstaaten, die die Arbeitsmarktpolitik nach wie vor als nationale Zuständigkeit betrachten würden, zu überwinden. Die Kommission fordert in einer weiteren grundlegenden Mitteilung über eine gemeinsame Einwanderungspolitik für Europa eine gemeinsame politische Vision vom weiteren Ausbau der europäischen Einwanderungspolitik.[279]

3. Abkehr von der Hypothese der Nullzuwanderung

a) Europäischer Pakt zu Einwanderung und Asyl

Noch im selben Jahr verabschiedet der Europäische Rat auf Initiative Frankreichs und in Vorbereitung auf das Stockholmer Programm den Europäischen Pakt zu Einwanderung und Asyl.[280] Der Pakt, der im Oktober 2008 in Paris feierlich angenommen wird, soll einen neuen Anstoß für die Entwicklung einer gemeinsamen europäischen Einwanderungs- und Asylpolitik geben. Tatsächlich geht die gemeinsame politische Erklärung, die rechtlich nicht bindende Leitlinien und Verpflichtungen enthält, bei näherer Betrachtung jedoch kaum über die bis dato

---

277 Bericht des Europäischen Parlaments vom 17.9.2007 über den strategischen Plan zur legalen Zuwanderung, http://www.europarl.europa.eu/sides/getDoc.do?type=REPORT&reference=A6-2007-0322&language=DE.

278 Mitteilung der Kommission vom 5.12.2007 über Schritte zu einer Gemeinsamen Einwanderungspolitik, KOM(2007)780, die eine gute Zusammenfassung der bis dato erfolgten Entwicklung bietet.

279 Mitteilung der Kommission vom 17.6.2008 über eine gemeinsame Einwanderungspolitik für Europa: Grundsätze, Maßnahmen und Instrumente, KOM (2008) 359.

280 Europäischer Pakt zu Einwanderung und Asyl vom 24.9.2008, Dokument-Nr. 13440/08.

festgelegten migrationspolitischen Ziele hinaus. Neu ist allerdings die Deutlichkeit, mit der sich die Mitgliedsländer ausdrücklich von der „Hypothese einer Null-Zuwanderung“ verabschieden. So wird internationale Migration als eine Realität anerkannt, die entscheidend zum wirtschaftlichen Wachstum der Europäischen Union beitragen könne. Die Gestaltung der legalen Migration wird ausdrücklich als migrationspolitisches Ziel genannt. Gleichzeitig enthält der Pakt aber die Warnung, dass die Union nicht über genügend Mittel verfügen würde, um alle Migranten, die sich hier ein besseres Leben erhoffen, würdig aufzunehmen. Die Gestaltung der legalen Migration habe deshalb unter Berücksichtigung der selbstbestimmten Prioritäten, Bedürfnisse und Aufnahmekapazitäten jedes Mitgliedstaates stattzufinden. Dabei sei unter Berücksichtigung des Potenzials an Arbeitskräften innerhalb der Europäischen Union mit den geeignetsten Mitteln eine Politik der Arbeitsmigration zu verwirklichen. Sollten sich die Mitgliedstaaten für die Zulassung von Arbeitsmigranten entscheiden, spricht sich der Pakt für eine Kontingentierung im Rahmen von Abkommen mit den Herkunftsländern aus, welche Bestimmungen zu den Möglichkeiten der legalen Migration, zur Bekämpfung der illegalen Einwanderung und zur Rückübernahme sowie zur Entwicklung der Herkunfts- und der Transitländer verknüpfen sollten. Bemerkenswert ist, dass der Pakt den Mitgliedsländern auch die Regelungskompetenz hinsichtlich der Einreisebedingungen zuspricht: Der Europäische Rat „erinnert daran, dass es Sache jedes Mitgliedstaates ist, über die für legale Migranten geltenden Voraussetzungen für die Einreise in sein Hoheitsgebiet zu entscheiden und gegebenenfalls deren Anzahl festzusetzen.“ Damit konterkariert der Pakt nicht nur die Bestrebungen der Kommission, gemeinschaftliche Regelungen im Bereich der Wirtschaftsmigration zu schaffen. Er unterläuft auch die der Europäischen Union durch den Amsterdamer Vertrag übertragenen und im Vertrag von Lissabon klargestellten Befugnisse zum Erlass von Einreise- und Aufenthaltsvoraussetzungen für den langfristigen Aufenthalt von Drittstaatsangehörigen.

b) Politische Vorgaben durch das Stockholmer Programm

Auf seiner Sitzung am 10./11. Dezember 2009, wenige Tage nach Inkrafttreten des Lissabonner Vertrages, nimmt der Europäische Rat das Stockholmer Programm an.[281] Nach dem neu in die Verträge eingefügten Artikel 68 AEUV legt das neue Mehrjahresprogramm nunmehr auch formal „die strategischen Leitlinien“ der gesetzgeberischen und operativen Programmplanung im Raum der Freiheit, der

---

281 Stockholmer Programm: Ein offenes und sicheres Europa im Dienste und zum Schutz der Bürger. ABl EU C 115 vom 4.5.2010.

Sicherheit und des Rechts fest. Die Entwicklung einer gemeinsamen Migrationspolitik nimmt im Stockholmer Programm viel Raum ein. Der Europäische Rat bekräftigt zunächst die Grundsätze und Verpflichtungen des Europäischen Pakts zu Einwanderung und Asyl, der als Grundlage für die weitere Entwicklung einer europäischen Migrationspolitik dienen soll. Das Stockholmer Programm spricht sich ausdrücklich für eine gesteuerte Zuwanderung aus. Ziel sei es, den Zugang zu Europa in einer globalisierten Welt effektiver und effizienter zu gestalten. Die Leitlinien der zukünftigen Politik im Bereich der Wirtschaftsmigration formuliert der Europäische Rat allerdings recht vorsichtig und allgemein: So „könne" vor dem Hintergrund der großen demografischen Herausforderungen, die mit einer steigenden Nachfrage nach Arbeitskräften einhergehe, die Zuwanderung von Arbeitskräften längerfristig einen wichtigen Beitrag zur Wettbewerbsfähigkeit und wirtschaftlichen Dynamik der Union leisten. Notwendig sei die Schaffung flexibler Aufnahmesysteme, mit denen auf die von jedem einzelnen Mitgliedstaat festgelegten Prioritäten, Bedürfnisse, Zahlen und Mengen reagiert werden soll. Bei diesen Regelungen sei den Zuständigkeiten der Mitgliedstaaten insbesondere für die Steuerung ihrer Arbeitsmärkte und dem Grundsatz der Unionspräferenz gebührend Rechnung zu tragen. Zur Umsetzung dieser Politik setzt der Europäische Rat vor allem auf die Fortsetzung des Strategischen Plans zur legalen Zuwanderung sowie der Konsolidierung geltender Rechtsvorschriften. Im April 2010 legt die Europäische Kommission den Aktionsplan zur Umsetzung der politischen Ziele des Stockholmer Programms vor.[282] Danach wird die Hauptaufgabe der nächsten Jahre in der Entwicklung einer gemeinsame Einwanderungs- und Asylpolitik liegen, die unter Achtung der Grund- und Menschenrechte neue, flexible Rahmenbedingungen für die Aufnahme von Migranten schafft. Ziel der Europäischen Union sei ein einheitlicher Sockel an Rechten und Pflichten für legale Migranten, der denen europäischer Bürger vergleichbar ist. Diese in einem Einwanderungskodex festgeschriebenen Rechte seien eine wichtige Voraussetzung dafür, dass die positiven Auswirkungen der legalen Einwanderung zum Nutzen aller Beteiligten und zur Stärkung der Wettbewerbsfähigkeit der EU gesteigert werden. Der konstruktive Ansatz der Kommission kann jedoch nicht darüber hinwegtäuschen, dass der Schwerpunkt des Aktionsplans auf restriktive Maßnahmen im Bereich der externen Dimension gerichtet ist. Wenngleich die Vorbehalte einer gemeinsamen Arbeitsmigrationspolitik nach

---

282 Mitteilung der Kommission vom 20.4.2010 über einen Raum der Freiheit, der Sicherheit und des Rechts für die Bürger Europas: Aktionsplan zur Umsetzung des Stockholmer Programms, KOM(2010) 171, S. 7 f., S. 51 f.

wie vor groß sind, ist die Europäisierung der Migrationspolitik doch in vielen Bereichen erheblich vorangeschritten.[283] Mit den EU-Richtlinien für langfristig aufenthaltsberechtigte Drittstaatsangehörige[284] sowie betreffend der Familienzusammenführung[285] wurden die Zulassungsbedingungen und die Rechte von Migranten in einigen wichtigen Schlüsselbereichen der legalen Migration teilweise harmonisiert. Die horizontale Richtlinie über eine einzige Aufenthalts-/ Arbeitserlaubnis („Single-Permit-Richtlinie")[286] soll zu einer Vereinheitlichung und Vereinfachung des Verfahrens sowie der Stärkung von Rechten von Drittstaatsangehörigen führen, die bereits in der Europäischen Union ansässig, aber (noch) nicht daueraufenthaltsberechtigt sind. Mit den beiden Richtlinien für Hochqualifizierte sowie für Saisonarbeitnehmer, die im Folgenden näher dargestellt werden sollen, wurden schließlich zwei EU-Instrumente zur Regelung der Arbeitsmigration auf sektoraler Ebene geschaffen.

C. Interne Regelungsinstrumente der Arbeitsmigration

1. Zuwanderung von Hochqualifizierten

a) Richtlinienziele, Einreise- und Aufenthaltsvoraussetzungen

Im Einklang mit dem Strategischen Plan für legale Zuwanderung wurde im Jahr 2009 die sogenannte „Blue-Card-Richtlinie"[287] erlassen. In Deutschland trat das Gesetz zur Umsetzung der Hochqualifizierten-Richtlinie erst am 1. August 2012, über ein Jahr nach der gesetzlich geregelten Umsetzungsfrist von zwei Jahren

283 Die EU hat bisher neun Visaerleichterungsabkommen, dreizehn EU-Rückübernahmeabkommen und sieben Richtlinien über die legale und die irreguläre Migration erlassen.

284 Richtlinie 2003/109/EG vom 25.11.2003 betreffend der Rechtstellung der langfristig aufenthaltsberechtigten Drittstaatsangehörigen, ABl. EG L 16 vom 23.1.2004.

285 Richtlinie 2003/86/EG vom 22.9.2003 betreffend das Recht auf Familienzusammenführung, ABl. EU L 251 vom 3.10.2003.

286 Richtlinie 2011/98/EU vom 13.12.2011 über ein einheitliches Verfahren zur Beantragung einer kombinierten Erlaubnis für Drittstaatsangehörige, sich im Hoheitsgebiet eines Mitgliedstaats aufzuhalten und zu arbeiten, sowie über ein gemeinsames Bündel von Rechten für Drittstaatsarbeitnehmer, die sich rechtmäßig in einem Mitgliedstaat aufhalten, ABl. L 343 vom 23.12.2011.

287 Richtlinie 2009/50/EG des Rates vom 25.5.2009 über die Bedingungen für die Einreise und den Aufenthalt von Drittstaatsangehörigen zur Ausübung einer hochqualifizierten Beschäftigung, ABl. EU L 155 vom 18.6.2009.

in Kraft.[288] Für einige EU-Staaten gibt es damit erstmals Regeln für die Zulassung außereuropäischer Fachkräfte. Neben der Forscherrichtlinie[289] wurde damit ein weiteres gemeinschaftliches Instrument geschaffen, das die Einreise- und Aufenthaltsbedingungen von hochqualifizierten Drittstaatsangehörigen regelt. Obgleich die Bedingungen zur Gewährung einer „Blue-Card" auf Druck einiger Mitgliedstaaten im Vergleich zum vorgelegten Richtlinienvorschlag der Kommission verschärft wurden,[290] zeichnet sie sich nach wie vor durch großzügige Regelungen der aufenthalts- und familienbezogenen Rechte aus. In Anbetracht des Richtlinienziels, die Attraktivität der Europäischen Union für hoch qualifizierte Arbeitskräfte im zunehmend globalen Wettbewerb zu erhöhen und die Abwanderung qualifizierter Kräfte zu verhindern, ist dies nicht verwunderlich. Der personelle Anwendungsbereich der Richtlinie umfasst Drittstaatsangehörige, die einen Antrag auf Zulassung ins Hoheitsgebiet eines Mitgliedstaats zum Zweck der Ausübung einer hochqualifizierten Beschäftigung im Sinne der Richtlinie stellen, sowie deren Familienmitglieder. Ein Drittstaatsangehöriger, der die „Blue Card" beantragt, muss einen Arbeitsvertrag oder ein verbindliches Arbeitsplatzangebot vorlegen mit einem Gehalt, das mindestens dem 1,5-fachen des durchschnittlichen Bruttojahresgehalts in dem betreffenden Mitgliedstaat entspricht.[291] Für Berufe, in denen ein besonderer Bedarf an Drittstaatsangehörigen besteht, können die Mitgliedstaaten die Gehaltsschwelle für eine Beschäftigung auf das 1,2-fache senken. In Deutschland liegt die Gehaltsgrenze für die Erteilung einer Blauen Karte EU gemäß § 19a AufenthG, § 2 Absatz 1 Nr. 2a BeschV bei mindestens zwei Drittel der jährlichen Beitragsbemessungsgrenze in der allgemeinen Rentenversicherung. Diese wurde für das Jahr 2014 auf 71.400,– Euro festgelegt,[292] so dass sich die aktuelle jährliche Mindestverdienstgrenze für Hochqualifizierte auf 47.600,– Euro brutto beläuft. Eine niedrigere Gehaltsgrenze

288 Die Richtlinie trat am 19.6.2009 in Kraft und sollte bis spätestens 19.6.2011 in nationales Recht umgesetzt werden.

289 Richtlinie 2005/71/EG vom 12.10.2005 über ein besonderes Verfahren für Drittstaatsangehörige zum Zwecke der wissenschaftlichen Forschung, ABl. EU L 289 vom 3.11.2005.

290 Siehe den Richtlinienvorschlag KOM (2007) 637 sowie den Verlauf des interinstitutionellen Verfahrens unter http://ec.europa.eu/prelex/detail_dossier_real.cfm?-CL=de&DosId=196320.

291 Die Gehaltsschwelle legt ein Mindestniveau fest, wobei die Mitgliedstaaten jedoch ein höheres Gehaltsniveau festlegen können. (Erwägungsgrund Nr. 10 der Richtlinie).

292 Siehe die Verordnung über maßgebende Rechengrößen der Sozialversicherung für 2014 (SVBezGrV) vom 2.12.2013, BGBl. I S. 4038.

wurde gemäß § 2 Absatz 2 BeschV, der auf die Gruppen 21, 221 und 25 der Empfehlung der Kommission vom 29. Oktober 2009 über die Verwendung der Internationalen Standardklassifikation der Berufe verweist, für Naturwissenschaftler, Mathematiker und Ingenieure sowie für Ärzte und IT-Fachkräfte festgelegt, da in diesen Berufsgruppen ein besonderer Bedarf besteht. Die Mitgliedsländer können, müssen aber keine Vorrangprüfung durchführen. Sind alle Voraussetzungen erfüllt, besitzt der Drittstaatsangehörige nach Artikel 7 der Richtlinie einen gesetzlichen Anspruch auf Erteilung einer „Blue Card". Der Antrag muss innerhalb von 90 Tagen beschieden werden und ist zu begründen. Entsprechend der Zuständigkeitsverteilung zwischen der Europäischen Union und den Mitgliedsländern bestimmen die einzelnen Mitgliedsländer darüber, wie viele Drittstaatsangehörige zur Aufnahme einer hochqualifizierten Beschäftigung zugelassen werden. Die Integration Hochqualifizierter aus Drittstaaten ist erwünscht. Die blaue Karte EU gilt zunächst für einen Zeitraum von ein bis vier Jahren und ist verlängerbar. Inhabern einer blauen Karte EU und ihren Familienangehörigen wird eine gewisse EU-weite Mobilität ermöglicht. So können sie sich nach achtzehn Monaten des rechtmäßigen Aufenthalts im ersten Mitgliedstaat zum Zweck der Ausübung einer hochqualifizierten Beschäftigung in einem anderen Mitgliedstaat niederlassen. Eine unionsweit gültige Arbeitsgenehmigung, wie im Strategischen Plan zur legalen Zuwanderung vorgesehen,[293] fand hingegen keine Mehrheit. Die Richtlinie sieht den Entzug der Blauen Karte EU bzw. die Verweigerung ihrer Verlängerung vor wenn ihr Inhaber nicht mehr über ausreichende Mittel verfügt, um seinen eigenen Lebensunterhalt und gegebenenfalls den Lebensunterhalt seiner Familienangehörigen bestreiten zu können, ohne die Leistungen des Sozialsystems des betreffenden Mitgliedstaats in Anspruch nehmen zu müssen. Vorübergehende Arbeitslosigkeit ist kein Grund für den Entzug der Blauen Karte EU, wenn die Arbeitslosigkeit nicht länger als drei aufeinander folgende Monate anhält oder mehr als einmal während des Gültigkeitszeitraums der Blauen Karte EU eintritt. Von der Richtlinie unberührt bleiben günstigere Bestimmungen in einschlägigem Gemeinschaftsrecht einschließlich bilateraler oder multilateraler Übereinkünfte zwischen der Gemeinschaft, zwischen der Gemeinschaft und ihren Mitgliedstaaten oder zwischen einem oder mehreren Mitgliedstaaten und einem oder mehreren Drittstaaten. Die Richtlinie hindert die Mitgliedstaaten grundsätzlich auch nicht daran, günstigere innerstaatliche Bestimmungen beizubehalten oder einzuführen. Dies gilt allerdings nicht für die beim Erstantrag festgesetzte Gehaltsschwelle. Eine von der Kommission in den

293 KOM (2005) 669, S. 8.

Richtlinienvorschlag aufgenommene Öffnungsklausel,[294] die unter bestimmten Voraussetzungen die Zulassung von sonstigen, nicht hochqualifizierten Arbeitnehmern vorsah, falls ein entsprechender Arbeitskräftemangel bestehen sollte, wurde nicht in die Hochqualifizierten-Richtlinie aufgenommen. Damit wurde eine etwaige Ausweitung der Richtlinie auf andere Berufsgruppen unterbunden.

b) Berücksichtigung entwicklungspolitischer Aspekte

Vor dem Hintergrund des Brain-Drain und im Einklang mit der EU-Politik zur Bekämpfung des akuten Gesundheitspersonalmangels in den Entwicklungsländern[295] haben auch entwicklungspolitische Aspekte Eingang in die Hochqualifizierten-Richtlinie gefunden. Erwägungsgrund Nr. 22 der Richtlinie lautet wie folgt:

> *„Bei der Durchführung der Richtlinie sollten die Mitgliedstaaten in den Entwicklungsländern keine aktive Anwerbepolitik in den Bereichen betreiben, in denen ein Arbeitskräftemangel besteht. Der Rat und die Mitgliedstaaten weisen (…) mit Nachdruck darauf hin, dass für Schlüsselsektoren, beispielsweise für den Gesundheitssektor und gegebenenfalls das Bildungswesen, Einstellungsstrategien und Grundsätze entwickelt werden sollten, die auf ethischen Werten beruhen und Arbeitgebern des öffentlichen und des privatwirtschaftlichen Sektors an die Hand gegeben werden können.(…)“*

Die entwicklungspolitischen Richtlinienziele wurden in Artikel 8 Absatz 4 wie folgt festgehalten:

> *„Die Mitgliedstaaten können einen Antrag auf eine Blaue Karte EU ablehnen, um eine Anwerbung unter ethischen Gesichtspunkten in Branchen sicherzustellen, in denen im Herkunftsland ein Mangel an qualifizierten Arbeitnehmern besteht.“*

Im Ergebnis stellt die Richtlinie es somit in das Ermessen der Mitgliedstaaten, inwieweit sie eine Verantwortlichkeit in Bezug auf die negativen entwicklungspolitischen Auswirkungen der Anwerbung von Hochqualifizierten aus Entwicklungsländern übernehmen wollen oder nicht. Den Mitgliedstaaten steht es durch die Regelung damit zwar zumindest frei, den Zulassungsantrag aus ethischen Gründen abzulehnen, es besteht jedoch keinerlei Verpflichtung, ethische Einstellungsstrategien in nationales Recht aufzunehmen. Erwägungsgrund 22 des Richtlinienvorschlags sieht außerdem vor:

294 Ebenda.

295 Vgl. hierzu die Mitteilung der Kommission über das Europäische Aktionsprogramm zur Bekämpfung des akuten Gesundheitspersonalmangels in den Entwicklungsländern (2007–2013) vom 21.12.2006, KOM (2006) 870.

„Daneben sollten Methoden, Leitlinien und andere Instrumente entwickelt und angewandt werden, die die zirkuläre bzw. zeitlich befristete Migration gegebenenfalls erleichtern sowie Maßnahmen, die dazu beitragen, die negativen Konsequenzen der Abwanderung der Hochqualifizierten für die Entwicklungsländer so gering wie möglich zu halten und die positiven Auswirkungen zu optimieren, um die Abwanderung von hochqualifizierten Arbeitskräften in eine Zuwanderung solcher Arbeitskräfte umzukehren."

In die Richtlinie aufgenommen wurden Elemente befristeter (zirkulärer) Migration lediglich in Bezug auf Drittstaatsangehörige, die in der Europäischen Union ansässig sind und sich vorübergehend in ihrem Herkunftsland aufhalten wollen (Artikel 16). So wird es Inhabern einer Blauen Karte EU für zwölf aufeinander folgende Monate (oder 18 unterbrochene Monate) gestattet, sich nicht in der Europäischen Union aufzuhalten, ohne dass dies zu einer Unterbrechung des für die Daueraufenthaltsberechtigung notwendigen Aufenthalts von fünf Jahren führen würde. Ist der Betroffene daueraufenthaltsberechtigt, dann wird ihm ermöglicht, sich 2 Jahre vom Gebiet der Europäischen Union zu entfernen, ohne dass dies seine Rechtsstellung gefährden würde. Diese zugunsten von Hochqualifizierten geltenden Abweichungen von der Daueraufenthaltsrichtlinie können von den Mitgliedstaaten allerdings auf die Fälle beschränkt werden, in denen der betroffene Drittstaatsangehörige nachweisen kann, dass er sich nicht in der Gemeinschaft aufgehalten hat, um in seinem Herkunftsland eine unselbständige oder selbständige Erwerbstätigkeit auszuüben, einen Freiwilligendienst abzuleisten oder ein Studium zu absolvieren. Hingegen enthält die Richtlinie keinerlei Förderung der zirkulären Migration in Bezug auf Hochqualifizierte, die erstmals in das Hoheitsgebiet eines Mitgliedstaates zugelassen werden. Vielmehr wird deren Integration sowie langfristiger Aufenthalt durch günstige Regelungen gefördert. Dies ist im Hinblick auf das vorrangige Richtlinienziel, nämlich die Attraktivität der Europäischen Union für Hochqualifizierte zu erhöhen, eine logische Konsequenz. Jedoch lässt die Hochqualifizierten-Richtlinie die notwendige Kohärenz zwischen arbeitsmarkt- und entwicklungspolitischen Zielen der Europäischen Union vermissen.[296]

296 Gemäß dem in Artikel 8 AEUV verankerten Kohärenzprinzip hat die Union auf die Kohärenz zwischen ihrer Politik und ihren Maßnahmen in den verschiedenen Bereichen zu achten.

2. Zuwanderung von Saisonarbeitnehmern

a) Richtlinienziele, Einreise- und Aufenthaltsvoraussetzungen

Während sich die Mitgliedstaaten auf den Erlass von gemeinschaftlichen Regelungen im Bereich der Arbeitsmigration von Hochqualifizierten relativ zügig einigen konnten, birgt die Harmonisierung von Rechtsvorschriften für weniger qualifizierte Beschäftigung weitaus mehr Konfliktpotenzial. Dies liegt nicht zuletzt darin begründet, dass sich die Verabschiedung von EU-Rechtsvorschriften im Bereich der Arbeitsmigration vor dem Hintergrund der wirtschaftlichen Krisen in weiten Teilen Europas grundsätzlich als schwierig erweist. Die Kommission hat im Jahr 2010 auf der Grundlage des strategischen Plans zur legalen Zuwanderung die Richtlinie zur Regelung der Einreise- und Aufenthaltsbedingungen zwecks Ausübung einer saisonalen Beschäftigung vorgelegt.[297] Im Februar 2014 kam es endlich zu einer Einigung zwischen Rat und Parlament. Die Richtlinie wurde am 26.2.2014 unterzeichnet.[298] Sie stellt einen weiteren Schritt zur Entwicklung einer gemeinsamen Arbeitsmigrationspolitik dar. Vor dem Hintergrund eines dauerhaften und strukturellen Bedarfs an unqualifizierten Arbeitskräften im Bereich der Saisonarbeit, der voraussichtlich immer weniger von Arbeitskräften aus der Union gedeckt werden wird, bezweckt die Richtlinie die effiziente Steuerung saisonal bedingter Arbeitskräfte durch die Einführung einheitlicher, flexibler und zügiger Zulassungsverfahren, die Festlegung gerechter und transparenter Einreise und Aufenthaltsvorschriften, aber auch die Schaffung von Anreizen und Sicherungsmaßnahmen, um zu verhindern, dass aus einem befristeten Aufenthalt ein Daueraufenthalt wird.[299] Darüber hinaus soll dem hohen Anteil irregulärer Saisonarbeitnehmer in Wirtschaftsbereichen wie Landwirtschaft, Gartenbau und Tourismus entgegengewirkt werden. Gleichzeitig sollen durch die Sicherung des Rechtsstatus von Saisonarbeitnehmern deren Schutz vor Ausbeutung verhindert und durch eine Harmonisierung der Rechtsvorschriften einheitliche Mindeststandards gewährleistet werden. Darüber hinaus soll die Richtlinie die zirkuläre Migration von Saisonarbeitnehmern

---

297 Vorschlag der Kommission für eine Richtlinie über die Bedingungen für die Einreise und den Aufenthalt von Drittstaatsangehörigen zwecks Ausübung einer saisonalen Beschäftigung vom 13.7.2010, KOM (2010) 379.

298 Richtlinie 2014/36/EU vom 26.2.2014, ABl. L 94/375 vom 28.3.2014. Der Verlauf des interinstitutionellen Verfahrens nebst Stellungnahmen der Verfahrensbeteiligten ist abrufbar unter http://ec.europa.eu/prelex/detail_dossier_real.cfm?CL=de&DosId=199533.

299 Erwägungsgrund Nr. 6 des Richtlinienvorschlags.

aus Drittländern fördern. Damit soll Saisonarbeitnehmern in der EU einerseits eine über eine einzige Saison hinausgehende Beschäftigungsperspektive geboten und andererseits den Arbeitgebern in der EU ermöglicht werden, auf einen stabileren Personalbestand und bereits eingearbeitete Arbeitskräfte zurückzugreifen.[300] Der Drittstaatsangehörige muss über einen befristeten Arbeitsvertrag verfügen, den er direkt mit dem in einem Mitgliedstaat niedergelassenen Arbeitgeber geschlossen hat. Der Antrag auf Aufenthalt und Beschäftigung als Saisonarbeitnehmer im Hoheitsgebiet eines Mitgliedstaates ist in einem einheitlichen Antragsverfahren einzureichen. Saisonarbeitnehmer müssen den Nachweis erbringen, während ihres Aufenthalts über ausreichende Mittel für ihren eigenen Unterhalt zu verfügen, ohne die Leistungen des Sozialhilfesystems des betreffenden Mitgliedstaats in Anspruch nehmen zu müssen. Die Mitgliedstaaten fordern von den Arbeitgebern von Saisonarbeitnehmern den Nachweis, dass für den Saisonarbeitnehmer eine Unterkunft vorgesehen ist, die einen angemessenen Lebensstandard gewährleistet. Der Antragsteller wird innerhalb von 30 Tagen nach Antragstellung über die Entscheidung informiert. Eine ablehnende Entscheidung wird dem Antragsteller schriftlich unter Angabe der Gründe mitgeteilt und kann in dem betreffenden Mitgliedstaat gemäß den nationalen Rechtsvorschriften angefochten werden. Mobilitätsrechte innerhalb der Europäischen Union werden in der Richtlinie nicht geregelt und bestehen somit nicht. Ebenso wenig enthält der Richtlinienvorschlag Bestimmungen über die Familienzusammenführung. Grundsätzlich gilt, dass günstigere Bestimmungen, die im Rahmen von Rechtsvorschriften der Union oder der Mitgliedsländer oder bilateraler und multilateraler Abkommen mit Drittstaaten geschlossen wurden, von der Richtlinie unberührt bleiben. Saisonarbeitnehmer im Sinne der Richtlinie ist ein Drittstaatsangehöriger, der sich vorübergehend zum Zwecke einer Beschäftigung in einem saisonabhängigen Tätigkeitsbereich im Hoheitsgebiet eines Mitgliedstaats aufhält. Die Mitgliedstaaten legen eine maximale Aufenthaltsdauer für Saisonarbeitnehmer fest, die mindestens fünf und höchstens neun Monate innerhalb eines Zwölfmonatszeitraums beträgt (Artikel 14 Absatz 1).[301] Der Richtlinienvorschlag der Kommission sah eine Höchstaufenthaltsdauer von 6 Monaten pro Kalenderjahr vor. Damit wurde den Einwendungen des Rates sowie der nationalen Parlamente Rechnung getragen, die die Aufenthaltsdauer als zu kurz bemessen sahen. Hingegen wurde den von mehreren nationalen

300 Erwägungsgrund Nr. 17 des Richtlinienvorschlags.

301 Der Richtlinienentwurf der Kommission sah eine maximale Aufenthaltsdauer von 6 Monaten pro Kalenderjahr vor.

Parlamenten[302] vorgebrachten Bedenken, dass die Festlegung der Aufenthaltsdauer auf EU-Ebene an sich dem Subsidiaritätsprinzip widersprechen würde,[303] nicht gefolgt. Auch der dahingehende Vorschlag des Wirtschafts- und Sozialausschusses, die Dauer des Aufenthaltstitels je nach den nationalen Gegebenheiten auf nationaler Ebene zu regeln, konnte sich nicht durchsetzen.[304] Die langwierigen Verhandlungen machen deutlich, dass die Widerstände gegen eine teilweise Harmonisierung im Bereich der Arbeitsmigration, selbst in Sektoren, in denen grundsätzlich Einigkeit über die Notwendigkeit gemeinsamer Regelungen besteht, nach wie vor groß sind. Mit der Richtlinie besteht nunmehr aber eine einheitliche, auf EU-Ebene festgelegte Aufenthaltsdauer für Saisonarbeitnehmer. Anders als im ursprünglichen Richtlinienentwurf vorgesehen wird den Mitgliedstaaten aber die Möglichkeit eröffnet, Drittstaatsangehörigen, die zunächst als Saisonarbeitnehmer einreisen, nach Ablauf dieses Zeitraums einen Aufenthaltstitel nach nationalem Recht oder Unionsrecht für andere Zwecke als Saisonarbeit zu erteilen (Artikel 14 Absatz 1). Mit dem Subsidiaritätsprinzip vereinbar erachtet auch der Ausschuss der Regionen den Richtlinienvorschlag und unterstreicht, dass der Mehrwert der Gesetzgebung auf europäischer Ebene insbesondere darin bestünde, einen Wettlauf zwischen den unterschiedlichen nationalen Systemen um das niedrigste Schutzniveau für Saisonarbeitnehmer zu verhindern.[305] Die Kommission führt darüber hinaus aus, dass im Hinblick auf die externen Aspekte der Migrationspolitik ein EU-Instrument für Saisonarbeitnehmer für die effiziente Zusammenarbeit mit den Drittstaaten und die weitere Vertiefung des globalen Konzepts von entscheidender Bedeutung sei. Dafür bestünden zwei Gründe. Zum einen gäbe ein solches Instrument der EU die Möglichkeit, Hindernisse für die legale Migration gering oder nicht qualifizierter Arbeitnehmer zu beseitigen, zum anderen könnte es sich im Rahmen der

---

302 Durch den Vertrag von Lissabon wurde die Stellung der nationalen Parlamente bei der Überwachung der Einhaltung des Subsidiaritätsprinzips gestärkt. Vgl. Artikel 5 EUV sowie Protokoll über die Anwendung der Grundsätze der Subsidiarität und der Verhältnismäßigkeit.

303 Jahresbericht über Einwanderung und Asyl 2010, KOM (2011) 291, S. 4.

304 Stellungnahme des Europäischen Wirtschats- und Sozialausschusses vom 4.5.2011 zum Richtlinienvorschlag für Saisonarbeitnehmer, ABl. EU C 218/97 vom 23.7.2011, Ziffer 3.8.

305 Stellungnahme des Ausschusses der Regionen vom 31.3.2011 zum Richtlinienvorschlag für Saisonarbeitnehmer, ABl. EU C 166/59 vom 7.6.2012, Ziffer 1.9.

Stärkung des Engagements von Drittstaaten bei der Bewältigung der illegalen Einwanderung als nützlich erweisen.[306]

b) Berücksichtigung entwicklungspolitischer Aspekte

Da die Richtlinie saisonale Tätigkeiten betrifft, die in der Regel in geringqualifizierten Bereichen stattfinden, ist ein Brain-Drain durch die Anwerbung von Saisonarbeitnehmern für die Herkunftsländer grundsätzlich nicht zu erwarten. Die Kommission stellt im Hinblick auf die Kohärenz der Richtlinie mit den entwicklungspolitischen Zielen der Europäischen Union vielmehr auf den befristeten Charakter saisonaler Tätigkeiten und den damit verbundenen positiven Auswirkungen auf die Entwicklungsländer ab:

> *„Mit seinem Schwerpunkt der Überwindung der Armut und der Erreichung der Milleniums-Entwicklungsziele steht der Vorschlag auch im Einklang mit der Entwicklungspolitik der EU. Insbesondere die Bestimmungen über die zirkuläre Migration von Saisonarbeitnehmern zwischen der EU und ihren Mitgliedstaaten - Saisonarbeitskräfte können in einen Mitgliedstaat einreisen, in ihre jeweiligen Länder zurückkehren und anschließend erneut in den Mitgliedstaat einreisen - erleichtern einen stabilen Überweisungsfluss und einen zuverlässigen Kompetenz- und Investitionstransfer. Da es sich dabei um eine befristete Migration handelt, dürfte die Richtlinie keine Abwanderung von Fachkräften aus den Schwellen- oder Entwicklungsländern nach sich ziehen.“*[307]

Der Ausschuss der Regionen betont in seiner Stellungnahme den Zusammenhang zwischen Migration und Entwicklung und hält fest, dass die Abwanderung qualifizierter Arbeitnehmer sich nicht negativ auf die Wirtschaft von Entwicklungsländern auswirken sollte.[308] Daher begrüßt er es, dass mit der Richtlinie die zirkuläre Migration gefördert werden soll, die sich sowohl auf die Arbeitsmärkte der Mitgliedstaaten als auch auf die Entwicklung in den Herkunftsländern positiv auswirken könnte.[309] Im Ergebnis werden hier entwicklungspolitische Argumente für die Förderung befristeter (zirkulärer) Migration herangezogen, die im deutlichen Widerspruch zu den Regelungen der Hochqualifizierten-Richtlinie stehen, die ja gerade den Daueraufenthalt hochqualifizierter Drittstaatsangehöriger fördert. Auf der anderen Seite werden im Rahmen der Saisonarbeiter-Richtlinie entwicklungspolitische Aspekte instrumentalisiert, um die befristete

---

306 Richtlinienvorschlag für Saisonarbeitnehmer, KOM (2010) 379 endgültig, S. 6.

307 Richtlinienvorschlag für Saisonarbeitnehmer, KOM (2010) 379, S. 4.

308 Stellungnahme des Ausschusses der Regionen vom 31.3.2011 zum Richtlinienvorschlag für Saisonarbeitnehmer, Abl. EU C 166/59 vom 7.6.2012, Ziffer 1.6.

309 Ebenda.

Aufenthaltsdauer benötigter aber nicht dauerhaft im Land erwünschten Saisonarbeitnehmer zu begründen.

D. Zusammenfassende Betrachtung

Nachdem die Zuständigkeitsverteilung zwischen der Europäischen Union und den Mitgliedsstaaten im Bereich der Arbeitsmigration unter den Verträgen von Amsterdam und Nizza zu den umstrittensten Fragen des europäischen Migrationsrechts gehörten, hat der Vertrag von Lissabon der Regelungskompetenz der Union nunmehr klare Grenzen gesetzt, aber auch Konturen verliehen. So bleibt es den Mitgliedstaaten nach Artikel 79 Absatz 5 AEUV ausdrücklich vorbehalten festzulegen, wie viele Drittstaatsangehörige zu Arbeitszwecken in ihr Hoheitsgebiet einreisen dürfen. Die Union ist mithin nicht befugt, Vorschriften zu erlassen, die die Mitgliedstaaten verpflichten könnten, eine bestimmte Anzahl von Arbeitsmigranten aus Drittstaaten zuzulassen. Spätestens mit dem Vertrag von Lissabon sollten die rechtlichen Zweifel an der Regelungskompetenz der Union in Bezug auf die Festlegung der Einreise- und Aufenthaltsbedingungen von Arbeitsmigranten beseitigt worden sein, welche sie in geteilter Zuständigkeit wahrnimmt. Die Europäische Union verfügt mithin über weitreichende Befugnisse im Bereich der Arbeitsmigration. Hinzu kommt, dass mit dem Vertrag von Lissabon nunmehr auch das Einstimmigkeitsgebot im Bereich der legalen Migration weggefallen ist, was eine erhebliche Erleichterung der Beschlussfassung im Rat darstellt. Ungeachtet der unionsrechtlichen Regelungsbefugnisse im Bereich der Arbeitsmigration sind die nationalstaatlichen Vorbehalte gegen eine Harmonisierung der Arbeitsmigrationspolitik immer noch groß. So gilt die Wirtschaftsmigration nach wie vor als der sensibelste Bereich der europäischen Migrationspolitik.[310] Die Frage, inwieweit eine Harmonisierung der Arbeitsmigration auf europäischer Ebene angestrebt wird oder nicht, ist unter dem Lissabonner Vertrag jedoch mit politischen und nicht mehr mit kompetenzrechtlichen Argumenten zu führen.[311] Der Europäische Rat hat sich in seinem Tampere-Programm vom Oktober 1999 für die Notwendigkeit der Entwicklung einer gemeinsamen Migrationspolitik ausgesprochen und die Bestandteile dieser Politik festgelegt. Auf seiner Tagung in Laeken im Dezember 2001 bekräftigte er das Ziel, auf der Grundlage seiner Schlussfolgerungen von Tampere „innerhalb kürzester Zeit“ eine gemeinsame Asyl- und Einwanderungspolitik zu beschließen,

---

310 *Daniel Thym* in: Grabitz/Hilf/Nettesheim, EUV/AEUV, 2014, Artikel 79 AEUV, Rdnr. 43.

311 *Jürgen Bast,* Aufenthaltsrecht und Migrationssteuerung, 2011, S. 152.

die „das notwendige Gleichgewicht zwischen dem Schutz der Flüchtlinge, dem legitimen Wunsch nach einem besseren Leben und der Aufnahmekapazität der Union und ihre Mitgliedstaaten" wahren sollte. Als Antriebsfeder können die Terroranschläge vom 11. November 2001 sowie die zunehmende irreguläre Migration gewertet werden, die bei den Mitgliedstaaten das Bedürfnis nach der Umsetzung einer gemeinsamen restriktiven Migrationspolitik auf EU-Ebene hervorrief. Obgleich die Arbeitsmigrationspolitik ein Bestandteil der zukünftigen europäischen Migrationspolitik darstellt, waren die Interessen von Anfang an primär auf eine gemeinsame Politik der Abschottung und der effizienteren Kontrolle der Außengrenzen, denn auf eine konstruktive Einwanderungspolitik gerichtet. Demgegenüber zeichnete sich schon früh die Rolle der Kommission als Motor einer gemeinschaftlichen Politik im Bereich der Arbeitsmigration ab. So mahnt die Kommission angesichts des drohenden Bevölkerungsrückgangs in der Europäischen Union, dem Mangel an Arbeitskräften und einem gestiegenen Einwanderungsdruck mehrfach eindringlich die Notwendigkeit einer Kehrtwende in der Migrationspolitik an. Bereits im Juli 2001 legt sie einen Richtlinienentwurf vor, der einen harmonisierten Rechtsrahmen für die Aufnahme von Arbeitsmigranten vorsah. Die sektorenübergreifende Richtlinie sollte gemeinsame Definitionen, Kriterien und Verfahren in Bezug auf die Einreise und Aufenthalt von Drittstaatsangehörigen zur Ausübung einer Erwerbstätigkeit enthalten und bei Vorliegen aller Voraussetzungen im Rahmen der von den Mitgliedstaaten festgelegten Höchstzulassungsgrenzen einen Rechtsanspruch auf Erteilung eines Aufenthaltstitels gewährleisten. Die Kommission musste ihren Vorschlag jedoch wieder zurückziehen, da der politische Wille der Mitgliedstaaten für gemeinsame Regelungen im Bereich der Arbeitsmigration – zumindest in dieser umfassenden Form – nicht vorhanden war. Dennoch wird die Diskussion über die Entwicklung einer gemeinsamen Arbeitsmigrationspolitik mit dem Haager Programm wieder aufgenommen: Der Europäische Rat weist in seinem neuen Vierjahresprogramm erstmals ausdrücklich auf die wichtige Rolle der Zuwanderung von Arbeitsmigranten für die wirtschaftliche Förderung Europas hin und fordert die Kommission auf, einen Strategischen Plan zur Zuwanderung vorzulegen, der Vorschläge zur Zulassung von Arbeitsmigranten enthalten soll. Der Strategische Plan zur legalen Zuwanderung wird im Dezember 2005 nach umfassenden Konsultationen vorgelegt und dient als Fahrplan für die ersten Schritte hin zu einer gemeinsamen europäischen Arbeitsmigrationspolitik. Die öffentliche Debatte machte deutlich, dass eine gemeinsame Strategie für die Wirtschaftsmigration grundsätzlich befürwortet wird. Da eine horizontale Regelung der Zugangsbedingungen für alle Drittstaatsangehörigen zum Arbeitsmarkt der Mitgliedstaaten weiterhin keine ausreichende Unterstützung findet, umfasst der Strategische Plan ein Maßnahmenpaket von fünf Legislativvorschlägen: Neben einer horizontalen Rahmenrichtlinie über die Rechte der bereits in der Europäischen Union ansässigen Drittstaatsangehörigen sieht der Plan vier sektorale Richtlinien für Hochqualifizierte, Saisonarbeitnehmer, innerbetrieblich versetzte Arbeitnehmer sowie bezahlte Auszubildende vor. Darüber hinaus spricht sich die Kommission für eine Förderung von zirkulärer Migration aus. Der auf Initiative Frankreichs in die Wege geleitete Europäische Pakt für Einwanderung und Asyl vom Oktober 2008 soll einen neuen Anstoß für die Entwicklung einer gemeinsamen europäischen Einwanderungs- und Asylpolitik geben. Wenngleich der Schwerpunkt dieser Politik auf der Bekämpfung der irregulären Migration liegt, nimmt der Europäische Rat doch ausdrücklich Abschied von der „Hypothese einer Nullzuwanderung" und benennt die Gestaltung der legalen Migration als migrationspolitisches Ziel der Union. Allerdings weist er darauf hin, dass sowohl die Festlegung der Voraussetzungen über die Einreise als auch der Anzahl von Drittstaatsangehörigen Sache der Mitgliedstaaten sei und setzt sich insofern nicht nur in Widerspruch zum Strategischen Plan zur Zuwanderung, der die Harmonisierung der Einreisebedingungen auf sektoraler Ebene vorsieht, sondern auch zu den Union übertragenen Regelungskompetenzen. Die Gestaltung der Arbeitsmigration sieht der Europäische Pakt für Einwanderung und Asyl stattdessen im Rahmen von Migrationsabkommen mit den Herkunftsländern, die Regelungen zur legalen Migration und zur Bekämpfung der irregulären Migration miteinander verknüpfen sollen. Das Stockholmer Programm, das die strategischen Leitlinien der europäischen Innenpolitik für den Zeitraum 2010 bis 2014 festlegt, gibt umfangreiche Vorgaben für die Weiterentwicklung einer gemeinsamen Migrationspolitik vor, die auf den Grundsätzen und Verpflichtungen des Europäischen Paktes basieren soll. Der Europäische Rat spricht sich in seinem neuen Programm nunmehr ausdrücklich für eine gesteuerte Arbeitszuwanderung aus und setzt dabei vor allem auf die Fortsetzung der Umsetzung des Strategischen Plans zur legalen Zuwanderung. Dieser wurde inzwischen – wenn auch mit erheblichen Verzögerungen – umgesetzt. Die Hochqualifizierten-Richtlinie wurde im Mai 2009 verabschiedet, die Rahmenrichtlinie im Dezember 2012 und die Saisonarbeitnehmerrichtlinie erst im Februar 2014 vom Rat angenommen. Die langwierigen Verhandlungen machen deutlich, dass die Entwicklung gemeinsamer Regelungen im Bereich der Arbeitsmigration ein schwieriges Unterfangen ist. Gegen eine Harmonisierung von Rechtsvorschriften ins Feld geführt wird von den Mitgliedstaaten dabei insbesondere das Argument der Nichteinhaltung des Subsidiaritätsprinzips. Das in Artikel 5 EUV verankerte Subsidiaritätsprinzip stellt eine Kompetenzausübungsschranke der Union dar, die zugunsten mitgliedstaatlicher Tätigkeit errichtet wurde.[312] Der Streit über die Regelungsbefugnisse der Union im Bereich der Arbeitsmigration scheint sich nach der Klarstellung der Kompetenzverteilung zwischen Union und Mitgliedstaaten nunmehr auf eine andere Ebene zu verlagern. Wurde die Zulassung von Arbeitsmigranten vor einem Jahrzehnt noch als letzte Domäne der Migrationssteuerung bezeichnet, in der die Mitgliedstaaten „frei schalten und walten können",[313] hat das EU-Recht inzwischen auch hier an Einfluss gewonnen. Trotz aller politischen Widerstände hat die Europäische Union erste Schritte hin zur Schaffung eines „Einwanderungskontinents Europa" unternommen. So wird das Prinzip der Nullzuwanderung vor dem Hintergrund des demographischen Wandels, des Mangels an Arbeitskräften aber auch angesichts der Realität der Zuwanderung langsam aber sicher aufgegeben. Im November 2011 wurde das EU-Zuwanderungsportal eröffnet, das Informationen für Drittstaatsangehörige, die in die Europäische Union ziehen wollen, zur Verfügung stellt.[314] Wenngleich das Portal aufgrund der eingeschränkten Zuwanderungsmöglichkeiten sowie der uneinheitlichen Regelungen in den Mitgliedstaaten nur begrenzt hilfreich ist, vermag es von seiner Außenwirkung doch erstmals das positive Signal auszusenden, dass Zuwanderung in die Europäische Union erwünscht ist. Angesichts der erheblichen Schwierigkeiten bei der Umsetzung der bisherigen Maßnahmen ist es jedoch sehr unwahrscheinlich, dass eine zeitnahe Harmonisierung der Einreise- und Aufenthaltsbedingungen von Arbeitsmigranten aus Drittstaaten, die andere als hochqualifizierte oder saisonale Tätigkeiten ausüben, erfolgen wird. Jedenfalls sollte die Entwicklung einer gemeinsamen Einwanderungspolitik die Kohärenz zwischen den entwicklungs- und arbeitsmarktpolitischen Zielen der Union nicht aus den Augen verlieren. Die erlassenen Richtlinien lassen eine solche politische Kohärenz bisher nicht erkennen.

312 *Rudolf Geiger* in: Geiger/Khan/Kotzur, Kommentar, EUV/AEUV, 5. Aufl. 2010, zu Artikel 5 EUV, Rdnr. 9.

313 So *Günter Renner*, Das Zuwanderungsgesetz – Ende des deutschen Ausländerrechts?" in: IMIS-Beiträge Heft 27/2005, S. 9 (15).

314 http://ec.europa.eu/immigration/.

Kapitel III: Externalisierung der EU-Migrationspolitik

A. Sicherheitspolitische Interessen als Motor der Externalisierung der EUMigrationspolitik

1. Zusammenarbeit mit den Herkunftsländern

Die Behandlung von Migrationsfragen im Rahmen des politischen Dialogs und der Zusammenarbeit mit den Herkunfts- und Transitstaaten hat in den vergangenen Jahren zunehmend an Gewicht gewonnen. Sie ist heute ein maßgeblicher Bestandteil des migrationspolitischen Gesamtkonzepts der Europäischen Union. Die Externalisierung der europäischen Migrationspolitik wird als ein relativ neues Phänomen betrachtet. Tatsächlich aber wurde bereits Mitte der 1990er Jahre im Rahmen der Diskussion über die künftige Gestaltung der Asyl- und Einwanderungspolitik die Notwendigkeit gesehen, mit wichtigen Herkunftsländern zusammen zu arbeiten mit dem Ziel, den Migrationsdruck auf die EU-Grenzen zu verringern.[315] Die Einbeziehung von Migrationsbelangen in die Außenbeziehungen der Europäischen Union basierte mithin von Anfang an auf der Überzeugung der Mitgliedstaaten, dass die irreguläre Migration nach Europa nicht unilateral, ohne Mitwirkung der Herkunftsländer eingedämmt werden kann. Vor dem Hintergrund der wachsenden irregulären Migration aus Nordafrika entwickelte die Europäische Union zunächst ein verstärktes strategisches Interesse an den Nachbarregionen im Mittelmeerraum.[316] So wurde im Jahr 1995 die Europa-Mittelmeer-Partnerschaft zwischen der Europäischen Union und den zwölf Mittelmeerdrittländern durch den sogenannten Barcelona-Prozess eingeleitet.[317] Nicht zuletzt mit dem Ziel, die push-Faktoren der Migration zu reduzieren, wurden die Mittelmeerpartner im Rahmen des MEDA-Programmes mit erheblichen finanziellen Mitteln unterstützt, um Reformen durchführen zu

315 Mitteilung der Kommission zur Zuwanderungs- und Asylpolitik vom 21.01.1994, KOM (1994) 23.

316 Europäischer Rat (Cannes), Tagung vom 26./27.6.1995, Schlussfolgerungen des Vorsitzes.

317 Vgl. hierzu „*Barcelona Declaration*", Abschlusserklärung der Ministerkonferenz Europa-Mittelmeer vom 27./28.11.1995 in Barcelona.

können.[318] Auf Gemeinschaftsebene wurden also bereits in den 1990er Jahren Versuche unternommen, im Rahmen des außenpolitischen Handelns mittelbar Einfluss auf die (unerwünschten) Migrationsflüsse zu nehmen. Doch erst die durch den Amsterdamer Vertrag neu gewonnenen Regelungsbefugnisse im Bereich Migration ermöglichten es der Europäischen Union, Migrationsfragen unmittelbar in die auswärtige Politik gegenüber den Herkunfts- und Transitstaaten einzubeziehen. Auf dem Gipfeltreffen der Staats- und Regierungschefs in Tampere legt der Europäische Rat das politische Fundament für die externe Dimension der europäischen Migrationspolitik. Er spricht sich in seinem Mehrjahresprogramm ausdrücklich für ein stärkeres außenpolitisches Handeln aus.[319] Alle der Union zur Verfügung stehenden Zuständigkeiten und Instrumente, insbesondere im Bereich der Außenbeziehungen, müssten dazu verwendet werden, den Raum der Freiheit, der Sicherheit und des Rechts zu verwirklichen.[320] Der Europäische Rat führt in seinem Programm aus, dass das Ziel, die irreguläre Migration nach Europa einzudämmen, nur durch einen umfassenden Ansatz erreicht werden könne, der ein partnerschaftliches Verhältnis zu den betroffenen Drittstaaten voraussetze. Die „Partnerschaft mit den Herkunftsländern" gilt fortan neben einer gemeinsamen Asylpolitik, der gerechten Behandlung von Drittstaatsangehörigen sowie der Steuerung der Migrationsströme als eines der vier Grundbestandteile der zukünftigen europäischen Migrationspolitik.[321] Dabei verfolgt die Union im Rahmen der Zusammenarbeit mit den Drittstaaten einen zweifachen Ansatz: Mit dem Ziel, den Migrationsdrang in den ärmeren Herkunftsländern abzuschwächen, formuliert das Tampere-Programm zum einen entwicklungspolitische Ziele wie die Bekämpfung der Armut, die Verhütung von Konflikten, die Festigung demokratischer Staaten sowie die Sicherstellung der Achtung von Menschenrechten. Mit diesem entwicklungspolitischen Ansatz setzt die Union ihre bisherige Außenpolitik fort. Auf der anderen Seite spricht

---

318 So stellt die Wahrung der Außengrenzen der Mitgliedstaaten und der Mittelmeerländer eines der politischen Ziele der neuen Mittelmeerpolitik der Gemeinschaft dar. Vgl. Verordnung (EG) Nr. 1488/96 des Rates vom 23. Juli 1996 über finanzielle und technische Begleitmaßnahmen (MEDA) zur Reform der wirtschaftlichen und sozialen Strukturen im Rahmen der Partnerschaft Europa-Mittelmeer, ABl. EG L 189 vom 30.7.1996.

319 Europäischer Rat (Tampere), Sondertagung zur Schaffung eines Raums der Freiheit, der Sicherheit und des Rechts in der Europäischen Union vom 15./16.10.1999, Schlussfolgerungen des Vorsitzes.

320 Ebenda.

321 Ebenda.

sich der Europäische Rat für ein stärkeres außenpolitisches Handeln im Bereich der restriktiven Migrationspolitik aus.[322] So wird im Rahmen der wirksamen Steuerung der Migrationsströme ("*Management of Migration Flows*") insbesondere die Verwirklichung einer effektiven Rückübernahmepolitik gegenüber den Herkunftsstaaten bezweckt. Der Europäische Rat fordert dazu auf, die Unterstützung der Herkunfts- und Transitländer weiter auszubauen, um die freiwillige Rückkehr zu fördern und um den Behörden dieser Länder zu helfen, ihre Fähigkeit zur wirkungsvollen Bekämpfung des Schlepperunwesens und zur Erfüllung ihrer Rückübernahmeverpflichtungen gegenüber der Union und ihren Mitgliedstaaten zu stärken. Vor dem Hintergrund der durch den Vertrag von Amsterdam der Gemeinschaft übertragenen Zuständigkeiten ersucht der Europäische Rat den Rat, Rückübernahmeabkommen zwischen der Europäischen Gemeinschaft und einschlägigen Drittländern oder Gruppen von Drittländern zu schließen oder Standardklauseln in andere Abkommen zwischen diesen Parteien aufzunehmen.

2. Rückübernahmeabkommen als Conditio sine qua non für die Zusammenarbeit mit den Herkunftsländern

Die Umsetzung des Tampere-Programms erweist sich jedoch im Hinblick auf eines der vorrangigen Ziele der externen Migrationspolitik, den Abschluss von Rückübernahmeabkommen mit wichtigen Herkunftsländern, als äußerst schwierig. Verhandlungen mit Drittstaaten verlaufen schleppend und wenig erfolgreich. Auf seiner Tagung in Sevilla im Jahr 2002 drängt der Europäische Rat deshalb auf eine Beschleunigung der Aushandlung entsprechender Abkommen.[323] Gleichzeitig stellt der Europäische Rat erstmals eine *Konditionalität* zwischen dem Abschluss von Rückübernahmeabkommen und einer Zusammenarbeit mit den Drittländern her. So sprechen sich die Staats- und Regierungschefs in aller Deutlichkeit dafür aus, die künftigen Beziehungen zu den maßgeblichen Drittstaaten von deren Kooperationsbereitschaft bei der Bekämpfung der irregulären Migration, insbesondere aber dem Abschluss von Rückübernahmeabkommen abhängig zu machen. Der Rat wird erneut aufgefordert, in allen künftigen Kooperations- oder Assoziationsabkommen eine Standardklausel über die obligatorische Rückübernahme irregulärerer Migranten aufzunehmen bzw.

322 Ebenda.

323 Europäischer Rat (Sevilla), Tagung vom 21./22.6.2002, Schlussfolgerungen des Vorsitzes, Dokument-Nr 13463/02.

Rückübernahmeabkommen zu schließen.[324] Vorgesehen ist in diesem Rahmen eine weitreichende Rückübernahmeverpflichtung, die die Herkunfts- und Transitstaaten nicht nur zur Rücknahme eigener Staatsangehöriger verpflichten soll, sondern auch von Drittstaatsangehörigen, die vor der rechtswidrigen Einreise in die Europäische Union durch den anderen Vertragsstaat gereist sind. Sollte ein Drittland nicht zur Zusammenarbeit bei der Bekämpfung der irregulären Zuwanderung bereit sein, müsse diesem Umstand in den Beziehungen der Europäischen Union und ihrer Mitgliedstaaten zu den betreffenden Ländern in *allen* einschlägigen Bereichen Rechnung getragen werden. Eine unzureichende Zusammenarbeit seitens eines Landes könne einer Intensivierung der Beziehungen zwischen dem betreffenden Land und der Union abträglich sein. Diese wenig partnerschaftliche Politik führt jedoch keineswegs zu einer Beschleunigung der Verhandlungen mit den relevanten Drittstaaten. Vielmehr stößt der drohende Unterton der Europäischen Union bei den Verhandlungspartnern auf deutliche Ablehnung.[325] So kritisiert etwa die marokkanische Delegation im Rahmen von Verhandlungen über ein Assoziationsabkommen mit der Europäischen Union den von Sicherheitsaspekten beherrschten Ansatz der Union scharf und vertritt die Auffassung, dass die Migration nach Europa ausschließlich sozioökonomischen Erwägungen folge.[326] Auch die Kommission spricht sich in ihren Vorschlägen zur künftigen Ausgestaltung der externen Migrationspolitik gegen eine zu einseitige Politik der Europäischen Union gegenüber den Herkunftsländern aus.[327] Sie kommt zu dem Ergebnis, dass sich der politische Dialog im Rahmen von Kooperationsabkommen aufgrund der unterschiedlichen Perspektiven der Verhandlungspartner nicht

324 Mitteilung der Kommission vom 3.12.2002 über die Einbeziehung von Migrationsbelangen in die Beziehungen der Europäischen Union zu Drittländern, KOM (2002) 703, S. 43 f.

325 Vgl. zu dieser Problematik ausführlich: *Annette Jünemann*, Europas Migrationspolitik im Mittelmeerraum: Strategien im Spannungsfeld zwischen Festungsmentalität und neuem Partnerschaftsgeist, in: Schulte/Thränhardt (Hrsg.), Internationale Migration und freiheitliche Demokratien. Jahrbuch Migration 1999/2000, S. 185–211.

326 Bericht der Hochrangigen Gruppe „Asyl und Migration", die in 1998 vom Rat eingesetzt wurde, um Aktionspläne für Herkunfts- und Transitländer von Asylbewerbern und Zuwanderern auszuarbeiten und im Rahmen der Umsetzung des Aktionsplans für Marokko im Oktober 2000 mit der marokkanischen Delegation verhandelte, abrufbar unter: http://www.consilium.europa.eu/uedocs/cms_data/docs/pressdata/de/misc/13993.d0%20ann.doc.html.

327 Mitteilung der Kommission vom 3.12.2002 über die Einbeziehung von Migrationsbelangen in die Beziehungen der Europäischen Union zu Drittländern, KOM (2002) 703.

allein auf die Frage der irregulären Zuwanderung und der Rückübernahme beschränken dürfe. Um zu vermeiden, dass die entsprechenden Abkommen von den Partnerländern als einseitiges Interesse der Europäischen Union ausgelegt würden, seien vielmehr Anreize für die potentiellen Vertragspartner notwendig. Die Verpflichtung zur Rückübernahme müsse Teil einer umfassenden Kooperationsagenda sein. Dieser Dialog müsse einerseits die Entwicklungspolitik einbeziehen, um die Push-Faktoren in den Herkunftsländern zu reduzieren. Auf der anderen Seite müssten aber auch Möglichkeiten der legalen Migration in die Verhandlungen mit einbezogen werden. So könne etwa die Nachfrage nach geringqualifizierten Arbeitskräften durch vorübergehende Arbeitserlaubnisse gedeckt oder die Mobilität von Hochqualifizierten erleichtert werden. Damit wird in der europapolitischen Diskussion erstmals – wenn auch auf Druck der Partnerstaaten – die Einbeziehung der Wirtschaftsmigration in die bislang von sicherheitspolitischen Aspekten geprägte auswärtige Migrationspolitik in den Raum gestellt. Die von der Kommission vorgeschlagene „umfassende Kooperationsagenda" darf jedoch nicht darüber hinwegtäuschen, dass auch auf Kommissionsseite sicherheitsstrategische Erwägungen in Bezug auf die mögliche Zulassung von Arbeitsmigranten im Rahmen der externen Migrationspolitik im Vordergrund stehen. Dies zeigt sich deutlich an der Argumentationslinie der Kommission, die von vornherein diejenigen Herkunftsländer von der Möglichkeit der legalen Migration ausschließen will, die sich zu diesem Zeitpunkt bereits zur Rückübernahme irregulärer Migranten verpflichtet haben. In diesem Zusammenhang weist die Kommission auch ausdrücklich darauf hin, dass ein solches „Anreizsystem" für die Region Subsahara-Afrikas nicht erforderlich sei, da Artikel 13 des Cotonou-Abkommens bereits klare rechtliche Rückübernahmeverpflichtungen enthalte.[328] Ein Dialog über die Zulassung von Arbeitsmigranten mit den Ländern südlich der Sahara war von der Kommission also zunächst nicht vorgesehen.

3. Verlagerung des geographischen Schwerpunkts auf Subsahara-Afrika

Die „externe Dimension von Zuwanderung und Asyl" stellt im Haager Programm bereits einen festen und umfassenden Bestandteil der migrationspolitischen Strategie der Europäischen Union dar.[329] Vor dem Hintergrund einer

328 Siehe zum Cotonou-Abkommen ausführlicher unten, Kapitel IV.A.1.

329 Haager Programm zur Stärkung von Freiheit, Sicherheit und Recht in der Europäischen Union, Europäischer Rat (Brüssel), 4./5. 11.2004, Schlussfolgerungen des Vorsitzes, Ratsdokument 14292/04, S. 4.

zunehmenden Anzahl von Bootsmigranten aus Subsahara-Afrika und der Terroranschläge in Madrid konzentriert sich das neue Mehrjahresprogramm auf restriktive Maßnahmen im Bereich der Grenzsicherung, der Eindämmung der irregulären Migration, der Rückkehr- und Rückübernahmepolitik sowie auf die Schaffung einer gemeinsamen europäischen Asylregelung. Darüber hinaus setzt der Europäische Rat auf eine stärkere Verknüpfung von Migration, Entwicklungszusammenarbeit und humanitäre Hilfe, um an den Push-Faktoren der Migration anzusetzen. Unter dem Abschnitt „legale Zuwanderung" findet sich der versteckte und vage Hinweis, dass legale Migration „ferner bei den Partnerschaften mit Drittländern eine Rolle spielen" könnte.[330] Doch bringen die Ereignisse in den spanischen Enklaven Ceuta und Melilla im Herbst 2005 neue Dynamik in die Entwicklung einer gemeinsamen europäischen Migrationspolitik. Die öffentliche Aufmerksamkeit richtet sich schlagartig auf die Länder südlich der Sahara. Der geographischen Schwerpunkte der externen Migrationspolitik, der bis dato im Mittelmeerraum sowie dem Balkan und Osteuropa gelegen hatte,[331] wird zusehends auf die Region Subsahara-Afrikas verlagert. Regelmäßige Meldungen über afrikanische Bootsmigranten an den südlichen Außengrenzen der Europäischen Union verstärken die Besorgnis über unkontrollierbare Migrationsströme aus Subsahara-Afrika. Der politische Handlungsdruck ist groß. Schon im Oktober 2005 fordern die Staats- und Regierungschefs der EU-Mitgliedstaaten auf einem informellen Gipfeltreffen in Hampton Court dringend ein umfassendes Konzept zur Lösung der Migrationsproblematik. Die Zusammenarbeit mit den afrikanischen Transit- und Herkunftsländern Subsahara-Afrikas soll verstärkt werden.

4. Gesamtansatz zur Migrationsfrage: Vorrangige Maßnahmen mit Schwerpunkt Afrika und Mittelmeerraum

Bereits zwei Monate später, im Dezember 2005, nimmt der Europäische Rat auf seiner Tagung in Brüssel den „Gesamtansatz zur Migrationsfrage" an, der fortan als Hauptpfeiler der externen Dimension der europäischen Migrationspolitik gilt.[332] Der Europäische Rat betont die zunehmende Bedeutung von

330 Ebenda.

331 MEDA-Regionalprogramm im Mittelmeerraum, CARDS-Regionalprogramm in den westlichen Balkanländern sowie TACIS-Regionalprogramm in Osteuropa und Zentralasien.

332 Europäischer Rat (Brüssel), Tagung vom 15./16.12.2005, Schlussfolgerungen des Vorsitzes, Ratsdokument 15914/1/05, S. 2 f.

Migrationsfragen für die Europäische Union und ihre Mitgliedstaaten und weist auf die wachsende Besorgnis in der Bevölkerung verursacht durch die jüngsten Geschehnisse im Mittelmeerraum hin. Ziel sei die Entwicklung eines ausgewogenen und kohärenten Gesamtansatzes, der sowohl Maßnahmen zur Bekämpfung der illegalen Einwanderung umfasse als auch – in Zusammenarbeit mit den Drittländern – die Vorteile der legalen Migration nutzbar machen soll. Das neue Konzept findet eine erste Anwendung in dem gleichzeitig verabschiedeten „Gesamtansatz zur Migrationsfrage: Vorrangige Maßnahmen mit Schwerpunkt Afrika und Mittelmeerraum", der folgende Schwerpunkte vorsieht:

- Verstärkung der Zusammenarbeit und der Maßnahmen der Mitgliedstaaten
- Ausbau des Dialogs und der Zusammenarbeit mit den afrikanischen Staaten
- Ausbau des Dialogs und der Zusammenarbeit mit den Nachbarländern im gesamten Mittelmeerraum.

Der „Gesamtansatz zur Migrationsfrage", wenngleich als umfassender Ansatz („*global approach*") konzipiert, setzt seinen Schwerpunkt deutlich auf sicherheitspolitische Aspekte. Hatte die Kommission in ihrer dem Gesamtansatz zugrunde liegenden Mitteilung[333] noch einen ausgewogenen Ansatz verfolgt in dem Bemühen, die Glaubwürdigkeit der Europäischen Union in ihren Beziehungen zu Drittländern zu erhöhen, geraten nunmehr nicht nur entwicklungspolitische Aspekte in den Hintergrund. Anders als die Kommission zieht der Europäische Rat auch nicht die Option in Erwägung, mit den afrikanischen Partnern im Rahmen der Zusammenarbeit einen Dialog über die Schaffung von Möglichkeiten der legalen Migration aufzunehmen. In ihrem Zwischenbericht über die Folgemaßnahmen zur informellen Tagung der Staats- und Regierungschefs in Hampton Court vom Dezember 2005 weist die Kommission deshalb nochmals eindringlich auf die ihrer Meinung nach notwendigen Zusammenhänge zwischen der Regelung der legalen Migration und der Bekämpfung der irregulären Migration hin.[334] Auf dem anstehenden EU-Gipfel findet diese Position bei den Staats- und Regierungschefs allerdings keinen Anklang. Vielmehr beschließt der Europäische Rat zahlreiche restriktive Maßnahmen zur Eindämmung der irregulären Migration, insbesondere die verstärkte Überwachung des Mittelmeerraums

333 Mitteilung der Kommission vom 30.11.2005 über Vorrangige Maßnahmen zur Lösung von Migrationsproblemen: Erste Folgemaßnahmen nach Hampton Court, KOM (2005) 621.

334 Zwischenbericht der Kommission vom 7.12.2005 über die Folgemaßnahmen zur informellen Tagung der Staats- und Regierungschefs in Hampton Court, KOM (2005) 645.

durch Frontex sowie ein Krisenreaktionsteam aus nationalen Experten, das bei einem „Massenzustrom von Migranten" unverzüglich technische und operative Unterstützung gewähren soll. Darüber hinaus sollen Migrationsfragen zukünftig als gemeinsames vorrangiges Thema verstärkt in den politischen Dialog mit Afrika einbezogen werden. Im Rahmen des Cotonou-Abkommens soll ein Dialog über die wirksame Umsetzung der Rückübernahmeverpflichtungen eingeleitet werden. Bereits im Januar 2006 beginnen die Arbeiten zur Umsetzung des im Gesamtansatz enthaltenen Aktionsplans. In seiner Sitzung Justiz und Inneres im Juli 2006 begrüßt der Rat die Fortschritte bei der Umsetzung des Gesamtansatzes im Hinblick auf erfolgreiche Küstenpatrouillen, Erkennung von Routen der irregulären Einwanderung und Überwachung der Seegrenzen im Mittelmeer und im Atlantik.[335] So beschränkt sich die im EU-Gesamtansatz für Migration umgesetzte Externalisierung der europäischen Migrationspolitik weitestgehend auf Maßnahmen sicherheits- und entwicklungspolitischer Natur. Für eine Einbeziehung des ohnehin sehr strittigen Bereichs der Wirtschaftsmigration in die auswärtige Politik der Union besteht seitens der Mitgliedstaaten hingegen (noch) keine Bereitschaft.

B. Einbeziehung der Wirtschaftsmigration in die externe Dimension der EU-Migrationspolitik

1. Die deutsch-französische Initiative

Da die im Rahmen des EU-Gesamtansatzes verfolgte Politik nicht zum erfolgreichen Abschluss von Rückübernahmeabkommen mit den relevanten afrikanischen Herkunfts- und Transitstaaten führt, wird nunmehr auch seitens der Mitgliedstaaten ein stärkeres Anreizsystem gefordert. So kommt ein neuer Anstoß zur Einbeziehung der Wirtschaftsmigration in die externe Migrationspolitik der Union im Oktober 2006 von Deutschland und Frankreich: Vor dem Hintergrund des zunehmenden Migrationsdrucks auf Europa insbesondere an den EU-Grenzen in Südeuropa und Südwesteuropa (Kanaren, Lampedusa und Malta) sowie in Ost- und Südosteuropa halten es die damaligen Innenminister Schäuble und Sarkozy für dringend geboten, die Zuwanderungspolitik zu überdenken und auf europäischer Ebene noch enger und vor allem ergebnisorientierter zusammen zu arbeiten. Mit diesem Ziel legen sie ihren Amtskollegen anlässlich eines informellen Treffens der sechs größten EU-Mitgliedstaaten

335 Tagung des Rates Justiz und Inneres vom 24.7.2006, Mitteilung an die Presse abrufbar unter http://europa.eu/rapid/press-release_PRES-06-216_de.htm.

Deutschland, Frankreich[336], Großbritannien, Italien, Polen und Spanien ein migrationspolitisches Strategiepapier[337] vor, das vor allem aufgrund seiner Einlassungen zur zirkulären Migration viel Beachtung fand und eine rege Diskussion in Gang gesetzt hat.[338] Dabei darf jedoch nicht übersehen werden, dass die deutsch-französische Initiative zuvorderst zwei Ziele verfolgt hat: zum einen die Durchsetzung einer restriktiven Migrationspolitik auf europäischer Ebene und zum anderen die Beibehaltung der nationalen Zuständigkeiten im Bereich der Wirtschaftsmigration. So warnen die Innenminister vor dem Verlust des sozialen Zusammenhalts, sollte keine Steuerung und Begrenzung der Zuwanderung stattfinden. Die Bekämpfung der irregulären Migration erfordere eine effektivere Überwachung der EU-Außengrenzen durch die Stärkung von Frontex, den Verzicht auf Legalisierungskampagnen[339] sowie den dringenden Abschluss von Rückübernahmeabkommen insbesondere mit afrikanischen Staaten. Nicht kooperationsbereiten Staaten müsse mit ernsthaften Sanktionen gedroht werden. In diesem Zusammenhang wird vorgeschlagen, relevanten Drittstaaten als Anreiz für eine Zusammenarbeit die Aufnahme eines bestimmten Kontingents an Arbeitsmigranten anzubieten. Sollte ein Mitgliedstaat aufgrund seiner nationalen Arbeitsmarktsituation Zuwanderungsquoten für bestimmte Berufe festlegen, könnte dieses Kontingent der Kommission zur Unterstützung bei den Verhandlungen über den Abschluss von Rückübernahmeabkommen mit Drittstaaten übermittelt werden. Unter Verweis auf die positiven entwicklungspolitischen Effekte sollte allerdings die zeitlich befristete Zuwanderung im Vordergrund stehen. Die Innenminister sprechen sich deshalb für die verstärkte Nutzung des Instruments der zirkulären Migration aus. Gleichzeitig weisen sie darauf hin, dass eine ungesteuerte Zuwanderung in die europäischen Arbeitsmärkte und Sozialsysteme nicht erwünscht sei. Außerdem legen sie Wert auf die Feststellung,

---

336 Zur Bedeutung der Einwanderungspolitik im französischen Wahlkampf im Jahr 2007 vgl. Newsletter Migration und Bevölkerung, Ausgabe 4/2007, „Frankreich: Einwanderung und Integration im Wahlkampf".

337 Deutsch-französische Initiative für eine neue europäische Migrationspolitik vom 26.10.2006, abrufbar unter http://www.proasyl.de/fileadmin/proasyl/fm_redakteure/Newsletter_Anhaenge/117/franz_ini.pdf

338 Vgl. etwa *Steffen Angenendt,* Zirkuläre Migration: Ein tragfähiges migrationspolitisches Konzept? SWP-Aktuell 27, April 2007, der auf den deutsch-französischen Vorschlag Bezug nimmt.

339 Hierbei wird insbesondere auf die im Jahr 2005 in Spanien unter der Regierung Zapatero durchgeführten Legalisierungsmaßnahmen abgestellt, die Tausenden von Einwanderern mit irregulärem Aufenthaltsstatus zu einer Aufenthaltserlaubnis verhalf. Ein Vorgehen, das von Deutschland und Frankreich scharf kritisiert wurde.

dass die Steuerung der Arbeitsmigration in nationaler Verantwortung der Mitgliedstaaten verbleiben müsse. Schließlich sprechen sich die Innenminister ergänzend für den Abschluss bilateraler Partnerschaften für Migration und Entwicklung zwischen den Mitgliedstaaten sowie Drittstaaten aus, ohne deren Inhalt näher zu definieren. An dieser Stelle spiegelt sich die Migrationspolitik Frankreichs wider, die durch die engen Beziehungen zum afrikanischen Kontinent geprägt ist. So unterzeichnete Frankreich schon im September 2006 auf dem 14. Afrikanisch-französischen Gipfeltreffen ein bilaterales Abkommen mit Senegal über die gemeinsame Steuerung der Migrationsströme und nimmt dadurch eine Vorreiterrolle in Bezug auf die Migrationsabkommen der „zweiten Generation" ein.[340] Zur Neudefinierung einer gemeinsamen Migrationspolitik schlagen die Innenminister die Erarbeitung eines europäischen Pakts zur Kontrolle der Zuwanderung vor, der die grundlegenden Prinzipien, Prioritäten und Ziele einer gemeinsamen Politik festlegen soll. Auf dem EU-Gipfel der Staats- und Regierungschefs im Dezember 2006 erklärt der Europäische Rat das Thema Migration zu einer der Hauptprioritäten der Europäischen Union zu Beginn des 21. Jahrhunderts.[341]

2. Entwicklung des Konzepts der Mobilitätspartnerschaften im Rahmen des Gesamtansatzes zur Migrationsfrage

Die Kommission stellt im November 2006 im Rahmen einer Evaluierung des EU-Gesamtansatzes[342] ein neues Instrument vor, das eine umfassende Zusammenarbeit mit Drittstaaten in Migrationsfragen – einschließlich der legalen Migration – gewährleisten soll. Das Ziel, so die Kommission, könnte sein, mit einer Reihe interessierter Drittländer sogenannte Mobilitätspakte zu vereinbaren, die den großen Rahmen für die Steuerung der Wanderungsbewegungen bilden würden und die von den Mitgliedstaaten und der Europäischen Gemeinschaft gebotenen Möglichkeiten miteinander verbinden könnten. Auf dem EU-Gipfel der Staats- und Regierungschefs im Dezember 2006 greift der Europäische Rat auf die Vorschläge der deutsch-französischen Initiative sowie der Kommission

340 Siehe hierzu ausführlich unten, Kapitel IV.D.2.

341 Europäischer Rat (Brüssel), Tagung vom 14./15.12.2006, Schlussfolgerungen des Vorsitzes, Ratsdokument 16879/1/06, Ziffern 21–25 („Eine umfassende Europäische Migrationspolitik").

342 Mitteilung der Kommission über den Gesamtansatz zur Migrationsfrage nach einem Jahr: Schritte zur Entwicklung eines umfassenden europäischen Migrationskonzepts, KOM (2006) 735.

zurück, den „Gesamtansatz zur Migrationsfrage“ durch Aspekte der Wirtschaftsmigration zu ergänzen.[343] Zu diesem Zweck wird die Kommission aufgefordert,

> *„unter Beachtung der Zuständigkeiten der Mitgliedstaaten in diesem Bereich zu prüfen, wie sich legale Migrationsmöglichkeiten in die Politik der Union im Bereich der Außenbeziehungen eingliedern lassen, um hier zu einer ausgewogenen Partnerschaft mit Drittländern zu gelangen, die auf bestimmte Arbeitsmarktbedürfnisse von EU-Mitgliedstaaten abgestimmt ist; es werden Mittel und Wege sondiert, wie die zirkuläre und temporäre Migration erleichtert werden kann“.*

Mit ihrer Mitteilung über „zirkuläre Migration und Mobilitätspartnerschaften zwischen der Europäischen Union und Drittstaaten“ kommt die Kommission den Vorgaben des Europäischen Rates nach.[344] Sie führt erstmals den Begriff der Mobilitätspartnerschaften in die migrationspolitische Debatte ein. Das externe Regelungsinstrument der Mobilitätspartnerschaft soll den EU-Gesamtansatz um den Aspekt der Wirtschaftsmigration erweitern. Sicherheitspolitische Aspekte stehen bei den geplanten Partnerschaften ausdrücklich im Vordergrund: So wird als Grundvoraussetzung für eine Zusammenarbeit im Rahmen einer Mobilitätspartnerschaft die Bereitschaft der interessierten Drittländer genannt, aktiv mit der EU bei der Bekämpfung der irregulären Migration zusammenzuarbeiten. Insoweit baut das neue Instrument der Mobilitätspartnerschaft auf den bisher verfolgten Politikansatz der Union auf. Dabei sollen Mobilitätspartnerschaften mit Hilfe von sogenannten Migrationsprofilen auf die Besonderheiten des Drittlands zugeschnitten werden. Die Partnerschaften sollen von beiden Seiten mit Verpflichtungen verbunden sein. Auf diese Weise könnte dazu beigetragen werden, dass der Arbeitsmarktbedarf der EU-Mitgliedstaaten gedeckt werde, die Herkunftsländer die Vorteile der Migration optimal nutzen und ihre negativen Auswirkungen eindämmen könnten sowie Anreize für illegale Migration reduziert werden. Die Kommission beabsichtigt, Sondierungsgespräche mit einer begrenzten Anzahl von Ländern zu führen, die an Mobilitätspartnerschaften potenziell interessiert und zur Zusammenarbeit mit der EU bei der Bekämpfung der illegalen Migration, insbesondere in den Bereichen Rückübernahme und Rückkehr, bereit sind. Der Europäische Rat begrüßt die Vorschläge der Kommission und betrachtet das neue Konzept der Mobilitätspartnerschaften

---

343 Europäischer Rat (Brüssel), Tagung vom 14./15.12.2006, Schlussfolgerungen des Vorsitzes, Ratsdokument 16879/1/06, Ziffern 21–25 („Eine umfassende Europäische Migrationspolitik“).

344 Mitteilung der Kommission vom 16.5.2007 über Zirkuläre Migration und Mobilitätspartnerschaften zwischen der Europäischen Union und Drittstaaten, KOM (2007) 248.

als einen wichtigen Beitrag zu einem umfassenden Ansatz, der Maßnahmen zur Erleichterung der legalen Migration mit Maßnahmen zur Eindämmung der illegalen Zuwanderung kombinieren könnte.[345] Er weist aber darauf hin, dass eine Mobilitätspartnerschaft nur dann in Erwägung gezogen werde könne, wenn dies für die Europäische Union Vorteile in Bezug auf die Bekämpfung der irregulären Migration habe. Im Rahmen dieser Partnerschaften sollten – soweit dies angemessen sei – legale Migrationsmöglichkeiten angeboten werden, die insbesondere auf die spezifischen Arbeitsmarktbedürfnisse von EU-Mitgliedstaaten abgestimmt sein sollten. Der Rat ist der Auffassung, dass das Konzept der Mobilitätspartnerschaften zwischen der Europäischen Union, interessierten Mitgliedstaaten und Drittstaaten in einer begrenzten Anzahl von Pilotpartnerschaften erprobt werden könnte und fordert die Kommission auf, einen Dialog mit dem westafrikanischen Kap Verde sowie der Republik Moldau aufzunehmen. Auf der Grundlage dieser Vorberatungen werden im Juni 2008 am Rande der Ratstagung „Justiz und Inneres" die beiden ersten Mobilitätspartnerschaften ins Leben gerufen.

3. Europäischer Pakt zu Einwanderung und Asyl

Auf der Grundlage des deutsch-französischen Strategiepapiers und in Vorbereitung auf das Stockholmer Programm beschließen die Staats- und Regierungschefs im Oktober 2008 den Europäischen Pakt zu Einwanderung und Asyl.[346] Das von Frankreich initiierte und unter Mitwirkung von Spanien entworfene, rechtlich unverbindliche Übereinkommen trägt deutlich die Handschrift des französischen Präsidenten, der mit dem „französischen Projekt" nicht zuletzt auch innenpolitisch Handlungsstärke zeigen will. Der Pakt, der eine starke externe Komponente hat soll neue Impulse für die Entwicklung einer gemeinsamen Migrationspolitik geben. Diese soll fünf „grundlegenden Verpflichtungen" beinhalten, die als Grundprinzipien in das künftige Arbeitsprogramm der Union einfließen:

- Gestaltung der legalen Migration
- Bekämpfung der illegalen Migration
- Stärkung der Wirksamkeit der Grenzkontrollen

---

345 Tagung des Rates Justiz und Inneres vom 12./13.6.2007 unter Vorsitz des damaligen deutschen Innenministers Schäuble, Schlussfolgerungen des Rates zum Gesamtansatz.

346 Europäischer Pakt zu Einwanderung und Asyl, Schlussfolgerungen des Vorsitzes, Europäischer Rat vom 15./16.10.2008, Ratsdokument 14368/08.

- Asyl
- Partnerschaft mit Herkunfts- und Transitländern

Der Europäische Rat erklärt die Migrationsfrage zu einer wichtigen Komponente der Außenbeziehungen der Mitgliedstaaten und der Union. Er verpflichtet sich, die Entwicklung der Herkunfts- und Transitstaaten zu unterstützen und mit ihnen eine enge Partnerschaft aufzubauen, macht diese Unterstützung aber abhängig von der Qualität des bestehenden Migrationsdialogs. Damit macht der Europäische Rat sehr deutlich, dass eine enge Zusammenarbeit nur mit kooperationsbereiten Drittländern in Frage kommt. Unter Berücksichtigung des Potenzials an Arbeitskräften innerhalb der Europäischen Union sei mit diesen Ländern eine Politik der Arbeitsimmigration zu verwirklichen. Sollten sich die Mitgliedstaaten für die Zulassung von Arbeitsmigranten entscheiden, sollte eine Kontingentierung im Rahmen von Abkommen mit den Herkunftsländern erfolgen, die Bestimmungen zu den Möglichkeiten der legalen Migration, zur Bekämpfung der illegalen Einwanderung und zur Rückübernahme sowie zur Entwicklung der Herkunfts- und der Transitländer verknüpfen sollten. In diesem Zusammenhang kommt der Europäische Rat überein,

> *„auf Gemeinschaftsebne oder bilateral mit den Herkunfts- und den Transitländern Abkommen zu schließen, die in geeigneter Weise Bestimmungen zu den – an die Arbeitsmarktlage in den Mitgliedstaaten angepassten – Möglichkeiten der legalen Migration, zur Bekämpfung der illegalen Einwanderung und zur Rückübernahme sowie zur Entwicklung der Herkunfts- und der Transitländer enthalten“.*

Die Grundsätze und Verpflichtungen des Europäischen Pakts werden im Stockholmer Programm als eine „eindeutige Grundlage“ für die weitere Entwicklung einer europäischen Migrationspolitik aufgenommen.[347] Der Europäische Rat spricht sich in seinem neuen Mehrjahresprogramm ausdrücklich für eine stärkere externe Dimension der europäischen Migrationspolitik aus, der eine entscheidende Bedeutung für die erfolgreiche Verwirklichung der Ziele des Programms beigemessen wird.[348] Die Verwirklichung des Gesamtansatzes müsse durch die strategische Anwendung all seiner vorhandenen Instrumente beschleunigt und verbessert werden. Zwischen den drei Bereichen des Gesamtansatzes

---

347 Stockholmer Programm: Ein offenes und sicheres Europa im Dienste und zum Schutz der Bürger. ABl EU C 115 vom 4.5.2010, Ziffer 6: „Ein Europa der Verantwortung, der Solidarität und der Partnerschaft in Migrations- und Asylfragen“.

348 Ebenda, Ziffer 7: „Europa in einer globalisierten Welt – Die externe Dimension von Freiheit, Sicherheit und Recht“.

- Förderung von Mobilität und legaler Migration
- Optimierung der Verknüpfung zwischen Migration und Entwicklung sowie
- Prävention und Bekämpfung der illegalen Einwanderung

sollte ein Gleichgewicht erhalten bleiben. Mobilitätspartnerschaften mit Drittländern, die sich an wichtigen Migrationsrouten befinden, sollen als strategische Kooperationsrahmen der Umsetzung dieser Ziele dienen.[349]

C. Neuausrichtung nach dem Arabischen Frühling

1. Verstärkung restriktiver Maßnahmen

a) Überwachung der Außengrenzen

Abermals sind es Ereignisse von außen, die neue Dynamik in die schleppende Entwicklung einer gemeinsamen EU-Migrationspolitik bringen. Die Ende 2010 beginnenden Umwälzungen in Nordafrika leiten den Arabischen Frühling ein. Der starke Anstieg afrikanischer Migranten nach Europa bringt das Thema Migration aus Afrika erneut ganz oben auf die Tagesordnung der politischen Agenda.[350] Wie schon nach den Ereignissen in 2005 in Ceuta und Melilla antwortet die Europäische Union mit einer verstärkten Sicherung ihrer Außengrenzen. Zur kurzfristigen Steuerung der Migration und Flüchtlingsströme setzt die Europäische Union dabei insbesondere auf einen verstärkten Einsatz von Frontex.[351] Im Rahmen der Operation „Hermes 2011" werden verstärkt Patrouillen im Mittelmeerraum angeordnet.[352] Zur Realisierung ihrer Ziele soll sich die im Jahr 2004 gegründete EU-Agentur Frontex[353] um die operative Zusammenarbeit

---

349 Ebenda, Ziffer 6.

350 Außerordentliche Tagung des Europäischen Rates, Erklärung vom 11.3.2011, Dokument EUCO 7/1/11.

351 Ebenda, Ziffer 10 sowie Europäischer Rat (Brüssel), Tagung vom 23./24.6.2011, Schlussfolgerungen, Dokument EUCO 23/1/11, Ziffer 23.

352 Ziel der Operation Hermes 2011 war der Aufbau der Seeüberwachung zur Bekämpfung der irregulärer Migration über das Mittelmeer von Tunesien auf die süditalienischen Inseln (Budget: 15 Millionen Euro), http://frontex.europa.eu/operations/archive-of-operations/aWEw6x. Die Operation wurde bis Oktober 2013 verlängert (Hermes 2012) und auf die Herkunftsländer Algerien und Libyen erweitert (Budget: 4 Millionen Euro), http://frontex.europa.eu/operations/archive-of-operations/bnkVX7.

353 Verordnung (EG) Nr. 2007/2004 vom 26.10.2004 zur Errichtung einer Europäischen Agentur für die operative Zusammenarbeit an den Außengrenzen der Mitgliedstaaten der Europäischen Union, Abl. L 349 vom 25.11.2004. S. 1.

mit wichtigen Transit- und Herkunftsländern bemühen. So arbeitet Frontex im Rahmen von sogenannten Arbeitsvereinbarungen („*working arrangements*") mit den westafrikanischen Staaten Kap Verde und Nigeria zusammen; Verhandlungen über den Abschluss von Arbeitsvereinbarungen mit Marokko, Libyen, Senegal, Mauretanien, Ägypten und Tunesien werden geführt.[354] Daneben finden Frontex-Operationen auch im Rahmen bilateraler Abkommen statt.[355] Aktionsschwerpunkt dieser koordinierten Einsätze war in den vergangenen Jahren der Mittelmeerraum, wo vor allem die drei großen und nicht unumstrittenen Operationen Hera[356] vor den Kanarischen Inseln und der Küste Westafrikas, Nautilus zwischen Libyen und Tunesien sowie Italien und Malta und Poseidon im östlichen Mittelmeer, insbesondere vor der Küste Griechenlands stattgefunden haben.[357] Die Frage der Rechtmäßigkeit des Abfangens von Migranten („*interception*") auf hoher See und deren Rücktransport in die afrikanischen Anrainerstaaten hat im Jahr 2011/12 auch den Europäischen Gerichtshofs für Menschenrechte in Straßburg beschäftigt. Der Gerichtshof stellte in der Rechtssache *Hirsi Jamaa* u.a. gegen Italien fest, dass das Aufgreifen der Beschwerdeführer auf hoher See und deren Rückführung nach Libyen, von wo aus die aus Eritrea und Somalia stammenden Betroffenen in Booten gestartet waren, gegen das *non-refoulement*-Gebot, das Verbot unmenschlicher Behandlung, das Verbot auf kollektive Ausweisung sowie gegen das Recht auf wirksame Beschwerde verstößt.[358] Diese sogenannte „Push-back-Operation" beruhte auf einem zu diesem Zeitpunkt zwischen Italien und Libyen bestehenden bilateralen Migrationsabkommen. Durch das Urteil ist der menschenrechtliche Schutz von Bootsmigranten gestärkt worden.[359] Die Kommission hat im April 2013 einen Vorschlag für eine Verordnung vorgelegt, mit der spezielle Regelungen für die Überwachung der Seegrenzen durch Grenzschutzbeamte unter Federführung von Frontex

354 Vgl. hierzu die Website von Frontex, http://www.frontex.europa.eu/partners/third-countries.

355 Ebenda.

356 Im Rahmen von bilateralen Abkommen zwischen Spanien und Mauretanien sowie Senegal.

357 Siehe die Aufstellung aller Frontex-Operationen auf der Frontex-Website: http://frontex.europa.eu/operations/archive-of-operations/.

358 EGMR, Urteil der Großen Kammer vom 23.2.2012, *Hirsi Jamaa and others v. Italy*, Application No. 27765/09.

359 Vgl. hierzu die Abhandlung von *Albrecht Weber*, „Menschenrechtlicher Schutz von Bootsflüchtlingen. Bedeutung des Straßburger *Hirsi*-Jamaa-Urteils für den Flüchtlingsschutz" in: ZAR 8/2012, S. 265–270.

festgelegt werden sollen.[360] Die Verordnung zur Festlegung von Regelungen für die Überwachung der Seeaußengrenzen wurde im Mai 2014 erlassen.[361] Der in der ersten Lesung vom Parlament eingebrachte Änderungsantrag, wonach bei der Grenzüberwachung „die Rettung von Menschenleben und der Schutz der Grundrechte Priorität genießen sollten“, wurde teilweise angenommen.[362] In Erwägungsgrund 1 der Verordnung heißt es nunmehr in abgeschwächter Form: „Ziel der Unionspolitik im Bereich der Außengrenzen der Union ist es, die wirksame Überwachung des Grenzübertritts an den Außengrenzen, auch durch Grenzüberwachung, sicherzustellen und dabei gleichzeitig einen Beitrag zur Gewährleistung des Schutzes und der Rettung von Menschenleben zu leisten.“ Vor dem Hintergrund des Schiffsunglücks vor der Küste Lampedusas im Oktober 2013 hat der Europäische Rat abermals zu einer Verstärkung der Aktivitäten von Frontex im Mittelmeer und an den südöstlichen Grenzen aufgerufen.[363] Im Dezember 2013 startete mit dem neuen europäischen Grenzkontrollsystem (EUROSUR) ein weiteres umstrittenes Instrument zur Bekämpfung der irregulären Migration an den südlichen und östlichen Außengrenzen der Europäischen Union.

b) EU-Rückübernahmepolitik

Der Abschluss von Rückübernahmeabkommen[364] stellt einen zentralen Bestandteil der Zusammenarbeit der Europäischen Union mit wichtigen Drittländern in Einwanderungs- und Asylangelegenheiten dar.[365] Rückübernahmeabkommen werden auch weiterhin als wesentliche Voraussetzung für ein effizientes

360 Vorschlag der Kommission für eine Verordnung zur Festlegung von Regelungen für die Überwachung der Seeaußengrenzen im Rahmen der von der Europäischen Agentur für die operative Zusammenarbeit an den Außengrenzen der Mitgliedstaaten der Europäischen Union koordinierten operativen Zusammenarbeit, KOM (2013) 197 vom 12.4.2013.

361 Verordnung (EU) Nr. 656/2014 des Europäischen Parlaments und des Rates vom 15.5.2014, ABl. EU vom 27.6.2014, L 189/93.

362 Vgl. zum interinstitutionellen Verfahren http://ec.europa.eu/prelex/detail_dossier_real.cfm?CL=de&DosId=202545.

363 So die Schlussfolgerungen des Vorsitzes des Europäischen Rates vom 24./25.10.2013, Dok. 169/13, Ziffer 47.

364 Die Union ist gemäß Artikel 79 Absatz 3 AEUV ausdrücklich befugt, mit Drittländern Übereinkünfte über die Rückübernahme von Drittstaatsangehörigen zu schließen.

365 Halbjahresbericht über das Funktionieren des Schengen-Raums vom 16.5.2012, KOM (2012) 230, S. 10.

Migrationsmanagement betrachtet.[366] Die Kommission hat seit 1999 insgesamt 19 Verhandlungsmandate für Rückübernahmeabkommen mit Drittstaaten erhalten, von denen in der Zwischenzeit 13 in Kraft getreten sind.[367] Die Verhandlungen mit der Türkei, die seit 2002 andauerten, wurden im Juni 2012 abgeschlossen. Auch die Verhandlungen mit Kap Verde, die im Rahmen der bestehenden Mobilitätspartnerschaft stattfanden, kamen im November zum Abschluss.[368] Bezeichnend ist, dass es der Kommission bisher nicht gelungen ist, andere afrikanische Staaten zum Abschluss von Rückübernahmeabkommen zu bewegen. Insbesondere mit Marokko, eines der ersten Länder, mit den Verhandlungen aufgenommen wurden, wird nunmehr seit über zehn Jahren über ein Rückübernahmeabkommen verhandelt.[369] Da Marokko als Gegenforderung für den Abschluss eines entsprechenden Abkommens Visaerleichterungen[370] sowie finanzielle Unterstützung forderte, wurden die Gespräche über ein Rückübernahmeabkommen im Rahmen der Verhandlungen über eine Mobilitätspartnerschaft fortgesetzt. Letztere wurde im Juni 2013 unterzeichnet,[371] so dass davon auszugehen ist, dass Marokko nunmehr Bereitschaft zum Abschluss eines Rückübernahmeabkommens signalisiert hat.[372] Die ablehnende Haltung Marokkos, ein EU-Rückübernahmeabkommen zu schließen, liegt vor allem darin begründet, dass ein solches Abkommen auch die Rücknahme von Nicht-Marokkanern

366 Tagung des Rates Justiz und Inneres vom 12.5.2011, Pressemitteilung, S. 9.

367 Vgl. „EU-Readmission Agreements: state of play (June 2011)": in chronologischer Reihenfolge sind das Hongkong, Macau, Sri Lanka, Albanien, Russland, Ukraine, Mazedonien, Bosnien und Herzegowina, Montenegro, Serbien, Moldau, Pakistan und Georgien. http://ec.europa.eu/dgs/home-affairs/what-wedo/policies/pdf/eu_readmission_agreements_en.pdf. Im Oktober 2012 wurde ein Rückübernahmeabkommen mit Armenien paraphiert; darüber hinaus wurden mit Aserbaidschan Verhandlungen eingeleitet.

368 Das förmliche Ratifikationsverfahren wurde eingeleitet. Vgl. Zweiter Halbjahresbericht über das Funktionieren des Schengen-Raums vom 23.11.2012, KOM (2012) 686.

369 Marokko hat aber bilaterale Rückübernahmeabkommen mit Spanien, Frankreich, Italien sowie Deutschland abgeschlossen.

370 EU-Abkommen über Visaerleichterungen bestehen mit acht Drittstaaten: Albanien, Bosnien und Herzegowina, Mazedonien, Republik Moldau, Montenegro, Russland, Serbien und der Ukraine. Mit allen hat die EU auch Rückübernahmeabkommen geschlossen.

371 Pressemitteilung der Europäischen Kommission vom 7.6.2013, IP/13/513, http://europa.eu/rapid/press-release_IP-13-513_de.htm.

372 Siehe zu den Verhandlungen mit Marokko ausführlich unten, Kapitel V.C.3.

umfassen soll, die durch Marokko in die Europäische Union einreisen. Die Äußerungen des marokkanischen Außenministers Saâdeddine El Othmani vor dem Abgeordnetenhaus im Juli 2012, Marokko werde nicht die „Polizei der Europäischen Union" spielen,[373] bringen diesen Grundkonflikt zum Ausdruck. Vorbehalte, die bei der Mehrzahl der Drittstaaten vorhanden sind, wenn es um die Ausweitung der Rückübernahmepflicht auf Nicht-Staatsangehörige geht. Die Kommission selbst bestätigt in einer Evaluierung der EU-Rückübernahmeabkommen, dass die Abkommen den betreffenden Drittländern nur wenige Vorteile bringen würden und von den Vertragspartnern eine Gegenleistung erwartet werde.[374] Aufgrund des geringen Verhandlungserfolgs in Bezug auf den Abschluss von Rückübernahmeabkommen mit Drittstaaten hat sich die Kommission für ein grundsätzliches Umdenken ausgesprochen, das noch mehr auf Anreize setzen müsse. Denn ein EU-Rückübernahmeabkommen mit einem wichtigen Transitland irregulärer Migranten ohne eine Bestimmung, die die Rückübernahmepflicht von anderen als eigenen Staatsangehörigen umfasse, sei für die Europäische Union von geringem Interesse. Bei den besonders wichtigen Ländern sei deshalb sei ein geeignetes „Lockmittel" von Nutzen. Hierbei sollte die EU ihre zur Verfügung stehenden Anreize wie visapolitische Instrumente, finanzielle Unterstützung sowie legale Migration den Partnerländern gleich bei Beginn der Verhandlungen als Gesamtpaket anbieten. Hingegen sollten für die Rückübernahme eigener Staatsangehöriger in der Regel keine maßgeblichen Anreize geboten werden. Aufgrund der Verhandlungsschwierigkeiten mit den nordafrikanischen Transitländern sollte die Europäische Union ihre Rückübernahmepolitik stärker auf wichtige Herkunftsländer irregulärer Migranten wie die Länder Subsahara-Afrikas ausrichten. Zudem sei die Anwendung von Artikel 13 des Cotonou-Abkommens zwischen der EU und den AKP-Staaten nach wie vor mangelhaft. Da es offenkundig keine Sinn mache, Verhandlungsmandate weiterhin nur auf Rückübernahmeabkommen zu konzentrieren, sollten diese vielmehr als ein Aspekt der Beziehungen der EU mit dem betreffenden Partnerland insgesamt betrachtet werden. Die Aufnahme weitergehender Rückübernahmepflichten sollte deshalb in Rahmenabkommen mit Drittländern erfolgen.[375]

---

373 Vgl. „*Le Maroc, gendarme de l'Europe? A quel prix?*", Artikel aus der marokkanischen Tageszeitung „*La Vie* éco" vom 6.8.2012, http://www.lavieeco.com/news/politique/le-maroc-gendarme-de-l-europe-a-quel-prix--22961.html.

374 Evaluierung der Rückübernahmeabkommen, Mitteilung der Kommission vom 23.2.2011, KOM (2011) 76.

375 Mitteilung zur Migration vom 4.5.2011, KOM (2011) 248.

2. Neuer Gesamtansatz für Migration und Mobilität

a) Die vier Säulen des GAMM

Vor dem Hintergrund des Arabischen Frühlings spricht sich der Europäische Rat im Mai 2011 für ein neues Gesamtkonzept der externen Migrationspolitik aus, das eine verstärkte Einbeziehung von Mobilitätspartnerschaften mit den südlichen Nachbarregionen vorsieht.[376] Mobilitätspartnerschaften sollen gegenüber allen Partnern eingesetzt werden, die ihre Reformprozesse hinreichend vorangetrieben haben und im Kampf gegen Menschenhandel und irreguläre Einwanderung kooperieren. Auf dieser Grundlage legt die Kommission im November 2011 ihr Konzept für den neuen Gesamtansatz für Migration und Mobilität (GAMM) vor.[377] Der neue Gesamtansatz soll den politischen Rahmen für alle relevanten Aspekte der Migration in ausgewogener und umfassender Weise in Partnerschaft mit Nicht-EU-Ländern angehen. Dabei soll den strategischen Interessen der Union in Zukunft stärker Rechnung getragen werden. Die wichtigsten Ziele bestünden darin, den neuen Gesamtansatz strategischer und effizienter zu gestalten und eine engere Verzahnung zwischen den relevanten EU-Politikbereichen sowie zwischen der externen und der internen Dimension der Politik in diesen Bereichen zu ermöglichen. Insbesondere die Visumpolitik sei als ein einflussreiches Instrument für eine vorausschauende Mobilitätspolitik zu betrachten. Aus diesem Grund müsse der Politikrahmen auf den Bereich Mobilität ausgedehnt werden und sich zum Gesamtansatz für Migration und Mobilität (GAMM) entwickeln. Für Europa bestünde vor dem Hintergrund des demografischen Wandels und der wirtschaftlichen Entwicklung darüber hinaus eine strategische Priorität darin sicherzustellen, dass flexible Arbeitskräfte mit den benötigten Qualifikationen zur Verfügung stünden. So herrsche in Europa trotz der gegenwärtigen Wirtschaftskrise und der aktuellen Arbeitslosenquoten in manchen Branchen Arbeitskräftemangel und viele freie Stellen könnten nicht mit einheimischem Personal besetzt werden. Die Kommission kündigt in diesem Zusammenhang für das Jahr 2012 ein Grünbuch zur Wirtschaftsmigration an, das bisher aber nicht vorgelegt wurde. Im Rahmen des Dialogs und der Zusammenarbeit mit Nicht-EU-Ländern bei der Behandlung des Themas Migration und Mobilität sollte nach Auffassung der Kommission aber auch berücksichtigt werden, dass geordnete Migrationsbewegungen unabdinglich seien. Ohne gut

---

376 Schlussfolgerungen des Europäischen Rates vom 24./25.03.2011, Dokument EUCO 10/1/11.

377 Gesamtansatz für Migration und Mobilität, Mitteilung der Kommission vom 18.11.2011, KOM (2011) 743.

funktionierende Grenzkontrollen, ohne Eindämmung der irregulären Migration und ohne wirksame Rückkehrpolitik werde die Europäische Union die Möglichkeiten für die legale Migration und die Mobilität nicht ausbauen können. Zum anderen sei der Abwanderung von Fachkräften („Brain-Drain") und der Verschwendung von Fähigkeiten („Brain-Waste") durch Beschäftigung unterhalb des Qualifikationsniveaus entgegenzuwirken und die Mobilität von Fachkräften („Brain-Circulation") zu fördern. Die Europäische Kommission empfiehlt deshalb, den neuen Gesamtansatz für Migration und Mobilität (GAMM) auf vier gleichermaßen wichtige Säulen zu stützen:

- Organisation und Erleichterung der legalen Migration und Mobilität
- Verhinderung und Eindämmung der irregulären Migration und des Menschenhandels
- Förderung des internationalen Schutzes und der externen Dimension der Asylpolitik
- Maximierung der Auswirkungen von Migration und Mobilität auf die Entwicklung

Wichtig sei es, den Zugang von Migranten zu Informationen über ihre Rechte und Möglichkeiten zu verbessern. Das neu lancierte EU-Zuwanderungsportal[378] soll hierbei als Online-Instrument für Nicht-EU-Staatsangehörige dienen, die sich über die Möglichkeiten, in die EU einzuwandern, und die hierfür vorgeschriebenen Verfahren informieren wollen. Dabei hält die Kommission eine echte Integration, insbesondere in den Arbeitsmarkt, für entscheidend, damit sowohl die Migranten als auch die Aufnahmegesellschaften vom Potenzial der Migration profitieren können.[379]

b) Geographische Ausrichtung des neuen Gesamtansatzes

Der neue Gesamtansatz soll grundsätzlich keinen geografischen Beschränkungen unterliegen. Die EU strebt aber eine engere Zusammenarbeit mit denjenigen Partnern an, die die gleichen Interessen wie sie verfolgen und bereit sind, gegenseitige Verpflichtungen einzugehen. Die jeweiligen geographischen Prioritäten werden vor dem Hintergrund der allgemeinen Außenpolitik und den Zuwanderungstrends in die Europäische Union definiert. Die erste Priorität sollte die EU-Nachbarschaft sein, namentlich der südliche Mittelmeerraum (Marokko,

---

378 EU Immigration Portal: http://ec.europa.eu/immigration/.

379 Vgl. hierzu auch die Europäische Agenda für die Integration von Drittstaatsangehörigen, Mitteilung der Kommission vom 20.7.2011, KOM (2011) 455.

Algerien, Tunesien, Libyen und Ägypten) und die Region der Östlichen Partnerschaft (EaP). An zweiter Stelle sollte im Hinblick auf gezieltere Migrationsdialoge im regionalen Rahmen des GAMM der Schwerpunkt südlich der EU auf die Strategische EU-Afrika-Partnerschaft für Migration, Mobilität und Beschäftigung gelegt werden, die durch spezifische subregionale Prozesse, im Süden betrifft dies den Rabat-Prozess (Westafrika) ergänzt werden. Außerdem soll der Migrationsdialog zwischen der EU und der Gruppe der AKP-Staaten (EU-AKP-Dialog) intensiviert werden.

c) Gemeinsame Agenda für Migration und Entwicklung (CAMM)

Darüber hinaus entwickelt die Kommission einen zweiten, alternativen Rahmen der Zusammenarbeit mit Drittstaaten. Die sogenannte Gemeinsame Agenda für Migration und Mobilität ("Common Agenda on Migration and Mobility" – CAMM) soll eine Option sein, wenn Partnerländer und die EU und ihre Mitgliedstaaten verstärkt zusammenarbeiten wollen, aber eine Seite nicht bereit ist, sich auf das Gesamtpaket der Verpflichtungen und Zusagen einzulassen. Der grundlegende Unterschied gegenüber der Mobilitätspartnerschaft besteht darin, dass die Gemeinsame Agenda nicht notwendigerweise die Aushandlung von Visaerleichterungs- und Rückübernahmeabkommen voraussetzt. Die CAMM kann später aber bei beiderseitigem Einverständnis zu einer Mobilitätspartnerschaft ausgebaut werden.

D. Zusammenfassende Betrachtung

Die externe Dimension der europäischen Migrationspolitik hat sich zu einem wesentlichen Bestandteil des migrationspolitischen Gesamtkonzepts der Europäischen Union entwickelt. Der unerwünschte Migrationsdruck an den europäischen Grenzen veranlasste die Europäische Union und die Mitgliedstaaten dazu, den Dialog und die Zusammenarbeit mit den Herkunfts- und Transitstaaten zu suchen. Die Einbeziehung von Migrationsbelangen in die Außenbeziehungen der Europäischen Union basierte mithin auf der Erkenntnis, irreguläre Migration nicht durch unilaterale Maßnahmen eindämmen zu können. Das politische Fundament für die externe Dimension der europäischen Migrationspolitik legte der Europäische Rat auf seinem Gipfeltreffen in Tampere im Oktober 1999. Das Tampere-Programm legt die „Partnerschaft mit den Herkunftsländern" als eines der vier Grundbestandteile der zukünftigen europäischen Migrationspolitik fest. Neben einem entwicklungspolitischen Ansatz, der die Push-Faktoren von Migration abschwächen soll, besteht das Ziel an einer

Zusammenarbeit mit den maßgeblichen Herkunftsländern insbesondere darin, eine gemeinsame Grenzsicherung sowie eine effektive Rückübernahmepolitik zu entwickeln. Dabei wird der Abschluss von Rückübernahmeabkommen als ein wesentliches Instrument der externen Migrationspolitik betrachtet. Ist ein Drittland nicht zur Kooperation bei der Bekämpfung der irregulären Migration bereit, soll dies in allen Bereichen der Beziehungen der Union und ihrer Mitgliedstaaten zu dem betreffenden Land Auswirkungen haben. Die Union erklärt die Rückübernahmeverpflichtung als Conditio sine qua non für eine Intensivierung der Zusammenarbeit mit den „Partnerländern". Die Bereitschaft der afrikanischen Drittstaaten zum Abschluss entsprechender Abkommen ist jedoch sehr gering, wozu insbesondere die Forderung der Union beiträgt, die Rückübernahmeverpflichtung müsse auch fremde Staatsangehörige umfassen, die durch den afrikanischen Vertragsstaat in die Europäische Union eingereist sind. Eine solche Klausel hätte insbesondere für wichtige Transitländer enorme Auswirkungen. Neue Dynamik in die Weiterentwicklung der externen Dimension der europäischen Migrationspolitik bringen schließlich die Ereignisse in den marokkanischen Exklaven Ceuta und Melilla im Herbst 2005 sowie die Zunahme von Bootsmigranten aus Subsahara-Afrika. Der geographische Schwerpunkt des außenpolitischen Interesses der Europäischen Union verschiebt sich dadurch verstärkt in Richtung Subsahara-Afrikas, so dass die Region ein neues politisches Gewicht erhält. Die direkt betroffenen EU-Mitgliedstaaten sehen sich gezwungen, schnell gegen die „Massenzuströme" von Migranten südlich der Sahara vorzugehen. Der Europäische Rat reagiert bereits im Dezember 2005 mit der Verabschiedung des Gesamtansatzes zur Migrationsfrage mit Schwerpunkt Afrika und Mittelmeerraum, in dem die Ziele und Bestandteile der externen Dimension der europäischen Migrationspolitik festgelegt werden. Neben einer engeren Zusammenarbeit der Mitgliedstaaten sieht der Gesamtansatz einen Ausbau des Dialogs und der Zusammenarbeit mit Afrika sowie den Nachbarländern im gesamten Mittelmeerraum vor. Obgleich der Gesamtansatz (*„global approach"*), wie sein Name schon sagt, einen umfassenden Ansatz verspricht, beschränken sich die vorgesehenen Maßnahmen weitestgehend auf die Bekämpfung der irregulären Migration. Die Bemühungen der Kommission, die legale Migration stärker in den Gesamtansatz einzubringen, nicht zuletzt um die Glaubwürdigkeit der Europäischen Union in ihren Beziehungen zu den afrikanischen Drittländern zu erhöhen, bleiben zunächst unberücksichtigt. Da die irreguläre Migration aus Afrika nicht nachlässt und die Verhandlungen über Rückübernahmeabkommen mit den Herkunfts- und Transitstaaten weiterhin keinen Erfolg zeigen, wird ein zusätzliches Anreizsystem für notwendig erachtet. So fordern die damaligen

Innenminister Schäuble und Sarkozy in ihrem im Oktober 2006 vorgelegten Strategiepapier zwar eine restriktivere Migrationspolitik auf europäischer Ebene, die eine effektivere Überwachung der EU-Außengrenzen durch die Stärkung von Frontex, den Verzicht auf Legalisierungskampagnen sowie den Abschluss von Rückübernahmeabkommen mit Afrika vorsieht. Sie schlagen aber auch vor, relevanten Drittstaaten als Anreiz für eine Zusammenarbeit die Aufnahme eines bestimmten Kontingents an Arbeitsmigranten anzubieten, wobei die befristete bzw. zirkuläre Migration im Vordergrund stehen soll. Schon im Dezember fordert der Europäische Rat die Kommission auf, zu überprüfen, „wie sich legale Migrationsmöglichkeiten in die Politik der Union im Bereich der Außenbeziehungen eingliedern lassen". Damit sollen erste Schritt zu einer Externalisierung der Arbeitsmigrationspolitik unternommen werden mit dem Ziel, die Herkunfts- und Transitstaaten zu einer Zusammenarbeit zu motivieren. Zu diesem Zweck stellt die Kommission in ihrer Mitteilung „zirkuläre Migration und Mobilitätspartnerschaften zwischen der Europäischen Union und Drittstaaten" das Instrument der Mobilitätspartnerschaft vor, das den EU-Gesamtansatz um die Komponente der Arbeitsmigration erweitern und Maßnahmen zur Erleichterung der legalen Migration mit Maßnahmen zur Eindämmung der illegalen Migration kombinieren soll. Der Europäische Rat begrüßt die Vorschläge der Kommission, weist jedoch darauf hin, dass eine Mobilitätspartnerschaft nur dann in Betracht komme, wenn dies für die Europäische Union Vorteile in Bezug auf die Bekämpfung der irregulären Migration habe.[380] Die politische Konditionalität in der externen EU-Migrationspolitik wird im Rahmen der Mobilitätspartnerschaften also fortgesetzt. Der im Oktober 2008 auf Initiative Frankreichs vereinbarte Europäische Pakt zu Einwanderung und Asyl bestätigt diese Politik. Der Europäische Rat spricht sich darin für den Abschuss multilateraler aber auch bilateraler Migrationsabkommen mit den Herkunfts- und Transitstaaten aus, die Bestimmungen zur legalen Migration, zur Bekämpfung der illegalen Migration, zur Rückübernahme sowie zur Entwicklung enthalten sollen. Die Grundsätze des Europäischen Pakts werden im Stockholmer Programm aufgenommen, welches sich ausdrücklich für eine stärkere externe Dimension der europäischen Migrationspolitik ausspricht. Dabei soll zwischen den drei Bereichen des Gesamtansatzes, der Förderung der legalen Zuwanderung, der Verknüpfung zwischen Migration und Entwicklung sowie der Bekämpfung der illegalen Einwanderung ein Gleichgewicht erhalten bleiben. Mobilitätspartnerschaften

---

380 Schlussfolgerungen des Rates zum Gesamtansatz, Tagung des Rates Justiz und Inneres vom 12./13.6.2007 unter Vorsitz des deutschen Innenministers Schäuble.

sollen dazu dienen, diese Ziele umzusetzen. Mit dem Beginn des Arabischen Frühlings Ende 2010 steigt die Zahl der Migranten aus Afrika erneut an. Wieder kommt das Thema Migration ganz oben auf politische Agenda der Europäischen Union. Die Sicherung der Außengrenzen durch Frontex wird nochmals verstärkt. Gleichzeitig stellt die Kommission in einer Evaluierung der EU-Rückübernahmepolitik fest, dass das Instrument der Mobilitätspartnerschaft den relevanten Drittstaaten zu geringe Vorteile bieten würde. Die Europäische Union müsse deshalb verstärkt die ihr zur Verfügung stehenden Anreizmittel wie Visa finanzielle Unterstützung sowie legale Migration einsetzen. Vor diesem Hintergrund spricht sich der Europäische Rat im Mai 2011 für ein neues Gesamtkonzept der externen Migrationspolitik aus. Der neue „Gesamtansatz für Migration und Mobilität" (GAMM) soll alle Aspekte der Migration in ausgewogener Weise in Partnerschaft mit Drittstaaten umfassen und den strategischen Interessen der Union in Zukunft stärker Rechnung tragen. Neu ist insbesondere, dass die Visumpolitik nunmehr verstärkt als Instrument in die Verhandlungen mit den Partnerländern eingebracht werden soll (*„Mobilität"*). Der neue Gesamtansatz soll auf vier gleichermaßen wichtige Säulen gestützt werden: Erleichterung der legalen Migration, Eindämmung der irregulären Migration, Förderung des internationalen Schutzes sowie Maximierung der Auswirkungen von Migration und Mobilität auf die Entwicklung. Westafrika stellt nach der EU-Nachbarschaft im Mittelmeerraum und im Osten die strategisch wichtigste Region dar. Sollte eine Mobilitätspartnerschaft nicht zustande kommen, weil eine Seite nicht bereit ist, sich auf das Gesamtpaket der Verpflichtungen einzulassen, sieht der Gesamtansatz alternativ eine Gemeinsame Agenda für Migration und Mobilität (CAMM) vor, die nicht notwendigerweise die Aushandlung von Visaerleichterungs- sowie Rückübernahmeabkommen voraussetzt. Im Ergebnis rückt der neue Gesamtansatz für Migration und Mobilität nunmehr also diejenigen Bereiche in den Mittelpunkt von Mobilitätspartnerschaften, deren Regelung nicht notwendigerweise der Beteiligung der Mitgliedstaaten bedarf.[381]

381 Vgl. zu der Kompetenzabgrenzung zwischen Union und den Mitgliedstaaten weiter unten, Kapitel V.B.

Kapitel IV: Dialog und Zusammenarbeit zwischen der EU und Afrika in Migrationsfragen

A. Zusammenarbeit auf kontinentaler Ebene

1. Rechtlicher Rahmen: Das Cotonou-Abkommen

Mobilitätspartnerschaften stellen im Gegensatz zu den unilateralen Maßnahmen der Migrationssteuerung Vereinbarungen dar und bedürfen mithin eines Interessenausgleichs sowie einer Einigung zwischen den Beteiligten. Die Frage der Geeignetheit von Mobilitätspartnerschaften mit afrikanischen Herkunfts- und Transitstaaten ist deshalb auch im Gesamtkontext der Beziehungen zwischen der Europäischen Union und Afrika und des Dialogs und der Zusammenarbeit in Migrationsfragen zu betrachten. Geprägt durch den europäischen Kolonialismus war das Verhältnis zwischen den Regionen lange Zeit durch eine sogenannte Geber-Nehmer-Beziehung gekennzeichnet, deren Schwerpunkt im entwicklungspolitischen Bereich angesiedelt war.[382] Nach und nach wurden die Beziehungen auf eine breitere Basis gestellt. So gewannen mit der zunehmenden Bedeutung der (irregulären) Migration von Afrika nach Europa auch migrationspolitische Themen an Gewicht. Ein Migrationsdialog mit Afrika wurde einerseits auf kontinentaler Ebene im EU-AKP-Rahmen entwickelt. Darüber hinaus wurde mit den politisch besonders relevanten Ländern an der westafrikanischen Migrationsroute ein gesonderter Migrationsdialog, der sogenannte Rabat-Prozess, aufgenommen. Schließlich findet im Rahmen der Europäischen Nachbarschaftspolitik eine Zusammenarbeit mit Nordafrika statt, aus der die Europa-Mittelmeer-Partnerschaft hervorgegangen ist.[383] Die engen Bindungen der früheren europäischen Kolonialmächte an ihre Kolonien führten bereits in den Anfangsjahren der EWG zu einer Institutionalisierung der Beziehungen mit Afrika. Auf Wunsch der EWG-Gründungsmitglieder Frankreich und Italien, die die Handelspräferenzen für ihre ehemaligen Kolonialgebiete auf den gemeinsamen Markt der Europäischen Wirtschaftsgemeinschaft (EWG) übertragen wollten,[384] wurde bereits 1963 ein

382 *Franz Kernic,* Die Außenbeziehungen der Europäischen Union, 2007,S. 195 ff.

383 *Stefan Brüne,* Europas Außenbeziehungen und die AKP-Staaten: das Abkommen von Cotonou, Nord-Süd-aktuell, 2. Quartal 2002, S. 301–314 (S. 301).

384 Ebenda.

Assoziierungsabkommen mit 18 afrikanischen Staaten aus der Subsahara-Region geschlossen. Das Abkommen von Jaundé wurde im Jahr 1976 nach dem EG-Beitritt Großbritanniens durch das Lomé-Abkommen ersetzt. Durch die Einbeziehung der früheren britischen Kolonien wurde das Abkommen auf insgesamt 37 afrikanische Staaten sowie neun karibische und pazifische Inselstaaten ausgeweitet. Wegen der für längere Zeiträume rechtsverbindlich vereinbarten Zusicherung von Entwicklungshilfeleistungen galt die Lomé-Politik der Europäischen Gemeinschaft lange als Vorzeigestück europäischer Südpolitik. Vor dem Hintergrund des Kalten Krieges war die europäische Assoziierungspolitik aber auch mit der Absicht verbunden, Afrika politisch und wirtschaftlich an die EU zu binden.[385] Nicht zuletzt war die Zusammenarbeit stark von nationalen Partikularinteressen geleitet. So war insbesondere Frankreichs kolonial überkommene Hegemonialpolitik mit dem als partnerschaftlich beschriebenen „Geist von Lomé" schwer in Einklang zu bringen. Auf afrikanischer Seite profitierten von dieser Politik vor allem die rohstoffreichen Länder mit mittlerem Einkommen[386], ungeachtet ihrer zum Teil diktatorisch geführten Regime. Mit dem im Jahr 2000 in Cotonou (Benin) unterzeichneten Nachfolgeabkommen[387] war deshalb nicht zuletzt die Absicht verbunden, eine stärkere politische Dimension in die gemeinsame Zusammenarbeit einzubringen. Damit einher ging eine politische Konditionalität, d.h. das Verknüpfen der von Geberseite zu erbringenden Leistung mit bestimmten von Nehmerseite zu erfüllenden Auflagen. Inwieweit der „partnerschaftliche" Dialog im Schatten der Sanktionierung möglich und sinnvoll ist, ist umstritten.[388] Jedenfalls ist das Prinzip der politischen Konditionalität bis heute ein bestimmendes Element in der Entwicklungszusammenarbeit mit Afrika geblieben. Hauptziele des inzwischen auf 48 afrikanische Staaten erweiterten Abkommens von Cotonou sind die Beseitigung der Armut, die nachhaltige Entwicklung und die schrittweise Integration der AKP-Staaten in die Weltwirtschaft. Diese Ziele sollen durch eine vertiefte Partnerschaft verwirklicht werden, die auf politischem Dialog,

---

385 Ebenda. S. 303.

386 Ebenda.

387 Partnerschaftsabkommen zwischen den AKP-Staaten einerseits und der Europäischen Gemeinschaft und ihren Mitgliedstaaten andererseits, unterzeichnet in Cotonou am 23. Juni 2000, ABl. L 317/3 vom 15.12.2000. konsolidierte Fassung vom 22.6.2010 der zweiten Revision, http://ec.europa.eu/europeaid/where/acp/overview/documents/devco-cotonou-consol-europe-aid-2012_en.pdf.

388 *Andrea Schmitz,* Konditionalität in der Entwicklungspolitik, SWP-Studie, Berlin, Mai 2006, http://www.swp-berlin.org/fileadmin/contents/products/studien/2006_S12_smz_ks.pdf.

Entwicklungszusammenarbeit sowie Wirtschafts- und Handelsbeziehungen beruhen. Fester Bestandteil der langfristigen Entwicklung sollen ein politisches Umfeld sein, in dem Frieden, Sicherheit und Stabilität, die Achtung der Menschenrechte, der demokratischen Grundsätze und des Rechtsstaatsprinzips sowie eine verantwortungsvolle Staatsführung gewährleistet sind. Als Grundprinzipien des Vertrages gelten die Gleichheit der Partner sowie die Eigenverantwortung („*ownership*"). Das neue Partnerschaftsabkommen zielt damit auf eine Abkehr von der traditionellen Geber-Nehmer-Beziehung ab. Die Vertragspartner verpflichten sich zu einem regelmäßigen politischen Dialog, der alle in dem Abkommen festgelegten Ziele und Fragen „von gemeinsamen Interesse" umfassen soll. In diesem Rahmen findet die Migrationsfrage erstmals formal Eingang in den politischen euro-afrikanischen Dialog. Auf Wunsch der europäischen Vertragsparteien wird eine eigene „Migrationsklausel" in das Abkommen aufgenommen. Der ausführlich gehaltene Artikel 13 („Einwanderung") bestimmt, dass die Frage der Einwanderung in einem intensiven Dialog im Rahmen der AKP-EU-Partnerschaft behandelt werden soll. Wenngleich die Europäische Union fortan nicht müde wird, auf die in Artikel 13 des Abkommens enthaltene Rückübernahmeverpflichtung hinzuweisen, stellt diese keineswegs den Hauptinhalt der Klausel dar. Vielmehr stellt die Bestimmung die völkerrechtlichen Verpflichtungen der Aufnahmeländer zur Achtung der Menschenrechte sowie zur Beseitigung jeder Form der Diskriminierung in den Vordergrund, die sowohl Integrationsmaßnahmen, Maßnahmen gegen jede Form von Rassismus und Fremdenfeindlichkeit sowie diskriminierungsfreie Behandlung von legal in ihrem Hoheitsgebiet beschäftigten Arbeitnehmern hinsichtlich der Arbeits-, Entlohnungs- und Kündigungsbedingungen umfassen. Die Vertragsparteien halten in Artikel 13 Absatz 4 fest, dass Strategien zur Eindämmung der Armut langfristig zu einer Normalisierung der Wanderungsbewegungen beitragen werden. Die Gemeinschaft verpflichtet sich zu diesem Zweck zur Unterstützung von Kooperationsprogrammen zur Förderung der Ausbildung von AKP-Staatsangehörigen. Soweit diese Maßnahmen in Europa stattfinden, soll zur Vermeidung des Brain-Drains darauf geachtet werden, dass die Ausbildung auf die berufliche Integration der AKP-Staatsangehörigen in ihren Herkunftsländern ausgerichtet wird. Die von europäischer Seite zweifellos als Schwerpunkt der Klausel betrachtete Rückübernahmeverpflichtung irregulärer Migranten findet sich ganz am Schluss der Vorschrift mit den einleitenden Worten: „Die Vertragsparteien kommen ferner überein…". Sie beinhaltet die gegenseitige Verpflichtung zur Rückübernahme eigener Staatsangehöriger, die sich illegal im Hoheitsgebiet der anderen Vertragspartei aufhalten. Darüber hinaus verpflichten sich die Parteien auf Ersuchen einer

Vertragspartei zur Aufnahme von Verhandlungen über bilaterale Rückübernahmeabkommen, wobei diese auch die Rückübernahme von Staatsangehörigen aus Drittländern umfassen soll. Die Rückübernahmeverpflichtung aus Artikel 13 Absatz 5 des Cotonou-Abkommens wird im migrationspolitischen Dialog zwischen der Europäischen Union und Afrika – im Gegensatz zu den anderen Bestimmungen der Migrationsklausel – fortan eine zentrale Rolle spielen. Im Rahmen der Fünf-Jahres-Revision des Cotonou-Abkommens waren Änderungen an der Migrationsklausel geplant. Dabei sollte es zu einer Verstärkung der Zusammenarbeit in Migrationsfragen, namentlich in den Bereichen Brain-Drain, legale und irreguläre Migration sowie Grenzsicherung und Rückübernahme kommen.[389] Die Revision des Cotonou-Abkommens im Jahr 2010, mit der umfangreiche Änderungen am Vertrag durchgeführt wurden, brachte jedoch keine Einigung in Bezug auf eine Reform der Migrationsklausel. Artikel 13 blieb deshalb unverändert. Die von europäischer Seite aus eingebrachte Forderung, irreguläre Migration stärker im Cotonou-Abkommen zu berücksichtigen, wurde verschoben. Das Ausklammern der Migrationsproblematik wird aus europäischer Sicht als ein Schwachpunkt der Vereinbarung von Ouagadougou gesehen.[390] Die Migrationsklausel soll nunmehr Gegenstand der nächsten Revision des Cotonou-Abkommens werden.[391]

2. Die EU-Strategie für Afrika

Vor dem Hintergrund des verstärkten Interesses an einer Zusammenarbeit mit Afrika findet im April 2000 in Kairo das erste Gipfeltreffen zwischen der Europäischen Union und Afrika statt. Das historische Treffen bildet den Auftakt zu einem regelmäßigen politischen Dialog auf hochrangiger Ebene.[392] Die insgesamt 67 anwesenden Staats- und Regierungschefs aus Afrika und der Europäischen Union sowie der Präsident der Europäischen Kommission treffen sich in Kairo in dem Bestreben, der globalen Partnerschaft zwischen Afrika und der

---

389 Rat der Europäischen Union, Pressemitteilung vom 19.3.2010, Nr. 7774/10, http://www.consilium.europa.eu/uedocs/cmsUpload/113451.pdf.

390 *David Robert*, AKP-EU-Beziehungen machen Halbzeitbilanz, Länderbericht vom 24.10.2010, Konrad-Adenauer-Stiftung, http://www.kas.de/wf/doc/kas_20346-1522-1-30.pdf?101207165214.

391 Report to the ACP-EU Joint Council on the dialogue on migration and development the 31 May 2011, Document-No. ACP-UE 2115/11, http://www.dialogueuroafricainmd.net/web/uploads/document_category/EU_Africa_dialogue_on_migration/eu_acp_migration_2115_11.pdf.

392 Vgl. hierzu die Mittteilung der Kommission vom 27.6.2007: Von Kairo nach Lissabon – Die strategische Partnerschaft zwischen der EU und Afrika, KOM (2007) 357.

Europäischen Union eine neue strategische Dimension zu geben. Die Teilnehmenden verpflichten sich in ihrer Abschlusserklärung, der sogenannten Kairoer Erklärung,[393] zur Stärkung ihrer politischen, wirtschaftlichen und kulturellen Beziehungen und legen fünf politische Ziele fest: Förderung der regionalen Kooperation in Afrika; Einbindung Afrikas in die Weltwirtschaft; Konfliktprävention und Krisenmanagement; Entwicklungsfragen sowie fünftens die Durchsetzung von Menschenrechten, Demokratie, guter Regierungsführung und Rechtsstaatlichkeit. In diesem letztgenannten Schwerpunktbereich greift die Kairoer Erklärung auch Migrationsfragen auf. Allerdings dringt die europäische Seite nicht mit ihrem sicherheitspolitischen Ansatz durch. So erklären die afrikanischen Länder zwar ihre grundsätzliche Bereitschaft zu einer Zusammenarbeit in Migrationsfragen, jedoch nur unter der Bedingung, dass diese Zusammenarbeit einen umfassenden und ganzheitlichen Ansatz hat. Insbesondere wird auf das Problem der Abwanderung von qualifizierten Migranten hingewiesen. Die Teilnehmenden unterstreichen die Notwendigkeit der Zusammenarbeit, um an den Ursachen der Migration sowohl in den Herkunfts- und Transitländern aber auch in den Aufnahmeländern anzusetzen. Die Teilnehmenden bringen auch ihre tiefe Besorgnis über das Phänomen der Fremdenfeindlichkeit zum Ausdruck und vereinbaren die weitere Zusammenarbeit im Bereich der Integration, des Schutzes von Migrantenrechten sowie bei der Bekämpfung der Fremdenfeindlichkeit. Darüber hinaus weisen die afrikanischen Teilnehmerstaaten auf die wachsende Anzahl von Flüchtlingen innerhalb Afrikas hin und die Schwierigkeiten, den Zustrom von ca. 6 Millionen Flüchtlingen zu bewerkstelligen. Im Ergebnis spiegeln sich in der Kairoer Erklärung die aus afrikanischer Sicht maßgeblichen Migrationsfragen wieder. Hingegen finden die vorrangig auf die Bekämpfung der irregulären Migration gerichteten Interessen der Europäischen Union in der Erklärung keinen Ausdruck. Das für April 2003 in Lissabon geplante zweite Gipfeltreffen zur Fortsetzung des Dialogs zwischen Afrika und der Europäischen Union wird aufgrund von Unstimmigkeiten, insbesondere über die Teilnahme Simbabwes verschoben. Der EU-Afrika-Dialog wird dagegen auf Ministerebene fortgesetzt, wo das Thema Migration erstmals im Abschlussbericht des dritten Ministertreffens im November 2003 festgehalten wird.[394] Die Minister können

393 Cairo Declaration, Africa-EU-Summit under the Aegis of the OAU and the EU Cairo 3–4 April 2000, http://europa.eu/rapid/press-release_PRES-00-901_en.htm?locale=en.

394 Communiqué, Africa-EU Dialogue, Ministerial Troika Meeting, Treffen vom 10.11.2003, Pressemitteilung des Rates der Europäischen Union Nr. 14571/03 vom 14.11.2003, http://www.consilium.europa.eu/uedocs/cms_data/docs/pressdata/en/er/77923.pdf.

sich jedoch nur auf die gemeinsame allgemeine Erklärung einigen, dass dem Thema Migration eine wachsende Bedeutung zukomme und Probleme in diesem Bereich gemeinsam anzugehen seien. Einen erneuten Versuch, die Bekämpfung der irregulären Migration im Rahmen des EU-Afrika-Dialogs zu behandeln, unternimmt die Europäische Union auf dem vierten Ministertreffen in Addis Abeba. Migrationsfragen werden nunmehr dem Bereich „zentrale Entwicklungsfragen" zugeordnet mit dem Hinweis auf ihren engen Zusammenhang zu Entwicklungsangelegenheiten. Beide Seiten erkennen an, dass bei der Bekämpfung der irregulären Migration („*clandestine migration*") und des Menschenhandels die Grundrechte der Migranten gewahrt werden müssen. Eine Zusammenarbeit im Bereich der restriktiven Maßnahmen zur Eindämmung von irregulärer Migration wird von afrikanischer Seite hingegen nicht in Aussicht gestellt.[395] Der Europäische Rat spricht sich vor dem Hintergrund der neu gegründeten Afrikanischen Union (AU) für eine Intensivierung der Beziehungen mit Afrika aus und betont auf seiner Tagung im Juni 2005, dass die Entwicklung Afrikas eine Priorität für Europa sei.[396] Die EU-Staats- und Regierungschefs fordern eine globale EU-Strategie für Afrika, die langfristig in einer strategischen Partnerschaft münden soll. Übergeordnete Zielsetzung der zukünftigen Afrikapolitik soll die Unterstützung Afrikas bei der Erreichung der Millenniums-Entwicklungsziele der Vereinten Nationen sein.[397] Auf seiner Tagung im Dezember 2005 nimmt der Europäische Rat seine neue Afrika-Strategie „Die EU und Afrika: Auf dem Weg zu einer strategischen Partnerschaft"[398] an und weist auf die Bedeutung eines verbesserten politischen Dialogs zwischen der EU und Afrika hin. Gleichzeitig verabschiedet der Europäische Rat den „Gesamtansatz zur Migrationsfrage", der eine verstärkte Zusammenarbeit mit den afrikanischen Herkunfts- und

---

395 Communiqué, Africa-EU Dialogue, Third meeting of the Troikas, Treffen vom 4.12.2004, Pressemitteilung des Rates der Europäischen Union vom 6.12.2004, Nr. 15062/04, http://www.consilium.europa.eu/uedocs/cms_data/docs/pressdata/en/er/82969.pdf.

396 Schlussfolgerungen des Europäischen Rates vom 16./17.6.2005, Ratsdokument 10255/1/05 vom 15.7.2005.

397 Eine Strategie der Europäischen Union für Afrika: Wegbereiter für einen Europa-Afrika-Pakt zur Beschleunigung der Entwicklung Afrikas, Mitteilung der Kommission vom 12.10.2005, KOM (2005) 489.

398 Schlussfolgerungen des Vorsitzes des Europäischen Rates, Tagung vom 15./16.12.2005 in Brüssel, Dok. 15914/1/05 REV 1, Ziffer 7; „The EU and Africa, Towards a Strategic Partnership", Rat der Europäischen Union, Dok. 15961/05 vom 19.12.2005, abrufbar unter http://www.consilium.europa.eu/uedocs/cms_data/docs/pressdata/en/er/87673.pdf.

Transitländern in Migrationsfragen in den Bereichen irreguläre Migration, legale Migration und Entwicklung vorsieht. Vor diesem Hintergrund findet im Dezember 2005, wenige Monate nach den Ereignissen in Ceuta und Melilla, das 5. EU-Afrika-Ministertreffen in Bamako (Mali) statt[399]. Die teilnehmenden afrikanischen Staaten begrüßen den neuen EU-Gesamtansatz, der eine ganzheitliche Herangehensweise unter Einbeziehung der legalen Arbeitsmigration verspricht. Es wird beschlossen, einen umfassenden Dialog über Migration einzuleiten.[400]

3. Erklärung von Tripolis zu Migration und Entwicklung

Die Zusammenarbeit in Migrationsfragen zwischen Afrika und der Europäischen Union erreicht mit der Konferenz von Tripolis eine neue Stufe: Im November 2006 findet in der libyschen Hauptstadt Tripolis die erste EU-Afrika-Ministerkonferenz zu Migration und Entwicklung statt. Erstmals treffen sich Vertreter des gesamten afrikanischen Kontinents und der Europäischen Union, um gemeinsam Antworten auf die Herausforderungen der Migration zu finden. Die zuständigen Minister der teilnehmenden Staaten sowie Vertreter der Afrikanischen und der Europäischen Union verpflichten sich in einer gemeinsamen Abschlusserklärung[401] zu einer umfassenden, ganzheitlichen und ausgewogenen Zusammenarbeit bei der Steuerung der Migrationsbewegungen innerhalb und aus Afrika („*Commit to a partnership between countries of origin, transit and destination to better manage migration in a comprehensive, holistic and balanced manner, in a spirit of shared responsibility and cooperation*")[402]. Ziel der Zusammenarbeit sei ein besseres Migrationsmanagement, das auch den effektiven Schutz der Rechte von Migranten gewährleisten soll. Die afrikanischen und europäischen Teilnehmer sprechen sich erstmals gemeinsam für die Notwendigkeit der Zusammenarbeit im Bereich der irregulären Migration aus. Es wird jedoch betont, dass irreguläre Migration nicht ausschließlich unter Sicherheitsgesichtspunkten betrachtet werden dürfe, sondern in einem breiteren entwicklungspolitischen Rahmen zu behandeln sei. Die Teilnehmenden weisen auf die positiven Effekte einer gut gesteuerten Migration hin, die die Bedürfnisse

---

399 Communiqué, EU-Africa Ministerial Meeting, Treffen vom 2.12.2005 in Bamako (Mali), Pressemitteilung des Europäischen Rates vom 5.12.2005, Dok. 15389/05, http://www.consilium.europa.eu/uedocs/cms_data/docs/pressdata/en/er/87381.pdf.

400 Ebenda.

401 Joint Africa-EU Declaration on Migration and Development, Tripolis, 22./23.11.2006, http://www.unhcr.org/refworld/pdfid/47fdfb010.pdf.

402 Ebenda, S. 5.

des Arbeitsmarktes befriedigen und für alle Länder von Vorteil sein könne. Die selektive Migrationspolitik der entwickelten Länder stelle allerdings eine zusätzliche Bedrohung für die Entwicklung Afrikas dar. Die Europäische Union wird in diesem Zusammenhang an ihre Schlussfolgerungen zum „Gesamtansatz zur Migrationsfrage" erinnert und an die daraus resultierenden Verpflichtungen. Der damalige Vizepräsident der EU-Kommission und Kommissar für Justiz, Freiheit und Sicherheit Franco Frattini stellt anlässlich des Treffens kooperationsbereiten afrikanischen Staaten Quotenpakete für die legale Einreise in Aussicht, die als Gegenleistung für eine bessere Kontrolle der irregulären Migrationsbewegungen sowie die Rückübernahme von irregulären Einwanderern angeboten werden könnten.[403] Zu konkreten Maßnahmen bzw. Zusagen kommt es jedoch nicht. In einem Aktionsplan zur Tripolis-Erklärung beschließen die Teilnehmer Maßnahmen in den Schlüsselbereichen Migration und Entwicklung, Migrationsmanagement, Friede und Sicherheit, Brain-Drain, Menschenrechte, reguläre Migration, irreguläre Migration und Flüchtlingsschutz. Im Bereich ‚Migration und Entwicklung', der den Schwerpunkt auf Maßnahmen zur Armutsbekämpfung legt, sollen Mechanismen und Wege sondiert werden, zirkuläre Migration zu erleichtern. Darüber hinaus soll es insbesondere der hochqualifizierten afrikanischen Diaspora ermöglicht werden, vorübergehend in Afrika zu arbeiten, ohne ihre Aufenthaltsrechte im Ausland zu verlieren. Vorgesehen ist ferner die gegenseitige Anerkennung von akademischen Qualifikationen und Berufsabschlüssen durch bilaterale Vereinbarungen oder auf andere Weise. Im Bereich der legalen Migration soll über vereinfachte Zulassungsverfahren für bestimmte Personengruppen „diskutiert" werden. Darüber hinaus sollen Maßnahmen entwickelt werden, um die vorübergehende Saisonarbeit zwischen Herkunfts- und Zielländer zu erleichtern. Ferner sind Informationskampagnen vorgesehen, die potentielle Migranten über die Möglichkeiten der legalen Migration informieren sollen. Im Bereich der irregulären Migration stehen Maßnahmen gegen Menschenhandel und Menschenschmuggel sowie der Kapazitätsausbau in Herkunfts- und Transitländern zur Bekämpfung der irregulären Migration im Vordergrund. Daneben soll die Einhaltung der Verpflichtungen im Hinblick auf die Rückkehr und Rückübernahme irregulärer Migranten im Rahmen vorhandener Abkommen, Instrumente und bilateraler und multilateraler Vereinbarungen überprüft werden. Die Europäische Union bereitet sich indes in 2007 intensiv

403 Rede von Franco Frattini am 22.11.2006 im Rahmen der EU-Afrika Ministerkonferenz für Migration und Entwicklung in Tripolis: „*Migration and Development, time for courageous approaches*", http://europa.eu/rapid/press-release_SPEECH-06-728_en.htm?locale=en.

mit der Weiterentwicklung der euro-afrikanischen Zusammenarbeit und den Zielen der auf dem anstehenden Gipfeltreffen von Lissabon geplanten Initiierung der strategischen Partnerschaft zwischen der EU und Afrika vor.[404]

4. Afrika-EU-Partnerschaft für Migration, Mobilität und Beschäftigung

Erst sieben Jahre nach dem Gipfeltreffen in Kairo findet im Dezember 2007 in Lissabon das zweite Afrika-EU-Gipfeltreffen statt. Überschattet wird der Gipfel von der Auseinandersetzung um die Teilnahme des simbabwischen Präsidenten Mugabe und der daraus folgenden Absage des britischen Premierministers. Schließlich droht der Gipfel aufgrund von Streitigkeiten über Handelserleichterungen zu scheitern. Ungeachtet dieser Schwierigkeiten wird das Gipfeltreffen als politischer Durchbruch in den Beziehungen zwischen Afrika und der Europäischen Union gewertet. In ihrem Abschlussbericht, der sogenannten Lissabonner Erklärung[405], bringen die Teilnehmenden ihre Entschlossenheit zum Ausdruck, gemeinsam an den globalen Herausforderungen wie Energie und Klimawandel, Migration und Gender zusammen zu arbeiten. Die Teilnehmenden legen die Basis für eine gemeinsame strategische Partnerschaft („*Joint Africa-EU Strategy*"), die das traditionelle Geber-Nehmer-Verhältnis überwinden und alle Aspekte der europäisch-afrikanischen Beziehungen einbeziehen soll. In dem umfassenden Dokument[406] werden die Ziele und Strategien der zukünftigen politischen Zusammenarbeit in einer Vielzahl von Schlüsselbereichen, zu denen auch der Bereich ‚Migration und Entwicklung' zählt, festgehalten.[407] Die Teilnehmenden einigen sich auf die Erklärung, dass Migration als ein weitestgehend positives Phänomen behandelt werden sollte. Ziel der Zusammenarbeit zwischen Afrika und der EU sei es, eine Politik umzusetzen, die alle relevanten Dimensionen von Migration umfassen soll. Legale Migration und Mobilität seien zu fördern und besser zu verwalten, um die sozioökonomische Entwicklung von Herkunfts- und

---

404 Mittteilung der Kommission vom 27.6.2007: Von Kairo nach Lissabon – Die strategische Partnerschaft zwischen der EU und Afrika, KOM (2007) 357. Vgl. auch das gemeinsame Papier von Kommission und Rat: „Beyond Lisbon – Making the EU-Africa Strategic Partnership work" vom 27.6.2007, SEC 2007, 856.

405 Lisbon Declaration – EU-Africa Summit, Lissabon, 8./9.12.2007, http://europa.eu/rapid/press-release_PRES-07-290_en.htm?locale=en.

406 The Africa-EU Strategic Partnership: A Joint Africa-EU Strategy (JAES), Lissabon, 9.12.2007, http://www.consilium.europa.eu/uedocs/cms_data/docs/pressdata/en/er/97496.pdf.

407 Ebenda, S. 16 ff.

Zielländern zu unterstützen. Die Verbindung zwischen Migration und Entwicklung müsse gestärkt werden. Die Teilnehmenden einigen sich darauf, gemeinsam gegen irreguläre Migration vorzugehen. Im Rahmen der neuen strategischen Partnerschaft begründen sie noch auf dem Gipfeltreffen die „Afrika-EU-Partnerschaft für Migration, Mobilität und Beschäftigung", die in dem gleichzeitig angenommenen Aktionsplan konkretisiert wird.[408] Die neue Partnerschaft ist von dem Grundsatz geleitet, ganzheitliche Antworten im Bereich Migration, Mobilität und Beschäftigung im Interesse beider Partner zu geben. Migration und Beschäftigung sollen dabei ein wesentlicher Bestandteil der Armutsverringerungsstrategien werden, wobei ein vorrangiges Ziel die Verbesserung der Beschäftigungslage in Afrika ist. Im Mittelpunkt der neuen Partnerschaft stehen die Erleichterung der interregionalen Mobilität innerhalb Afrikas und der Europäischen Union sowie die bessere Steuerung der legalen Migration zwischen den beiden Kontinenten. Der Aktionsplan sieht in diesem Zusammenhang die bessere Nutzung von Synergien zwischen Migration und Entwicklung vor. Dabei werden konkrete Fortschritte in Bezug auf die Lösung der kritischen Situation im Gesundheitssektor und anderen relevanten Sektoren erwartet, eine verstärkte Zusammenarbeit bei der Bekämpfung der irregulären Migration, insbesondere durch den Abschluss von Rückübernahmeabkommen, verstärkte Kapazitäten zur Gewährleistung des internationalen Schutzes für Personen in Not sowie die bessere Integration afrikanischer Migranten. Der Dialog und die Kooperation in Visaangelegenheiten solle gefördert werden, um die Mobilität zwischen den Kontinenten zu erleichtern. Darüber hinaus seien Mechanismen und Projekte zu realisieren, die zirkuläre Migration zwischen Afrika und der EU erleichtern sollen. Um das Problem des Brain-Drain zu verringern sieht der Aktionsplan die Förderung einer „ethischen Einstellungspolitik" in der Europäischen Union aber auch in afrikanischen Ländern, die Hochqualifizierte anziehen, vor. Afrikanische Regierungen seien bei der Einrichtung von Migrationszentren zu unterstützen, damit Migration besser gesteuert werden könne. Auch die Mobilität von Mitgliedern der Diaspora müsse erleichtert werden, damit diese als „Entwicklungsvertreter" fungieren könnten.[409] Die weitere Zusammenarbeit im Rahmen der „Partnerschaft für Migration und Mobilität" verläuft jedoch schleppend. Lediglich 6 bis 7 von über 50 afrikanischen Ländern beteiligen sich in der Folge aktiv an der Partnerschaft.[410] Anlässlich des 10. Afrika-EU-Ministertreffens in Brüssel

---

408 Ebenda, S. 70 ff.

409 Im Oktober 2008 findet der erste AU-Diaspora-Gipfel in Johannisburg statt.

410 Vgl. Final Report, IOM-Unitar Workshop, Africa-EU 7th Partnership on Migration, Mobility and Employment: Moving forward involving Non-State-Actors, Brüs-

im September 2008 bringen die afrikanischen Länder ihre Besorgnis über fremdenfeindlichen Angriffe und diskriminierenden Maßnahmen gegen Migranten in Europa und Afrika zum Ausdruck.[411] Darüber hinaus werden im Hinblick auf den Brain-Drain und die Einhaltung der Milleniums-Entwicklungsziele Bedenken gegen den EU-Richtlinienvorschlag für Hochqualifizierte geäußert. Die Europäische Union hält entgegen, dass die Richtlinie lediglich eine Harmonisierung der nationalen Regelungen bezwecke mit dem Ziel, Migrations-, Beschäftigungs- und Entwicklungsaspekte in Einklang zu bringen. Die neue Richtlinie habe das Ziel, legale Migration fördern und den Brain-Drain zu verringern. Sie enthalte deshalb auch Regelungen über zirkuläre Migration sowie ethische Kriterien bezüglich der Einstellungspraxis. Im November 2010 findet am Vorabend der politischen Umwälzungen in Nordafrika der dritte EU-Afrika-Gipfel in der libyschen Hauptstadt Triopolis statt, wo sich einige Monate später Massenproteste Bahn brechen werden. In ihrer Abschlusserklärung[412] bestätigen die Teilnehmenden die gemeinsame Afrika-EU-Strategie als Rahmen für die zukünftige Zusammenarbeit und konkretisieren in einem Aktionsplan die Ziele und Maßnahmen der strategischen Partnerschaft für den Zeitraum 2011 bis 2013.[413] Im Rahmen der „Partnerschaft für Migration, Mobilität und Beschäftigung“ spricht sich der Aktionsplan erneut für die Notwendigkeit aus, Mobilität zu erleichtern und legale Migration besser zu verwalten, mit dem Ziel, positive Entwicklungseffekte von Migration zu maximieren. Die Teilnehmer äußern sich unzufrieden über die bisherigen Fortschritte und führen dies einerseits auf die politischen Partikularinteressen der Beteiligten als auch auf unzureichenden Kompetenzen und Verantwortlichkeiten in den Bereichen Migration und Beschäftigung sowohl auf afrikanischer als auch auf EU-Ebene zurück. Der Aktionsplan umfasst zwei Hauptpfeiler: die Intensivierung des Dialogs sowie die Umsetzung konkreter Maßnahmen. Der politische Dialog über Migration, Mobilität und Beschäftigung umfasst die Themenfelder

---

sel, 4.6.2009, S. 4, http://europafrica.net/2009/08/04/final-report-of-the-iom-unitar-workshop-on-jaes-migration-mobility-and-employment-partnership/.

411 Communiqué, Tenth Africa-EU Ministerial Troika Meeting, Brüssel, 16.9.2008, http://www.consilium.europa.eu/uedocs/cms_data/docs/pressdata/en/er/102801.pdf.

412 Tripoli Declaration, 3rd Africa-EU Summit, Tripolis, 29./30.09.2010, http://www.europarl.europa.eu/meetdocs/2009_2014/documents/dpap/dv/tripoli-declaration_/tripoli-declaration_en.pdf.

413 Joint Africa-EU Strategy, Action Plan 2011-2013, 30.11.2010, abrufbar unter: http://www.africa-eu-partnership.org/key-documents.

- Diaspora, Überweisungen, Brain-Drain, Migrantenrechte, soziale Auswirkungen von Migration
- reguläre Migration, einschließlich zirkuläre Migration, Mobilität, Visaangelegenheiten;
- irreguläre Migration, Menschenhandel, Rückübernahme und Rückkehr
- Flüchtlinge, Asyl und Schutz

Der Maßnahmenkatalog im Bereich der regulären Migration beschränkt sich auf die Verstärkung bestehender Programme zur Mobilität von Studierenden und Akademikern.[414] Auf dem Gipfeltreffen wird dem Thema Migration besondere mediale Aufmerksamkeit zu Teil. In seiner Eröffnungsrede als Gastgeber des Gipfels droht Gaddafi mit dem Ende der Zusammenarbeit bei der Bekämpfung der irregulären Migration aus Afrika, sollte die EU nicht bereit sein, eine finanzielle Unterstützung in Höhe von 5 Mrd. Euro sowie technische Hilfsmittel zu leisten. Anderenfalls werde Europa von Migranten aus Subsahara-Afrika überschwemmt werden. Gaddafi, der Italien in seiner Rede als einzigen echten Partner bezeichnet, hatte mit dem damaligen Ministerpräsidenten Berlusconi ein umstrittenes Rückübernahmeabkommen geschlossen und wurde von Italien immer wieder mit größeren Geldsummen unterstützt, um die Überfahrt von Migranten nach Süditalien zu unterbinden. Wenngleich von europäischer Seite keine Reaktion auf diese drastischen Worte erfolgte, offenbarte der Konflikt doch die Brisanz der Zusammenarbeit zwischen Afrika und der Europäischen Union bei der Bekämpfung der irregulären Migration und die Instrumentalisierung dieser Zusammenarbeit zu Lasten der Migranten, insbesondere aus Subsahara-Afrika. Der politische Dialog zwischen Afrika und der Europäischen Union wird aufgrund der politischen Umwälzungen in 2011 unterbrochen. Der 4. Afrika-EU-Gipfel hat am 2. und 3. April 2014 in Brüssel stattgefunden, wo vor dem Hintergrund des Schiffsunglücks vor der italienischen Insel Lampedusa im Oktober 2013, der erneuten Zunahme von Bootsmigranten im Mittelmeer sowie dem Anstieg irregulärer Grenzübertritte in Ceuta und Melilla eine verstärkte Zusammenarbeit zur Behandlung von Migrationsfragen auf der Tagesordnung stand. In einer gemeinsamen Erklärung zu Migration und Mobilität vereinbaren die Parteien einen Aktionsplan für den Zeitraum 2014 bis 2017, der neben weiteren Maßnahmen die Förderung der legalen Migration vorsieht.[415]

---

414 Die Programme Erasmus Mundus, Edulink und Nyerere.

415 EU-Africa Declaration on Migration and Mobility, 4th EU-Africa Summit, 2./3. April 2014 in Brüssel, http://www.consilium.europa.eu/uedocs/cms_data/docs/pressdata/en/ec/142097.pdf.

B. Zusammenarbeit auf regionaler Ebene

1. Der Rabat-Prozess

Weitaus intensiver als der Migrationsdialog zwischen der Europäischen Union und Afrika auf kontinentaler Ebene gestaltet sich der durch den sogenannten Rabat-Prozess eingeleitete regionale Dialog mit den Ländern an der westafrikanischen Migrationsroute.[416] Vor dem Hintergrund der Ereignisse in Ceuta und Melilla im Jahr 2005 sowie der steigenden Anzahl irregulärer Bootsmigranten aus Subsahara-Afrika ist das strategische Interesse der Europäischen Union an einer Zusammenarbeit mit den maßgeblichen Herkunfts- und Transitländern groß. Die Durchführung der ersten euro-afrikanischen Ministerkonferenz über Migration und Entwicklung im Juni 2006 im marokkanischen Rabat stellt für die Union deshalb eine der dringlichsten Maßnahmen des EU-Gesamtansatzes dar. Vertreter von insgesamt 57 europäischen und afrikanischen Herkunfts-, Transit- und Zielländern der westafrikanischen Migrationsroute treffen erstmals mit dem Ziel zusammen, die Migrationsfrage gemeinsam anzugehen. Mit der auf der Konferenz unterzeichneten Erklärung von Rabat[417] wird der sogenannte Rabat-Prozess eingeleitet, der eine neue Phase des euro-afrikanischen Dialogs in Migrationsfragen unter Einbeziehung von Akteuren der Zivilgesellschaft, Staaten, Organisationen sowie Forschern begründen soll. Die in der Rabat-Erklärung festgelegten Hauptziele entsprechen denjenigen des EU-Gesamtansatzes: die Eindämmung der irregulären Migration, die Förderung der legalen Migration sowie die Schaffung von Synergien zwischen Migration und Entwicklung. Ungeachtet des umfassenden Lösungsansatzes lässt sich bei den Verhandlungen nicht verbergen, dass das Interesse der EU-Mitgliedstaaten in erster Linie darauf gerichtet ist, die afrikanischen Verhandlungspartner zur Zusammenarbeit bei der Bekämpfung der irregulären Migration zu bewegen. Die afrikanischen Unterzeichnerländer sind wenig gewillt, dieser einseitigen Sichtweise in Bezug auf das Migrationsphänomen zu folgen. In der Abschlusserklärung wird zunächst festgehalten, dass gut organisierte („*well managed*") Migration positive Auswirkungen auf Herkunfts- und Zielländer habe. Zwar wird anerkannt, dass effektive Maßnahmen gegen irreguläre Migration ergriffen werden müssen. Gleichzeitig wird aber betont, dass sich ein effektives Migrationsmanagement nicht auf Kontrollmaßnahmen beschränken dürfe. Vielmehr

---

416 *Rabat Process*, Euro African Dialogue on Migration and Development, siehe unter http://processusderabat.net/web/.

417 *Rabat Declaration*, Rabat, 11.7.2006, abrufbar unter: http://processusderabat.net/web/index.php/process.

müsse die Steuerung der Migration zwischen Afrika und Europa im Rahmen einer auf Armutsreduzierung und Entwicklung angelegten Partnerschaft stattfinden. Besondere Besorgnis wird in diesem Zusammenhang über das Problem des Brain-Drain zum Ausdruck gebracht. Die Teilnehmenden verpflichten sich, alle von den Partnern für relevant gehaltenen Gesichtspunkte in die gemeinsame Zusammenarbeit einzubeziehen. Als solche werden genannt die bessere Nutzung des Potentials der legalen Migration für die Entwicklung der Herkunfts- und Zielländer, der Kapazitätsaufbau zur Steuerung der Migrationsbewegungen und die Durchführung von Aufklärungskampagnen, aber auch die Erleichterung der Mobilität von Arbeitnehmern und sonstigen Personen. Darüber hinaus sollen sich die Partner zu einer aktiven Integrationspolitik für legale Migranten sowie einer Politik gegen Ausgrenzung, Fremdenfeindlichkeit und Rassismus verpflichten. Schließlich soll eine Zusammenarbeit bei der Bekämpfung der irregulären Migration und des Menschenhandels stattfinden, die auch die Rückübernahme von irregulären Migranten umfassen soll. Zur Umsetzung ihrer Ziele nehmen die Teilnehmer den Aktionsplan von Rabat[418] an, der Maßnahmen in vier Schlüsselbereichen vorsieht:

- Migration und Entwicklung
- legale Migration,
- illegale Migration sowie
- operative polizeiliche und justizielle Zusammenarbeit.

Der umfangreiche Maßnahmenkatalog im Bereich ‚Migration und Entwicklung' sieht die Förderung der wirtschaftlichen Entwicklung der Herkunftsländer vor, um an der Hauptursache der irregulären Migration anzusetzen. Daneben finden sich zahlreiche Maßnahmen zur Unterstützung der Diaspora, um die positiven Auswirkungen der Migration auf die Herkunftsländer zu maximieren. Der Zugang afrikanischer Studenten zu europäischen Universitäten sowie der Austausch junger Fachleute zur Erlangung von Berufserfahrung in einem anderen Land soll erleichtert werden. Es wird jedoch betont, dass die Rückkehr der Studenten in ihre Heimatländer gewährleistet werden müsse, um positive entwicklungspolitische Auswirkungen auf die Herkunftsländer zu erzielen und dem Brain-Drain entgegenzuwirken. Im Schwerpunktbereich ‚legale Migration' sieht der Aktionsplan einerseits Maßnahmen im Rahmen der vorhandenen legalen Migrationsmöglichkeiten vor, wie die den Kapazitätsaufbau von Migrationsbehörden im Herkunftsland, um potentielle Migranten besser mit Informationen

418 *Rabat Conference Action Plan*, 10./11.7.2006, ebenda.

zu versorgen und auf die Ausreise vorzubereiten. Darüber hinaus beinhaltet der Aktionsplan Maßnahmen, die die „Zirkulation" („*circulation*") von Arbeitnehmern und anderen Personen erleichtern sollen. Die legale Arbeitsmigration von Qualifizierten und Geringqualifizierten sowie die zirkuläre und temporäre Migration sollen gefördert werden. Darüber hinaus wollen die Parteien einen Dialog über vereinfachte Zulassungsverfahren für bestimmte Personengruppen (Studierende, Forscher, Geschäftsleute, Kaufleute, Handwerker, Künstler, Sportler etc.) einleiten. Im Schwerpunktbereich ‚illegale Migration' sieht der Aktionsplan u.a. eine Zusammenarbeit bei der Verstärkung der Grenzkontrollen sowie ein effizienteres Rückübernahmesystem zwischen allen betroffenen Ländern vor. In diesem Zusammenhang wird insbesondere auf eine effektive Umsetzung von Artikel 13 des Cotonou-Abkommens und den Abschluss von Rückübernahmeabkommen zwischen den Ländern Nord-, West- und Zentralafrikas auf der einen Seite und der Europäischen Gemeinschaft oder eines ihrer Mitgliedsländer auf der anderen Seite, verwiesen. Eine Konditionalität zwischen der Zusammenarbeit im Bereich der irregulären Migration einerseits sowie im Hinblick auf entwicklungs- oder einwanderungspolitische Maßnahmen andererseits ist in der Rabat-Erklärung nicht ausdrücklich vorgesehen. Im März 2008 wird der durch den Rabat-Prozess eingeleitete Dialog im Schwerpunktbereich ‚legale Migration' im Rahmen des Expertentreffens zur legalen Migration fortgesetzt: Vertreter aller 57 am Rabat-Prozess beteiligten Länder sowie der Europäischen Kommission und der Wirtschaftsgemeinschaft Westafrikanischer Staaten (ECOWAS) sondieren zwei Tage lang die Möglichkeiten der Umsetzung des Aktionsplans von Rabat im Bereich der legalen Migration.[419] Das Interesse der einzelnen EU-Mitgliedstaaten an der Verbesserung und Erleichterung legaler Migrationsmöglichkeiten spiegelt sich in der zahlenmäßigen Repräsentanz ihrer nationalen Experten wieder: Frankreich entsendet fünf Vertreter, Italien acht und Spanien gar zehn Repräsentanten, unter ihnen ranghohe Beamte, während Deutschland lediglich einen einzigen Vertreter aus dem Innenministerium zu dem Treffen schickt.[420] Anlässlich des Treffens wird von afrikanischer Seite Kritik gegen die Verknüpfung zwischen der Schaffung legaler Migrationsmöglichkeiten mit der Rückübernahme irregulärer Migranten vorgebracht. Das Konzept der Rückübernahme stoße in der afrikanischen Bevölkerung und in den Medien auf große Ablehnung weshalb entsprechende Vereinbarungen schwierig zu verhandeln

419 Meeting of Experts on Legal Migration, Rabat, 3./4.3.2008, http://www.processusderabat.net/web/index.php/news-and-events/meeting-of-experts-on-legal-migration.
420 Teilnehmerliste, ebenda.

seien. Der afrikanische Kontinent erleide durch die Strategien der europäischen Migrationspolitik in sensiblen Bereichen einen Nettoverlust an Wissen und Know-how, während Europa von dieser Entwicklung profitiere. In ihrem Abschlussbericht sprechen sich die Teilnehmer vor dem Hintergrund der wachsenden Migrationsbewegungen zwischen Afrika und Europa denn auch erneut gegen einen rein unter Sicherheitsaspekten orientierten Ansatz aus. Vielmehr seien legale Migrationswege zu schaffen, die immer auch das Phänomen des Brain-Drain berücksichtigen müssten. Darüber hinaus sollten die Möglichkeiten zirkulärer Migration verbessert werden, um einerseits die Arbeitsmarktbedürfnisse der EU-Mitgliedstaaten zu befriedigen und auf der anderen Seite zur Entwicklung der afrikanischen Herkunftsländer beizutragen. Zirkuläre Migration sollte aber nicht nur temporäre Migration in Richtung Europa erleichtern, sondern auch die Mobilität von Menschen, die sich legal in einem EU-Mitgliedsland aufhalten, erhöhen. Die Teilnehmer schlagen darüber hinaus vor, den Dialog über Mobilitätspartnerschaften fortzusetzen. Auf der im Rahmen des Rabat-Prozesses von Frankreich ausgerichteten zweiten Europa-Afrika-Ministerkonferenz über Migration und Entwicklung im November 2008 in Paris beschließen die Teilnehmer ein unverbindliches Kooperationsprogramm für den Zeitraum 2009 bis 2011.[421] Das Programm besteht aus einem umfangreichen Maßnahmenkatalog, der die drei Bereiche des Gesamtansatzes umfasst. Vorgesehen ist die Förderung von legalen Migrationsmöglichkeiten für Arbeitskräfte und Studierende durch den Abschluss bilateraler oder multilateraler Migrationsvereinbarungen. Darüber hinaus sollen Mechanismen entwickelt werden, die zirkuläre Migration für Studierende, Saisonarbeiter, befristete Arbeitnehmer, Hochqualifizierte Tätigkeiten u.a. fördern sowie die Rückkehr und Reintegration der Migranten in das Herkunftsland gewährleisten. Darüber hinaus sieht das Kooperationsprogramm im Bereich ‚Migration und Entwicklung' die Erleichterung von zirkulärer Migration für legale Migranten vor, die zeitweise in ihr Herkunftsland *zurückkehren* wollen, um dort zur Entwicklung beizutragen, ohne ihr Aufenthaltsrecht im Zielland zu verlieren. Eine Fortsetzung und Evaluierung des Dialogs im Rahmen des Rabat-Prozesses findet auf der dritten Europa-Afrika-Ministerkonferenz zu Migration und Entwicklung im November 2011 in der senegalesischen Hauptstadt Dakar statt. Die Partner nehmen die sogenannte Dakar-Strategie an, ein neues Kooperationsprogramm für den Zeitraum 2012

---

421 Final Report, ebenda.

bis 2014.[422] Die Unterzeichner bekräftigen ihren Willen zur Zusammenarbeit in Migrationsfragen und heben die Bedeutung des Rabat-Prozesses als wichtigsten Rahmen des Dialogs über die Umsetzung der Zusammenarbeit zwischen Herkunfts-, Transit- und Zielländer der westafrikanischen Migrationsroute hervor. Dabei wird abermals betont, dass ein ausgewogener und alle Aspekte der Migration umfassender Ansatz verfolgt werden müsse, der alle Pfeiler des Rabat-Prozesse (legale Migration, irreguläre Migration und Entwicklung) einbeziehen muss. Die Parteien vereinbaren zehn Hauptziele, welche im festgelegten Zeitraum von den Partnern umgesetzt werden sollen. Dabei liegt der Schwerpunkt im Bereich der legalen Migration deutlich auf Integration und Verwaltung, nicht aber der Schaffung neuer Migrationsmöglichkeiten. Die im Bereich der legalen Migration anvisierten drei Ziele beschränken sich fast ausschließlich auf Maßnahmen zur Verwaltung des bestehenden legalen Migrationsbestandes und sind damit deutlich weniger ambitioniert als im vorausgehenden 3-Jahres-Programm. So werden als Ziele ein besserer Austausch zwischen den verschiedenen am Migrationsprozess betroffenen Parteien (Arbeitsagenturen, Gewerkschaften, Privatwirtschaft), der Kapazitätsaufbau von nationalen und regionalen Migrationsbehörden sowie die Gewährleistung von Migrantenrechte und Integration festgelegt. Es findet sich nur die allgemeine Aufforderung, dass die Zielländer entsprechend ihrer Arbeitsmarktlage Möglichkeiten zur Arbeitsaufnahme und für das Studium bereitstellen sollten, einschließlich Maßnahmen der zirkulären Migration. Darüber hinaus sind Maßnahmen zur Förderung der zirkulären Migration im Schwerpunktbereich ‚Entwicklung' vorgesehen, die sich allerdings auf bereits im Ausland lebende Migranten beschränkten, die vorübergehend in ihrem Herkunftsland tätig sein wollen. Ein weiteres Treffen hochrangiger Vertreter im Bereich zur Umsetzung der Dakar-Strategie im Bereich ‚legale Migration' findet im Juni 2012 in Madrid statt.[423] Die Teilnehmenden halten fest, dass der Erfolg der gemeinsamen Zusammenarbeit im Rahmen des Rabat-Prozesses von der aktiven Beteiligung der einzelnen Regierungen abhängt. Dabei müssten die verschiedenen Ebenen der Zusammenarbeit zwischen Afrika und der Europäischen Union aufeinander abgestimmt werden, um die Effektivität und Kohärenz der Maßnahmen zu gewährleisten.

---

422 *The Dakar Strategy 2011*, Third Euro-African Ministerial Conference on Migration and Development, 23.11.2011, abrufbar unter: http://www.processusderabat.net/web/index.php/process/key-documents.

423 *The Dakar Strategy Road Map 2012,* Aktionsplan (2012–2014), Madrid, 6.6.2012, ebenda.

2. Gemeinsame afrikanische Erklärung zu Migration und Entwicklung

Die Afrikanische Union formuliert ihrerseits im April 2006 in Addis Abeba eine gemeinsame Position zur Migrationsfrage. Die ‚Gemeinsame afrikanischen Erklärung zu Migration und Entwicklung' („*African Common Position on Migration and development*"[424]) soll die afrikanischen Staaten in die Lage versetzen, ihre migrationsrelevanten Anliegen im Rahmen des afrikanisch-europäischen Dialogs und anderer internationaler Foren mit einer gemeinsamen Stimme einzubringen und angemessen berücksichtigt zu sehen. In der Erklärung wird darauf hingewiesen, dass die Verwaltung von Migration („*management of migration*") angesichts der wachsenden Zahl afrikanischer Migranten, die über ein Drittel der weltweiten Migranten ausmachten und überwiegend innerhalb Afrikas migrierten, eine der großen Herausforderungen des neuen Jahrtausends darstelle, die einen umfassenden und ausgewogenen Ansatz erforderlich mache. Dabei dürfe das Phänomen der irregulären Migration nicht nur wie bisher unter Sicherheitsgesichtspunkten behandelt, sondern müsse in einem breiteren entwicklungspolitischen Rahmen betrachtet werden. Wichtig sei es, an den Ursachen der Migration anzusetzen. Die Europäische Union und ihre Mitgliedstaaten werden deshalb angehalten, ihre eingegangenen Verpflichtungen zur Erreichung der Milleniums-Entwicklungsziele einzuhalten. In diesem Zusammenhang kritisieren die afrikanischen Länder auch die selektive Migrationspolitik („*selective migration approaches*") der entwickelten Länder, die darauf abzielten, Fachkräfte aus Afrika abzuziehen und eine zusätzliche Gefahr für die afrikanischen Volkswirtschaften darstelle. Notwendig seien auf Seiten der entwickelten Länder konkrete migrationspolitische Maßnahmen. So sollte es der afrikanischen Diaspora ermöglicht werden, für bestimmte Zeiträume im Herkunftsland beruflich tätig zu sein, ohne ihr Aufenthaltsrecht im Ausland zu verlieren. Flexiblere Visaverfahren sowie Kontingente für Arbeitsmigranten sollten dazu beitragen, irreguläre Migration einzudämmen. Die zirkuläre Migration von Qualifizierten („*brain circulation*") solle gefördert werden. Die massenhafte Abwanderung von hochqualifizierten Afrikanern in kritischen Sektoren müsse jedoch verhindert werden.

---

424 Abrufbar unter: http://www.iom.int/jahia/webdav/shared/shared/mainsite/microsites/rcps/igad/african_common_position_md.pdf.

3. Zusammenarbeit zwischen der EU und ECOWAS

Die wachsende Anzahl irregulärer Migranten aus Subsahara-Afrika bringen das Thema Migration auch ganz oben auf die Agenda der seit dem Jahr 2000 halbjährlich stattfindenden Ministertreffen der Europäischen Union mit der Westafrikanischen Wirtschaftsgemeinschaft (ECOWAS). Im November 2005 bringen die afrikanischen Gesprächspartner ihre Besorgnis in Bezug auf die faire Behandlung westafrikanischer Migranten in Transit- und Zielländern zum Ausdruck und mahnen die Einhaltung internationaler Vereinbarungen an.[425] Da die EU-Staaten ein dringendes Handeln in Bezug auf die Eindämmung der irregulären Migrationsbewegungen für erforderlich halten, beschließen die Parteien im Mai 2006 im Rahmen ihres interregionalen Dialogs die Einrichtung einer gemeinsamen Arbeitsgruppe zu Migrationsfragen.[426] Die Gesprächspartner betonen die wachsende Bedeutung von Migrationsfragen in den Beziehungen zueinander und heben hervor, dass diese umfassend und in all ihren Dimensionen behandelt werden sollen, damit sie für beide Seiten gewinnbringend und vorteilhaft seien.[427] Im April 2007 findet das erste Treffen der Arbeitsgruppe Migration statt mit dem Ziel, den politischen Dialog zwischen der ECOWAS und der EU in Migrationsfragen zu fördern und praktische Felder der Zusammenarbeit auszumachen.[428] Dabei soll ein besonderes Augenmerk auf die entwicklungspolitische Dimension von Migration gelegt werden.[429] Im Juni 2007 legt die ECOWAS-Kommission ihren Gemeinsamen Standpunkt zu Migration vor,[430] der fortan eine wichtige Basis für die gemeinsame Zusammenarbeit bilden soll.[431] Der Gemeinsame Standpunkt gibt die Sichtweise

---

425 Communiqué, 8th ECOWAS-EU Ministerial Troika Meeting, Niger, 4.11.2005, Zi ff. 26–28; http://www.consilium.europa.eu/uedocs/cms_data/docs/pressdata/en/er/86897.pdf.

426 *Final Communiqué*, 9th ECOWAS-EU Ministerial Troika Meeting, Wien, 24.5.2006, Zi ff. 48–51, http://www.consilium.europa.eu/uedocs/cms_data/docs/pressdata/en/er/89735.pdf.

427 Ebenda.

428 *Final Communiqué*, 11th ECOWAS-EU Ministerial Troika Meeting, Luxemburg, 24.4.2007, Zi ff. 20–21, http://www.consilium.europa.eu/uedocs/cms_data/docs/pressdata/en/er/93800.pdf.

429 Ebenda.

430 *ECOWAS Common Approach on Migration*, ECOWAS Commission, Abuja, 24.4.2007, http://www.oecd.org/swac/publications/41400366.pdf.

431 *Final Communiqué*, 12th ECOWAS-EU Ministerial Troika Meeting, Ouagadougou, 11.10.2007, Zi ff. 32–39, http://www.consilium.europa.eu/uedocs/cms_data/docs/pressdata/en/er/96478.pdf.

der westafrikanischen Staaten im Hinblick auf die Steuerung interregionaler Migration sowie der Migration nach Europa wider. Angesichts der Tatsache, dass die Bevölkerung Westafrikas eine der weltweit mobilsten Bevölkerungen der Welt darstelle, müsse das Hauptziel darin liegen, eine Verknüpfung zwischen Migration und Entwicklung herzustellen. Positive Entwicklungseffekte sollen zum einen durch die Gewährleistung der interregionalen Mobilität innerhalb der ECOWAS-Zone erzielt werden, was nicht nur ein stärkeres regionales Wirtschaftswachstum verspreche, sondern gleichzeitig dazu beitragen könne, den Auswanderungsdruck gen Europa und den USA abzuschwächen. Vor dem Hintergrund der demographischen Entwicklungen in Westafrika und Europa und der Tatsache, dass auch die Migration nach Europa positive Auswirkungen auf die Entwicklung Westafrikas habe, setze eine gemeinsame Steuerung der Migrationsbewegungen aber auch voraus, dass westafrikanischen Migranten Zugang zu den Arbeitsmärkten der Zielländer erhielten. Bei der Bekämpfung der irregulären Migration stellt die ECOWAS vor allem auf den Menschenhandel und die Ausbeutung von irregulären Migranten ab, die es gemeinsam zu bekämpfen gelte. Im Oktober 2007 vereinbaren die Parteien auf dem 12. EU-ECOWAS-Ministertreffen, die Kooperation in den Bereichen Migration und Entwicklung, reguläre Migration, irreguläre Migration sowie Diaspora und Gender zu vertiefen und heben die Notwendigkeit eines regelmäßigen Dialogs hervor.[432] Die EU-ECOWAS-Arbeitsgruppe Migration weist auf ihrem dritten Treffen im April 2008 auf die Notwendigkeit hin, die Umsetzung des Aktionsplans von Rabat voranzubringen.[433] Zugleich wird angemahnt, dass ein umfassender und kohärenter Ansatz bei der Zusammenarbeit in Migrationsfragen notwendig sei. Die folgenden EU-ECOWAS-Ministertreffen werden von Sicherheitsfragen, wie den Drogen- und Waffenhandel sowie die Entwicklung in der Sahelzone, bestimmt.[434] Auch die Folgen der Weltfinanzkrise auf die wirtschaftliche Lage und Wachstumsaussichten von Entwicklungsländern sowie ausländische Direktinvestitionen und Überweisungen von Migranten in ihr Herkunftsland sowie die Notwendigkeit, die Zusammenarbeit im Bereich Migration und Entwicklung

432 Ebenda.

433 *Final Communiqué*, 13th ECOWAS-EU Ministerial Troika Meeting, Luxemburg, 28.4.2008, Zi ff. 29–32, http://www.consilium.europa.eu/uedocs/cms_data/docs/pressdata/en/er/100203.pdf.

434 Final Communiqué, 14th ECOWAS-EU Ministerial Troika Meeting, Ouagadougou, 24.10.2008, Zi ff. 28, http://www.consilium.europa.eu/uedocs/cms_data/docs/pressdata/en/er/103541.pdf.

zu verstärken, werden behandelt.[435] Der politische Dialog wurde nach dem Arabischen Frühling unterbrochen und erst im Mai 2013 wieder aufgenommen, wobei Migrationsfragen bislang nicht mehr auf der Tagesordnung standen.

C. Zusammenfassende Betrachtung

Dieses Kapitel hat deutlich gemacht, dass das neue Instrument der Mobilitätspartnerschaft in hohem Maße in die besonderen politischen Beziehungen zwischen der Europäischen Union und Afrika sowie den in diesem Rahmen geführten Migrationsdialog eingebettet ist. Dieser Dialog mündete auf kontinentaler Ebene in der Afrika-EU-Partnerschaft für Migration, Mobilität und Beschäftigung und auf regionaler Ebene im sogenannten Rabat-Prozess. Im Mittelpunkt der durch den europäischen Kolonialismus geprägten Beziehungen standen lange Zeit die Entwicklungszusammenarbeit und das mit ihr verbundene Ziel der Armutsreduzierung, welches mit der Lomé-Politik verfolgt und mit rechtsverbindlichen Zusagen verbunden war. Das Verhältnis war mithin von Anfang an stark geprägt durch eine sogenannte Geber-Nehmer-Beziehung, die jedoch nicht darüber hinwegtäuschen darf, dass auf europäischer Seite auch (geo-) politische und wirtschaftliche Interessen vorhanden waren. Mit dem im Jahr 2000 unterzeichneten Cotonou-Abkommen, das das Lomé-Abkommen ersetzte, soll eine stärkere politische Dimension in die gemeinsame Zusammenarbeit eingebracht und die AKP-Staaten schrittweise in die Weltwirtschaft integriert werden. Das neue Partnerschaftsabkommen zielte auf eine Abkehr von der traditionellen Geber-Nehmer Beziehung hin zu einer Gleichheit der Partner sowie der Eigenverantwortung („*ownership*") ab. In die Entwicklungszusammenarbeit findet aber auch eine politische Konditionalität Eingang, die das Erbringen von Leistungen mit bestimmten menschen- und rechtsstaatlichen Auflagen verknüpft. Darüber hinaus wird der politische Dialog auf Fragen von gemeinsamem Interesse ausgedehnt. Vor dem Hintergrund der irregulären Migration aus Afrika wird auf europäischen Wunsch auch das Thema Migration in das Cotonou-Abkommen aufgenommen. Die neu eingefügte Migrationsklausel, Artikel 13 des Abkommens von Cotonou, hält neben einer gegenseitigen Rückübernahmeverpflichtung wichtige Migrationsfragen wie die Verpflichtung der Aufnahmeländer zur Achtung der Menschenrechte der Migranten sowie des Problems des Brain-Drains fest. Das verstärkte Interesse der Europäischen Union an einer Zusammenarbeit

---

435 Final Communiqué, 15th ECOWAS-EU Ministerial Troika Meeting, Luxemburg, 16.6.2009, Zi ff. 36, http://www.consilium.europa.eu/uedocs/cms_data/docs/pressdata/en/er/108576.pdf.

mit Afrika findet im April 2000 seinen Niederschlag in einem ersten gemeinsamen Gipfeltreffen in Kairo. Der in diesem Rahmen geführte Migrationsdialog manifestiert von Anfang an die sehr unterschiedlichen Perspektiven auf das Phänomen der Migration. Während die Europäischen Union und ihre Mitgliedstaaten die Migration aus Afrika ausschließlich unter dem Aspekt der Bekämpfung irregulärer Migration betrachten, also Migration verhindern wollen, stehen auf afrikanischer Seite entwicklungspolitische Aspekte im Vordergrund, wobei Migration trotz des Problems des Brain-Drains als ein weitestgehend positives Phänomen betrachtet wird. Die Bereitschaft der afrikanischen Länder zu einer Zusammenarbeit in Migrationsbelangen, die auf restriktive Maßnahmen beschränkt ist, ist deshalb gering. Erst die Entwicklung des EU-Gesamtansatzes zur Migrationsfrage, der einen ganzheitlichen und umfassenden Ansatz unter Einbeziehung flexiblerer Visaverfahren und legaler Möglichkeiten der Arbeitsmigration verspricht, kann die afrikanischen Länder schließlich dazu bewegen, sich in der Erklärung von Triopolis zu Migration und Entwicklung im Jahr 2006 für eine Kooperation im Bereich der irregulären Migration auszusprechen. Darüber hinaus wird im Juni 2006 als eine der vorrangigen Maßnahmen des EU-Gesamtansatzes der sogenannte Rabat-Prozess eingeleitet, der eine neue Phase des euro-afrikanischen Dialogs mit den Ländern an der westafrikanischen Migrationsroute begründen soll. Im Dezember 2007 erhält auch die Zusammenarbeit auf kontinentaler Ebene auf dem zweiten Gipfeltreffen in Lissabon mit der Afrika-EU-Partnerschaft für Migration, Mobilität und Beschäftigung einen politischen Rahmen. Der politische Dialog soll die Bereiche Ko-Entwicklung und Migrantenrechte, legale Migration und Mobilität, irreguläre Migration und Rückkehr sowie Flüchtlinge und Asyl umfassen. Im Hinblick auf die selektive Migrationspolitik der Europäischen Union, die in erster Linie Hochqualifizierte anziehen soll, werden Bedenken geltend gemacht. Insbesondere die Zusammenarbeit zwischen der Europäischen Union bzw. einzelnen Mitgliedstaaten und den nordafrikanischen Transitstaaten im Bereich der Eindämmung der irregulären Migration hat letztendlich zu einer Verschlechterung der Situation der Migranten aus Subsahara-Afrika geführt, während eine Öffnung im Bereich der legalen Migration nicht stattgefunden hat. Der Arabische Frühling und die politischen Umwälzungen führen zu einer Unterbrechung des politischen Dialogs. Dieser wurde im April 2014 im Rahmen des 4. Afrika-EU-Gipfels in Brüssel fortgesetzt. Vor dem Hintergrund des Schiffsunglücks vor der italienischen Insel Lampedusa im Oktober 2013 sowie der erneuten Zunahme von Bootsmigranten im Mittelmeer vereinbarten die Parteien in einer gemeinsamen Erklärung zu Migration und Mobilität einen Aktionsplan für den Zeitraum 2014 bis 2017, der neben anderen Maßnahmen die Förderung der legalen Migration vorsieht. Die Europäische Union hat gegenüber Subsahara-Afrika bislang jedoch keine angemessenen Schritte unternommen, die ihrem „umfassenden Ansatz“ Glaubwürdigkeit verleihen könnten.

Kapitel V: Mobilitätspartnerschaften als Instrument zur Regelung der Arbeitsmigration aus Afrika

A. Inhalt von Mobilitätspartnerschaften

Mobilitätspartnerschaften stellen ein relativ neues Instrument der externen EU-Migrationspolitik dar. Wie im vorausgehenden Kapitel deutlich wurde, basiert das Konzept der Mobilitätspartnerschaften, das Maßnahmen zur Erleichterung der legalen Migration mit Maßnahmen zur Eindämmung der illegalen Zuwanderung kombinieren soll, auf sicherheitspolitischen Erwägungen. Der Abschluss einer Mobilitätspartnerschaft wird ausdrücklich nur dann in Betracht gezogen, wenn dies für die Europäische Union Vorteile in Bezug auf die Bekämpfung der irregulären Migration mit sich bringt.[436] Im Rahmen dieser Partnerschaften sollen legale Migrationsmöglichkeiten angeboten werden, die auf die spezifischen Arbeitsmarktbedürfnisse von EU-Mitgliedstaaten abgestimmt sind. Eine „typische Migrationspartnerschaft" soll Verpflichtungen der Europäischen Union, der beteiligten Mitgliedstaaten sowie der betreffenden Drittstaaten in den Bereichen irreguläre Migration, legale Migration und Entwicklung („Co-Development") enthalten.[437] Seitens der Drittstaaten nennt die Kommission die Verpflichtung zur Rückübernahme eigener sowie fremder Staatsangehöriger, Informationskampagnen zur Verhinderung illegaler Migration; Anstrengungen zur Verbesserung der Grenzkontrollen – gegebenenfalls in Zusammenarbeit mit den Mitgliedstaaten und/oder Frontex –, Anstrengungen zur Verbesserung der Fälschungssicherheit von Reisedokumenten, Maßnahmen zur Bekämpfung des Menschenhandels sowie die Verbesserung der wirtschaftlichen und sozialen Rahmenbedingungen, um die Anreize für illegale Migration zu verringern. Im Gegenzug kommen seitens der Union und der teilnehmenden Mitgliedstaaten die Erleichterung der legalen Migration von Drittstaatsangehörigen zu Arbeits-, Studien- oder Ausbildungszwecken, der Ausschluss von Migranten, die in sensiblen Berufen tätig sind sowie die Förderung der zirkulären Migration in Betracht, damit die Herkunftsländer Fachkenntnisse und andere Formen des

436 Tagung des Rates Justiz und Inneres vom 12./13.6.2007, Schlussfolgerungen des Rates zum Gesamtansatz, S. 18.

437 „Zirkuläre Migration und Mobilitätspartnerschaften zwischen der Europäischen Union und Drittstaaten", KOM (2007) 248 vom 16.5.2007.

sozialen Kapitals von Rückkehrern und zirkulären Migranten nutzen können und die negativen Wirkungen des Brain-Drain verringert werden. Auf dieser Grundlage sollen Mobilitätspartnerschaften dazu beitragen, den Arbeitsmarktbedarf der EU-Mitgliedstaaten zu decken, die Vorteile der Migration für die Herkunftsländer zu optimieren und die negativen Auswirkungen einzudämmen sowie Anreize für irreguläre Migration reduzieren. In ihrem neuen Gesamtansatz für Migration und Mobilität (GAMM) hat die Europäische Union die politische Bedeutung von Mobilitätspartnerschaften bestätigt. Mobilitätspartnerschaften sollen einen umfassenden Rahmen zur Steuerung des Personenverkehrs zwischen der EU und einzelnen Partnerländern bilden und sicherstellen, dass die Migration und die Mobilität, einschließlich der Möglichkeiten für eine größere Arbeitskräftemobilität, sowohl der EU als auch ihren Partnern von Nutzen sind. Das Instrument der Mobilitätspartnerschaft soll den Hauptrahmen für die Zusammenarbeit zwischen der Europäischen Union und ihren Partnern im Bereich Migration und Mobilität bilden. Der Vorschlag zur Aushandlung einer Mobilitätspartnerschaft soll vorgelegt werden, wenn im Dialog über Migration und Mobilität ein gewisser Stand erreicht wurde, wobei auch der allgemeinere wirtschaftliche, politische und sicherheitspolitische Kontext zu beachten sei. Die Mobilitätspartnerschaft müsse auf die gemeinsamen Interessen und Anliegen des Partnerlandes und der Beteiligten auf EU-Seite zugeschnitten werden. Die neue, durch den GAMM erweiterte Form der Mobilitätspartnerschaft soll insbesondere Visaerleichterungen auf der Grundlage eines gleichzeitig ausgehandelten Rückübernahmeabkommens beinhalten. Dabei soll ein leistungsbezogener Ansatz („*more for more*") angewendet werden, der eine Konditionalität zwischen den gegenseitigen Verpflichtungen enthält.[438] Auf diese Weise soll das Instrument der Mobilitätspartnerschaft die Voraussetzungen für eine gut gesteuerte Migration und Mobilität unter sicheren Rahmenbedingungen schaffen. Die Europäische Kommission wies im Dezember 2013 in einem „Lagebericht zur europäischen Migrationspolitik" anlässlich des Seeunglücks vor der Küste

---

438 Das im Mittelpunkt der neuen externen EU-Strategie stehende Prinzip „Mehr für mehr" sieht nur für diejenigen Staaten EU-Angebote wie die Wirtschaftsintegration (im Rahmen des Aufbaus einer umfassenden Freihandelszone), Mobilität der Bürger (Mobilitätspartnerschaften) und stärkere finanzielle Unterstützung durch die EU vor, die sich für politische Reformen einsetzen und die gemeinsamen universellen Werte wie Menschenrechte, Demokratie und Rechtsstaatlichkeit achten. Vgl. Gemeinsame Mitteilung der Europäischen Kommission und der Hohen Vertreterin der EU für Außen- und Sicherheitspolitik vom 15.5.2012 über die Umsetzung einer neuen europäischen Nachbarschaftspolitik, JOIN (2012) 14, S. 4.

Lampedusas, bei dem über 300 Bootsmigranten ertrunken waren, nochmals ausdrücklich darauf hin, dass Mobilitätspartnerschaften die Schaffung zusätzlicher regulärer Migrationsmöglichkeiten ermöglichen sollen.[439]

B. Rechtliche Rahmenbedingungen für den Abschluss von Mobilitätspartnerschaften

1. Vertragsschlusskompetenzen der Europäische Union

Artikel 216 AEUV bestimmt die Kompetenzen der Union zum Abschluss internationaler Abkommen. Die Vorschrift regelt einerseits, wann der Union eine solche Kompetenz zukommt (Absatz 1) und andererseits die Bindungswirkung dieser Übereinkünfte in Bezug auf die Organe der Union sowie die Mitgliedstaaten (Absatz 2). Dass die Union die Fähigkeit hat, völkerrechtliche Übereinkünfte zu schließen, wird aus ihrer Rechtspersönlichkeit abgeleitet, die nunmehr ausdrücklich für die Union in Artikel 47 EUV geregelt ist.[440] Wie jede Tätigkeit der Union unterliegt der Abschluss solcher Übereinkünfte dem Grundsatz der begrenzten Einzelermächtigung.[441] Die Vorschrift umfasst sowohl bilaterale als auch multilaterale Übereinkünfte mit Staaten als auch mit internationalen Organisationen.[442] Die völkerrechtlichen Vereinbarungen aus Artikel 216 AEUV müssen rechtlich bindende Verpflichtungen enthalten.[443] Gemäß Artikel 216 Absatz 1 Variante 1 und 2 AEUV kann die Union mit einem oder mehreren Drittländern Übereinkünfte dann schließen, wenn dies in den Verträgen vorgesehen ist oder wenn der Abschluss einer Übereinkunft im Rahmen der Politik der Union zur Verwirklichung eines der in den Verträgen festgesetzten Ziele erforderlich ist. Neben einem Verweis auf die ausdrücklichen Vertragsschlusskompetenzen (Variante 1) enthält die Vorschrift damit auch die vom EuGH unter Berücksichtigung des *effet utile* Grundsatzes entwickelten Kriterien zu den impliziten Vertragsschlusskompetenzen, wonach die Union immer dann, wenn ihr für ein

---

439 „Lampedusa und die Folgen: Konkrete Maßnahmen sollen Verlust von Leben im Mittelmeer verhindern und Bewältigung von Migrations- und Asylströmen verbessern", Pressemitteilung der Europäischen Kommission vom 4.12.2013. http://europa.eu/rapid/press-release_IP-13-1199_de.htm.

440 *Vöneky/Beylage-Haarmann* in: Grabitz/Hilf/Nettesheim (Hrsg.), Kommentar, EUV/AEUV, Stand Mai 2014, Artikel 216 AEUV, Rdnr. 3.

441 Ebenda.

442 *Jörg Philipp Terhechte* in: Schwarze (Hrsg.), Kommentar EUV/AEUV, 3. Aufl., 2012, Art. 216 AEUV, Rdnr. 12.

443 EuGH, Urteil vom 23.3.2004, C-233/02, Frankreich/Kommission, §§44–46.

bestimmtes Ziel im Inneren eine Zuständigkeit verliehen wird, die Befugnis hat, die zur Erreichung dieses Ziels erforderlichen völkerrechtlichen Verpflichtungen einzugehen (sog. „Annex-Außenkompetenz“).[444] Grundsätzlich lässt sich also zwischen solchen Kompetenzen unterscheiden, die sich aus einer ausdrücklichen Zuweisung durch den Vertrag ergeben und solchen, die impliziter Natur sind. Über ausdrückliche Vertragsschlusskompetenzen im Bereich der Einwanderungspolitik verfügt die Union nach Artikel 79 Absatz 3 AEUV in Bezug auf den Abschluss von Rückübernahmeabkommen. Weitere ausdrückliche Vertragsschlusskompetenzen wurden der Union in der Entwicklungspolitik (Artikel 209 Absatz 2 AEUV, Artikel 208 AEUV) sowie im Bereich der auswärtigen Politik (Artikel 209 Absatz 2 AEUV, Artikel 21 EUV) zugewiesen. Für den Abschluss von Mobilitätspartnerschaften, die den Anspruch haben, Migrationsfragen umfassend zwischen den beteiligten Partnern zu regeln, könnte insbesondere Artikel 217 AEUV relevant sein. Die Vorschrift entspricht weitestgehend dem bisherigen Artikel 310 EGV und berechtigt die Union, mit einem oder mehreren Drittländern Abkommen zu schließen, die „eine Assoziierung mit gegenseitigen Rechten und Pflichten“ herstellen. Artikel 217 AEUV ist eine eigenständige Kompetenznorm für den Abschluss von Assoziierungsabkommen durch die Europäische Union.[445] Eines der wichtigsten Abkommen, die sich auf Artikel 217 AEUV stützen, stellt das Partnerschaftsabkommen von Cotonou dar.[446]

Der in Artikel 217 AEUV verwendete Begriff der „Assoziierung“ ist ein im AEUV nicht näher bestimmter Begriff unionsrechtlicher Natur.[447] Aus der Systematik und dem Sinn und Zweck der Norm kann gefolgert werden, dass eine Assoziierung im Sinne des Artikel 217 AEUV eine besondere und privilegierte völkerrechtliche Beziehung zwischen der Union und einem oder mehreren außerhalb der Union stehenden Staaten oder internationalen Organisationen darstellt, die sich durch ein Element der Dauerhaftigkeit auszeichnet.[448] Bei

---

444 *Daniel-Erasmus Khan* in: Geiger/Khan/Kotzur, EUV/AEUV, 5. Aufl., 2010, Artikel 216, AEUV, Rdnr. 6.

445 Ebenda, Artikel 217 AEUV, Rdnr. 5; *Rudolf Mögele* in: Streinz, EUV/AEUV, 2. Aufl., 2012, Artikel 217, Rdnr. 8.

446 Partnerschaftsabkommen zwischen den AKP-Staaten und der Europäischen Gemeinschaft und ihren Mitgliedstaaten, unterzeichnet in Cotonou am 23. Juni 2000, ABl. L 317/3 vom 15.12.2000. Vgl. hierzu ausführlich oben, Kapitel IV.A.1.

447 *Vöneky/Beylage-Haarmann* in: Grabitz/Hilf/Nettesheim (Hrsg.), EUV/AEUV, Stand Mai 2014, Artikel 217, Rdnr. 5.

448 Ebenda.

Assoziierungsabkommen handelt es sich um Rahmenabkommen[449] Nach dem politischen Zweck können Assoziierungen zur Vorbereitung eines späteren Beitritts (Beitrittsassoziierung), zur Herstellung besonders enger Wirtschaftsbeziehungen (Freihandelsassoziierungen) und zur Entwicklungsförderung (Entwicklungsförderung) unterschieden werden.[450] Dieser Einteilung steht es aber nicht entgegen, weitere Bereiche im Rahmen eines Assoziationsabkommens zu regeln. In den neueren auf Artikel 217 AEUV gestützten Abkommen mit Drittstaaten wird der Begriff der Assoziierung nicht mehr verwendet. Dies liegt unter anderem darin begründet, dass die mit dem Begriff der Assoziierung verbundene Vorstellung einer Abhängigkeit bzw. eines Mindeststatus vermieden werden soll.[451] Inwieweit es zur Vermeidung dieser uneinheitlichen Terminologie in der Praxis politisch angezeigt und umsetzbar ist, alle unter Artikel 217 AEUV beruhenden Abkommen als Assoziationsabkommen zu bezeichnen,[452] dürfte allerdings fraglich sein. Artikel 217 AEUV weist der Union eine Vertragsabschlusskompetenz zu, ohne den materiellrechtlichen Regelungsrahmen ausdrücklich festzulegen.[453] Dies wirft die Frage auf, welche Sachbereiche in Assoziierungsabkommen einbezogen werden dürfen, ohne dass es der Mitwirkung der Mitgliedstaaten bedarf.[454] Da die Union die Kompetenz zum Abschluss völkerrechtlicher Verträge gemäß Artikel 216 AEUV nur besitzt, wenn die Verträge (ausdrücklich oder implizit) eine Zuständigkeit begründen, ist entscheidend, ob bzw. in welchem Umfang der Union nach Artikel 217 AEUV eine materiellrechtliche Regelungskompetenz eingeräumt wird.[455] Obwohl weite Bereiche schon durch die bestehenden Vertragsschlusskompetenzen abgedeckt sind, die im Vertrag ausdrücklich benannt werden oder sich im Sinne von Artikel 216 AEUV implizit aus den Innenkompetenzen ergeben, wird eine originäre Sachkompetenz aus Artikel 217 AEUV weitestgehend bejaht.[456] Neben den ausdrücklichen

449 *Daniel-Erasmus Khan,* in: Geiger/Khan/Kotzur, EUV/AEUV, 5. Aufl., 2010, Artikel 217 AEUV, Rdnr. 7.

450 Ebenda, Rdnr. 4.

451 Ebenda; *Vöneky/Beylage-Haarmann* in: Grabitz/Hilf/Nettesheim (Hrsg.), EUV/AEUV, Stand Mai 2014, Artikel 217 AEUV, Rdnr. 6.

452 So *Vöneky/Beylage-Haarmann* in: Grabitz/Hilf/Nettesheim (Hrsg.), ebenda.

453 *Holger Herrnfeld* in: Schwarze (Hrsg.), EUV/AEUV, 3. Aufl., 2012, Artikel 217, Rdnr. 10.

454 Ebenda.

455 *Vöneky/Beylage-Haarmann* in: Grabitz/Hilf/Nettesheim (Hrsg.), EUV/AEUV, Stand Mai 2014, Artikel 217 AEUV, Rdnr. 15ff.

456 Ebenda; *Daniel-Erasmus Khan,* in: Geiger/Khan/Kotzur, EUV/AEUV, 5. Aufl., 2010, Artikel 217 AEUV, Rdnr. 5, *Rudolf Mögele* in: Streinz, EUV/AEUV, 2. Aufl., 2012,

Vertragsschlusskompetenzen kommen implizite Abschlusskompetenzen der Union im Bereich der Einwanderungspolitik aus Artikel 79 Absatz 2 AEUV in Betracht. Danach ist die Union zuständig für die Regelung der Einreise- und Aufenthaltsvoraussetzungen von Drittstaatsangehörigen für einen langfristigen Aufenthalt, die Festlegung der Rechte von Drittstaatsangehörigen, die sich rechtmäßig in einem Mitgliedstaat aufhalten sowie für Maßnahmen im Bereich illegale Einwanderung und Aufenthalt sowie der Bekämpfung des Menschenhandels. Darüber hinaus ergibt sich eine implizite Vertragsschlusskompetenz zum Abschluss von Visaerleichterungsabkommen aus Artikel 77 Abs. 2 a AEUV. Aus der Regelung des Artikels 216 Absatz 1 Variante 2 AEUV (implizite Vertragsschlusskompetenzen) selbst ergeben sich keine erheblichen Kompetenzerweiterungen der Union, sondern vielmehr aus den neuen, zusätzlichen Kompetenznormen, die durch den Vertrag von Lissabon Eingang in das Unionsrecht gefunden haben.[457] Soweit die Union Übereinkünfte im Rahmen ihrer impliziten Vertragsschlusskompetenzen schließt, hat sie nach Artikel 216 Absatz 1 Variante 2 AEUV das Kriterium der Erforderlichkeit zu beachten. Die Übereinkünfte müssen mithin für die Verwirklichung eines der im Vertrag festgesetzten Ziele erforderlich sein. Hierbei ist eine weite Auslegung vorzuziehen, die sich am Prinzip des *effet utile* orientiert und darauf abstellt, ob die Vertragsschlusskompetenz notwendig ist, um eine bestehende Binnenkompetenz effektiv auszuüben und somit eine vertraglich vorgesehene Zielsetzung zu erreichen.[458] Die von der Union im Rahmen ihrer ausdrücklichen oder impliziten Vertragsschlusskompetenzen geschlossenen Übereinkünfte mit Drittstaaten binden nach Artikel 216 Absatz 2 AEUV die Organe der Union ebenso wie die Mitgliedstaaten. Diese Bindungswirkung wirkt unmittelbar als „integraler Bestandteil der Gemeinschaftsrechtsordnung" mit dem Abschluss der Übereinkunft durch die Union und bedarf keines weiteren Transformationsaktes.[459] Artikel 216 Absatz 1 AEUV hat ausschließlich die Frage nach der Zuweisung einer Vertragsschlusskompetenz für die Union als solche zum Gegenstand. Ob die begründete Kompetenz

---

Artikel 217, Rdnr. 18, *Hans-Holger Herrnfeld* in: Schwarze (Hrsg.), 3. Aufl., 2012, Artikel 217, Rdnr. 5; kritisch: *Kirsten Schmalenbach* in: Callies/Ruffert (Hrsg.), Kommentar, EUV/AEUV, 4. Aufl., 2011, Artikel 217, Rdnr. 10ff.

457 *Vöneky/Beylage-Haarmann* in: Grabitz/Hilf/Nettesheim (Hrsg.), EUV/AEUV, Stand Mai 2014, Artikel 216 AEUV, Rdnr. 10.

458 Ebenda, Rdnr. 11.

459 Ebenda, Rdnr. 27; *Kirsten Schmalenbach* in: Callies/Ruffert (Hrsg.), EUV/AEUV, 4. Aufl., 2011; Artikel 216 AEUV, Rdnr. 25ff., mit ausführlichem Meinungsstand zu dieser strittigen Frage.

ausschließlicher oder geteilter Natur ist, ob also auch die Mitgliedstaaten zum Abschluss einer Übereinkunft in dem jeweiligen Politikbereich berechtigt sind, bestimmt sich nach den Regelungen der Artikel 3 und Artikel 4 AEUV.[460] Die von der Union mit den Mitgliedstaaten geteilte Zuständigkeit erstreckt sich auf den Raum der Freiheit, der Sicherheit und des Rechts (Artikel 4 Abs. 2 j AEUV) und umfasst mithin auch die Politik der Union im Bereich Grenzkontrollen, Asyl und Einwanderung (Artikel 77 bis 80 AEUV). Gemäß Artikel 79 Absatz 5 AEUV verbleibt die Zuständigkeit zur Festlegung der Anzahl an Arbeitsmigranten, die in die Union einreisen dürfen, aber ausdrücklich bei den Mitgliedstaaten. In Ermangelung einer entsprechenden Regelungskompetenz im Inneren ist eine implizite Vertragsschlusskompetenz der Union zum Abschluss von Arbeitsmigrationsabkommen mit Drittländern deshalb nicht gegeben. Da die Union mithin in einem der wesentlichen Bereiche, die eine Mobilitätspartnerschaft beinhalten soll, nicht über die entsprechende Vertragsschlusskompetenz verfügt, ist sie auf die Beteiligung der Mitgliedstaaten an der Partnerschaft angewiesen. Im Folgenden soll die Rechtsnatur einer solchen Mobilitätspartnerschaft näher untersucht werden.

2. Rechtsnatur der Mobilitätspartnerschaft

a) Die zwei Ebenen der Mobilitätspartnerschaft

Die Union selbst bleibt bei ihren Ausführungen zur Rechtsnatur der Mobilitätspartnerschaft recht vage. Ein EU-Beamter bezeichnete das Instrument der Mobilitätspartnerschaft anlässlich der Verhandlungen mit Senegal gar als „im rechtlichen Sinne experimentell". In ihrer grundlegenden Mitteilung über zirkuläre Migration und Mobilitätspartnerschaften stellt die Kommission fest, dass Mobilitätspartnerschaften „zwangsläufig eine vielschichtige Rechtsnatur" hätten, da sie eine Reihe von Komponenten enthielten, von denen einige in die Zuständigkeit der Gemeinschaft und andere in die der Mitgliedstaaten fallen würden.[461] Die Europäische Union müsse gewährleisten, dass eine Partnerschaft gebildet werden könne, die die Kompetenzverteilung zwischen der Union und den Mitgliedstaaten sowie die Vereinbarkeit mit dem bestehenden rechtlichen und politischen Rahmen für Beziehungen zwischen dem Drittland, der Union und den betreffenden Mitgliedstaaten gewährleiste. Der Rat stellt in seinen

---

460 *Vöneky/Beylage-Haarmann* in: Grabitz/Hilf/Nettesheim (Hrsg.), EUV/AEUV, Stand Mai 2014, Artikel 216 AEUV, Rdnr. 20.

461 KOM (2007) 248 vom 16.5.2007.

Schlussfolgerungen zur Kommissionsmitteilung fest, dass Mobilitätspartnerschaften als „allgemeiner politischer Rahmen“ zu betrachten seien, die einerseits die von den Drittstaaten eingegangenen Verpflichtungen berücksichtigen und auf der anderen Seite in die Unionszuständigkeit fallende Elemente mit Elementen verbinden müsse, die der Zuständigkeit der Mitgliedstaaten unterliegen.[462] Die Kommission und der Rat stellen mithin vorrangig auf den gemischten Charakter der Mobilitätspartnerschaft ab.[463] Untersucht man die Rechtsnatur von Mobilitätspartnerschaften sind zunächst zwei Ebenen voneinander zu trennen: Die Mobilitätspartnerschaft als solche, die den Hauptrahmen für die Zusammenarbeit mit den Drittstaaten liefert, sowie die im Rahmen der Mobilitätspartnerschaft eingebrachten Initiativen.

b) Die Mobilitätspartnerschaft als politischer Rahmen

Da die Zuständigkeit zur Festlegung des Umfangs der Arbeitsmigration gemäß Artikel 79 Absatz 5 AEUV ausdrücklich bei den Mitgliedstaaten verbleibt, stellt sich die Frage, ob es sich bei der Mobilitätspartnerschaft um ein sogenanntes gemischtes Abkommen handelt. Der Abschluss eines gemischten Abkommens ist nur dann erforderlich, wenn der Vertrag auch Gegenstände regelt, die in die ausschließliche Zuständigkeit der Mitgliedstaaten fallen.[464] Die in der Praxis zahlreichen gemischten Abkommen sind nach wie vor nicht ausdrücklich in den Verträgen geregelt. Aufgrund ihres komplexen Charakters bereiten sie nicht unerhebliche rechtliche Schwierigkeiten.[465] Fraglich ist zunächst, welche unionsrechtliche Bindungswirkung von sogenannten gemischten Übereinkünften ausgeht.[466] Nach überwiegender Auffassung können nur diejenigen Bestimmungen integrierender Bestandteil der Unionsrechtsordnung sein, die auch in den Kompetenzbereich der Union fallen, während solche Bestimmungen, die zum ausschließlichen Kompetenzbereich der Mitgliedstaaten gehören, nicht unmittelbar

---

462 Tagung des Rates Justiz und Inneres vom 12./13.6.2007, Schlussfolgerungen des Rates zum Gesamtansatz, S. 18.

463 *Chou, M. and Gibert M.,* The EU-Senegal mobility partnership: from launch to suspension and negotiation failure, Journal of Contemporary European Research, Volume 8, Issue 4 (2012), S. 408–427 (422), Interview vom 18.9.2009, www.jcer.net.

464 *Albrecht Weber* in: Von der Groeben/Schwarze (Hrsg.), EUV/EGV, 6. Aufl., 2004, Artikel 310 EGV, Rdnr. 21f.

465 *Christian Tomuschat* in: Von der Groeben/Schwarze (Hrsg.), ebenda, Artikel 300 EGV, Rdnr.17.

466 *Vöneky/Beylage-Haarmann* in: Grabitz/Hilf/Nettesheim (Hrsg.), EUV/AEUV, Stand Mai 2014, Artikel 216 AEUV, Rdnr. 32ff.

in der Unionsrechtordnung wirksam sein können.[467] Völkerrechtlich gilt, dass sowohl die Union als auch die Mitgliedstaaten aufgrund des Vertrauensschutzes im internationalen Völkerrechtsverkehr an die Gesamtheit der Regelungen der gemischten Übereinkunft gebunden sind.[468] Der Drittstaat kann daher die Union oder die Mitgliedstaaten auf Vertragserfüllung insgesamt in Anspruch nehmen.[469] Nur soweit gemischte Abkommen ausnahmsweise eine klare Trennung der gemeinschaftlichen Kompetenzverteilung enthalten, sind jeweils die Union bzw. die Mitgliedstaaten in ihrem Kompetenzbereich völkerrechtlich gebunden.[470] Da gemischte Abkommen eine Differenzierung durch eindeutige Trennungsklauseln jedoch in der Regel nicht aufweisen, bleibt es in der Praxis bei der völkerrechtlichen Verantwortlichkeit sowohl der Union als auch der Mitgliedstaaten für den genannten Vertragsinhalt.[471] Die unionsrechtliche Kompetenzlage bleibt somit sowohl intern als auch extern unklar.[472] Die in einzelnen Assoziierungsabkommen, wie etwa im Abkommen von Cotonou, enthaltenen internen Durchführungsabkommen, die eine gemeinsame Haltung der Beteiligten auch bei Fragen bezwecken, die in die Zuständigkeit der Mitgliedstaaten fallen, sind insofern eine nützliche Hilfe in Bezug auf das Problem der Kompetenzabgrenzungen.[473] Neben der Frage der Bindungswirkung von gemischten Abkommen bereitet auch die Frage der Überprüfungskompetenz des EuGH Schwierigkeiten. Umstritten ist, ob sich die Kompetenz auf das gesamte Abkommen erstreckt oder ob nur die Teile durch den Gerichtshof geprüft werden können, die auf einer Unionskompetenz beruhen.[474] Für eine Zuständigkeit zur Auslegung durch den Gerichtshof spricht, dass so die einheitliche Anwendung

467 Ebenda; *Kirsten Schmalenbach* in: Callies/Ruffert (Hrsg.), EUV/AEUV, 4. Aufl., 2011; Artikel 216, Rdnr. 43.

468 *Vöneky/Beylage-Haarmann* in: Grabitz/Hilf/Nettesheim (Hrsg.), EUV/AEUV, Stand Mai 2014, Artikel 216, Rdnr. 34.

469 Ebenda, Artikel 217 AEUV, Rdnr. 22.

470 *Albrecht Weber* in: Von der Groeben/Schwarze (Hrsg.), EUV/EGV, 6. Aufl., 2004, Artikel 310 EGV, Rdnr. 22.

471 Ebenda.

472 *Vöneky/Beylage-Haarmann* in: Grabitz/Hilf/Nettesheim (Hrsg.), EUV/AEUV, Artikel 217 AEUV, Rdnr. 21

473 *Albrecht Weber* in: Von der Groeben/Schwarze (Hrsg.), EUV/EGV, 6. Aufl., 2004, Artikel 310 EGV, Rdnr. 23.

474 *Vöneky/Beylage-Haarmann* in: Grabitz/Hilf/Nettesheim (Hrsg.), EUV/AEUV, Artikel 216 AEUV, Rdnr. 57.

des Abkommens sichergestellt werden kann.[475] Hingegen würde eine Teilung der Auslegungskompetenz im Hinblick auf den Rang und die unmittelbare Anwendbarkeit in den Mitgliedstaaten zu unterschiedlichen Ergebnissen führen, was gegenüber dem Drittstaat nicht vertretbar wäre.[476] In der Praxis ist ein Rückgriff auf gemischte Übereinkünfte über den rechtlich gebotenen Rahmen hinaus festzustellen, was nicht zuletzt darin begründet liegt, dass die Mitgliedstaaten ein politisches Interesse daran haben, als Völkerrechtssubjekte nicht völlig in den Hintergrund zu treten.[477] Darüber hinaus dürfte eine solche Praxis auf rechtliche Unsicherheiten in Bezug auf die Reichweite der Vertragsschlusskompetenzen der Union zurückzuführen sein.[478] Ein weiteres Problem gemischter Abkommen ergibt sich in der Praxis daraus, dass neben der Ratifikation durch die Union auch die Ratifikation durch die Mitgliedstaaten erforderlich ist. Da die Ratifikation durch die Union in der Regel aber erst erfolgt, wenn die Ratifikation durch die Mitgliedstaaten nach Maßgabe der nationalen Rechtsordnungen abgeschlossen ist, kann dies zu einer nicht unerheblichen Verzögerung des gemischten Abkommens insgesamt führen.[479] Allerdings umfasst Artikel 216 AEUV keine internationalen Übereinkünfte rein politischer Natur, die völkerrechtlich nicht verbindlich sind.[480] Auch setzt Artikel 217 AEUV eine Assoziierung mit gegenseitigen Rechten und Pflichten voraus. Der Europäische Rat hat mehrfach auf den rechtlich unverbindlichen Charakter von Mobilitätspartnerschaften hingewiesen und sich damit ausdrücklich gegen ein rechtlich bindendes völkerrechtliches Abkommen entschieden. Im neuen Gesamtansatz für Migration und Mobilität bekräftigt die Kommission, dass die Mobilitätspartnerschaft lediglich einen Rahmen für eine gemeinsame *politische Erklärung* der Union und der interessierten Mitgliedstaaten einerseits und des Partnerlandes andererseits begründe, wobei diese Erklärungen auf gegenseitigen Zusagen basieren sollen,

---

475 Ebenda; *Albrecht Weber* in: Von der Groeben/Schwarze, EUV/EGV, 6. Aufl., 2004, Artikel 310 EGV, Rdnr. 44.

476 Ebenda.

477 *Jörg Philipp Terhechte* in: Schwarze (Hrsg.), EUV/AEUV, 3. Aufl., 2012, Artikel 216 AEUV, Rdnr. 10; *Christian Tomuschat* in: Von der Groeben/Schwarze (Hrsg.), EUV/EGV, 6. Aufl., 2004, Artikel 300 EGV, Rdnr. 17.

478 *Albrecht Weber* in: Von der Groeben/Schwarze (Hrsg.), ebenda, Artikel 310 EGV, Rdnr. 21.

479 *Beylage-Haarmann* in: Grabitz/Hilf/Nettesheim (Hrsg.), EUV/AEUV, Artikel 217 AEUV, Rdnr. 22 und 27.

480 *Beylage-Haarmann* in: Grabitz/Hilf/Nettesheim (Hrsg.), EUV/AEUV, Artikel 216 AEUV, Rdnr. 21, *Jörg Philipp Terhechte* in: Schwarze (Hrsg.), EUV/AEUV, 3. Aufl., 2012, Artikel 216 AEUV, Rdnr. 12.

die formal nicht bindend seien.[481] Die im Mai 2008 unterzeichnete Pilotpartnerschaft mit dem westafrikanischen Inselstaat Kap Verde stellt ausdrücklich eine „politische Erklärung" dar, die den Willen der Parteien zum Ausdruck bringen soll, eine auf Gegenseitigkeit beruhende und langfristige Mobilitätspartnerschaft einzuleiten. Die Parteien erklären lediglich „ihre Absicht", die im Anhang der Erklärung aufgeführten Initiativen zur Verwirklichung der Mobilitätspartnerschaft durchzuführen. Die gemeinsame Erklärung schließt mit der Feststellung, dass mit ihr keinerlei Rechte oder Pflichten nach dem Völkerrecht eingeführt werden sollen. Gleiches gilt für alle anderen bisher abgeschlossenen Mobilitätspartnerschaften. Im Ergebnis stellt die Mobilitätspartnerschaft als solche eine bloße, rechtlich unverbindliche Absichtserklärung der Beteiligten dahingehend dar, die bei Unterzeichnung der Erklärung oder zu einem späteren Zeitpunkt eingebrachten Vorschläge umzusetzen.

Wenngleich sich die rechtliche Problematik gemischter Abkommen bei der Mobilitätspartnerschaft auf der Ebene des Rahmenabkommens mangels Rechtsbindungswillen der Parteien somit nicht stellt, werden die aus dem gemischten Charakter der Mobilitätspartnerschaft resultierenden Schwierigkeiten auf die politische Ebene verlagert.[482] Wie bei jeder Tätigkeit der Union gilt aber auch beim Abschluss der Mobilitätspartnerschaft der Grundsatz der begrenzten Einzelermächtigung, wonach die Union nur innerhalb der Grenzen ihrer Zuständigkeit tätig sein darf. Die Union darf im Rahmen der politischen Erklärung mithin keine – wenn auch rechtlich unverbindlichen – Zusagen machen, die nicht in ihrem Kompetenzbereich liegen.

c) Die im Rahmen der Mobilitätspartnerschaft eingebrachten Initiativen

Ungeachtet der rechtlich unverbindlichen Natur der Rahmenvereinbarung ist auf der zweiten Ebene die Rechtsnatur der im Rahmen der Mobilitätspartnerschaft eingebrachten Einzelinitiativen zu betrachten. Als wichtigste Komponenten einer Mobilitätspartnerschaft gelten nach dem neuen Gesamtansatz für Migration und Mobilität (GAMM) Rückübernahme- sowie Visaerleichterungsabkommen. Zwei Politikbereiche, die in die (geteilte) Zuständigkeit der Europäischen Union fallen (Artikel 4 Absatz 2 AEUV). Für den Abschluss von Rückübernahmeabkommen besitzt die Union eine ausdrückliche Vertragsschlusskompetenz aus

481 Gesamtansatz für Migration und Mobilität, Mitteilung der Kommission vom 18.11.2011, KOM (2011) 743, S. 12.

482 Vgl. zu den Verhandlungen über Mobilitätspartnerschaften unten in diesem Kapitel, C.4.

Artikel 79 Absatz 3 AEUV. Im Bereich der Visapolitik ergibt sich eine implizite Vertragsschlusskompetenz aus Artikel 77 Absatz 2 AEUV. Beide Instrumente – sowohl Visaerleichterungs- als auch Rückübernahmeabkommen – werden grundsätzlich bilateral und in rechtlich bindender Form abgeschlossen. Im Bereich der Arbeitsmigration verfügt die Union im Innenbereich nach Artikel 79 Absatz 2 a AEUV über die Zuständigkeit, die Einreise- und Aufenthaltsvoraussetzungen von Drittstaatsangehörigen zu regeln, während das Recht, die Anzahl der zu Arbeitszwecken einreisende Drittstaatsangehörigen zu regeln, bei den Mitgliedstaaten verbleibt (Artikel 79 Absatz 5 AEUV). Folglich handelt es sich bei den im Rahmen von Mobilitätspartnerschaften einzubringenden Arbeitsmigrationsabkommen ausschließlich um bilaterale Abkommen zwischen einzelnen Mitgliedsstaaten und Drittländern, die allerdings, wie die Mobilitätspartnerschaft mit Kap Verde deutlich machen wird, nicht notwendigerweise rechtlich verpflichtenden Charakter haben. Während die Europäische Union im Bereich der Visapolitik also eigenständig mit strategisch relevanten Drittstaaten über Abkommen zur Visaerleichterung verhandeln kann, hat sie keinen direkten Einfluss darauf, ob und inwieweit Möglichkeiten der legalen Arbeitsmigration im Rahmen von Mobilitätspartnerschaften angeboten und geschaffen werden. Von einer Externalisierung der EU-Arbeitsmigrationspolitik kann in Ermangelung entsprechender Kompetenzen also nicht die Rede sein. Vielmehr wird die Umsetzung von Arbeitsmigrationsvereinbarungen mit Drittstaaten im Rahmen von Mobilitätspartnerschaften von der Bereitschaft der Mitgliedstaaten abhängen, entsprechende Verpflichtungen einzugehen. Im Ergebnis ist die Rechtsnatur der im Rahmen der Mobilitätspartnerschaft eingebrachten Initiativen nicht einheitlich, sondern unterliegt der Gestaltung, dem Rechtsbindungswillen und nicht zuletzt der Verhandlungsstärke der Parteien. In Betracht kommen dabei – wie anhand der folgenden Untersuchung über die Umsetzung von Mobilitätspartnerschaften aufgezeigt wird – sowohl bilaterale als auch multilaterale Vereinbarungen sowie einseitige Verpflichtungen, die sowohl rechtlich bindend als auch nicht bindend sein können.

C. Umsetzung des Konzepts der Mobilitätspartnerschaften

1. Bestehende Mobilitätspartnerschaften

Das Instrument der Mobilitätspartnerschaften wird von der Europäischen Union als eines der Hauptinstrumente ihrer externen Migrationspolitik betrachtet. Es mag deshalb erstaunen, wie gering die Fortschritte sind, die in Bezug auf die Umsetzung des Konzepts seit seiner Entwicklung im Jahr 2007 erzielt worden sind. Dies trifft insbesondere auf die Ergebnisse mit den afrikanischen Ländern zu, die die Europäische Union vor dem Hintergrund der irregulären Migrationsbewegungen aus Afrika zur Entwicklung des Konzepts veranlassten und die wichtigsten Verhandlungspartner darstellten. Die Union unternahm denn auch intensive Bemühungen, ihr neues Konzept mit den afrikanischen Transit- und Herkunftsländer alsbald in die Praxis umzusetzen. Noch im Jahr 2007 unternimmt die Kommission erste Schritte zur Sondierung zukünftiger Verhandlungspartner. Im Rahmen sogenannter „Artikel-13-Missionen“[483] werden Gespräche mit mehreren relevanten afrikanischen Ländern, namentlich Kap Verde, Ghana, Mauretanien und Senegal geführt, die zu einem besseren Verständnis für die gegenseitigen Standpunkte sowie zur Stärkung der Zusammenarbeit beitragen sollen. Im selben Jahr beschließt der Rat, das Konzept der Mobilitätspartnerschaften in einer begrenzten Anzahl von Pilotpartnerschaften zwischen der Europäischen Union, einzelnen EU-Mitgliedstaaten und Drittstaaten zu erproben und fordert die Kommission auf, einen Dialog mit dem westafrikanischen Kap Verde sowie der Republik Moldau aufzunehmen.[484] Auf der Grundlage dieser Vorberatungen werden im Juni 2008 am Rande der Ratstagung „Justiz und Inneres“ die beiden ersten Mobilitätspartnerschaften ins Leben gerufen. An der Mobilitätspartnerschaft mit Kap Verde beteiligen sich die Mitgliedsländer Portugal, Spanien, Frankreich und Luxemburg sowie die Niederlande, die sich erst zu einem späteren Zeitpunkt anschlossen. An dem Mobilitätsabkommen mit der Republik Moldau, das der Erweiterung des Gesamtansatzes auf die Regionen an den südöstlichen EU-Außengrenzen Rechnung trägt, beteiligen sich Bulgarien, Deutschland, Frankreich, Griechenland, Italien, Litauen, Polen, Portugal, Rumänien, Schweden, Slowakei, Slowenien, Tschechische Republik, Ungarn und Zypern.[485] Zur Unterzeichnung zweier weiterer Mobilitätspartnerschaften im Südosten kam es mit Georgien im November 2009 und mit Armenien im Oktober 2011. Im Juni 2013 wurde nach schwierigen und langwierigen Verhandlungen eine Mobilitätspartnerschaft mit Marokko unterzeichnet.[486] Darüber hinaus hat die Europäische Kommission unlängst die Verhandlungen über

---

483 Unter Bezugnahme auf die Migrationsklausel des Abkommens von Cotonou. Siehe dazu oben, Kapitel IV.A.1.

484 Tagung des Rates Justiz und Inneres vom 12./13.6.2007, Schlussfolgerungen des Rates zum Gesamtansatz, S. 19.

485 Pressemitteilung der Europäischen Kommission vom 5. Juni 2008, Nr. IP/08/893, http://europa.eu/rapid/press-release_IP-08-893_de.htm.

486 „*Joint declaration establishing a Mobility Partnership between the Kingdom of Morocco and the European Union and its Member States*“, Ratsdokument 6139/13 ADD 1 REV

Mobilitätspartnerschaften mit Tunesien sowie Aserbaidschan abgeschlossen.[487] Im nächsten Abschnitt sollen die zwei mit den afrikanischen Ländern Kap Verde und Marokko bestehenden Mobilitätspartnerschaften untersucht werden.

2. Die Mobilitätspartnerschaft mit Kap Verde

a) Politischer Hintergrund und Interessen

Die Mobilitätspartnerschaft mit Kap Verde baut auf die bestehende Zusammenarbeit des westafrikanischen Inselstaates mit der Europäischen Union im Rahmen des Cotonou-Abkommens auf. Diese Zusammenarbeit führte im Jahr 2007 zur Einleitung einer „besonderen Partnerschaft"; mit der die Parteien das Ziel verfolgen, den politischen Dialog zwischen der Europäischen Union und Kap Verde zu verstärken und damit die traditionellen Geber-Nehmer-Beziehungen „um die Dimension gemeinsamer Interessen" zu erweitern.[488] Kap Verde zeichnet sich durch eine hohe Auswanderungsrate und eine lange Tradition der Auswanderung aus.[489] Genaue Daten über die Zahl kapverdischer Auswanderer liegen nicht vor. Die jüngsten Schätzungen gehen von etwa 200.000 Kap Verden aus, die im Ausland leben, was fast die Hälfte der Gesamtbevölkerung ausmacht.[490] Hauptzielländer sind die USA und Portugal, innerhalb Afrikas Angola und Senegal.[491] Schätzungen zufolge sind etwa 11 % der kapverdischen Migranten, die in OECD-Ländern leben, hochqualifiziert; im Gesundheitssektor steigt diese Rate gar auf 54,1 %; die Mehrzahl der Migranten (48,5 %) arbeitet jedoch im Bausektor (24,7 %), dem verarbeitenden Gewerbe (14.7%) oder in Privathaushalten (9.1%).[492] Eine Annäherung zwischen der Europäischen

3 vom 3.6.2013 sowie Pressemitteilung der Europäischen Kommission vom 7.6.2013, Nr. IP/13/513, http://europa.eu/rapid/press-release_IP-13-513_en.htm.

487 Pressemitteilung der Europäischen Kommission vom 4.12.2013, Nr. IP/13/1199, http://europa.eu/rapid/press-release_IP-13-1199_de.htm.

488 Schussfolgerungen des Rates (Allgemeine Angelegenheiten und Außenbeziehungen) und der im Rat vereinigten Vertreter der Mitgliedstaaten vom 19.11.2007 zu den künftigen Beziehungen zwischen der EU und der Republik Kap Verde, Ratsdokument Nr. 15114/07.

489 Cape Verde: Migration Profile 2009 (portugiesisch mit englischer Zusammenfassung), IOM 2010, S. 21–24 (21), http://www.iomdakar.org/profiles/content/migrat ion-profile-cape-verde.

490 Ebenda, S. 22, wobei frühere Erhebungen der nationalen Behörden noch von weitaus höheren Zahlen ausgingen.

491 Ebenda.

492 Ebenda.

Union und Kap Verde, das aufgrund seiner geographischen Lage eine Brückenfunktion zwischen dem afrikanischen, dem europäischen und dem amerikanischen Kontinent einnimmt, zielt einerseits darauf ab, die Beziehungen zu den Gebieten in äußerster Randlage der Europäischen Union (Kanarische Inseln, Azoren und Madeira), mit denen Kap Verde seit jeher historische, kulturelle, sprachliche und wirtschaftliche Bindungen pflegt, zu stärken. Auf der anderen Seite kommt der Förderung der Integration Kap Verdes in die westafrikanische Region sowie seiner konstruktiven Rolle innerhalb der ECOWAS eine große Bedeutung zu, da der westafrikanische Inselstaat als ein Beispiel für Demokratie in Afrika gilt[493]. Während sich die strategischen Interessen der EU aufgrund der geographischen Lage Kap Verdes insbesondere auf sicherheitsbezogene Fragen beziehen, namentlich der Bekämpfung des Drogenhandels sowie der irregulären Migration, hat Kap Verde ein erhebliches wirtschaftspolitisches Interesse an einer engeren Zusammenarbeit.[494] Die besondere Partnerschaft soll deshalb auch die Perspektive des Zugangs von Kap Verde zum EU-Binnenmarkt und die Vertiefung der Wirtschafts- und Handelsbeziehungen eröffnen.[495] Bei den Verhandlungen über die Mobilitätspartnerschaft nimmt Portugal, das über 500 Jahre lang Kolonialmacht von Kap Verde war (1460–1975) und besonders enge wirtschaftliche, politische, kulturelle aber auch persönliche Beziehungen zu dem westafrikanischen Land pflegt, eine tragende Rolle ein. Diese engen Bindungen spiegeln sich nicht zuletzt in dem Umstand wider, dass etwa 80 % der in der Europäischen Union ansässigen Kapverden in Portugal leben.[496] Luxemburg bekundet sein Interesse an einer Mobilitätspartnerschaft mit Kap Verde mit der nicht unerheblichen Zahl kapverdischer Zuwanderer, die die zweitgrößte Migrantengemeinde aus Drittstaaten im Land darstellen.[497] Kap Verde ist darüber hinaus eines der zehn Partnerländer für Entwicklungszusammenarbeit, mit denen Luxemburg

493 Vgl. Country Strategy Paper for Cape Verde (2008– 2013), S. 6, abrufbar in französischer Sprache unter http://ec.europa.eu/europeaid/where/acp/country-cooperation/cape-verde/cape-verde_en.htm.

494 Mitteilung der Kommission vom 24.10.2007 über die künftigen Beziehungen zwischen der Europäischen Union und der Republik Kap Verde, KOM (2007) 641.

495 Ebenda.

496 Eurostat Datenbanken, Europäische Kommission, Stand 2008, eigene Berechnung. http://epp.eurostat.ec.europa.eu/portal/page/portal/population/data/database.

497 EMN Study Luxembourg, Circular and Temporary Migration, 2011, European Migration Network, S. 102 f., abrufbar unter: http://ec.europa.eu/dgs/home-affairs/what-we-do/networks/european_migration_network/reports/studies/index_en.htm.

privilegierte Beziehungen unterhält. Das Interesse Luxemburgs an einer Mobilitätspartnerschaft mit Kap Verde liegt auch darin begründet, dass eine nicht unerhebliche Anzahl von Kapverden mit einem Touristenvisum nach Luxemburg einreisen und nach Ablauf der Frist im Land verbleiben; die zirkuläre Migration wird hier als Alternative betrachtet, um die irreguläre Migration einzudämmen.[498] Bei Spanien und Frankreich steht die Kohärenz bei der Bekämpfung der irregulären Migration im Vordergrund.[499] Inzwischen haben sich auch die Niederlande der Migrationspartnerschaft angeschlossen. Letztendlich stellte der kleine Inselstaat für die Europäische Union ein gutes Experimentierfeld dar, da das Land aufgrund seiner Annäherungsbestrebungen zum europäischen Kontinent zum einen sehr kooperationsbereit ist und die Zahl der Migranten trotz einer hohen Auswanderungsrate wegen der geringen Bevölkerungsrate sehr überschaubar ist.

b) Politische Erklärung zur Begründung der Mobilitätspartnerschaft

Vor diesem Hintergrund unterzeichnet die Europäische Union im Juni 2008 mit Kap Verde unter Beteiligung von Portugal, Spanien, Frankreich und Luxemburg eine Mobilitätspartnerschaft mit dem Ziel,

> *„den Personenverkehr sowie die legale Migration – insbesondere die zirkuläre und temporäre Migration – zwischen ihren Gebieten zu erleichtern, eine echte Zusammenarbeit im Bereich Migration und Entwicklung aufzubauen, illegale Migration, Schleusung von Migranten und Menschenhandel zu verhindern und zu bekämpfen und unter anderem eine wirksame Politik im Bereich der Rückkehr und Rückübernahme unter Achtung der Menschenrechte, unter Berücksichtigung der Lage der Migranten und im Einklang mit der sozioökonomischen Entwicklung der Unterzeichner zu fördern“.*[500]

Zu diesem Zweck wollen die Beteiligten in folgenden drei Schwerpunktbereichen Anstrengungen unternehmen: Mobilität, legale Migration und Integration, Migration und Entwicklung sowie Grenzschutz, Identitäts- und Reisedokumente, Bekämpfung von illegaler Migration und Menschenhandel. Die Mobilitätspartnerschaft ist als langfristiger Rahmen konzipiert, der auf der Grundlage

---

498 Ebenda.

499 Vgl. das bilaterale Migrationsabkommen zwischen Frankreich und Kap Verde, « *Accord relatif à la gestion concertée des flux migratoires et au développement solidaire* » vom 24.11.2008, abrufbar unter http://www.immigration-professionnelle.gouv.fr/textes-de-r%C3%A9f%C3%A9rence/accords-bilat%C3%A9raux/accord-france-cap-vert.

500 Gemeinsame Erklärung über eine Mobilitätspartnerschaft zwischen der Europäischen Union und der Republik Kap Verde, Ratsdokument 9460/08 ADD 2, http://register.consilium.europa.eu/pdf/de/08/st09/st09460-ad02.de08.pdf.

eines politischen Dialogs innerhalb der bestehenden Beziehungen im Laufe der Zeit weiterentwickelt werden soll. Die EU beabsichtigt, sich über Initiativen der Gemeinschaft und der teilnehmenden Mitgliedstaaten im Rahmen ihrer jeweiligen Kompetenzen an der Verwirklichung der Partnerschaft zu beteiligen. Die Gemeinschaftsagenturen, insbesondere FRONTEX, werden in die Verwirklichung der Partnerschaft einbezogen. Die Partnerschaft steht jedem anderen Mitgliedstaat offen, der an einer Teilnahme interessiert ist. Zur Verwirklichung der Mobilitätspartnerschaft bestätigen die Teilnehmer ihre Absicht hinsichtlich der Realisierung der im Anhang zu der Erklärung aufgeführten Initiativen. Die Unterzeichner erklären abschließend, dass mit den Bestimmungen der gemeinsamen Erklärung keine Rechte oder Pflichten nach dem Völkerrecht eingeführt werden sollen.

c) Im Rahmen der Mobilitätspartnerschaft eingebrachte Initiativen

Der im Annex der Erklärung zur Begründung der Mobilitätspartnerschaft aufgeführte Maßnahmenkatalog umfasst sechs Schwerpunktbereiche. Im Einzelnen „verpflichten" sich die beteiligten Akteure zur Durchführung folgender Initiativen:

Überblick über die eingebrachten Initiativen

Beobachtung und Kenntnis der Migrationsströme		
Beschäftigung, Steuerung und Erleichterung der legalen Migration, Integration:		
Portugal, Kap Verde	bilateral	Weiterentwicklung des Informationscenters „Centro de Apoio ao Migrante no País de Origem" (CAMPO)[501]
Portugal, Kap Verde	bilateral	Förderung der temporären und zirkulären Migration von kapverdischer Arbeitnehmern durch die Unterzeichnung eines neuen Protokolls über Migrationsfragen, mit dem der Anwendungsbereich des zwischen den beiden Parteien in 1997 unterzeichneten Protokolls über die zur Ausübung einer Arbeit erfolgende temporäre Migration kapverdischer Arbeitnehmer ausgedehnt wird

501 Hierbei handelt es sich um ein von Portugal errichtetes Informations- und Unterstützungscenter in Kap Verde für potentielle Migranten und Rückkehrer, http://www.campo.com.cv/.

Portugal, Kap Verde	bilateral	Zusammenarbeit zwischen dem portugiesischen Institut für Beschäftigung und der entsprechenden kapverdischen Behörde, um Effizienz der Verfahren zu erhöhen
Spanien, Kap Verde	bilateral	Ausbildungsmaßnahmen in Kap Verde; Unterstützung von unternehmerischen Initiativen von Frauen
Frankreich, Kap Verde	bilateral	Öffnung einer Reihe beruflicher Tätigkeiten für Kap-Verden im Rahmen des bilateralen Abkommens über die koordinierte Steuerung der Migrationsströme
Mitgliedstaaten, Kap Verde, EU	bilateral/ multilateral	Förderung bestehender Partnerschaften zwischen Hochschuleinrichtungen der EU und Kap Verde und Abschluss ähnlicher Partnerschaften; Erleichterung von Aufenthaltstiteln für Studierende und Lehrkräfte im Rahmens dieses Programmes
Mitgliedstaaten, Kap Verde	bilateral	Dialog über Integration von Drittstaatsangehörigen mit Wohnsitz im Hoheitsgebiet der Unterzeichner
Luxemburg, Kap Verde	bilateral	Möglichkeiten prüfen, gemeinsam mit Kap Verde eine Initiative im Bereich temporäre zirkuläre Migration auf den Weg zu bringen
Luxemburg, Kap Verde	bilateral	Ausbau des Programms „*Migrer les yeux ouverts*“[502] das künftige kapverdische Migranten im Kontext der Familienzusammenführung mit dem Leben in Luxemburg vertraut machen soll
Luxemburg, Kap Verde	bilateral	Patenschaft zwischen Partneruniversitäten
Mobilität und Kurzzeitvisa:		
EU	unilateral	Vorlage einer Empfehlung der Kommission an den Rat zur Aushandlung eines Abkommens über Erleichterungen bei der Ausstellung von Kurzzeitvisa im Rahmen des Dialogs über Visafragen
Portugal	unilateral	Einrichten eines Zentrums für Kurzzeitvisa-Anträge („*Common Visa Application Centre*“) in Praia

502 „Migrieren mit offenen Augen“ (eigene Übersetzung).

Verbindung zwischen Migration und Entwicklung:		
Portugal, Kap Verde, EU, Spanien	multilateral	Fortsetzung der Unterstützung des „Instituto das Comunidades"[503], mit dem die zirkuläre Migration von hoch qualifizierten Migranten gefördert werden soll
Kap Verde, Mitgliedstaaten	bilateral / multilateral	Förderung der Zusammenarbeit im Gesundheitswesen zur Stärkung der Kapazitäten der kapverdischen Einrichtungen und Abmilderung der Folgen des Fachkräftemangels
Frankreich, Kap Verde	bilateral	Programm zur Förderung der positiven Auswirkungen der Entwicklung Kap Verdes durch die Diaspora im Rahmen eines Abkommens über die koordinierte Steuerung der Migrationsströme
Asyl und Einwanderung:		
Kap Verde	unilateral	Ratifizierung und vollständige Umsetzung der Genfer Flüchtlingskonvention
Portugal, Kap Verde	bilateral	Bereitstellung technischer Unterstützung und Expertise für die Errichtung eines Asylsystems
Zusammenarbeit in den Bereichen Grenzschutz, Identitäts- und Reisedokumente, Bekämpfung von illegaler Migration und Menschenhandel		
Kap Verde	unilateral	Umsetzung des UN-Übereinkommens gegen grenzüberschreitende organisierte Kriminalität
Frontex, Kap Verde	bilateral	Ausweitung der gemeinsamen Arbeitsvereinbarung
Frontex, Kap Verde	bilateral	Grenzschutzgrundausbildung der kapverdischen Polizei
Europol, Kap Verde	bilateral	polizeiliche Zusammenarbeit zur Bekämpfung von Schleuser- und Menschenhandelsnetzen
EU, Kap Verde	bilateral	Aushandlung eines Rückübernahmeabkommens nach Artikel 13 des Cotonou-Abkommens, das Drittstaatsangehörige und Staatenlose umfassen soll
Portugal, Kap Verde	bilateral	Ausbau der Kapazitäten der kapverdischen Behörden
Spanien, Kap Verde	bilateral	Stärkung der Sicherheit des Seeverkehrs; Fortsetzung gemeinsamer Seeüberwachungsoperationen
Spanien, Kap Verde	bilateral	Ausbau der Nationalen Gesellschaft des Roten Kreuzes angesichts humanitärer Aspekte illegaler Einwanderung

503 Mitfinanziert durch die EU im Rahmen des Programms AENEAS.

Spanien, Kap Verde	bilateral	Kapazitäten des Verteidigungsministeriums im Bereich der neuen Informations- und Kommunikationstechnologien aufbauen
Frankreich, Kap Verde, Frontex	multilateral	Zusammenarbeit bei Bekämpfung des Drogenhandels und illegalen Einwanderung, Unterstützung der von FRONTEX koordinierten Grenzschutzaktivitäten

Wie die Vorschlagsliste aufzeigt, umfasst die Mobilitätspartnerschaft überwiegend bilaterale Initiativen. Lediglich drei von 28 Maßnahmen sehen eine multilaterale Form der Zusammenarbeit vor. Die Mobilitätspartnerschaft – obgleich ein Instrument multilateraler Zusammenarbeit – zeichnet sich insgesamt also durch Vereinbarungen bzw. Initiativen auf bilateraler Ebene aus. Deutlich wird auch, dass sich eine Reihe von Initiativen auf bereits bestehende Projekte oder Vereinbarungen beziehen, die im Rahmen der Mobilitätspartnerschaft ausgebaut bzw. fortgesetzt werden sollen. Insofern handelt es sich lediglich um eine Einbeziehung der bestehenden bilateralen Zusammenarbeit unter das Dach der Mobilitätspartnerschaft. Die Beteiligung der Europäischen Union beschränkt sich auf vier Maßnahmen: Zwei Initiativen betreffen den Austausch von Hochschuleinrichtungen sowie Hochqualifizierten und Studierenden, die beiden anderen Maßnahmen die Aushandlung eines Visaerleichterungsabkommens sowie eines Rückübernahmeabkommens. Darüber hinaus ist die europäische Grenzschutzagentur Frontex an drei Maßnahmen und Europol an einer Initiative beteiligt. Mit den EU-Initiativen in den Schlüsselbereichen Visaerleichterung und Rückübernahme umfasst die Zusammenarbeit zwischen der Europäischen Union und Kap Verde allerdings zwei Schlüsselbereiche der Mobilitätspartnerschaft. Vorschläge betreffend die Erleichterung der Arbeitsmigration werden von Portugal, Frankreich sowie Luxemburg eingebracht, während Spanien und die Niederlanden keine Initiativen zur Förderung der Arbeitsmigration in Aussicht stellen. Während die Maßnahmen im Bereich der repressiven Migrationspolitik klarer umrissen sind und mehr Verbindlichkeit zum Ausdruck bringen, zeigen die Mitgliedstaaten im Bereich der Arbeitsmigration wenig Bereitschaft, konkrete Zusagen an ihre afrikanischen Verhandlungspartner zu machen. Da die Mobilitätspartnerschaft keine rechtsverbindlichen Verpflichtungen enthält, soll im Folgenden untersucht werden, inwieweit die hier maßgeblichen Bestandteile der Mobilitätspartnerschaft, nämlich Rückübernahmeverpflichtung, Visaerleichterung sowie Arbeitsmigrationsabkommen tatsächlich umgesetzt wurden.

d) *Umsetzung der EU-Initiativen in den Bereichen Visa und Rückübernahme*

Die Europäische Union „verpflichtete" sich im Rahmen der Mobilitätspartnerschaft mit Kap Verde zur Aushandlung eines Abkommens über Erleichterungen bei der Ausstellung von Kurzzeitvisa. Nach langwierigen Verhandlungen kam es schließlich im Oktober 2012 zur Unterzeichnung eines Visaerleichterungsabkommen.[504] Damit stellt Kap Verde das bisher einzige afrikanische Land dar, das ein entsprechendes Abkommen mit der Europäischen Union abgeschlossen hat. Das Abkommen ermöglicht es kapverdischen Staatsangehörigen unter erleichterten und kostengünstigeren Bedingungen einen Aufenthalt von bis zu 90 Tagen innerhalb eines Zeitraums von 180 Tagen in der Europäischen Union zu verbringen. Unter bestimmten Umständen kann ein Mehrfach-Visum mit fünfjähriger Gültigkeit ausgestellt werden. Da das Abkommen im Sinne der „Sine-qua-non-Politik" der Union vom Abschluss einer Rückübernahmevereinbarung abhängig gemacht wurde, ist es bislang allerdings noch nicht in Kraft getreten. Im Februar 2013 einigten sich die Parteien jedoch auf ein Rückübernahmeabkommen, welches im April unterzeichnet wurde und gleichzeitig mit dem Visaerleichterungsabkommen in Kraft tritt.[505] Das Abkommen verpflichtet Kap Verde sowohl zur Rückübernahme eigener Staatsangehöriger, die sich irregulär in der Europäischen Union aufhalten, als auch von Drittstaatsangehörigen und Staatenlosen, soweit feststeht, dass diese über Kap Verde eingereist sind.[506] Ein Zugeständnis an die europäischen Verhandlungspartner, das der Regierung Kap-Verdes im eigenen Land scharfe Kritik einbrachte.[507] Hingegen wurden Pläne

---

504 http://www.dialogueuroafricainmd.net/web/index.php/news-and-events/cape-verde-eu-agreement-on-short-stay-visas.

505 Vgl. Pressemitteilung des Rates der Europäischen Union vom 18.4.2013, Nr. 8639/13, http://www.consilium.europa.eu/uedocs/cms_data/docs/pressdata/en/jha/136840.pdf.

506 *Agreement between the European Union and the Republic of Cape Verde on the readmission of persons residing without authorisation,* Ratsdokument 14759/12, http://register.consilium.europa.eu/doc/srv?l=EN&t=PDF&gc=true&sc=false&f=ST%2014759%202012%20INIT.

507 Vgl. den Artikel in der kapverdischen Tageszeitung „*ASemana*" vom 18.2.2013, „*Cape Verde to sign Readmission Accord in Brussels, Europe's borders to open up to Cape Verdeans*", http://www.asemana.publ.cv/spip.php?article85156.

der Europäischen Union zur Errichtung eines Flüchtlingslagers für abgeschobene Drittstaatsangehörige in Kap Verde verworfen. Damit sind zwei Hauptbestandteile der Mobilitätspartnerschaft umgesetzt worden. Im nächsten Abschnitt wird zu prüfen sein, ob und inwieweit im Rahmen der Mobilitätspartnerschaft mit Kap Verde die legale Arbeitsmigration kapverdischer Staatsangehöriger erleichtert wurde.

e) Umsetzung der Initiativen im Bereich der Arbeitsmigration

Portugal, Frankreich und Spanien haben im Rahmen der Mobilitätspartnerschaft mit Kap Verde Initiativen zur Erleichterung der Arbeitsmigration eingebracht. Der Vorschlag Portugals bezieht sich auf ein bereits bestehendes Migrationsabkommen, welches erweitert werden soll:

> *„Vorschlag der Portugiesischen Republik, die Aufnahme bestimmter Gruppen kapverdischer Arbeitnehmer – vor allem temporär und im Hinblick auf eine zirkuläre Migration – weiter zu fördern, und zwar durch die Unterzeichnung – mit der Regierung von Kap Verde – eines neuen Protokolls über Migrationsfragen, mit dem der Anwendungsbereich des zwischen den beiden Parteien am 18. Februar 1997 unterzeichneten Protokolls über die zur Ausübung einer Arbeit erfolgende temporäre Migration kapverdischer Arbeitnehmer ausgedehnt wird.“*

Der Vorschlag Portugals nimmt Bezug auf das Migrationsabkommen mit Kap Verde aus dem Jahr 1997[508], das die temporäre Zulassung kapverdischer Arbeitsmigranten regelt. Portugal beabsichtigt im Rahmen der Migrationspartnerschaft die Ausdehnung des Anwendungsbereichs des bestehenden Abkommens. Doch lässt der Vorschlag jedwede Konkretisierung in Bezug auf die Anzahl der zuzulassenden Arbeitsmigranten sowie den Beschäftigungssektor („bestimmt Arbeitnehmer“) vermissen und bleibt insofern äußerst vage. Angedeutet wird lediglich, dass zirkuläre Migration gefördert werden soll. Das Migrationsabkommen aus dem Jahr 1997 sollte dazu beitragen, den Bedarf an temporären Arbeitskräften auf dem portugiesischen Arbeitsmarkt zu decken und ermöglichte es kapverdischen Arbeitnehmern mit einem 1-Jahres-Visum das maximal auf eine Gesamtaufenthaltsdauer von drei Jahre verlängert werden konnte, in Portugal zu

508 « *Protocolo sobre Emigração Temporária de Trabalhadores Cabo-Verdianos para a Prestação de Trabalho em Portugal* », Vereinbarung vom 18.2.1997, Dekret-Nr. 60/97, ABl. („*Diário da República*“)Nr. 268 vom 19.11.1997, http://dre.pt/pdf1sdip/1997/11/268A00/62746275.pdf.

arbeiten.[509] Die Anwerbung bezog sich auf ein jährliches Kontingent von 300 bis 400 kapverdischen Arbeitnehmern, die hauptsächlich im Bausektor tätig waren.[510] Das Abkommen ging über die gesetzlichen Zulassungsmöglichkeiten hinaus und wurde im Zusammenhang mit einem allgemeinen Migrationsabkommen zwischen den beiden Ländern unterzeichnet.[511] Die Verhandlungen über eine Erweiterung des Abkommens scheinen noch nicht abgeschlossen zu sein. Auch die französische Initiative baut auf ein bereits bestehendes Migrationsabkommen mit Kap Verde auf. Frankreich schlägt im Rahmen der Mobilitätspartnerschaft vor,

> *„eine Reihe beruflicher Tätigkeiten für kapverdische Migranten zu öffnen und dem nicht länger die Beschäftigungslage in den betreffenden Sektoren entgegenzuhalten. Diese Öffnung des Arbeitsmarktes wird Bestandteil des bilateralen Abkommens über die koordinierte Steuerung der Migrationsströme sein".*

Inhaltlich bleibt die beabsichtigte Zulassung von kapverdischen Arbeitsmigranten genauso vage wie im Fall von Portugal. Doch unterzeichnet Frankreich bereits im November 2008 im Rahmen seiner Politik der *„gestion concerteé des flux migratoires"*[512] mit Kap Verde ein Abkommen „zur koordinierten Steuerung der Migrationsströme und solidarischen Entwicklung" (*„Accord relatif à la gestion concertée des flux migratoires et au développement solidaire"*)[513] Hierbei handelt es sich um ein umfassendes Migrationsabkommen, das ein Gesamtpaket migrationspolitischer Regelungen enthält, ähnlich auch mit anderen afrikanischen Staaten abgeschlossen wurde und neben Bestimmungen zur Arbeitsmigration auch Visaangelegenheiten, Rückübernahmeverpflichtungen, Grenzsicherungsmaßnahmen sowie Integrationsmaßnahmen beinhaltet. Gemäß Artikel 3 des

---

509 EMN Study Portugal, Temporary and Circular Migration in Portugal: Facts, Policies and Strategies, European Migration Network, S. 22 ff., abrufbar unter: http://ec.europa.eu/dgs/home-affairs/what-we-do/networks/european_migration_network/reports/studies/index_en.htm.

510 *Natasha Ward,* Facilitating the temporary movement of natural persons: economic partnership agreements versus bilateral migration agreements and Mobility Partnerships, in: Multilayered Migration Governance: The promise of partnership, Kunz/Lavenex/Panizzon (Hrsg.), 2011, S. 143–182 (158).

511 Ebenda. Vgl. Dekret-Nr. 524-G/76, ABl. ("*Diario da República*") Nr. 155 vom 5.7.1976, http://dre.pt/pdf1sdip/1976/07/15503/00140015.pdf.

512 Siehe hierzu ausführlich unten in diesem Kapitel, D.2.

513 Abkommen vom 24.11.2008, abrufbar unter http://www.immigration-professionnelle.gouv.fr/textes-de-r%C3%A9f%C3%A9rence/accords-bilat%C3%A9raux/accord-france-cap-vert.

Abkommens können kapverdische Staatsangehörige einen zunächst auf ein Jahr befristeten Aufenthaltstitel „Arbeitnehmer“ beantragen. Die Aufenthaltserlaubnis ist verlängerbar und berechtigt bei Vorlage eines Arbeitsvertrages zu einer der insgesamt 53 in der Anlage des Abkommens aufgelisteten Tätigkeiten. Das an kapverdische Staatsangehörige auf dieser Grundlage zur Verfügung gestellte Kontingent umfasst 500 Aufenthaltstitel im Jahr. Das Migrationsabkommen zwischen Frankreich und Kap Verde ist erst im April 2011 in Kraft getreten. Es verweist lediglich in seiner Präambel ganz allgemein auf die gemeinsame Erklärung über eine Mobilitätspartnerschaft zwischen der Europäischen Union und Kap Verde vom 5. Juni 2008. Ein weitere Bezugnahme darauf, welche Regelungen des Migrationsabkommens der Umsetzung der französischen Vorschläge im Rahmen der Mobilitätspartnerschaft dienen sollen, findet sich an keiner Stelle des bilateralen Abkommens. Hingegen steht die Initiative Luxemburgs nicht im Zusammenhang mit einem bereits bestehenden Migrationsabkommen. Auch Luxemburg bleibt äußerst unbestimmt mit seinem Vorschlag,

> *„die Möglichkeit zu prüfen, gemeinsam mit Kap Verde eine Initiative im Bereich temporäre zirkuläre Migration auf den Weg zu bringen.“*

Angesichts der vagen und unverbindlichen Formulierung mag es nicht erstaunen, dass ein Erfolg bei der Umsetzung dieses Vorhabens denn auch ausblieb. Zwar finden in 2009 zwischen den Parteien Gespräche über die von Luxemburg eingebrachte Initiative statt; doch geraten diese alsbald ins Stocken.[514] Eine Vereinbarung über die Zulassung von Arbeitsmigranten zwischen Luxemburg und Kap Verde ist bis heute nicht zustande gekommen. Von den drei im Rahmen der Mobilitätspartnerschaft eingebrachten Vorschlägen zur Erleichterung der Arbeitsmigration hat somit lediglich Frankreich sein Vorhaben umgesetzt.

3. Die Mobilitätspartnerschaft mit Marokko

a) Politischer Hintergrund und Interessen

Die Dialog und die Zusammenarbeit mit den nordafrikanischen Staaten finden im Rahmen der europäischen Nachbarschaftspolitik (ENP) statt. Auf der Grundlage des neuen EU-Gesamtansatzes für Migration und Mobilität (GAMM), der den geographischen Schwerpunkt vor dem Hintergrund des Arabischen Frühlings erneut auf Nordafrika lenkte, ist die Europäische Union alsbald in

---

514 *EMN Study Luxembourg, Circular and Temporary Migration, 2011,* European Migration Network, S. 105, abrufbar unter: http://ec.europa.eu/dgs/home-affairs/what-we-do/networks/european_migration_network/reports/studies/index_en.htm.

Gespräche über mögliche Mobilitätspartnerschaften mit Tunesien[515] und Marokko eingetreten. Hingegen hat Ägypten das Verhandlungsangebot der Europäischen Union abgelehnt.[516] Die Europäische Union leitete mit Marokko im Jahr 2011 zunächst einen Dialog über Migration, Mobilität und Sicherheit ein.[517] Das strategische Interesse der Europäischen Union an einer Zusammenarbeit mit Marokko ist groß. Stellt das Land doch eines der wichtigsten Transitländer von Migranten aus Subsahara-Afrika dar. Im März 2013 wurden anlässlich eines Besuchs des Kommissionspräsidenten Barroso in Rabat die Verhandlungen über eine Mobilitätspartnerschaft abgeschlossen. Die politische Einigung über die baldige Unterzeichnung des Abkommens stellt laut Barroso einen „Wendepunkt in den Beziehungen zwischen der EU und Marokko" dar und soll das Reisen zwischen den beiden Grenzen erleichtern. Noch am selben Tag wurden Verhandlungen über ein Visaabkommen für Studierende, Wissenschaftlicher und Geschäftsleute eingeleitet.[518] Marokko stellt damit das erste nordafrikanische Land dar, mit dem die Europäische Union über ein Visaabkommen verhandelt. Das Abkommen soll langfristig die völlige Visafreiheit für Marokkaner herstellen. In der Pressemeldung der Kommission unerwähnt, in den marokkanischen Medien dafür umso aufmerksamer bedacht wird die Absicht der Europäischen Union, Marokko mit den Vorschlägen endlich zum Abschluss eines Rückübernahmeabkommens zu bewegen[519]. Ein Schritt, den Marokko jahrelang abgelehnt hatte aufgrund der Forderung der Europäischen Union, Marokko solle sich nicht nur zur Rückübernahme eigener Staatsangehöriger, sondern auch von Drittstaatsangehörigen und Staatenlosen verpflichten. Angesichts der Tatsache, dass Marokko eines der Haupttransitländer für Migranten Subsahara-Afrikas nach Europa darstellt, wäre dies eine Verpflichtung mit sehr weitgehenden Folgen. Ein solches Rückübernahmeabkommen hätte jedoch nicht nur Folgen für

---

515 Pressemitteilung der Europäischen Kommission vom 20.3.2013, MEMO/13/256, http://europa.eu/rapid/press-release_MEMO-13-256_en.htm.

516 Pressemitteilung der Europäischen Kommission vom 20.3.2013, MEMO/13/245, http://europa.eu/rapid/press-release_MEMO-13-245_en.htm.

517 Pressemitteilung der Europäischen Kommission vom 20.3.2013 MEMO/13/252, http://europa.eu/rapid/press-release_MEMO-13-253_en.htm.

518 Pressekonferenz Rabat vom 1.3.2011, Erklärung des Kommissionspräsidenten Barroso, Pressemittelung der Europäischen Kommission, Speech/13/177, http://europa.eu/rapid/press-release_SPEECH-13-177_en.htm.

519 Vgl. Forschungsgesellschaft Flucht und Migration (FFM-Online) vom 7.3.2013: "Political agreement on Mobility Partnership: Towards the first readmission agreement with an African country?", http://ffm-online.org/2013/03/11/eu-marokko-ruckubernahmeabkommen/.

Marokko, sondern ginge insbesondere zu Lasten der Migranten aus Subsahara-Afrika. Wie die Erfahrungen der vergangenen Jahre gezeigt haben, sind vor allem sie die Leidtragenden der Zusammenarbeit Europas mit den Transitstaaten bei der Bekämpfung der irregulären Migration. So wurden nach den Ereignissen in Ceuta und Melilla im Jahre 2005, als Marokko seinen „guten Willen" gegenüber Europa zeigen wollte, Zehntausende von Migranten aus Subsahara-Afrika in die Sahara nahe der algerischen Grenze deportiert, oftmals mit tödlicher Konsequenz.[520] Insgesamt führte der massive Druck der europäischen Länder auf die Maghreb-Staaten in den vergangenen Jahren zu einer extremen Verschärfung der dortigen Abschiebepraxis gegenüber Migranten aus den Ländern südlich der Sahara. Noch im Juni 2012 sprach sich der marokkanische Außenminister ausdrücklich dagegen aus, ein solches in der Bevölkerung äußerst unpopuläres *Rückübernahmeabkommen mit der Europäischen Union abzuschließen.*[521] Da die Mobilitätspartnerschaft im Juni 2013 unterzeichnet wurde,[522] ist davon auszugehen, dass Marokko nunmehr Bereitschaft zum Abschluss eines Rückübernahmeabkommens signalisiert hat. Marokko wäre dann neben Kap Verde erst der zweite afrikanische Staat, der ein Rückübernahmeabkommen mit der Europäischen Union abschließt.[523] An der Mobilitätspartnerschaft mit Marokko beteiligen sich bisher Deutschland, Frankreich, Italien, die Niederlande, Belgien, Portugal, Spanien, Schweden und Großbritannien. Für das rege Interesse der EU-Mitgliedstaaten an einer Zusammenarbeit mit Marokko im Rahmen der Mobilitätspartnerschaft lassen sich mehrere Gründe heranziehen: Maßgeblich dürfte das Ziel sein, Marokko durch zusätzliche Anreize zum Abschluss eines EU-Rückübernahmeabkommens zu bewegen. Zwar hat sich Marokko im Rahmen bilateraler Abkommen mit Spanien, Portugal, Frankreich, Italien und Deutschland bereits zur Rückübernahme eigener Staatsangehöriger verpflichtet.

---

520 Ebenda.

521 Vgl. den Artikel von *Ristel Tchounand* im marokkanischen Online-Nachrichtendienst „*Yabiladi*" vom 1.3.2013; « *EU-Maroc: Réadmettre les clandestins en échange de visas pour les marocains* », http://www.yabiladi.com/articles/details/15767/ue-maroc-readmettre-clandestins-echange-visas.html.

522 Pressemitteilung der Europäischen Kommission vom 7.6.2013, IP/13/513, http://europa.eu/rapid/press-release_IP-13-513_de.htm.

523 Vgl. hierzu eine Analyse der Mobilitätspartnerschaft mit Marokko aus menschenrechtlicher Perspektive: "*Analysis of the Mobility Partnership signed between the Kingdom of Morocco, the European Union and nine Member States on 7 June 2013*", Euro-Mediterranean Human Right Network (EMHRN), Februar 2014., http://www.euromedrights.org/eng/wp-content/uploads/2014/02/PM-Morocco_Final-Version-EN.pdf.

Durch die Mobilitätspartnerschaft soll jedoch eine weitergehende, auf Nicht-Marokkaner erstreckte Rückübernahmeverpflichtung durchgesetzt werden, was die Abschiebung von Transit-Migranten aus Subsahara-Afrika erheblich erleichtern würde. Wesentlich sind darüber hinaus die großen marokkanischen Diasporagemeinden in vielen Mitgliedstaaten der Europäischen Union sowie die daraus entstandenen Beziehungen zum Herkunftsland. Zwischen Marokko und einer Reihe von EU-Mitgliedstaaten wie Spanien, Frankreich, Italien und Deutschland bestehen bilaterale Arbeitsmigrationsabkommen. Schließlich ist das strategische Interesse insbesondere für Spanien, aber auch Frankreich und Portugal, an Maßnahmen der Grenzsicherung und Seeüberwachung groß.

b) Politische Erklärung zur Begründung der Mobilitätspartnerschaft

Vor diesem Hintergrund wurde am 7. Juni 2013 zwischen der Europäischen Union und den beteiligten Mitgliedsländern Deutschland, Frankreich, Italien, die Niederlande, Belgien, Portugal, Spanien, Schweden und Großbritannien einerseits und Marokko andererseits eine Mobilitätspartnerschaft unterzeichnet,[524] in der folgende politischen Ziele festgelegt wurden:

- effektivere Steuerung („*to manage the movement*") von Kurzzeitaufenthalten, legaler Migration und Arbeitsmigration
- Stärkung der Zusammenarbeit im Bereich Migration und Entwicklung
- Bekämpfung von illegaler Migration, Schleusung von Migranten und Menschenhandel und Förderung einer effektiven Rückkehr- und Rückübernahmepolitik
- Einhaltung von ratifizierten internationalen Instrumenten betreffend den Schutz von Flüchtlingen

Es folgt eine umfangreiche Aufzählung von Maßnahmen, die zur Umsetzung der oben genannten Ziele im Rahmen der Partnerschaft angestrengt werden sollen. Im Bereich „Mobilität, legale Migration und Integration" ist hier insbesondere die Aufnahme von Verhandlungen über ein Visaerleichterungsverfahren zu nennen. Darüber hinaus ist vorgesehen, marokkanische Staatsangehörige besser über die Möglichkeiten und Voraussetzungen der Einwanderung in die Europäische Union auch unter Einschluss der betreffenden Arbeitsbehörden beider

---

524 « *Déclaration conjointe établissant un Partenariat de Mobilité entre le Royaume du Maroc et l'Union Européenne et ses États Membres* », http://ec.europa.eu/dgs/home-affairs/what-is-new/news/news/2013/docs/20130607_declaration_conjointe-maroc_eu_version_3_6_13_fr.pdf.

Länder, zu informieren, die gegenseitige Anerkennung von Qualifikationen zu erreichen, den Zugang von Akademikern, Forschern, Studierenden und Geschäftsleuten in die Europäischen Union zu erleichtern, die Integration von in Europa ansässigen Marokkanern sowie von Europäern in Marokko zu unterstützen, jede Form von Rassismus und Fremdenfeindlichkeit zu bekämpfen, die Rolle von marokkanischen Vereinigungen im Integrationsprozess zu fördern sowie die Übertragbarkeit von Renten- und Pensionsansprüchen marokkanischer Arbeitsmigranten und ihrer Familien im Fall der Rückkehr nach Marokko zu ermöglichen. Die Förderung der Arbeitsmigration, insbesondere der zirkulären Migrationsmöglichkeiten für Arbeitnehmer ist in der Erklärung anders als im Fall von Kap Verde nicht ausdrücklich als Ziel festgehalten. Dies ist insofern erstaunlich, als der neue Gesamtansatz für Migration und Mobilität gerade die Erleichterung der Arbeitsmigration von Migranten aus Nordafrika vorsieht. Jedoch hat Marokko zahlreiche bilaterale Migrationsabkommen mit EU-Ländern wie Frankreich, Spanien, Italien und Deutschland unterzeichnet, die die Wanderung marokkanischer Arbeitnehmer ermöglichen. Marokkos Interesse an der Mobilitätspartnerschaft wird deshalb vielmehr auf eine Visaliberalisierung gerichtet sein. Im Bereich „Verhinderung und Bekämpfung illegaler Migration, Schleuserkriminalität, Grenzschutz" ist insbesondere die Wiederaufnahme von Verhandlungen eines „ausgewogenen Rückübernahmeabkommens" zwischen der Europäischen Union und Kap Verde vorgesehen, welches auch Bestimmungen über Nicht-Staatsangehörigen sowie Begleitmaßnahmen enthalten soll. Vor dem Hintergrund der großen Anzahl von Migranten aus Subsahara-Afrika in Marokko, welche bereits dort einen irregulären Aufenthaltsstatus besitzen, ist ein weiteres wichtiges Ziel die Unterstützung Marokkos beim Aufbau eines nationalen Systems zur Verhinderung und Bekämpfung von irregulärer Migration. Darüber hinaus ist die Förderung der Zusammenarbeit im Bereich Grenzschutz vorgesehen. Im Bereich „Migration und Entwicklung" sind u.a. die Stärkung der Rolle der marokkanischen Diaspora in der Europäischen Union sowie die Entwicklung politischer Strategien zur Verhinderung von Brain-Drain – einschließlich Maßnahmen zur Förderung von zirkulärer Migration – vorgesehen. Die Mobilitätspartnerschaft mit dem wichtigen nordafrikanischen Transitland sieht darüber hinaus Maßnahmen im Bereich „Internationaler Schutz" vor mit dem Ziel, ein marokkanisches Asylsystem aufzubauen, das internationalen Standards gerecht wird und dessen Umsetzung durch technische Hilfe gewährleistet werden soll. Damit will die Europäische Union sicherstellen, dass Abschiebungen nach Marokko nicht gegen menschenrechtliche Vorgaben verstoßen. Die Unterzeichner halten abschließend fest, dass die in der Mobilitätspartnerschaft enthaltenen

Komponenten als Gesamtpaket zu betrachten sind, was insbesondre für das Visaerleichterungs- und Rückübernahmeabkommen gelte.

c) *Im Rahmen der Mobilitätspartnerschaft eingebrachte Initiativen*

Die Erklärung enthält im Anhang eine umfangreiche Projektliste, die noch nicht endgültig ist und einen Katalog von über 100 von den Beteiligten eingebrachte Initiativen enthält. Dabei handelt es sich fast ausschließlich um Vorschläge, die eine Zusammenarbeit auf bilateraler Ebene vorsehen, oder einseitige Verpflichtungen beinhalten. Die Europäische Union ist bisher an insgesamt 40 Initiativen beteiligt, darunter vier Initiativen der *European Training Foundation* (ETF)[525], vier Initiativen in Zusammenarbeit mit Frontex sowie eine unter Beteiligung von Europol. Damit ist ihr Engagement weitaus umfangreicher als im Rahmen der Mobilitätspartnerschaft mit Kap Verde. Maßgeblich ist die „Zusage" der Europäischen Union, mit Marokko Verhandlungen über ein Visaerleichterungsabkommen aufzunehmen. Der Rat berät derzeit über den von der Kommission im Oktober 2013 eingebrachten Vorschlag, Verhandlungen mit Marokko über ein Visaerleichterungsabkommen aufzunehmen.[526] Von einigen Erleichterungen sollen jedoch nur bestimmte Personengruppen wie Studierende, Wissenschaftler und Geschäftsleute profitieren können. Sobald der Rat sein Mandat erteilt, kann die Kommission die Verhandlungen beginnen. Die Fortschritte in Bezug auf den Abschluss des Abkommens werden jedoch in erster Linie davon abhängen, ob die Verhandlungen über ein Rückübernahmeabkommen mit Marokko wieder aufgenommen werden. Dies ist bislang nicht geschehen. Vorschläge zur Schaffung neuer Möglichkeiten der Arbeitsmigration sind von den EU-Staaten bislang nicht in die Mobilitätspartnerschaft eingebracht worden. Die zahlreichen Initiativen im Bereich der legalen Migration beziehen sich zumeist auf eine Verbesserung der Informationspolitik über die legalen Voraussetzungen der Arbeitsmigration, freie Stellen, ihre Rechte und Pflichten sowie die Gefahren der irregulären Migration. So verweist Deutschland in einer von ihr eingebrachten Initiative lediglich auf das neu eingerichtete Portal „Make it in Germany", das der Anwerbung von Fachkräften dienen soll.[527] Lediglich Frankreich schlägt eine

---

525 Bei der EFT handelt es sich um eine EU-Agentur, die Transformations- und Entwicklungsländer darin unterstützt, das Potential ihrer Humanressourcen durch Bildungs- und Arbeitsmarktreformen besser zu nutzen.

526 Presseerklärung der Europäischen Kommission vom 4.10.2013, IP/13/912, http://europa.eu/rapid/press-release_IP-13-912_en.htm.

527 http://www.make-it-in-germany.com/.

Initiative vor für Studierende, die ihr Studium erfolgreich abschließen und erste Arbeitserfahrung suchen, wobei der Aufenthalt im Land grundsätzlich vorübergehender Natur sein soll. Auf Seiten der Mitgliedstaaten scheint auch kein Interesse daran zu bestehen, die bereits existierenden bilateralen Migrationsabkommen in die Mobilitätspartnerschaft einzubeziehen.

4. Verhandlungen mit weiteren afrikanischen Staaten

a) Die Verhandlungen mit Senegal

Die Europäische Union ist ihr Vorhaben, Mobilitätspartnerschaften mit den strategisch wichtigen afrikanischen Ländern umzusetzen, sehr ambitioniert angegangen. Bislang ist Kap Verde jedoch das einzige Land Subsahara-Afrikas mit dem die Verhandlungen zum Abschluss gekommen sind. Im Folgenden soll am Beispiel Senegals und Ghanas, zwei der Hauptherkunftsländer regulärer und irregulärer Migrantinnen und Migranten aus Afrika in die Europäische Union, untersucht werden, welche Gründe dem erfolgreichen Abschluss weiterer Mobilitätspartnerschaften entgegenstehen könnten. Die Europäische Union hatte von Anfang an großes Interesse an einer Zusammenarbeit mit Senegal, das sowohl als Herkunftsland, aber auch als Transitland irregulärer Migranten aus Subsahara-Afrika eine wichtige strategische Rolle spielt. Im Mai 2008 forderte der Rat die Kommission deshalb auf, Sondierungsgespräche mit Senegal über die Möglichkeiten einer Mobilitätspartnerschaft einzuleiten.[528] Bei der Auswahl des westafrikanischen Landes waren neben der geographischen Lage auch die relative wirtschaftliche und politische Stabilität sowie das starke Bewusstsein des Landes für Migrationsfragen, das von einer langen Migrationstradition herrührt, ausschlaggebend.[529] Eine Beteiligung an der Mobilitätspartnerschaft mit Senegal sagten die drei wichtigsten europäischen Zielländer senegalesischer Migranten zu, namentlich Frankreich, Spanien und Italien. Dabei nimmt die ehemalige Kolonialmacht Frankreich, die sich als wichtigstes Geberland und bedeutender Handelspartner Senegals durch besonders enge Beziehungen mit dem westafrikanischen Land auszeichnet, eine besondere

---

528 Annahme der Schlussfolgerungen des Rates zur Verbesserung des Gesamtansatzes zur Migrationsfrage, Ratsdokument 9604/08 vom 20. Mai 2008, S. 7, http://register.consilium.europa.eu/doc/srv?l=DE&t=PDF&gc=true&sc=false&f=ST%209604%202008%20INIT.

529 *Chou, M. and Gibert M.*, The EU-Senegal mobility partnership: from launch to suspension and negotiation failure, Journal of Contemporary European Research, Volume 8, Issue 4 (2012), S. 408–427 (421), www.jcer.net.

Rolle in den Verhandlungen ein. Nachdem Senegal in informellen Gesprächen zunächst Interesse an einer Mobilitätspartnerschaft gezeigt hatte, wurden die Verhandlungen im Jahr 2009 auf unbestimmte Zeit unterbrochen und werden inzwischen als gescheitert betrachtet.[530] Das geplante Mobilitätsabkommen mit Senegal soll inhaltlich etwa demjenigen mit Kap Verde entsprochen haben.[531] Für das Scheitern der Vertragsverhandlungen werden mehrere Ursachen herangezogen, die sowohl auf senegalesischer als auch europäischer Seite auszumachen sind. Von Kommissionsseite werden als Grund für das Scheitern vor allem interne Unstimmigkeiten zwischen dem senegalesischen Außen- und Innenministerium genannt.[532] Vieles spricht jedoch dafür, dass Senegal den bilateralen Migrationsabkommen mit einzelnen europäischen Ländern den Vorzug gab und keinen ‚Mehrwert' in einer Mobilitätspartnerschaft erkennen konnte.[533] Gleiches trifft auf den Hauptakteur Frankreich zu, der schon im Vorfeld der EU-Verhandlungen über eine Mobilitätspartnerschaft Gespräche mit Senegal über ein bilaterales Migrationsabkommen führte.[534] Auch der politische Mehrwert einer solchen Partnerschaft scheint für Senegal nicht ausreichend ins Gewicht gefallen zu sein, was ein maßgeblicher Unterschied zum Fall von Kap Verde ist. Während die Mobilitätspartnerschaft mit Kap Verde im Rahmen der umfassenderen Vertiefung der besonderen Beziehungen mit der EU stattfand, gab es im Fall von Senegal keine Hinweise für eine Intensivierung der Beziehungen über die geplante Mobilitätspartnerschaft hinaus.[535] Als wichtiger Grund für das Scheitern der Verhandlungen ist außerdem die Fokussierung auf Maßnahmen zur Bekämpfung der irregulären Migration anzusehen und insbesondere die Forderung der Europäischen Union, die Rückübernahmepflicht auch auf Nicht-Staatsangehörige anzuwenden.[536] Eine solche Rückübernahmeverpflichtung hätte für Senegal, das aufgrund seiner geographischen Lage Ausgangspunkt für Seeüberquerungen auf die Kanaren ist, massive Auswirkungen. Die Anreize für den Abschluss eines solchen, im

---

530 Ebenda, S. 410.

531 Ebenda, S. 411.

532 *Helge Schwiertz,* Foucault an der Grenze, Mobilitätspartnerschaften als Strategie des europäischen Migrationsregimes, 2011. S. 171.

533 Ebenda. *Chou, M. and Gibert M.,* The EU-Senegal mobility partnership: from launch to suspension and negotiation failure, Journal of Contemporary European Research, Volume 8, Issue 4 (2012), S. 408–427 (418), www.jcer.net.

534 *Chou, M. and Gibert, M.*, S. 420, ebenda.

535 Ebenda, S. 418.

536 Ebenda, S. 415.

Land äußerst unpopulären Rückübernahmeabkommens hätten deshalb wohl weitaus größer sein müssen, als dies in der geplanten Mobilitätspartnerschaft der Fall war. Als ein weiterer Aspekt, der sich negativ auf die Verhandlungsergebnisse auswirkte, gilt die paternalistische Haltung der Europäischen Union, die sich durch die von der Entwicklungszusammenarbeit geprägten Geber-Nehmer-Beziehungen herausgebildet hatte und sich auf die Zusammenarbeit im Bereich der „neuen" Themen wie Menschenrechte, Good Governance und Migration übertragen hat. So wurden die Gespräche mit Senegal durch die Vorlage eines fast fertigen Projekts eröffnet; eine Herangehensweise, die auf senegalesischer Seite als wenig partnerschaftlich wahrgenommen wurde.[537] Die für die Verhandlungen mit Senegal zuständige Kommissionsbeamtin brachte ihren Unmut über die Ergebnisse mit folgenden Worten zum Ausdruck: "*Senegal did not understand why the Commission wants to talk with them. In Africa the countries are more used to talk to the member states. They don't understand the idea of talking to the EU. They don't understand what the EU is.*"[538] Diese Äußerung bestätigt einerseits die überhebliche Haltung der Europäischen Union gegenüber den „Partnern" Subsahara-Afrikas.[539] Sie zeigt andererseits aber auch die Verhandlungsstärke Senegals auf sowie die schwache Verhandlungsposition der Europäischen Union, die nicht in der Lage war, ihrem Verhandlungspartner hinreichend überzeugenden Gründe für den Abschluss einer Mobilitätspartnerschaft darzulegen.

b) Die Verhandlungen mit Ghana

Auch eine Zusammenarbeit mit Ghana, einem der wichtigsten Herkunftsländer afrikanischer Migranten in Europa, ist für die Europäische Union aus strategischen Gesichtspunkten relevant. Im Rahmen des Gesamtansatzes für Migration sendete die Union noch im Jahr 2007 eine Artikel-13-Mission in das westafrikanische Land, um erste Gespräche zu führen. Dabei unterscheidet sich das Migrationsprofil Ghanas in zwei wichtigen Punkten von demjenigen Senegals: Zum einen spielt Ghana als Transitland nach Europa keine Rolle, womit die Notwendigkeit der strittigen Rückübernahmepflicht von Nicht-Staatsangehörigen sowie der gemeinsamen Sicherung der Grenzen entfällt. Zum anderen zeichnet sich Ghana durch einen hohen Anteil qualifizierter und hoch qualifizierter

537 Ebenda, S. 417 f.

538 *Helge Schwiertz*, Foucault an der Grenze, Mobilitätspartnerschaften als Strategie des europäischen Migrationsregimes, 2011. S. 171.

539 Ebenda.

Auswanderer nach Europa und die USA aus, während die Mehrzahl der senegalesischen Migranten, die nach Europa migrieren, traditionell eher geringer qualifiziert ist.[540] Einer der Schwerpunkte der nationalen Migrationsdebatte in Ghana stellt deshalb der Brain-Drain, insbesondere im Bereich Gesundheit und Bildung dar. Vorherrschend ist ein entwicklungsorientierter Ansatz, der viele Einzelprojekte beinhaltet und gekennzeichnet ist von einer starken Auslagerung an internationale Organisationen (IOM und UNDP), statt – wie im Fall von Senegal – der Bündelung der Migrationsfrage auf ein Ministerium. So werden die meisten Projekte an die IOM und die UNDP delegiert, die damit weitaus mehr Gewicht in Migrationsfragen einnehmen, als die EU oder einzelne Mitgliedstaaten dies tun.[541] Während das Interesse der Europäischen Union in den ersten Sondierungsgesprächen auf den Abschluss eines (einfachen) Rückübernahmeabkommens gerichtet war, wurde der Migrationsdialog auf ghanaische Initiative hin alsbald auf einer breiteren Grundlage geführt, die insbesondere Entwicklungsaspekte einbeziehen sollte.[542] In der Folgezeit wurden mit dem westafrikanischen Land Verhandlungen über eine Mobilitätspartnerschaft aufgenommen.[543] Nachdem die Europäische Kommission auf ihrer Internetseite im Juli 2010 noch den baldigen Abschluss der Mobilitätspartnerschaft mit Ghana verkündet hatte, scheinen die Verhandlungen inzwischen ins Stocken geraten zu sein. Vor dem Hintergrund des neuen EU-Gesamtansatzes für Migration und Mobilität (GAMM) fand im Januar 2012 jedoch auf Anfrage des ghanaischen Ministeriums für Arbeit und Soziales der Besuch einer EU-Delegation statt, die über den neuen Gesamtansatz informieren sowie die Möglichkeiten einer engeren Zusammenarbeit in Migrationsfragen zwischen der Europäischen Union und Ghana sondieren sollte.[544] Der ghanaische Außenminister bekundete anlässlich des Besuchs ausdrücklich sein Interesse an einem verstärkten und umfassenden Migrationsdialog sowie an weiteren Gesprächen über eine Mobilitätspartnerschaft, die in naher Zukunft einen Regelungsrahmen für ein effektives Migrationsmanagement zur Förderung von Entwicklung schaffen könnte. Welche EU-Staaten

540 *Tine Van Criekinge*, The EU-Africa migration partnership: A case study of the EU's migration dialogue with Senegal and Ghana, in: EUI Migration Working Group, 2010, European University Institute Florence, S. 8.

541 Ebenda, S. 22.

542 Ebenda, S. 18.

543 Jahresbericht über Einwanderung und Asyl 2010, KOM (2011) 291.

544 Vgl. Delegation of the European Union to Ghana, Pressemeldung vom 26.1.2012, http://eeas.europa.eu/delegations/ghana/press_corner/all_news/news/2012/20120126_en.htm.

sich an einer Mobilitätspartnerschaft beteiligen würden ist nicht bekannt. Interesse an einer Beteiligung könnten diejenigen Mitgliedstaaten zeigen, die einen relativ hohen ghanaischen Migrantenanteil haben und/oder bereits auf bilateraler Ebene mit Ghana zusammen arbeiten. Eine Zusammenarbeit auf bilateraler Ebene besteht mit Italien sowie mit Spanien.[545] Auch Deutschland hat mit Ghana Gespräche über ein bilaterales Migrationsabkommen aufgenommen. Insgesamt befürwortet die ghanaische Regierung das Engagement der EU-Mitgliedstaaten, die bislang einen projektbezogenen und entwicklungsorientierten Ansatz verfolgen und betrachtet die Kombination von Europäischer Union und bilateraler Zusammenarbeit als richtigen Weg.[546] Allerdings wird auch die beschränkte Handlungsmacht der Europäischen Union bei den Verhandlungen im Bereich der legalen Migration wahrgenommen, so dass Vereinbarungen auf bilateraler Ebene erheblich mehr Anreize für eine Zusammenarbeit bieten können.[547] Schließlich ist davon auszugehen, dass Ghana für die Europäische Union von geringerer strategischer Bedeutung ist als Senegal, das aufgrund seiner geographischen Lage ein wichtiger Partner ist. Fraglich ist in diesem Zusammenhang aber auch, inwieweit die Europäische Union nach der Entwicklung des neuen Gesamtansatzes für Mobilität und Migration (GAMM) noch verstärktes Engagement für eine Mobilitätspartnerschaft mit Ghana zeigen wird.

D. Mobilitätspartnerschaften und bilaterale Migrationsabkommen

1. Die „neue Generation" bilateraler Migrationsabkommen

Da die Europäische Union mangels eigener Zuständigkeiten nicht befugt ist, Vereinbarungen über die Zulassung von Arbeitsmigranten mit Drittstaaten abzuschließen, kommen im Rahmen von Mobilitätspartnerschafen ausschließlich bilaterale Vereinbarungen zwischen Herkunfts- und Aufnahmeländern in Betracht. Wie die Migrationspartnerschaft mit Kap Verde verdeutlicht hat, bauen die von den Mitgliedstaaten eingebrachten Initiativen zum Teil auf bereits bestehende Migrationsabkommen mit Drittstaaten auf. Eine Vorreiterrolle der

545 IOM Migration Profiles, *Peter Quartey*, Migration in Ghana: A Country Profile 2009, S. 85, http://publications.iom.int/bookstore/.

546 *Tine Van Criekinge*, The EU-Africa migration partnership: A case study of the EU's migration dialogue with Senegal and Ghana, in: EUI Migration Working Group, 2010, European University Institute Florence, S. 29, http://www.euce.org/eusa2009/papers/van%20criekinge_11C.pdf.

547 Ebenda, S. 28 f.

sogenannten neuen Generation bilateraler Migrationsabkommen nehmen Spanien und Frankreich ein – beides Länder, die an der Mobilitätspartnerschaft mit Kap Verde beteiligt sind. Kennzeichnend für die neue Generation bilateraler Migrationsabkommen ist ein umfassender, aber letztendlich sicherheitspolitisch orientierter Ansatz, der die Grundsätze des EU-Gesamtansatzes zur Migrationsfrage wiederspiegelt, d.h. die Verknüpfung der Bereiche legale Migration, Bekämpfung der irregulären Migration sowie Migration und Entwicklung. In ihrer Zielsetzung und strategischen Ausrichtung unterscheiden sich die neuen bilateralen Migrationsabkommen damit erheblich von der „alten Generation" bilateraler Migrationsabkommen, die in erster Linie der Anwerbung von Arbeitskräften dienten. So bildeten die rund 120 zwischen dem Ende des Ersten Weltkriegs und dem Anwerbestopp der europäischen Zielländer Anfang der 1970er Jahre geschlossenen bilateralen Anwerbeabkommen ein zentrales migrationspolitisches Instrument der Nachkriegszeit.[548] Sie ermöglichten es den europäischen Zielländern in den 1950er und 1960er Jahren, die für den wirtschaftlichen Aufschwung benötigte große Zahl von ausländischen Arbeitskräften für niedrig qualifizierte Tätigkeiten zur Verfügung zu haben. Der überwiegende Teil der Arbeitsmigranten wurde aus Italien, Spanien, Griechenland und der Türkei angeworben. Doch fand auch eine nicht unerhebliche Arbeitsmigration aus Afrika statt. So nahm Frankreich viele Arbeitsmigranten aus Algerien, Marokko und Tunesien, aber auch aus den früheren Kolonien Subsahara-Afrikas auf. Deutschland schloss 1963 ein bilaterales Migrationsabkommen mit Marokko und 1965 mit Tunesien. Nach dem allgemeinen Anwerbestopp in den 1970er Jahren wurde das Instrument des bilateralen Migrationsabkommens in den 1990er Jahren in rechtlich verbindlicher Form oder als rechtlich unverbindliche Vereinbarung wiederentdeckt und vermehrt zur Anwerbung von Arbeitsmigranten genutzt.[549] OECD-weit sind gegenwärtig 173 bilaterale Vereinbarungen mit Ländern aus allen Weltregionen in Kraft, fünfmal so viel wie 1990.[550] Im Vordergrund stehen Vereinbarungen über die legale Zuwanderung ungelernter und geringqualifizierter Arbeitskräfte für befristete Beschäftigungen in Sektoren wie Landwirtschaft,

548 *Jochen Oltmer*, Einführung: Migrationsverhältnisse und Migrationsregime nach dem Zweiten Weltkrieg, in: Oltmer/Kreienbrink/Sanz Díaz (Hrsg.), Das "Gastarbeiter"-System: Arbeitsmigration und ihre Folgen in der Bundesrepublik Deutschland und Westeuropa, 2012, S. 9–21 (S. 10).

549 Vgl. ILO, Multilateral, bilateral agreements and memorandum of understandings on labour migration, International Labour Organization, http://www.ilo.org/migrant/areas/multilateral-bilateral-agreement/WCMS_161105/lang--en/index.htm.

550 Ebenda.

Baugewerbe und Dienstleistungen.[551] Die Vereinbarungen enthalten in der Regel Bestimmungen über Einstellung, Beschäftigung und Rückkehr sowie über Arbeitsbedingungen und soziale Sicherheit und stellen damit eine wirksame Methode zur Verhütung der illegalen Anwerbung und Ausbeutung irregulärer Migranten dar.[552] Während Arbeitsmigrationsabkommen für die Zielländer ein Mittel sind, um gezielt Lücken im nationalen Arbeitsmarkt zu schließen, können Herkunftsländer ihren Arbeitskräften Zugang zu internationalen Arbeitsmärkten verschaffen, deren berufliche Kompetenzen (Brain-Gain) stärken und durch Rückkehrregelungen dem Brain-Drain entgegenwirken.[553] Auf diese Weise können bilaterale Arbeitsmigrationsabkommen ein wichtiges Instrument zur Regulierung internationaler Migration im Interesse der Ziel- und Herkunftsländer sowie zur effektiven Gewährleistung der Rechte von Migranten sein.[554] Sie stellen somit eine Alternative zur unilateralen Einwanderungsgesetzgebung dar.[555] Mit der neuen Generation bilateraler Migrationsabkommen, die erst im Zuge der Entwicklung des EU-Gesamtansatzes entwickelt wurde, sollen Arbeitsmigrationsabkommen in einen umfassenderen Rahmen eingebettet werden. Die Zulassung von Arbeitsmigranten insbesondere aus afrikanischen Ländern soll nunmehr von einer Zusammenarbeit bei der Eindämmung der irregulären Migration abhängen. Vor dem Hintergrund der relativ großen Anzahl ghanaischer Migranten im Lande plante auch Deutschland im Jahr 2009 den Abschluss eines solchen bilateralen Migrationsabkommens der „neuen Generation". Angestrebt war ein Rahmenabkommen, das entsprechend dem EU-Gesamtansatz eine umfassende Zusammenarbeit in Migrationsfragen beinhalten und gemeinsam mit einer Rückübernahmevereinbarung abgeschlossen werden sollte.[556]

551 IAA, Veränderung bewältigen: Einen Rahmen für menschenwürdige Arbeit schaffen, Bericht des Generaldirektors, Band II, Internationales Arbeitsamt Genf, ILO, 2005, S. 96, http://www.ilo.org/public/german/standards/relm/rgmeet/7erm/dgrepvol2.pdf.

552 Ebenda.

553 *Iván Martín,* Bilateral Labour Agreements in Practice: Issues and Challenges, International Organization for Migration (IOM), 2011, S. 1, http://www.academia.edu/2067682/_2011_Bilateral_Labour_Agreements_in_Practice_Issues_and_Challenges.

554 Ebenda; ECA, International Migration and Development: Implications for Africa, Economic Commission for Africa, Addis Ababa, 2006, S. 64.

555 *Iván Martín*, ebenda.

556 Siehe die Antwort der Bundesregierung vom 26.2.2010 auf die Kleine Anfrage der Fraktion DIE LINKE u.a., Drucksache 17/688, http://dipbt.bundestag.de/dip21/btd/17/008/1700848.pdf.

Das Abkommen sah grundsätzlich eine befristete Arbeitsmigration vor, deren Umfang von der Größenordnung der erfolgten Rückkehr ausreisepflichtiger ghanaischer Staatsangehöriger abhängen soll. Die Aufenthaltsdauer soll maximal zwei Jahre betragen. Die Gespräche mit Ghana sind jedoch ins Stocken geraten und haben bis heute keine Fortschritte gezeigt. Darüber hinaus hat Deutschland eine gemeinsame Absichtserklärung mit Tunesien unterzeichnet, die in einem Beschäftigungspakt münden soll.[557] Beide Seiten wollen im Rahmen dieses Beschäftigungspaktes prüfen, wie Pilotvorhaben entwickelt werden können, die Elemente legaler, zirkulärer Migration ermöglichen und einen konkreten Beitrag zur Umsetzung der Mobilitätspartnerschaft der Europäischen Union mit Tunesien leisten könnten. Auch Italien hat vor dem Hintergrund der Bekämpfung der irregulären Migration bilaterale Migrationsabkommen mit afrikanischen Drittländern abgeschlossen.[558] Im Folgenden soll am Beispiel der beiden Vorreiter Frankreich und Spanien der Charakter der neuen Generation bilateraler Migrationsabkommen näher aufgezeigt werden. Zwei Länder, die eine sehr unterschiedliche Tradition in Bezug auf die Anwerbung von Arbeitskräften aus Afrika haben. Denn während die Anwerbepolitik Frankreichs auf den engen Bindungen des Landes zu seinen früheren Kolonien gründet, begann Spanien erst vor dem Hintergrund seines Wirtschaftsbooms billige afrikanische Arbeitskräfte vor allem in der Baubranche, der Landwirtschaft und in der Tourismusbranche anzuwerben. Darüber hinaus ist Spanien aufgrund seiner geographischen Lage besonders von der irregulären Migration aus Afrika betroffen.

2. Frankreichs Politik der « gestion concerteé des flux migratoires »

Frankreich hat als ehemalige Kolonialmacht eine lange Tradition der Zuwanderung aus dem frankophonen Afrika zu verzeichnen. Unter Federführung des damaligen Innenministers Sarkozy führt Frankreich im Jahr 2006 Reformen seiner

557 Gemeinsame Absichtserklärung der Regierung der Bundesrepublik Deutschland und der Regierung der Tunesische Republik vom 9.1.2012, http://www.auswaertiges-amt.de/cae/servlet/contentblob/605998/publicationFile/163572/120109-Absichtserklaerung.pdf. Im Februar 2013 wurde eine eigene Website eingerichtet, die über die im Rahmen der Transformationspartnerschaft zwischen Deutschland und Tunesien gestarteten Projekte informiert: http://www.allemagnepartenaire.tn/Fr/accueil_46_4.

558 Vgl. hierzu *Ester Salis*, Labour migration governance in contemporary Europe. The Case of Italy. Country Reporter, International and European Forum on Migration Research (FIERI), Torino, 2012, S. 18f., http://www.labmiggov.eu/country-reports/.

Einwanderungsgesetzgebung durch.[559] Das sogenannte „*Loi-Sarkozy*" bezweckt eine stärkere Ausrichtung des Einwanderungsrechts an den Bedürfnissen des Marktes.[560] Gleichzeitig wurden aber auch erhebliche Einschränkungen bei der Familienzusammenführung vorgenommen. Im Bereich der Arbeitsmigration wurde eine Aufenthaltserlaubnis für Hochqualifizierte („*carte talents et compétences*") eingeführt. Darüber hinaus wurde für Drittstaatsangehörige die Möglichkeit eines Aufenthalts zu Arbeitszwecken für bestimmte Sektoren eröffnet, in denen eine Nachfrage auf dem Arbeitsmarkt besteht.[561] Mit Beschluss vom Januar 2008 wurde zu diesem Zweck eine nach Regionen aufgeteilte Liste von 30 Berufen herausgegeben, die vor allem qualifizierte Tätigkeiten, überwiegend in den Bereichen Technik und Informatik umfasst.[562] Im Zuge dieser Reform nahm Frankreich auch eine Neugestaltung seiner externen Migrationspolitik vor. So sollen im Rahmen der auswärtigen Migrationspolitik neue bilaterale Migrationsabkommen eine gemeinsame, effektivere Steuerung der Migrationsströme gewährleisten. Diese Politik der „*gestion concertée des flux migratoires*"[563] konzentriert sich vor allem auf afrikanische Herkunftsländer. Anlässlich des 23. französisch-afrikanischen Gipfeltreffens im Dezember 2005 wirbt Frankreich gegenüber den afrikanischen Teilnehmern denn auch ausdrücklich für seine neuen Abkommen. Das erste Migrationsabkommen der neuen Art unterzeichnet Frankreich mit Senegal im Jahr 2006.[564] Es folgen acht weiteren Abkommen mit Benin[565], Burkina Faso[566],

---

559 LOI n° 2006–911 du 24 juillet 2006 relative à l'immigration et à l'intégration, JO du 25/7/2006, http://www.journal-officiel.gouv.fr/.

560 Vgl. die zu diesen Zwecken eingerichtete Website: http://www.immigration-professionnelle.gouv.fr/.

561 Article L.313–10 du Code de l'entrée et de séjour des étrangers et du droit d'asile (CESEDA).

562 Arrêtée du 18 janvier 2008, JO du 20/01/2008, http://www.immigration-professionnelle.gouv.fr/sites/default/files/fckupload/arrete_du_18-01-2008_%20liste_30.pdf.

563 Gemeinsame Steuerung der Migrationsströme (eigene Übersetzung).

564 *Accord relatif à la gestion concertée des flux migratoires entre la France et le Sénégal*, unterzeichnet am 23.9.2006, in Kraft getreten am 1.8.2009, abrufbar unter http://www.immigration-professionnelle.gouv.fr/proc%C3%A9dures/accords-bilat%C3%A9raux-et-%C3%A9changes-de-jeunes-professionnels.

565 *Accord relatif à la gestion des flux migratoires et du codéveloppment entre la France et le Bénin*, unterzeichnet am 28.11.2007, in Kraft getreten am 1.3.2010, ebenda.

566 *Accord relatif à la gestion concertée des flux migratoires et au développement solidaire entre la France et le Burkina-Faso*», unterzeichnet am 10.1.2009, in Kraft getreten am 1.6.2011, ebenda. Das Abkommen mit Burkina Faso zeichnet sich insbesondere durch umfangreiche Entwicklungsprojekte aus.

Kap Verde[567], Kongo[568], Gabun[569], Mauritius[570], Tunesien[571] und Kamerun. Die neuen Migrationsabkommen sollen auf einem partnerschaftlichen Ansatz basieren. So werden die einzelnen Vereinbarungen individuell mit jedem Vertragspartner ausgehandelt. Insbesondere zeichnen sie sich aber ganz im Sinne des EU-Gesamtansatzes dadurch aus, dass sie sich nicht auf Vereinbarungen im Bereich der legalen Migration beschränken, sondern diese mit Maßnahmen zur Bekämpfung der irregulären Migration sowie entwicklungspolitischen Maßnahmen verknüpfen. Gemeinsam sind allen Migrationsabkommen Regelungen zu den Bereichen Visafragen, Arbeitsmigration, Rückübernahme, polizeiliche Zusammenarbeit, Entwicklung durch Migration („*codéveloppement*") sowie Entwicklungsprojekte. In Bezug auf die konkrete Ausgestaltung der Regelungspunkte unterscheiden sich die Abkommen jedoch erheblich. Sowohl die Anzahl der zugelassenen Arbeitsmigranten als auch die in Betracht kommenden Berufsfelder werden individuell mit jedem Land ausgehandelt. Die weitreichendste Öffnung des französischen Arbeitsmarktes findet für senegalesische Staatsangehörige statt, die ohne Sektorenbeschränkung berechtigt sind, in Frankreich eine Arbeit aufzunehmen. Zwar ist dem Abkommen eine Liste von 108 Berufen beigefügt, doch hat diese nur Informationscharakter. Senegal und Frankreich haben die Zulassung von „mindestens" 1000 Arbeitsmigranten pro Jahr ausgehandelt. Damit stellt es das einzige Abkommen dar, mit dem sich Frankreich zur Aufnahme einer bestimmten Anzahl von Arbeitsmigranten *verpflichtet*. Kap Verde und Burkina Faso erhalten ein jährliches Kontingent von jeweils 500 Arbeitsmigranten, wobei der Arbeitsmarkt für Burkiner um 64 Berufe und für Kap Verden um 40 zusätzliche Berufe (über die gesetzlich festgelegten 30 Tätigkeitsfelder hinaus) erweitert wird. Tunesien hat ein Kontingent von 3500 Arbeitsmigranten, geöffnet für zusätzliche 77 Tätigkeiten ausgehandelt. Für Staatsangehörige aus Benin, Kongo und Gabun

567 *Accord relatif à la gestion concertée des flux migratoires et au développement solidaire entre la France et le Cap Vert,* unterzeichnet am 24.11.2008, in Kraft getreten am 1.4.2011, ebenda.

568 *Accord relatif à la gestion des flux migratoires et au codéveloppement entre la France et le Congo,* unterzeichnet am 25.10.2007, in Kraft getreten am 1. 8.2009, ebenda.

569 *Accord relatif à la gestion des flux migratoires et au codéveloppement entre la France et le Gabon,* unterzeichnet am 5.7.2007, in Kraft getreten am 1.9.2008, ebenda.

570 *Accord relatif au séjour et à la migration circulaire de professionnels entre la France et l'Ile Maurice,* unterzeichnet am 23.9.2008, in Kraft getreten am 1.9.2010, ebenda.

571 *Accord cadre relatif à la gestion concertée des migrations et au développement solidaire entre la France et la Tunisie,* unterzeichnet am 28.4.2008, in Kraft getreten am 1.7.2009, ebenda.

findet keine Kontingentierung statt, doch ist die Auswahl der Berufe sehr eingeschränkt (lediglich 16, 15 respektive 9 Berufe). Erschwerend kommt hinzu, dass die Listen nur qualifizierte Berufe enthalten, während die Abkommen von Senegal, Tunesien und Burkina Faso auch weniger qualifizierte Tätigkeiten umfassen. Somit sind die Möglichkeiten der Arbeitsmigration für einige afrikanische Vertragspartner tatsächlich sehr beschränkt. Zur Förderung der Zuwanderung von Hochqualifizierten bzw. besonders Begabten enthalten die Migrationsabkommen darüber hinaus Bestimmungen über die Aufenthaltserlaubnis „*compétences et talents*", die Staatsangehörigen aus Entwicklungsländern nach dem französischen Einwanderungsgesetz grundsätzlich nur dann ausgestellt werden darf, wenn Frankreich mit dem Land als Ausgleich ein Partnerschaftsabkommen („*accord de partenariat pour le codéveloppement*") geschlossen hat. Entsprechende Vereinbarungen sind in alle Migrationsabkommen integriert bzw. gesondert mit den Drittstaaten abgeschlossen worden. Zur Vermeidung des Brain-Drains wurde mit einigen Ländern (Benin, Burkina Faso, Mauritius und Kap Verde) zusätzlich eine Höchstgrenze von 100 bis 150 Personen pro Jahr vereinbart. Weiter sehen alle Abkommen (außer Burkina Faso) Regelungen zum gegenseitigen Austausch junger Fachkräfte vor. Jährliche Kontingente von 100 bis 200 Personen sollen qualifizierten Arbeitskräften im Alter von 18 bis 40 Jahren die Möglichkeit bieten, im jeweils anderen Land Berufserfahrung zu sammeln. Die Aufenthaltserlaubnis ist in allen Fällen auf maximal 18 Monate befristet und nicht verlängerbar. Schließlich sehen die meisten Abkommen erleichterte Aufenthaltsbedingungen für Studierende vor, die nach erfolgreichem Abschluss ihrer Studien und „mit der Perspektive" ihrer Rückkehr ins Herkunftsland erste Berufserfahrung in Frankreich sammeln wollen. Diese erhalten die Möglichkeit, ihren Aufenthalt nach dem Studium bis zu 18 Monate zu verlängern, um eine ihrer Qualifikation entsprechende Arbeit aufzunehmen. War die Arbeitssuche erfolgreich, ist der Aufenthalt verlängerbar. Die Abkommen enthalten Vereinbarungen über die Rückkehrförderung und Reintegration für die freiwillige Rückkehr qualifizierter Arbeitsmigranten. Senegalesische Migranten erhalten bei Vorlage eines unbefristeten Arbeitsvertrages entsprechend den nationalen Gesetzen eine Daueraufenthaltserlaubnis für 10 Jahre. Daneben hat Senegal als einziges Land eine Regelung ausgehandelt, die es ihren Staatsangehörigen, die sich irregulär in Frankreich aufhalten, ermöglichen, ihren Aufenthalt legalisieren zu lassen,[572] soweit die betreffende Person eine der 30 gesetzlich festgelegten Tätigkeiten ausübt und das Angebot eines Arbeitsvertrages vorliegt oder humanitäre oder sonstige außergewöhnlichen

572 In Anwendung von Artikel 313-14 CESEDA.

Umstände einen weiteren Aufenthalt rechtfertigen. Die unterschiedlichen Regelungen im Bereich der Arbeitsmigration machen deutlich, in welchem Ausmaß die in den Migrationsabkommen individuell ausgehandelten Regelungen von den Verhandlungsspielräumen, der Verhandlungsmacht und wohl nicht zuletzt dem Verhandlungsgeschick der Vertragspartner abhängig sind. „Sine-qua-non" für das Zustandekommen der Partnerschaft ist in allen Fällen die Rückübernahmeverpflichtung eigener Staatsangehöriger, die sich irregulär im anderen Vertragsstaat aufhalten, wobei auch hier große Unterschiede bestehen. So sind insbesondere im Abkommen mit Senegal umfangreiche Regelungen über die Feststellung der Nationalität irregulärer Migranten und die Bedingungen der Rückkehr enthalten. Mit Benin, Burkina Faso, Kongo und Gabun wurde darüber hinaus die umstrittene Rückübernahmeverpflichtung von Drittstaatsangehörigen vereinbart. Während in den Vereinbarungen mit Benin, Kongo und Gabun die Rückübernahmepflicht schon durch den bloßen Nachweis ausgelöst wird, dass sich der irreguläre Migrant vor der Einreise in dem anderen Vertragsstaat aufgehalten hat („*séjourné*"), vereinbarte Burkina Faso strengere Kriterien für die Rückübernahmepflicht: Erforderlich ist hier, dass der Migrant vor der Einreise seinen Hauptwohnsitz im anderen Vertragsstaat hatte. Senegal, Kap Verde und Tunesien waren nicht bereit, eine Klausel bezüglich der Rückübernahme Nicht-Staatsangehöriger in ihr Abkommen aufzunehmen. Mit Mali ist trotz langjähriger Verhandlungen kein Migrationsabkommen zustande gekommen, da der westafrikanische Staat bisher nicht zum Abschluss eines Rückübernahmeabkommens bereit war. Die Arbeitsmigrationsvereinbarungen beschränken sich weitestgehend auf Regelungen zu den Einreise- und Aufenthaltsvoraussetzungen. Regelungen über den Familiennachzug sowie über Arbeitnehmer- und Sozialrechte finden sich nur vereinzelt wieder, so dass hier weitestgehend die gesetzlichen Vorschriften Anwendung finden. Darüber hinaus wirken aber auch die von Frankreich in den 1990er Jahren mit zahlreichen afrikanischen Ländern geschlossenen Abkommen über die Einreise- und Aufenthaltsbedingungen ihrer Staatsangehörigen fort.[573] Die als Standardvereinbarungen (« Conventions relative à la circulation et au séjour des personnes ») geschlossenen Abkommen, die auf dem Prinzip der Gegenseitigkeit basieren, regeln sowohl die Voraussetzungen von Kurzaufenthalten sowie von längeren Aufenthalten zu beruflichen und sonstigen Zwecken, wobei die

573 Namentlich mit den acht westafrikanischen Staaten Elfenbeinküste, Burkina Faso, Benin, Mauretanien, Nigeria, Mali, Togo und Senegal sowie mit den zentralafrikanischen Ländern Kongo, Zentralafrika und Kamerun. Diese Abkommen ersetzten die in den 1970er Jahren geschlossenen Vereinbarungen. Alle Vereinbarungen abrufbar unter: http://www.gisti.org/spip.php?rubrique140.

Vereinbarungen im Bereich der Familienzusammenführung wiederum auf die gesetzlichen Regelungen im Aufnahmeland verweisen.[574] Nach allem hat Frankreich in den letzten zehn Jahren im Rahmen seiner externen Migrationspolitik ein umfangreiches Netz an bilateralen Migrationsvereinbarungen der „neuen Generation" mit afrikanischen Ländern geschlossen. Diese bauen weitestgehend auf den mit den früheren Kolonien nach deren Unabhängigkeit unterzeichneten Migrationsabkommen auf und konzentrieren sich folglich auf das frankophone Afrika.

3. Die bilateralen Migrationsabkommen Spaniens mit Afrika

Spanien, selbst lange Zeit Auswanderungsland, erlebte erst ab den 1990er Jahren im Zuge des Baubooms und starken wirtschaftlichen Aufschwungs einen großen und bislang nicht gekannten Zustrom ausländischer Arbeitskräfte. Mit dem Ziel, die wachsende irreguläre Migration einzudämmen und die Arbeitsmigration bessern zu organisieren führte Spanien im Jahr 2000 eine Reform seines Einwanderungsrechts durch. Mit dem neuen Ausländergesetz[575] wurden Kontingente für bestimmte Berufsgruppen eingeführt.[576] Im Jahr 2008 führte der Gesetzgeber darüber hinaus ein Instrument zur direkten Anwerbung von Arbeitsmigranten im Herkunftsland („*gestión colectiva de contrataciones en origen*") ein, das es Unternehmen ermöglicht, die gesuchten Arbeitskräfte selbst in den Herkunftsländern anzuwerben.[577] Eine Regelung, die in Spanien bis heute eine starke Beteiligung der Privatwirtschaft im Bereich der Arbeitsmigration bewirkt.[578] Ein Teil der für den spanischen Arbeitsmarkt benötigten Arbeitskräfte wird im Rahmen bilateraler Abkommen angeworben. So schloss Spanien mit den lateinamerikanischen Ländern Kolumbien (2001), Ecuador (2001) und der Dominikanischen Republik (2002) sowie mit Rumänien (2002) und Bulgarien

574 Beispielhaft für alle vorgenannten Vereinbarungen: *Convention entre le Gouvernement de la République française et le Gouvernement de la République de Côte d'Ivoire relative à la circulation et au séjour des personnes*, unterzeichnet am 1.4.1995.

575 *Ley Orgánica sobre derechos y libertades de los extranjeros en España y su integración social*, BOE (Boletín Oficial del Estado) núm 10 de 12/01/2000, https://www.boe.es/diario_boe/.

576 Artikel 37 *Ley Orgánica 4/2000.*

577 Artikel 39 *Ley Orgánica 2/2009* vom 11.12.2008.

578 *Gema Serón/Audrey Jolivel/María Serrano Martín de Vidales/José Luis Gázquez,* Coherencias de Políticas Españolas hacia África: Migraciones, Grupo de Estudios Africanos (GEA) de la Universidad Autónoma de Madrid, November 2011, abrufbar unter: http://www.uam.es/otros/gea/Publicaciones.htm.

(2003) Abkommen zur Regulierung der Arbeitsmigration („*acuerdos relativo a la regulación y ordenación de los flujos migratorios laborales*").[579] Diese Standardabkommen mit wichtigen Herkunftsländern verfolgten seinerzeit bereits einen recht umfassenden Regelungsansatz mit dem Ziel, Arbeitsmigration zu regulieren, die Rechte der Arbeitsmigranten sicher zu stellen und irreguläre Migration sowie die daraus entstehende Ausbeutung von Migranten zu verhindern; darüber hinaus enthalten sie Rückübernahmeklauseln. Die Anwerbung im Rahmen der bilateralen Abkommen erfolgt durch die Weitervermittlung von Stellenangeboten durch die spanischen Behörden an die zuständigen Behörden der Vertragsstaaten. Damit die Arbeitnehmer die notwendigen Kriterien erfüllen, werden im Herkunftsland gegebenenfalls vor Ausreise Ausbildungsmaßnahmen durchgeführt. Der Familiennachzug ist vertraglich nicht geregelt. Temporäre Arbeitnehmer müssen sich vorab zur Rückkehr verpflichten und nach ihrer Rückkehr im Herkunftsland beim spanischen Konsulat vorstellig werden. Die Nichteinhaltung dieser Verpflichtung wird bei der Entscheidung über etwaige neue Arbeits- und Aufenthaltsgesuche berücksichtigt. Die Parteien vereinbaren zusätzliche Maßnahmen, um die freiwillige Rückkehr zu erleichtern. Nach dem Regierungswechsel im Jahr 2004 kommt es unter der neuen sozialistischen Regierung zu einer Neuorientierung der spanischen Migrationspolitik. Als Reaktion auf den wachsenden Zustrom von afrikanischen Migranten auf die Kanarischen Inseln sowie den Ereignissen von Ceuta und Melilla beschließt Spanien eine weitere Externalisierung seiner Migrationspolitik, die vier Ziele umfassen soll: die bessere Steuerung der Arbeitsmigration, die Zusammenarbeit mit den Herkunftsländern, um an den tieferen Ursachen von Migration anzusetzen, die Entwicklung einer Integrationspolitik sowie die stärkere Bekämpfung von irregulärer Migration und Menschenhandel. Die Bekämpfung der irregulären Migration soll fortan begleitet werden von einer Erleichterung der Anwerbung von Arbeitsmigranten in den Herkunftsländern, einer aktiven Integrationspolitik sowie der Verstärkung der Entwicklungszusammenarbeit. Damit einher geht auch eine Neuorientierung der spanischen Außenpolitik, die ihren Fokus fortan verstärkt auf Subsahara-Afrika richtet. Die traditionelle außenpolitische Abwesenheit Spaniens in Subsahara-Afrika nimmt damit ein plötzliches Ende.[580] Ab Dezember 2005 finden zahlreiche spanische Besuche auf Ministerebene in

579 Abrufbar unter: http://extranjeros.empleo.gob.es/es/NormativaJurisprudencia/Internacional/ConveniosBilaterales/.

580 *Francisco Oda-Ángel*, España en el África Subsahariana: multilaterismo eficaz. Quórum. Revista de pensamiento iberoamericano, Nr. 19, 2007, S. 87–93, Universität Alcalá, Spanien.

Afrika statt, um die Länder zu einer Zusammenarbeit im Bereich der irregulären Migration zu bewegen und nicht zuletzt zur Vorbereitung der auf Initiative Spaniens stattfindenden ersten Ministerkonferenz über Migration und Entwicklung in Rabat im Juli 2006. Die Neuausrichtung der spanischen Außenpolitik hin zu den Ländern südlich der Sahara findet seinen Niederschlag im „Aktionsplan für Subsahara-Afrika", der im Jahr 2006 von der spanischen Regierung beschlossen wird. Der sogenannte „*Plan* África"[581], der bis heute den politischen Rahmen für die Afrikapolitik Spaniens gegenüber den Ländern Subsahara-Afrikas bildet, soll ein Beitrag zur politischen, wirtschaftlichen und sozialen Entwicklung Afrikas in Einklang mit der Afrika-Strategie der Europäischen Union leisten. Die Neuausrichtung der spanischen Außenpolitik geht einher mit einer enormen Ausweitung der diplomatischen Präsenz Spaniens in Westafrika, die die Bedeutung der neuen Afrikapolitik deutlich macht. So eröffnet Spanien neue Botschaften im Sudan, in Kap Verde, Guinea-Bissau, Niger, Guinea und Mali, damit ein direkter Kontakt zu den Ländern gewährleisten ist. Gleichzeitig steigen die Ausgaben im Bereich der Entwicklungszusammenarbeit innerhalb eines Jahres um ein Dreifaches. Der „*Plan* África" sieht auch die Zusammenarbeit mit den Herkunfts- und Transitländern zur Regulierung der Migrationsströme vor. Die spanische Regierung verstärkt ihre Grenzsicherungs- und Rückführungsmaßnahmen. Auf dem Afrika-EU-Gipfel in Lissabon im Jahr 2007 plädiert Ministerpräsident Zapatero aber auch für eine Erleichterung der legalen Migration.[582] Auf bilateraler Ebene sieht der Afrikaplan Kooperationsvereinbarungen über Migration mit Ländern Subsahara-Afrikas vor. Diese bilateralen Abkommen der zweiten Generation sollen die positiven Entwicklungsfaktoren von Migration in ihren Mittelpunkt stellen und nicht mehr vorrangig auf die Frage der Rückübernahme konzentriert sein, wie dies bei den vorherigen Abkommen der Fall war. Vor diesem Hintergrund verhandelt Spanien in der Folgezeit mit wichtigen afrikanischen Herkunfts- und Transitländern über Rahmenabkommen zur Zusammenarbeit im Bereich Migration („*acuerdo marco de cooperación en materia de inmigración*"), in denen Migrationsfragen umfassend geregelt werden sollen. Diese bilateralen Abkommen der zweiten Generation sind von Spanien bislang ausschließlich mit westafrikanischen Staaten abgeschlossen worden. Die ersten Migrationsabkommen dieser Art unterzeichnete Spanien im Oktober 2006 mit Gambia und

---

581 *Plan África 2006–2008*. Ministerio de Asuntos Exteriores y de Cooperación. Dirección General de Comunicación Exterior, http://www.cucid.ulpgc.es/documentos/planafrica_2006-2008.pdf.

582 *Luis Ayllón/Belén Rodrigo*, « Zapatero propone un pacto entre Europa y África para combatir la inmigración ilegal » Artikel aus: *El Correo Digital* vom 19.12.2007.

Guinea; in 2007 folgte die Unterzeichnung weiterer Abkommen mit Cap Verde und Mali sowie in 2008 mit Guinea Bissau[583] und Niger.[584] Der Regelungsbereich der Migrationsabkommen erstreckt sich auf die Zulassung von Arbeitsmigranten, die freiwillige Rückkehr, Integrationsmaßnahmen, Migration und Entwicklung, Zusammenarbeit im Bereich irreguläre Migration und Menschenhandel sowie Rückübernahme. Im Gegensatz zu den französischen Migrationsabkommen der zweiten Generation handelt es sich bei den meisten spanischen Kooperationsabkommen um Standardvereinbarungen, die nur unerheblich voneinander abweichen.[585] Trotz ihres durchaus konstruktiven Ansatzes liegt der Schwerpunkt der Migrationsvereinbarungen deutlich auf der Bekämpfung der irregulären Migration. Die meisten Vereinbarungen enthalten umfangreiche Rückführungsklauseln, die im Gegensatz zu den Bestimmungen zur Regelung der Arbeitsmigration klar und verbindlich formuliert sind. Hingegen enthalten die Abkommen lediglich einen einzigen Artikel zur Arbeitsmigration, der allgemein gehaltene Absichtserklärungen enthält. So verpflichten sich die Vertragsparteien gegenseitig, die legale Beschäftigung von Staatsangehörigen der anderen Partei zu fördern, soweit die beruflichen Qualifikationen mit den Erfordernissen der Unternehmen und Arbeitgeber in Einklang zu bringen sind. Das Aufnahmeland fördert die Kontakte zwischen den Unternehmen bzw. Arbeitgebern und dem vom Zielland bestimmten Gesprächspartner und leitet die Stellenangebote an diesen weiter. Die legale Beschäftigung erfolgt in Übereinstimmung mit den bestehenden Verfahren sowie den nationalen Gesetzen. Staatsangehörige der afrikanischen Vertragsparteien, die sich nicht in Spanien aufhalten oder dort ihren Wohnsitz haben, können im Rahmen des jährlichen Kontingents für Drittstaatsangehörige, das von der spanischen Regierung bewilligt werden kann, eingestellt werden. Jede Vertragspartei wird ihre Bemühungen zur Erleichterung der Ausstellung von Mehrfach-Visa für besondere Personengruppen (u.a. Führungskräfte, Wissenschaftler, Hochleistungssportler) fortsetzen. Mit Ausnahme von Mali enthalten alle Kooperationsabkommen eine Rückübernahmeklausel in

---

583 Obwohl der kleine westafrikanische Staat Guinea-Bissau lediglich 1,5 Millionen Einwohner zählt, entwickelte er sich in den letzten Jahren zu einem der strategisch wichtigsten Länder der Region, da er als Knotenpunkt der irregulären Migration in Richtung der Kanarischen Inseln sowie des westafrikanischen Drogenhandels über den Atlantik gilt.

584 Sämtliche Vereinbarungen sind abrufbar auf der Website des spanischen Arbeitsministeriums: http://extranjeros.empleo.gob.es/es/NormativaJurisprudencia/Internacional/ConveniosBilaterales/.

585 Dies gilt für Gambia, Guinea, Kap Verde, Mali, Guinea Bissau, Niger.

Bezug auf eigene Staatsangehörige, die sich unrechtmäßig im Staatsgebiet des Vertragspartners aufhalten. Eine Rückübernahme von Drittstaatsangehörigen wird in den Migrationsvereinbarungen ausdrücklich ausgeschlossen. Nicht zustande gekommen ist bislang der Abschluss eines Migrationsabkommens mit Senegal.[586] Das strategische Interesse Spaniens an einer Zusammenarbeit mit Senegal ist groß: es zählt zu den Hauptherkunftsländer afrikanischer Migranten im Land und ist Ausgangspunkt der meisten afrikanischen Bootsmigranten, die die Kanarischen Inseln erreichen. Vor diesem Hintergrund erstaunt es nicht, dass die erste Reise Zapateros nach Subsahara-Afrika im Dezember 2006 nach Senegal führte. Auf dem Treffen wird die Verlängerung der im Rahmen von Frontex seit August 2006 unter Beteiligung von Spanien und Senegal durchgeführten Operation Hera II[587] vereinbart, die Seepatrouillen an der senegalesischen Küste vorsieht. Anlässlich des Staatsbesuchs, mit dem nicht zuletzt das Ziel verfolgt wird, Senegal zum Abschluss eines Rückübernahmeabkommens zu bewegen, hebt der spanische Regierungschef hervor, dass die legalen Migrationskanäle zwischen den beiden Ländern verstärkt werden müssten. Entgegen den Erwartungen seiner Gastgeber macht er jedoch keine konkreten Zusagen dahingehend, ein bestimmtes Kontingent senegalesischer Arbeitsmigranten in Spanien aufzunehmen.[588] Senegal hatte einige Zeit zuvor in die Rückführung von ca. 6000 senegalesische Migranten eingewilligt, welche im Sommer in sogenannten *Cayukos* auf den Kanarischen Inseln angekommen waren; als Ausgleich soll der spanische Außenminister anlässlich seiner Reise nach Senegal im November 2006 nach unbestätigten Angaben des senegalesischen Innenministers die Zulassung von 4000 senegalesischen Arbeitsmigranten innerhalb der nächsten zwei Jahre zugesagt haben.[589] Senegal ist unter diesen Umständen nicht bereit, ein Migrationsabkommen mit Spanien abzuschließen. Dies muss auch vor dem Hintergrund der bevorstehenden Wahlen im Senegal und der massiven Kritik an dem senegalesischen Präsidenten betrachtet werden, die vor allem auf seine Zusammenarbeit

---

586 *Gema Serón/Audrey Jolivel/María Serrano Martín de Vidales/José Luis Gázquez,* Coherencias de Políticas Españolas hacia África: Migraciones, Grupo de Estudios Africanos (GEA) de la Universidad Autónoma de Madrid, November 2011, abrufbar unter: http://www.uam.es/otros/gea/Publicaciones.htm.

587 Vgl. hierzu: http://frontex.europa.eu/operations/archive-of-operations/.

588 *Peru Egurbide,* « Senegal reclama a Zapatero el cupo de emigración legal prometido por Moratinos » Artikel aus : *El País* vom 5.12.2006, abrufbar unter: http://elpais.com/archivo/.

589 „Senegal asegura que enviará a 4.000 trabajadores a España", Artikel aus *El País* vom 10.11.2006, ebenda.

mit Spanien in Bezug auf die Bewältigung der Krise auf den Kanaren und die Rückübernahme senegalesischer Staatsangehöriger gerichtet ist.[590] Bei dem Treffen unterzeichnen die Staatsoberhäupter auf Initiative Senegals aber eine „gemeinsame Erklärung über die Steuerung legaler Migrationsströme“[591] in der sich beide Seiten für eine umfassende, pragmatische und abgestimmte Vorgehensweise aussprechen. Im Hinblick auf die Umsetzung eines zukünftigen Migrationsabkommens, vereinbaren die beiden Länder die Einrichtung eines Zentrums für Migrationssteuerung in Dakar, das drei Funktionen erfüllen soll: die Registrierung und Vorauswahl von potentiellen senegalesischen Arbeitsmigranten, die Ausbildung der Arbeitskräfte in Senegal und die Zusammenstellung der notwendigen Dokumente für die Aufnahme in den spanischen Arbeitsmarkt. Ein Migrationsabkommen zwischen Spanien und Senegal ist bis heute nicht zustande gekommen. Hingegen einigten sich die beiden Länder im November 2007 auf eine nicht rechtsverbindliche Vereinbarung („*memorandum de entendimiento*“) in Bezug auf ein Programm zur Zulassung von insgesamt 2700 Arbeitsmigranten aus Senegal:[592] Im Rahmen dieser Vereinbarung soll der Fischereisektor 2000 Verträge für junge Senegalesen zur Verfügung stellen, die drei Monate lang in Dakar ausgebildet werden und zwei Jahre lang in Spanien arbeiten können; 700 Verträge betreffen die Saisonarbeiter in der Landwirtschaft, insbesondere für die Erdbeerernte, für eine Dauer von vier Monaten. Mit dieser Vereinbarung soll dem Gesuch der senegalesischen Regierung nachgekommen werden. Gleichzeitig wurde in der spanischen Botschaft in Dakar eine Niederlassung der Arbeitsbehörde eröffnet, die die Vertragsschließung im Herkunftsland („contratación en origen“) von Seiten der spanischen Unternehmen unterstützen und erleichtern soll.[593] Zu einem weiteren Kontingent für senegalesische Arbeitsmigranten ist es bislang nicht gekommen. Die Zusammenarbeit im Bereich der irregulären

---

590 « Zapatero visita Senegal para cerrar acuerdos sobre migración », Artikel aus *afrol News* vom 4.12.2006, http://www.afrol.com/es/articles/23110.

591 *Declaración conjunta sobre gestión de flujos migratorios* vom 5.12.2006, Pressekonferenz der Staatsoberhäupter Senegals und Spaniens in Dakar vom 5.12.2006, http://www.lamoncloa.gob.es/presidente/intervenciones/conferenciasdeprensa/prrp20061205.htm.

592 « *El Reto de la Inmigración / Dos formas de llegar* », Artikel aus *El Mundo* vom 10.11.2007, http://medios.mugak.eu/noticias/noticia/120246; *Gema Serón/Audrey Jolivel/María Serrano Martín de Vidales/José Luis Gázquez*, Coherencias de Políticas Españolas hacia África: Migraciones, Grupo de Estudios Africanos (GEA) de la Universidad Autónoma de Madrid, November 2011, S. 76, abrufbar unter: http://www.uam.es/otros/gea/Publicaciones.htm.

593 *El Mundo* vom 10.11.2007, ebenda.

Migration mit Senegal gestaltete sich für Spanien hingegen sehr erfolgreich: Die strikte Überwachung der Seegrenzen seit dem Jahr 2006 führte zu einem erheblichen Rückgang der Bootsankünfte aus Senegal auf die Kanaren. Mit dem Arabischen Frühling kam es jedoch zu einem erneuten Anstieg irregulärer Zuwanderer, der Spanien im März 2012 dazu veranlasst, die EU um finanzielle Unterstützung bei der Bekämpfung der irregulären Zuwanderung aus Afrika zu bitten[594]. Im Februar 2012 überließ Spanien dem senegalesischen Militär das spanische Patrouillenschiff „*Conejera*" zur Überwachung der irregulären Migration und des Drogenhandels im Golf von Guinea. Nachdem die Finanzkrise ab 2008 sehr starke negative Auswirkungen auf die spanische Wirtschaft hatte und den Bauboom beendete, verzeichnete Spanien einen signifikanten Rückgang im Bereich der Zuwanderung ausländischer Arbeitskräfte. Aufgrund der hohen Arbeitslosenrate ist Spanien heute selbst von der Auswanderung junger Fachkräfte und Hochqualifizierter betroffen, die insbesondere von Deutschland angeworben werden. Die Wirtschaftskrise hat auch zu drastischen Kürzungen der Entwicklungshilfe und einer Fokussierung der Außenpolitik auf Europa geführt.[595]

E. Zusammenfassende Betrachtung

Das vorliegende Kapitel hat deutlich gemacht, dass zwischen dem auf einen ganzheitlichen Ansatz ausgerichteten Konzept der Mobilitätspartnerschaften und seiner Umsetzung eine große Lücke klafft. Insbesondere ist es der Europäischen Union bislang nicht gelungen, den Bereich der legalen Migration, der einen Schwerpunktbereich der Mobilitätspartnerschaft darstellen soll, ausreichend in ihr Konzept zu integrieren. So kann zwar von einer zunehmenden Externalisierung der EU-Migrationspolitik gesprochen werden. Eine Externalisierung der europäischen Arbeitsmigrationspolitik hat hingegen nicht stattgefunden. Vielmehr beschränkt sich die externe Dimension der europäischen Migrationspolitik weitestgehend auf Maßnahmen restriktiver Natur. Dies ist sowohl auf rechtliche als auch auf politische Faktoren zurückzuführen. Da die Europäische Union mangels eigener Zuständigkeiten selbst nicht zum Abschluss von Arbeitsmigrationsabkommen mit Drittstaaten befugt ist, ist sie auf die Bereitschaft der Mitgliedstaaten angewiesen, entsprechende bilaterale Vereinbarungen mit den

---

594 „*Interior pide a la EU que mantenga el dinero para mantener el control de pateras*", Artikel aus *El Día*, vom 9.3.2012, http://www.eldia.es/2012-03-09/canarias/13-Interior-pide-UE-mantenga-dinero-control-pateras.htm.

595 *Susanne Gratius*, Außenpolitik im Eigeninteresse : Die neue spanische Lateinamerikapolitik, SWP-Aktuell 4, Januar 2014.

Drittstaaten im Rahmen von Mobilitätspartnerschaften zu treffen. Damit entzieht sich aber sowohl die Aushandlung als auch der Abschluss von Arbeitsmigrationsabkommen dem direkten Einfluss der Union. Ob und inwieweit es der Europäischen Union gelingt, ihre Zusammenarbeit mit den afrikanischen Drittstaaten gleichermaßen auf alle drei Hauptpfeiler des Gesamtansatzes zu stützen, hängt mithin in starkem Maße von dem Interesse der Mitgliedsländer ab, entsprechende Arbeitsmigrationsprogramme in die Mobilitätspartnerschaft einzubringen. Hierbei stellt sich automatisch die Frage, welchen Mehrwert eine im Rahmen einer Mobilitätspartnerschaft integrierte Migrationsvereinbarung für die europäischen und afrikanischen Verhandlungspartner hat.[596] Denn welche Gründe sollten für eine Europäisierung sprechen, wenn die Zusammenarbeit auf bilateraler Ebene erfolgreicher und unkomplizierter ist? Zu bedenken ist, dass die Einbeziehung der Arbeitsmigration in den EU-Gesamtansatz auf der strategischen Erwägung gründet, relevanten Drittstaaten einen Anreiz für die Zusammenarbeit bei der Eindämmung der irregulären Migration zu bieten. So sollen von den Mitgliedstaaten bei Bedarf Kontingente für – temporäre – Arbeitsmigranten in bestimmten Sektoren festlegt und der Kommission zur Unterstützung bei den Verhandlungen über den Abschluss von Rückübernahmeabkommen mit Drittstaaten übermittelt werden. Diese in der deutsch-französischen Initiative ausgesprochenen Erwägungen gelten bis heute als Grundlage für die Aufnahme von Gespräche über eine Mobilitätspartnerschaft. Der Mehrwert des europäischen Verhandlungspartners läge in diesem Fall im Zustandekommen eines EU-Rückübernahmeabkommens mit Bestimmungen zur Rückübernahme von Nicht-Staatsangehörigen. Dies setzt zum einen voraus, dass es sich auf afrikanischer Seite (auch) um ein Transitland irregulärer Migranten handelt, da eine solche erweiterte Rückübernahmeverpflichtung für den Mitgliedstaat anderenfalls nicht von besonderem Interesse ist. Zum anderen ist aber fraglich, ob ein solches EU-Rückübernahmeabkommen überhaupt zustande kommt, da das Konzept der Rückübernahme in der afrikanischen Öffentlichkeit und den Medien auf keinerlei Akzeptanz stößt.[597] Die gescheiterten Verhandlungen mit Senegal

596 Vgl. *Chou, M. and Gibert M.*, The EU-Senegal mobility partnership: from launch to suspension and negotiation failure, Journal of Contemporary European Research, Volume 8, Issue 4 (2012), S. 408–427, www.jcer.net, die im Fall von Frankreich kein Interesse an einer Europäisierung ihrer Afrikapolitik erkennen können; solange diese auf bilateraler Ebene erfolgreich ist und nicht im Einzelfall die politische Legitimität der EU oder finanzielle Unterstützung benötigt wird.

597 Meeting of Experts on Legal Migration, Rabat, 3./4.3.2008, http://www.processusderabat.net/web/index.php/news-and-events/meeting-of-experts-on-legal-migration.

haben gezeigt, auf welche Schwierigkeiten die Europäische Union bei der Umsetzung ihres Konzepts stößt. Dies gilt insbesondere dann, wenn bilaterale Migrationsvereinbarungen wie mit Frankreich bereits im Vorfeld der Verhandlungen über eine Mobilitätspartnerschaft bestanden haben. Die Verhandlungsschwäche der Union gegenüber den Drittstaaten kann somit einerseits in ihrer fehlenden Regelungskompetenz im Bereich der Arbeitsmigration gesehen werden und andererseits in ihrer strikten Sine qua non-Politik, die von den Mitgliedstaaten mitgetragen wird. Durch den neuen Gesamtansatz für Migration und Mobilität (GAMM), der zu einer Erweiterung des Gesamtansatzes auf den Bereich der Visapolitik geführt hat, hat die Europäische Union ihre Verhandlungsmacht gegenüber den Drittstaaten erheblich gestärkt. Allerdings ist nicht davon auszugehen, dass die Europäische Union den Ländern Westafrikas Visaabkommen anbieten wird. Parallel zu den Bemühungen auf europäischer Ebene hat sich außerdem eine neue Generation bilateraler Migrationsabkommen entwickelt, die mit afrikanischen Staaten nach den Grundsätzen des EU-Gesamtansatzes abgeschlossen werden und umfassende Regelungen im Bereich Migration unter Einbeziehung der Arbeitsmigration enthalten sollen. Da sich die Europäische Union im Einklang mit dem neuen Gesamtansatz für Migration und Mobilität (GAMM) verstärkt den Länder Nordafrikas zuwendet, könnte die Bedeutung bilateraler Migrationsabkommen zweiter Generation insbesondere für die Länder Subsahara-Afrikas zunehmen.

Kapitel VI: Zirkuläre Migration: politisches Konzept und rechtlicher Rahmen

A. Das EU-Konzept der zirkulären Migration

1. Die unterschiedlichen Zielrichtungen des Konzepts

a) Entwicklungspolitischer Ansatz

Zirkuläre und temporäre Migrationsformen stellen als solche kein neues Phänomen dar. Sie basieren auf transnationalen Netzwerken, die von einer stetig wachsenden Zahl internationaler Migranten genutzt werden.[598] Das neue politische Interesse an zirkulärer Migration wird teilweise als Anerkennung dieser transnationalen Praktiken betrachtet.[599] In den letzten Jahren hat eine breite Diskussion über zirkuläre Migration stattgefunden.[600] Beachtung wurde dabei insbesondere den Zusammenhängen zwischen zirkulärer Migration und Entwicklung geschenkt.[601] Zugrunde liegt dem EU-Konzept der zirkulären Migration ein entwicklungspolitischer Ansatz. Die Diskussion über die Zusammenhänge zwischen zirkulärer Migration und Entwicklung wurde im Jahr 2005 durch die von den Vereinten Nationen eingerichtete *Global Commission*

598 Bericht der Weltkommission für Internationale Migration (GCIM), Migration in einer interdependenten Welt: Neue Handlungsprinzipien, Global Commission on International Migration, 2005; *Steven Vertovec*, Circular Migration: the way forward in global policy? IMI, International Migration Institute, University of Oxford, Working Paper 4, 2007, S. 3.

599 *Steven Vertovec*, ebenda.

600 Vgl. etwa *Bernd Parusel/Jan Schneider*, Zirkuläre Migration, ZAR 8/2011, S. 247–253; *Theodor Rathgeber/Tim Schröder*, Zirkuläre Migration – Ansätze zur Regelung durch die Europäische Union, Positionspapier, Forum Menschenrechte, 2008; *Petra. Follmar-Otto*, Temporäre Arbeitsmigration in die Europäische Union, Menschenrechtliche Anforderungen, Deutsches Institut für Menschenrechte, Policy Paper No. 7, April 2007; *Steffen Angenendt*, Zirkuläre Migration: Ein tragfähiges migrationspolitisches Konzept? SWP-Aktuell 27, April 2007; *Steven Vertovec, ebenda.*

601 Vgl. etwa *Steffen Angenendt,* Migration, Mobilität und Entwicklung: EU-Mobilitätspartnerschaften als Instrument der Entwicklungszusammenarbeit, SWP-Studie, November 2012; *Andreas Fisch*, Zirkuläre Arbeitsmigration und entwicklungspolitische Ansprüche, Hohenheimer Tage zum Ausländerrecht 2009, S. 79–96; *Frithjof Zerger*, Migrationssteuerung und Entwicklungseffekte durch zirkuläre Migration? ZAR 1/2008, S. 1–5.

on International Migration angestoßen.[602] Diese weist in ihrem viel beachteten Schlussbericht auf die Chancen hin, die temporäre und zirkuläre Migration für die Entwicklungsländer haben könnte. Die *Global Commission* betrachtet die althergebrachte Vorstellung von einer notwendig dauerhaften Niederlassung der Migranten als nicht mehr zeitgemäß. Sie argumentiert, dass die ausschließliche Hinwendung der entwicklungspolitischen Forschung auf die den Entwicklungsländern durch Migration entstehenden Nachteile zu einseitig und veraltet seien. Denn dieser Ansatz impliziere, dass ein Migrant, der sein Heimatland verlässt, nie wieder dorthin zurückkehrt. Aus diesem Grund empfiehlt sie zeitlich befristete Migrationsprogramme, die die positiven Auswirkungen von Rückkehr und zirkulärer Migration auf die Entwicklung des Heimatlandes maximieren sollen.[603] Sie spricht sich dafür aus, dass die Zielländer zwecks Förderung der zirkulären Migration Systeme und Mechanismen entwickeln sollten, die es den Migranten ermöglichen, relativ einfach zwischen ihren Herkunfts- und dem Zielland hin- und herzureisen.[604] Dabei geht die UN-Weltkommission von einem veränderten Muster der internationalen Migration aus, das auch in einer Zunahme temporärer und zirkulärer Migrationsformen zum Ausdruck kommt. Diese Zunahme menschlicher Mobilität müsse positiv ausgeschöpft werden, denn die Migranten könnten die Fähigkeiten und Ressourcen, die sie während ihres Aufenthalts und durch ihre Arbeit im Ausland erworben haben, mit ihren Herkunftsgesellschaften teilen („*Brain-Circulation*"). Eine Diskussion über Migration und Entwicklung findet auch innerhalb der Internationalen Organisation für Migration sowie der Weltbank statt. Beide Institutionen sprechen sich in diesem Zusammenhang für die entwicklungspolitischen Vorteile von zirkulärer Migration für die Herkunftsländer aus.[605] Die Europäische Kommission greift die Diskussion über zirkuläre Migration noch im selben Jahr auf. In ihrer

---

602 Bericht der Weltkommission für Internationale Migration (GCIM), Migration in einer interdependenten Welt: Neue Handlungsprinzipien, Global Commission on International Migration, 2005.

603 *Global Commission on International Migration (GCIM)*, Migration in einer interdependenten Welt. Neue Handlungsprinzipien. Bericht der Weltkommission für Internationale Migration, Berlin 2005, S. 79 f.

604 Ebenda, S. 31.

605 World Bank, Global Economic Prospects 2006: Economic Implications of Remittances and Migration, abrufbar unter http://www.worldbank.org/reference/; International Organization for Migration (IOM), World Migration Report 2005: Costs and Benefits of International Migration, abrufbar unter http://publications.iom.int/bookstore/index.php?main_page=index&language=en.

Mitteilung zu Migration und Entwicklung[606] vom September 2005 findet der Begriff der ‚zirkulären Migration' erstmals Eingang in die migrationspolitische Debatte auf EU-Ebene. Die Kommission spricht sich dafür aus, zirkuläre Migration aus Entwicklungsländern in die Europäische Union zu fördern. Der Transfer von Fertigkeiten könne zur Entwicklung der Herkunftsländer beitragen und gleichzeitig die negativen Folgen des Brain-Drain begrenzen.[607] Die Kommission befürwortet die Erleichterung von zirkulärer Migration deshalb auch im Rahmen der neuen EU-Strategie zur Bekämpfung des akuten Fachkräftemangels im Gesundheitswesen der Entwicklungsländer.[608] In ihrer Mitteilung „Von Kairo nach Lissabon – die strategische Partnerschaft zwischen der EU und Afrika" spricht sich die Kommission auch im Rahmen einer EU-Afrika-Partnerschaft über Migration, Mobilität und Beschäftigung dafür aus, Möglichkeiten zur Erleichterung der zirkulären Migration zu überprüfen.[609]

b) Arbeitsmarktpolitischer Ansatz

Neben entwicklungspolitischen Aspekten wird die Förderung von zirkulärer Migration aber auch aus arbeitsmarktpolitischer Perspektive befürwortet. Die Kommission spricht sich in ihrem Strategischen Plan zur legalen Zuwanderung ausdrücklich für die Erleichterung von zirkulärer Migration zur Deckung der Nachfrage auf dem europäischen Arbeitsmarkt aus. So sollten im Bereich der Arbeitsmigration mehr Anreize für zirkuläre Migration geschaffen werden, da dies auch zur Entwicklung der EU-Strategie im Bereich der Wirtschaftsmigration beitragen könne.[610] Die Kommission hält es deshalb für notwendig, Bestimmungen über eine gesteuerte befristete und zirkuläre Migration in einige der spezifischen Rechtsakte aufzunehmen. In diesem Zusammenhang betrachtet sie insbesondere die Förderung der zirkulären Migration durch die Einführung einer mehrjährigen Aufenthalts- bzw. Arbeitsgenehmigung für saisonal

606 Mitteilung der Kommission über Migration und Entwicklung: Konkrete Leitlinien, KOM (2005) 390 vom 1.9.2005.

607 Ebenda, S. 7 f.

608 KOM (2005) 642 vom 12.1.2005.

609 Mitteilung der Kommission vom 27.6.2007, „Von Kairo nach Lissabon – Die Strategische Partnerschaft zwischen der EU und Afrika, KOM (2007) 357.

610 KOM (2005) 669 vom 21.12.2005, S. 12. Vgl. auch die Mitteilung „Konsolidierung des Gesamtansatzes zur Migrationsfrage: Für mehr Koordinierung, Kohärenz und Synergie" vom 8.10.2008, KOM(2008) 611, in der sich die Kommission nochmals dafür ausspricht, im Bereich der Wirtschaftsmigration mehr Anreize für zirkuläre Migration zu schaffen.

beschäftigte Migranten durch die geplante Saisonarbeiter-Richtlinie für notwendig. Darüber hinaus sollten Elemente zirkulärer Migration in die Richtlinie für Hochqualifizierte aufgenommen werden. Die Kommission rückt damit von ihren früheren Vorbehalten gegen zirkuläre Migration ab. So hatte sie in ihrer Mitteilung über Einwanderung, Integration und Beschäftigung[611] im Jahr 2003 noch argumentiert, dass die von den einzelnen Mitgliedstaaten oftmals favorisierte zeitlich begrenzte oder saisonale Einwanderung in vielen Fällen nicht realistisch sei, da die Erfahrungen der letzten Jahren gezeigt hätten, dass es äußerst schwierig sei, eine auf Zeit angelegte Zuwanderung umzusetzen. Zudem würde es gegebenenfalls etwas Zeit brauchen, bis sich die Zuwanderer integriert hätten und einen Beitrag zum Arbeitsmarkt leisten könnten. Darüber hinaus könnten die für die kommenden Jahre erwarteten demografischen Verwerfungen weitgehend nur über eine unbefristete Zuwanderung ausgeglichen werden. Zweifel an den arbeitsmarktpolitischen Vorteilen der zirkulären Migration wurden auch von der OECD vorgebracht.[612]

c) Sicherheitspolitischer Ansatz

Die Förderung zirkulärer Migration wird im Oktober 2006 schließlich auch von den damaligen Innenministern Schäuble und Sarkozy befürwortet. Vor dem Hintergrund der irregulären Migration aus Afrika bringen sie in ihrer gemeinsamen „deutsch-französischen Initiative für eine neue europäische Migrationspolitik“[613] zirkuläre Migration als strategisches Instrument im Rahmen der Zusammenarbeit mit den Herkunftsstaaten ein. Die Justiz- und Innenminister einigen sich auf ihrem informellen Treffen im Grundsatz darauf, das Konzept als neuen Weg europäischer Migrationspolitik in den bestehenden Gesamtansatz zur Migrationsfrage zu integrieren. Als Grundvoraussetzung zur Umsetzung des Konzepts müsse jedoch die Rückkehr der zugelassenen Migranten unbedingt durch verlässliche und effektive Kooperation der Transit- und Herkunftsländer sichergestellt sein; so könne erst der Abschluss effektiver Rückübernahmeabkommen die Tür für die Nutzung der Chancen befristeter Migration in die Europäische

---

611 KOM (2003) 336, S. 16.

612 OECD, International Migration Outlook 2009: The Issue of Temporary versus Permanent Migration, S. 155–161.

613 Deutsch-französische Initiative vom 26.10.2006, http://www.proasyl.de/fileadmin/proasyl/fm_redakteure/Newsletter_Anhaenge/117/franz_ini.pdf

Union öffnen.[614] Die Erleichterung von zirkulärer und temporärer Arbeitsmigration könne als Anreiz dienen, um relevante afrikanischen Herkunfts- und Transitländer zum Abschluss von Rückübernahmeabkommen zu bewegen.[615] Hingegen halten die Innenminister eine dauerhafte Zuwanderung im Rahmen solcher Abkommen für grundsätzlich nicht erwünscht. Die beiden Innenminister schlagen zu diesem Zweck temporäre Zuwanderungsquoten für Drittstaatsangehörige vor. Hierbei sollen die Mitgliedstaaten, die einen entsprechenden Bedarf an Arbeitsmigranten haben, auf freiwilliger Basis sowohl die Anzahl als auch die berufliche Qualifikation der Migranten festlegen. Diese Zuwanderungsquoten sollen sodann von der Kommission zur Unterstützung bei den Verhandlungen mit Drittstaaten über Rückübernahmeabkommen oder sonstige Zusammenarbeit im Bereich der Bekämpfung der irregulären Migration, eingesetzt werden. Die Überlegungen der deutsch-französischen Initiative, zirkuläre und temporäre Migration in die Politik der Union im Bereich der Außenbeziehungen einzugliedern, werden vom Europäischen Rat befürwortet.[616] Auf dieser Grundlage schlägt die Kommission vor, eine Reihe von Drittländern, die an der Förderung der zirkulären Migration, möglicherweise als Bestandteil der Mobilitätspartnerschaften, interessiert sein könnten, zu konsultieren. Im Gegenzug dazu müssten sich die die Partnerländer zur Zusammenarbeit bei der Bekämpfung der irregulären Migration und des Menschenhandels verpflichten und garantieren, dass ihre an zirkulären Migrationsprogrammen teilnehmenden Staatsangehörigen nach Auslaufen oder Beendigung ihres Vertrags in ihr Heimatland zurückkehren können und zugelassen werden. Zusätzlich zu den Strategien auf EU-Ebene könnten bilaterale Abkommen zwischen Drittländern und interessierten EU-Mitgliedstaaten ein nützliches Mittel zur Förderung und Erleichterung der zirkulären Migration sein.[617]

---

614 *Wolfgang Schäuble*, „Neue Wege der europäischen Migrationspolitik", Rede im Rahmen der IOM-Konferenz „Migration und Entwicklung: Chancen. Gemeinsam. Nutzen" vom 31.1.2007, http://www.bmi.bund.de/cln_174/SharedDocs/Reden/DE/2007/01/bm_migration.html.

615 Deutsch-französische Initiative für eine neue europäische Migrationspolitik vom 26.10.2006, http://www.proasyl.de/fileadmin/proasyl/fm_redakteure/Newsletter_Anhaenge/117/franz_ini.pdf

616 Schlussfolgerungen des Europäischen Rates vom 14./15.12.2006, Ratsdokument 16879/1/06 REV1, S. 9.

617 Mitteilung der Kommission über Zirkuläre Migration und Mobilitätspartnerschaften zwischen der Europäischen Union und Drittstaaten, KOM (2007) 248 vom 15.5.2007.

d) *Zirkuläre Migration als Triple-Win-Situation*

Die Europäische Union betrachtet das Konzept der zirkulären Migration als ein Instrument zur Umsetzung des Gesamtansatzes zur Migrationsfrage. So sollen im Rahmen von Mobilitätspartnerschaften Programme zirkulärer Migration die Arbeitsmigration zwischen den Vertragsstaaten fördern und erleichtern. In ihrer grundlegenden Mitteilung über zirkuläre Migration und Mobilitätspartnerschaften spricht die Kommission erstmals von einem „Konzept" der zirkulären Migration. Vor dem Hintergrund sich global verändernder Migrationsmuster – so die Kommission – werde zirkuläre Migration als wichtige Wanderungsform zunehmend anerkannt und könne Angebot und Nachfrage nach Arbeitskräften weltweit in Übereinstimmung bringen.[618] So könne zirkuläre Migration einerseits dazu beitragen, den Arbeitsmarktbedarf der EU-Mitgliedstaaten zu decken, die Vorteile der Migration für die Herkunftsländer zu optimieren und die negativen Auswirkungen einzudämmen sowie irreguläre Migration zu reduzieren. Ziel sei es, eine Win-Win-Situation für die Herkunfts- und Bestimmungsländer wie auch für die Migranten selbst herzustellen.[619] Das Konzept der zirkulären Migration findet in 2008 schließlich Eingang im Europäischen Pakt zu Einwanderung und Asyl. Die Staats- und Regierungschefs erklären das Konzept der zirkulären Migration als eines der bevorzugten Instrumente des Gesamtansatzes, dessen Umsetzung im Rahmen von Mobilitätspartnerschaften beschleunigt werden müsse.[620] Hingegen lässt das Stockholmer Programm[621] das Konzept der zirkulären Migration im Rahmen des Gesamtansatzes zur Migrationsfrage unerwähnt, greift es aber im Bereich „Migration und Entwicklung" auf. So wird die Kommission aufgefordert zu überprüfen, auf welche Weise das Konzept der zirkulären Migration weiterverfolgt werden könnte und wie einschlägige Politikbereiche eine Beitrag zu den Voraussetzungen für verstärkte temporäre und

---

618 KOM (2007) 248.

619 Vgl. etwa *Wolfgang Schäuble*, „Neue Wege der europäischen Migrationspolitik", Rede im Rahmen der IOM-Konferenz „Migration und Entwicklung: Chancen. Gemeinsam. Nutzen" vom 31.1.2007: „Die heute angedachten Konzepte zirkulärer Migration stellen vielmehr den Versuch dar, die möglichen positiven Effekte von Migration zu nutzen und einen dreiseitigen Gewinn daraus zu ziehen: für die Migranten selbst, für die Herkunftsstaaten, für die Zielstaaten", http://www.bmi.bund.de/cln_174/SharedDocs/Reden/DE/2007/01/bm_migration.html.

620 Europäischer Pakte zu Einwanderung und Asyl vom 24.10.2008, Ratsdokument 13440/08.

621 Stockholmer Programm: Ein offenes und sicheres Europa im Dienste und zum Schutz der Bürger. ABl. EU C 115 vom 4.5.2010.

zirkuläre Mobilität leisten könnten.[622] Die Kommission spricht sich im Jahr 2013 in ihrer Mitteilung über die Zusammenhänge zwischen Migration und Entwicklung erneut dafür aus, zirkuläre Migration zu erleichtern mit dem Ziel, die wirtschaftliche und soziale Entwicklung sowohl im Herkunfts- als auch im Zielland zu unterstützen.[623]

2. Definitionen und Modelle zirkulärer Migration

a) Zirkuläre Migration in der migrationswissenschaftlichen und entwicklungspolitischen Diskussion

In der Migrationswissenschaft findet sich eine große Bandbreite an Begriffserklärungen. Nach einer sehr weiten Definition kann zirkuläre Migration sowohl dauerhafter als auch temporärer Natur sein. Maßgeblich ist, dass es irgendwann – und mag dies erst in der nächsten Generation sein – zu einer Rückkehr kommt.[624] Mehrheitlich wird jedoch eine engere Auffassung vertreten. Danach setzt zirkuläre Migration zum einen voraus, dass der Aufenthalt temporär ist und zum anderen dass der Faktor der Repetition, also der Mehrfacheinreise gegeben ist.[625] Dabei soll während der gesamten Dauer des Aufenthalts eine freie Zirkularität gewährleistet sein, so dass die Migranten sich in uneingeschränkter Form zwischen Herkunfts- und Aufnahmeland frei bewegen können.[626] Auch in der entwicklungspolitischen Diskussion wird mehr auf die wiederholte Aus- und Einreise abgestellt, als auf die Dauer des Aufenthalts. So definiert die Internationale Organisation für Migration zirkuläre Migration als die fließende Bewegung von Menschen zwischen verschiedenen Ländern, wobei die Migration sowohl

622 Aktionsprogramm zur Umsetzung des Stockholmer Programms vom 20.4.2010, KOM (2010) 171.

623 Mitteilung der Kommission vom 21.5.2013: „Den Beitrag der Migration zur Entwicklung optimieren, KOM (2013) 292, S. 13.

624 Siehe *Dovelyn Rannveig Agunias/Kathleen Newland,* Circular Migration and Development: Trends, Policy Routes and Ways Forward, Migration Policy Institute (mpi), Policy Brief April 2007, S. 3 f., http://www.migrationpolicy.org/.

625 *So etwa Jean-Pierre Cassarino,* Patterns of Circular Migration in the Euro-Mediterranean Area: Implications for Policy-Making, 2008, S. 6 sowie *Peter Fargues, Peter,* Circular Migration: Is it relevant for the South and East of the Mediterranean? 2008, S. 2, Robert Schuman Centre for Advanced StudieS. Die Veröffentlichungen sind Teil einer Serie von Arbeitspapieren über zirkuläre Migration, die im Rahmen des von der EU geförderten CARIM Projekts verfasst wurden, sämtliche Papiere sind abrufbar unter http://www.carim.org/circularmigration.

626 Ebenda.

temporärer als auch dauerhafterer Natur sein kann.[627] Der Faktor der Temporarität wiederum wird von der OECD vorausgesetzt, die unter zirkulärer Migration die „wiederholte temporäre Wanderung zwischen Herkunfts- und Zielland" versteht.[628] Zu unterscheiden sind darüber hinaus die spontane zirkuläre Migration, die unabhängig von einer gezielten Politik oder Strategie stattfindet, sowie die gesteuerte, gezielte zirkuläre Migration, die das Ergebnis des politischen Willens der Vertragspartner ist.[629] Im Ergebnis lässt sich festhalten, dass in der internationalen Migrationsdebatte zwar keine einheitliche Definition für zirkuläre Migration verwendet wird, das Element der mehrfachen Ein- und Ausreise, also der Wiederkehroption jedoch nahezu unumstritten ist. Darüber hinaus wird in der Migrationswissenschaft häufig die freie Mobilität zwischen Herkunfts- und Zielland vorausgesetzt. Migrationspolitische Lenkungsgesichtspunkte stehen in der migrationswissenschaftlichen Diskussion nicht im Vordergrund, da zirkuläre Migration als soziales Phänomen als solches betrachtet wird. Insbesondere sollen Regelungen zur zirkulären Migration nicht den Zweck verfolgen, dauerhafte Migration zu unterbinden. Ohnehin geht der Ansatz davon aus, dass die Rückkehr grundsätzlich freiwillig erfolgt.

b) Definitionen und Modelle des EU-Konzepts

Die Förderung zirkulärer Migration ist in den letzten Jahren zu einem festen Bestandteil des migrationspolitischen Konzepts der Europäischen Union geworden, mögen damit auch unterschiedliche politische Zielsetzungen verbunden sein. Was aber genau ist im Rahmen des EU-Konzepts unter zirkulärer Migration zu verstehen? Erstmals Erwähnung in den EU-Dokumenten findet der Begriff der zirkulären Migration in der Kommissionsmitteilung über Migration und Entwicklung aus dem Jahr 2005, in der die Kommission drei Modelle organisierter zirkulärer Migration vorstellt, die – auch parallel – in Betracht gezogen werden könnten:[630] Das erste Modell baut auf das in mehreren Mitgliedstaaten bereits

627 IOM, Key Migration Terms, https://www.iom.int/cms/about-migration: "*the fluid movement of people between countries, including temporary or more permanent movement*".

628 OECD, International Migration Outlook 2009, S. 156.

629 Meeting of Experts on Legal Migration, Rabat, 3./4.3.2008, http://www.processusderabat.net/web/index.php/news-and-events/meeting-of-experts-on-legal-migration.

630 Mitteilung "Migration und Entwicklung: Konkrete Leitlinien" vom 1.9.2005, KOM (2005) 390, Annex 5: Initiatives and Recommendations for Fostering Circular Migration and Brain Circulation: "circular migration, in which migrants tend to go back and forth between the source country and the destination country". Die Kommission

angewandte Instrument der befristeten Migration auf und soll den Bedarf nach geringqualifizierten Arbeitskräften decken. Zirkuläre Migration soll dadurch entstehen, dass Arbeitnehmern, die nach Ablauf ihrer befristeten Beschäftigung wieder in ihr Herkunftsland zurückkehren, Vorrang bei der Aufnahme einer weiteren befristeten Beschäftigung eingeräumt wird. Das zweite Modell zirkulärer Migration sieht vor, rückkehrwilligen Drittstaatsangehörigen vorübergehend ein Mehrfach-Visum bzw. ein befristetes Aufenthaltsrecht zu erteilen, damit sie nach erfolgter Rückkehr ins Herkunftsland erneut in das Aufnahmeland einzureisen können. Da dieses Modell der zirkulären Migration einen Anreiz zur freiwilligen Rückkehr schaffen soll, sollen auch irreguläre Migranten nicht von einer solchen Regelung ausgenommen werden. Ein drittes Modell sieht schließlich die zirkuläre Migration von in der EU ansässigen Drittstaatsangehörigen vor. Ihnen soll die Möglichkeit der vorübergehenden Rückkehr ermöglicht werden, ohne dass sie um ihr Aufenthaltsrecht im Aufnahmeland fürchten müssen. In ihrer Mitteilung über zirkuläre Migration und Mobilitätspartnerschaften weist die Kommission darauf hin, dass dem Konzept zunächst eine gemeinsame Definition von zirkulärer Migration zugrunde gelegt werden müsse.[631] Dabei versteht die Kommission unter zirkulärer Migration

> *„eine Form der Migration, die so gesteuert wird, dass sie einen gewissen Grad an legaler Mobilität (hin und zurück) zwischen zwei Ländern zulässt“.*[632]

Die Kommission hält nunmehr insbesondere folgende Modelle zirkulärer Migration für relevant: Zum einen könnte in der EU ansässigen Drittstaatsangehörigen unter Beibehaltung ihres Hauptwohnsitzes in einem Mitgliedstaat die Möglichkeit zur Ausübung einer Tätigkeit in ihrem Herkunftsland geboten werden. Zum anderen kommt zirkuläre Migration von in einem Drittstaat ansässigen Personen in Betracht, denen die Möglichkeit geboten wird, für einen befristeten Zeitraum zu Arbeitszwecken (z.B. als saisonale Arbeitskraft, Forscher, Studierender nach Abschluss des Studiums) in die EU einzureisen und sich dort aufzuhalten, sofern sie nach Ablauf der ihnen gewährten Genehmigung ihren Hauptwohnsitz und ihre Haupttätigkeit in ihr Herkunftsland zurück verlegen.[633] Darüber hinaus könnte zirkuläre Migration gefördert werden, indem Rückkehrern die

---

stellt in diesem Zusammenhang zirkuläre Migration sowie alternativ Rückkehrmigration (“*return migration*”) als zwei Möglichkeiten dar, die entwicklungspolitisch dem Brain-Drain beitragen entgegenwirken können.

631 KOM (2007) 248 vom 16.5.2007, S. 9.

632 Ebenda.

633 Ebenda, S. 9 f.

Möglichkeit einer privilegierten Mobilität gewährt wird (z.B. in Form von vereinfachten Zulassungsverfahren und Verfahren für eine mehrfache Einreise). Eine der wichtigsten Voraussetzungen sei jedoch, dass die Migranten nach Ablauf ihrer Aufenthaltsgenehmigung in ihr Heimatland zurückkehrten; eine „echte zirkuläre Migration" müsse deshalb auf jeden Fall die tatsächliche Rückkehr der Migranten gewährleisten.[634] Der Rat befürwortet die von der Kommission vorgestellten Modelle zirkulärer Migration und spricht sich dafür aus, einen angemessenen Rechtsrahmen zur Förderung der zirkulären Migration zu finden.[635] Er betont jedoch, dass die Rückkehr ein „zentrales Element" des Konzepts der zirkulären Migration darstellen müsse. Der Rat definiert zirkuläre Migration als

> *„eine befristete legale Migration zwischen einem oder mehr Mitgliedstaaten und bestimmten Drittstaaten, sei es von Drittstaatsangehörigen, die eine legale Beschäftigung in der EU aufnehmen oder von legal in der EU ansässigen Personen, die in ihr Herkunftsland gehen."*[636]

Er verzichtet in seiner Definition nunmehr gänzlich auf die ausdrückliche Benennung des Elements der Mehrfachreise als Voraussetzung für zirkuläre Migration und spricht nur noch von „befristeter Migration". Allenfalls das Wort „zwischen" könnte im Sinne einer gewissen Mobilität zwischen Herkunfts- und Zielland ausgelegt werden. Hingegen wird im Glossar der Fachbegriffe der im Juli 2010 neu gegründeten Generaldirektion „Inneres" der Europäischen Kommission weiterhin auf die Definition der Kommission aus dem Jahr 2007 zurückgegriffen („*a form of migration that is managed in a way allowing some degree of legal mobility back and forth between two countries*").[637] Der Europäischen Union ist es somit nach wie vor nicht gelungen, eine einheitliche Definition für ihr Konzept der zirkulären Migration zu finden. Insbesondere bleibt unklar, welche Rolle das Element der Mobilität, also der Möglichkeit der mehrfachen Hin- und Herreise spielen soll. Ein Unterschied zur befristeten Migration ohne Wiederkehroption ist damit kaum mehr ersichtlich. Aufgrund der oben beschriebenen Unklarheiten erfreut sich der Begriff der zirkulären Migration in der migrationspolitischen Diskussion letztendlich einer gewissen Beliebigkeit.[638]

---

634 Ebenda, S. 13.

635 Schlussfolgerungen des Rates vom 10.12.2007, "Globaler Ansatz in der Migrationsfrage – Zirkuläre Migration", S. 24–27.

636 Ebenda.

637 http://ec.europa.eu/dgs/home-affairs/e-library/glossary/index_c_en.htm (Stand: 10.4.2014).

638 *Steffen Angenendt*, Zirkuläre Migration. Ein tragfähiges migrationspolitisches Konzept? SWP-Aktuell 27, April 2007, S. 2 f.

3. Die Förderung zirkulärer Migration durch das Sekundärrecht

a) Die Saisonarbeitnehmerrichtlinie

Die Kommission hat mehrfach angekündigt, Bestimmungen über eine gesteuerte befristete und zirkuläre Migration in die spezifischen Rechtsakte der Europäischen Union aufzunehmen.[639] Im Folgenden soll untersucht werden, inwieweit die Union dieses Vorhaben bislang umgesetzt hat. Maßnahmen zur Erleichterung der zirkulären Migration wurden insbesondere im Rahmen der Richtlinie für Saisonarbeitnehmer[640] angekündigt. Die Richtlinie wurde nunmehr mit erheblichen Verzögerungen im Februar 2014 erlassen. Die Kommission hatte in ihrem Richtlinienvorschlag unter der Überschrift „Erleichterung der Wiedereinreise" folgende Regelung in Bezug auf die Förderung von zirkulärer Migration vorsehen:

> *„Die Mitgliedstaaten erteilen auf Antrag in einem einzigen Verwaltungsakt bis zu drei Saisonarbeitserlaubnisse, die für drei aufeinanderfolgende Saisons gelten („multisaisonale Arbeitserlaubnis") oder stellen ein vereinfachtes Verfahren für Drittstaatsangehörige bereit, die in diesem Mitgliedstaat als Saisonarbeitnehmer zugelassen waren und die Zulassung in einem nachfolgenden Jahr beantragen."*[641]

In ihren Erläuterungen zu Artikel 12 des Richtlinienvorschlags führt die Kommission aus:

> *„Mit dieser Bestimmung soll die zirkuläre Migration von Saisonarbeitnehmern aus Drittstaaten gefördert werden, d.h. die Bewegung von Migranten zwischen einem Drittstaat und der EU, um sich zu Arbeitszwecken vorübergehend in der EU aufzuhalten.."*[642]

In Erwägungsgrund 34 der Richtlinie 2014/36/EU heißt es nunmehr ausführlicher und äußerst restriktiv:

> *„Unter Berücksichtigung bestimmter Aspekte der zirkulären Migration sowie der über eine einzige Saison hinausgehenden Beschäftigungsperspektiven von Saisonarbeitnehmern aus*

---

639 Erstmals in ihrer Mitteilung „Zirkuläre Migration und Mobilitätspartnerschaften zwischen der Europäischen Union und Drittstaaten", KOM (2007) 248 vom 16.5.2007, S. 11.

640 Richtlinie 2014/36/EU vom 26.2.2014 über die Bedingungen für die Einreise und den Aufenthalt von Drittstaatsangehörigen zwecks Beschäftigung als Saisonarbeitnehmer, ABl. EU L 94 vom 28.3.2014, S. 375 ff.

641 Artikel 12 des Richtlinienvorschlags über die Bedingungen für die Einreise und den Aufenthalt von Drittstaatsangehörigen zwecks Ausübung einer saisonalen Beschäftigung, KOM (2010) 379 vom 13.7.2010, S. 16.

642 Erläuterungen zu Artikel 12 des Richtlinienvorschlags, KOM (2010), 379, S. 12.

Drittstaaten und des Interesses der Arbeitgeber in der Union, auf einen stabileren Personalbestand und bereits eingearbeitete Arbeitskräfte zurückgreifen zu können, sollten vereinfachte Zulassungsverfahren für vertrauenswürdige Drittstaatsangehörige vorgesehen werden, die mindestens einmal innerhalb der vorangegangenen fünf Jahre als Saisonarbeitnehmer in einem Mitgliedstaat zugelassen worden sind und die stets sämtliche Kriterien und Bedingungen gemäß dieser Richtlinie für die Einreise und den Aufenthalt in dem betreffenden Mitgliedstaat erfüllt haben. Der saisonale Charakter der Beschäftigung sollte durch ein solches Verfahren nicht beeinträchtigt oder umgangen werden."

Artikel 16 Absatz 1 der Richtlinie für Saisonarbeitnehmer sieht nunmehr folgende Regelung vor:

> *Die Mitgliedstaaten erleichtern die Wiedereinreise von Drittstaatsangehörigen, die in dem jeweiligen Mitgliedstaat mindestens einmal in den vorangegangenen fünf Jahren als Saisonarbeitnehmer zugelassen waren und die die im Rahmen dieser Richtlinie geltenden Bedingungen für Saisonarbeitnehmer bei jedem ihrer Aufenthalte uneingeschränkt erfüllt haben.*

Gemäß Absatz 2 der Bestimmung kann die in Absatz 1 genannte Erleichterung in der Gewährung einer Befreiung vom Erfordernis der Vorlage bestimmter Unterlagen, der Erteilung mehrerer Erlaubnisse für Saisonarbeitnehmer im Rahmen eines einzigen Verwaltungsakts, einem beschleunigten Verfahren für eine Entscheidung über den Antrag auf eine Erlaubnis für Saisonarbeitnehmer oder auf ein Visum für den längerfristigen Aufenthalt sowie dem Vorrang bei der Prüfung von Anträgen auf Zulassung als Saisonarbeitnehmer bestehen. Das Instrument der multisaisonalen Arbeitserlaubnis kann gemäß der Richtlinie somit erst für Saisonarbeitnehmer angewendet werden, die bereits mindestens einmal zugelassen waren. Damit soll sichergestellt werden, dass ein Drittstaatsangehöriger, der während eines früheren Aufenthalts als Saisonarbeitnehmer den Verpflichtungen aus der Zulassungsentscheidung und insbesondere der Verpflichtung, nach Ablauf der Erlaubnis in ein Drittland zurückzukehren, nicht nachgekommen ist, für ein oder mehrere aufeinander folgende Jahre von der Zulassung als Saisonarbeitnehmer ausgeschlossen wird. Gemäß Artikel 2 Absatz 1 findet die Richtlinie ausschließlich auf Drittstaatsangehörige Anwendung, die ihren Wohnsitz außerhalb der Europäischen Union haben und zum Zweck der Beschäftigung als Saisonarbeitnehmer die Zulassung für ein Mitgliedsland beantragen. Mit der Richtlinie für Saisonarbeitnehmer hat die Europäische Union zwar einen zaghaften Schritt zur Erleichterung der Wiedereinreise von Arbeitsmigranten unternommen. Allerdings legt der besondere, seiner Natur nach vorübergehende Charakter der Saisonarbeit eine gewisse Form von Zirkularität ohnehin nahe, umso mehr, als die Arbeitgeber auf eingearbeitete Arbeitskräfte zurückgreifen wollen, die keiner Einarbeitungszeit bedürfen und sich bereits bewährt haben.

Die erleichterte Wiedereinreise saisonal beschäftigter Drittstaatsangehöriger erleichtert und vereinheitlicht damit die ohnehin gängige Praxis der wiederholten Einreise von Saisonarbeitnehmern, die einen nicht unerheblichen Teil der Arbeitsmigration in die Europäische Union und gleichzeitig die derzeit wichtigste Form der temporären Migration ausmacht.[643] Das Instrument der Saisonarbeitnehmerrichtlinie ist jedoch kaum dazu geeignet, einen wesentlichen Beitrag zur Umsetzung des EU-Konzepts der zirkulären Migration in Bezug auf Fernmigranten aus Subsahara-Afrika zu leisten. Ein auf wenige Monate begrenzter Aufenthalt zu Arbeitszwecken, mag dieser auch mit der Möglichkeit der Wiedereinreise verbunden sein, wird in der Regel nicht den Bedürfnissen und Zielen dieser Migrantengruppe entsprechen.

b) Die Hochqualifiziertenrichtlinie

Der Richtlinie für Saisonarbeitnehmer liegen migrations- und beschäftigungspolitische Erwägungen in Bezug auf die Elemente zirkulärer Migration zugrunde. Die Möglichkeit der wiederholten Einreise bei ordnungsgemäßer Rückkehr soll einerseits sicherstellen, dass die Aufenthaltsdauer nicht überschritten wird, auf der anderen Seite können Arbeitgeber auf eingelernte Arbeitskräfte zurückgreifen. Hingegen ist der Ansatz zur Förderung zirkulärer Migration im Bereich der Zuwanderung von Hochqualifizierten entwicklungspolitischer Natur. So soll die Erleichterung von zirkulärer Migration im Rahmen der Richtlinie für Hochqualifizierte[644] einerseits dazu dienen, den Brain-Drain zu reduzieren und auf der anderen Seite positive Auswirkungen durch den Brain-Gain für die Entwicklungsländer erzielt werden. Letzteres Ziel soll nach Erwägungsgrund 21 der Richtlinie durch die Förderung der zirkulären Migration von in der Europäischen Union ansässige hochqualifizierte Drittstaatsangehörige, die sich vorübergehend zu Berufszwecken in ihrem Herkunftsland aufzuhalten wollen, verwirklicht werden. Artikel 16 der Richtlinie sieht deshalb für Inhaber der Blauen Karte EU privilegierte Regelungen zu den in der Daueraufenthaltsrichtlinie festgelegten Fehl- und Abwesenheitszeiten vor. So unterbrechen bei der Berechnung des

643 Vgl. zur Praxis zirkulärer und temporärer Migration in den einzelnen Mitgliedstaaten den Synthesebericht des European Migration Network (EMN), „Temporary and Circular Migration: empirical evidence, current policy practice and future options in EU Member States“, Oktober 2011, abrufbar unter http://ec.europa.eu/dgs/home-affairs/index_en.htm.

644 Richtlinie 2009/50/EG des Rates vom 25.5.2009 über die Bedingungen für die Einreise und den Aufenthalt von Drittstaatsangehörigen zur Ausübung einer hochqualifizierten Beschäftigung, ABl. EU L 155/17 vom 18.6.2009.

Zeitraums eines rechtmäßigen und ununterbrochenen Aufenthalts von fünf Jahren, der für die Erlangung eines Daueraufenthaltstitels notwendig ist, Zeiten, in denen der Drittstaatsangehörige sich nicht in der Gemeinschaft aufgehalten hat, die Dauer des Aufenthalts nicht, wenn sie zwölf aufeinander folgende Monate und innerhalb des 5-Jahres-Zeitraums insgesamt achtzehn Monate nicht überschreiten.[645] Darüber hinaus wird das Recht für langfristig Aufenthaltsberechtigte, sich nicht in der Europäischen Union aufzuhalten, auf 24 aufeinander folgende Monate ausgedehnt, während in der Daueraufenthaltsrichtlinie lediglich eine Abwesenheit von 12 Monaten ermöglicht wird.[646] Die genannten Sonderregelungen können auf die Fälle beschränkt werden, in denen der betroffene Drittstaatsangehörige nachweisen kann, dass er in seinem Herkunftsland eine unselbständige oder selbständige Erwerbstätigkeit ausübt, einen Freiwilligendienst ableistet oder ein Studium absolviert. Neben dieser vorübergehenden Migration von in Europa ansässigen Migranten in ihre Herkunftsländer spricht sich der Rat in seiner Richtlinienbegründung vor dem Hintergrund des gravierenden Brain-Drain in den Entwicklungsländern für eine auf ethischen Werten beruhende Anwerbepolitik aus.[647] In diesem Zusammenhang sollen Instrumente entwickelt und angewandt werden, die die zirkuläre bzw. zeitlich befristete Migration erleichtern, um die negativen Konsequenzen der Abwanderung der Hochqualifizierten für die Entwicklungsländer so gering wie möglich zu halten und die positiven Auswirkungen zu optimieren. Artikel 8 Absatz 4 der Richtlinie eröffnet den Mitgliedstaaten die Möglichkeit, einen Antrag auf eine Blaue Karte EU ablehnen, um eine Anwerbung unter ethischen Gesichtspunkten in Branchen sicherzustellen, in denen im Herkunftsland ein Mangel an qualifizierten Arbeitskräften besteht. Die Richtlinie enthält jedoch keine Bestimmungen zur zirkulären bzw. zeitlich befristeten Migration von Arbeitsmigranten aus Entwicklungsländern, was angesichts der vagen Formulierung der Richtlinienbegründung auch nicht weiter erstaunen mag. Vielmehr wird durch die Richtlinie die Integration Hochqualifizierter sowie ihr dauerhafter Aufenthalt in der Europäischen Union gefördert, da kein politisches und wirtschaftliches Interesse an der Rückkehr dieser Personengruppe besteht. Schließlich geht es angesichts des globalen Wettbewerbs darum, die Attraktivität der Europäischen Union für Hochqualifizierte zu erhöhen.

---

645 Artikel 4 Absatz 3 der Daueraufenthaltsrichtlinie 2003/109/EG lässt Fehlzeiten von 6 Monaten, respektive 10 Monaten zu.

646 Artikel 9 Absatz 1 der Daueraufenthaltsrichtlinie 2003/109/EG.

647 Erwägungsgrund 22 der Hochqualifiziertenrichtlinie 2009/50/EG.

B. Die Rückkehr als zentraler Bestandteil des EU-Konzepts der zirkulären Migration

1. Rechtliche Grenzen einwanderungspolitischer Gestaltungsfreiheit

Wesentlicher Bestandteil des EU-Konzepts der zirkulären Migration ist die Rückkehr der Arbeitsmigranten in ihr Herkunftsland. „Die grundlegende Voraussetzung, die Conditio sine qua non für unsere Aufgeschlossenheit gegenüber der zirkulären, befristeten Migration muss die Rückwanderung – notfalls auch die unfreiwillige Rückführung – sein", so der damalige Innenminister Schäuble anlässlich der Vorstellung des neuen EU-Konzepts in Deutschland.[648] Der migrationspolitischen Gestaltungsfreiheit der Europäischen Union und ihrer Mitgliedstaaten könnten jedoch rechtliche Grenzen gesetzt sein, die einen kategorischen Ausschluss einer aufenthaltsrechtlichen Verfestigung verbieten. In Betracht kommen hier insbesondere Bleiberechte, die aufgrund von familiären oder sonstigen sozialen Bindungen an das Aufnahmeland entstehen. Die Verpflichtung zur Achtung des Familien- und Privatlebens ist grundrechtlich verankert und sowohl in Artikel 7 der Europäischen Grundrechtecharta als auch in Artikel 8 EMRK festgeschrieben. Neben den menschenrechtlichen Vorgaben können auch sekundärrechtliche Regelungen einer zwingenden Rückkehr von Arbeitsmigranten, die sich nur vorübergehend im Aufnahmeland aufhalten sollen, entgegenstehen. So tragen mehrere EU-Richtlinien den familiären und sonstigen Bindungen von Drittstaatsangehörigen im Aufnahmeland Rechnung. In Betracht kommt hier im Bereich der familienbedingten Aufenthaltsrechte die Freizügigkeitsrichtlinie und die Familienzusammenführungsrichtlinie sowie, im Fall der Verwurzelung im Aufnahmeland, die Daueraufenthaltsrichtlinie. Daneben sind etwaige Aufenthaltsrechte auf sektoraler Ebene im Rahmen der Richtlinien für Hochqualifizierte sowie für Saisonarbeitnehmer zu prüfen. Im Folgenden soll untersucht werden, ob und inwieweit sich die europarechtlichen Vorgaben auf das EU-Konzept der zirkulären (befristen) Migration in Bezug auf eines ihrer wesentlichen Merkmale, nämlich die notwendige Rückkehr der Arbeitsmigranten in ihr Heimatland, auswirken.

---

648 *Wolfgang Schäuble*, „Neue Wege der europäischen Migrationspolitik", Rede im Rahmen der IOM-Konferenz „Migration und Entwicklung: Chancen. Gemeinsam. Nutzen" vom 31.1.2007, http://www.bmi.bund.de/cln_174/SharedDocs/Reden/DE/2007/01/bm_migration.html.

2. Menschenrechtliche Vorgaben durch die EuGRCH und die EMRK

a) *Artikel 7 EuGRCH und Artikel 8 EMRK*

Die Verpflichtung zur Achtung des Familien- und Privatlebens ist in Artikel 7 der Europäischen Grundrechtecharta verankert, die mit dem Vertrag von Lissabon am 1.12.2009 in Kraft getreten ist. Der Grundrechtekonvent hat sich bei der Formulierung von Artikel 7 EuGRCH dafür entschieden, den Text des Artikels 8 Absatz 1 EMRK zu übernehmen. Artikel 7 EuGRCH lautet wie folgt:

> *„Jede Person hat das Recht auf Achtung ihres Privat- und Familien-lebens, ihrer Wohnung sowie ihrer Kommunikation."*

Um der technischen Entwicklung Rechnung zu tragen, wurde lediglich der Begriff „Korrespondenz" durch „Kommunikation" ersetzt.[649] Artikel 7 EuGRCH bindet gemäß Artikel 51 Absatz 1 EuGRCH die Union und ihre Stellen. Diese haben beim Erlass von Rechtsvorschriften ebenso wie bei sämtlichen anderen Aktivitäten die EU-Grundrechte zu beachten. Es gibt keinen grundrechtsfreien Bereich in der Union; dies gilt insbesondere für Tätigkeiten, die den Raum der Freiheit, der Sicherheit und des Rechts betreffen.[650] Mithin hat die Union beim Erlass und der Änderung aufenthaltsrechtlich relevanter Richtlinien sowie bei deren Auslegung Artikel 7 EuGRCH zu beachten. Gemäß Artikel 6 Absatz 1 EUV sind die Charta der Grundrechte und die Verträge rechtlich gleichrangig. Hingegen gehören die Grundrechte der EMRK nicht unmittelbar dem Unionsrecht an, sondern finden „nur" über die Einordnung als Bestandteil der allgemeinen Rechtsgrundsätze Eingang in dieses.[651] Mit dem Lissabonner Vertrag wurde der Beitritt der Union zur EMRK bestimmt (Artikel 6 Absatz 2 EUV). Wenngleich dieser Beitritt bislang nicht erfolgt ist, behält sich der EGMR gleichwohl vor, die Rechtsakte der EU in Bezug auf die Europäische Menschenrechtskonvention zu prüfen; die Mitgliedstaaten bleiben ihrerseits ungeachtet der Schaffung eines geschriebenen Grundrechtskatalogs im Recht der Europäischen Union konventionsrechtlich für die Konsequenzen verantwortlich, die sich aus der Übertragung von Teilen ihrer Hoheitsgewalt ergeben.[652] Die Grundrechte der Charta binden nach Artikel 51 Absatz 1 EuGRCH auch die Mitgliedstaaten,

---

649 Erläuterung des Grundrechtekonvents zu Artikel 7 EuGRCH.

650 *Hans D. Jarass*, Charta der Grundrechte der Europäischen Union, Kommentar, 2. Aufl., 2013, Artikel 51, Rdnr. 6.

651 *Grabenwarter/Pabel*, Europäische Menschenrechtskonvention, 5. Aufl., 2012, § 4, Rdnr. 2.

652 Ebenda, Rdnr. 14.

jedoch ausschließlich „bei der Durchführung des Rechts der Union". Dabei besteht eine weitreichende Verpflichtung der Mitgliedstaaten durch die Unionsgrundrechte. Eine Durchführung liegt vor, wenn eine Anknüpfung an das Unionsrecht besteht und die Aktivität der Mitgliedstaaten in den Anwendungsbereich des Unionsrechts fällt.[653] Rein nationale Akte unterliegen hingegen nur Artikel 8 EMRK. Der Einfluss der EMRK auf die Grundrechtecharta beschränkt sich nicht nur auf deren Entstehungsgeschichte, sondern erstreckt sich in hohem Maße auch auf die Anwendung der Charta-Grundrechte. Nach Artikel 52 Absatz 3 EuGRCH haben Charta-Rechte, die den durch die EMRK garantierten Rechten entsprechen, die gleiche Bedeutung und Tragweite, wie sie ihnen in der EMRK verliehen wird. Gemäß Artikel 52 Absatz 3 Satz 2 EuGRCH steht dieser Bestimmung nicht entgegen, dass das Recht der Union einen weiter gehenden Schutz gewährt. Auf jeden Fall darf der durch die Charta gewährleistete Schutz nicht geringer sein als derjenige, der durch die EMRK gewährt wird.[654] Die Bedeutung und Tragweite der garantierten Rechte werden nicht nur durch ihren Wortlaut, sondern auch durch die Rechtsprechung des Europäischen Gerichtshofs für Menschenrechte und durch den Gerichtshof der Europäischen Union bestimmt.[655] In Artikel 5 der Charta-Präambel wird neben der EMRK und anderen Rechtsquellen auch die Rechtsprechung des EGMR als mitkonstituierendes Element des Inhalts der Unionsgrundrechte genannt.[656] Da die in Artikel 7 EuGRCH enthaltenen Rechte den in Artikel 8 EMRK gewährleisteten Rechten entsprechen, ist Artikel 7 EuGRCH folglich die gleiche Bedeutung und Tragweite beizumessen wie Artikel 8 Absatz 1 EMRK in seiner Auslegung durch die Rechtsprechung des EMRK.[657] Die Auslegung der Charta kann auf eine reich entfaltete Rechtsprechung des EGRM zurückgreifen, die zwar nicht zur Gänze, aber doch in wesentlichen Teilen unmittelbar übertragbar sein wird; dies sichert den Einfluss der EMRK und des EGMR.[658] Nicht zuletzt in Bezug auf den Rechtsschutz des Einzelnen wird die EMRK auch weiterhin eine maßgebliche Rolle

---

653 *Hans D. Jarass*, Charta der Grundrechte der Europäischen Union, 2. Aufl., 2013, Artikel 51, Rdnr. 17.

654 Erläuterung des Grundrechtekonvents zu Artikel 52 EuGRCH.

655 Ebenda.

656 *Grabenwarter/Pabel*, Europäische Menschenrechtskonvention, 5. Aufl., 2012, § 4, Rdnr. 9.

657 EuGH, *Dereci u. a.*, Urteil vom 15.11.2011, C-256/11, § 70. Vgl. auch die Erläuterung des Grundrechtekonvents zu Artikel 7 EuGRCH.

658 *Grabenwarter/Pabel*, Europäische Menschenrechtskonvention, 5. Aufl., 2012, § 4, Rdnr. 9.

einnehmen. Denn ungeachtet des wichtigen Beitrages der Charta der Grundrechte zur Stärkung des Grundrechtsschutzes in Europa ist die Gewährleistung effektiven Individualrechtsschutzes in der Europäischen Union nach wie vor nur unzureichend geregelt. Hingegen steht den Betroffenen nach Erschöpfung des nationalen Rechtswegs die Einreichung einer Individualbeschwerde beim EGMR offen. In prozessualer Hinsicht wird es wichtig sein, dass die Verfahren vor dem EuGH und jene vor dem EGMR koordiniert werden; dies gilt insbesondere in Verfahren, in denen mit Individualbeschwerde beim EGMR die Konventionsverletzung durch eine Akt der Durchführung des Unionsrechts geltend gemacht wird; hier sollte sichergestellt sein, dass mögliche Vorabentscheidungsverfahren vor der Anrufung des EGMR durchgeführt werden.[659] Im Folgenden werden die beiden Gewährleistungsbereiche des Schutzes des Familienlebens und des Privatlebens gesondert untersucht im Hinblick auf die Frage, ob sich aus diesen ein Bleiberecht für den hier betroffenen Personenkreis ableiten lässt. Konkret könnten durch den temporären Aufenthalt im Zielland familiäre oder sonstige soziale Bindungen entstehen, die menschenrechtlich schutzwürdig sind und eine Aufenthaltsbeendigung verbieten.

b) Aufenthaltsrechtliche Relevanz des Grundrechts auf Achtung des Familienlebens

aa) Schutzbereich und Eingriff

Der Schutz der Familie wird in der Grundrechtecharta an mehrfacher Stelle aufgegriffen. Neben Artikel 7 EuGRCH enthalten die Artikel 9 (Recht, eine Familie zu gründen) sowie Artikel 24 (Rechte des Kindes) Rechte, die den Schutz der Familie betreffen. Dies zeigt, dass die Union und ihre Mitgliedstaaten dem Familienleben einen besonders hohen Stellenwert einräumen wollten.[660] Der Begriff der Familie im Sinne von Artikel 7 EuGRCH ist wie bei Artikel 8 EMRK weit zu verstehen.[661] Unter dem Schutzgut des Familienlebens wird dabei das auf dem Gebiet des Staates von Nicht-Staatsangehörigen tatsächlich geführte Familienleben mit anderen Familienmitgliedern verstanden, die sich dort rechtmäßig aufhalten, wobei der Schutz in der Regel auf einen Kernbereich der Familie

659 Ebenda, Rdnr. 15 mit Verweis auf die gemeinsame Erklärung der Präsidenten des EGMR und des EuGH vom 24.1.2011.

660 *Hans D. Jarass*, Charta der Grundrechte der Europäischen Union, 2. Aufl., Artikel 7, Rdnr. 18.

661 Ebenda, Rdnr. 21; *Peter Tettinger* in: Tettinger/Stern (Hrsg.), Europäische Grundrechtecharta, 1. Aufl., 2006, Artikel 7, Rdnr. 23.

beschränkt ist.[662] Auf ein Zusammenleben kann verzichtet werden, wenn andere Faktoren dazu führen, das eine Beziehung beständig genug ist, um faktische familiäre Bindungen zu schaffen; die bloße biologische Verwandtschaft genügt aber nicht.[663] Notwendig ist aber stets, dass es sich um ein tatsächlich bestehendes Familienleben handelt und dass zwischen den betreffenden Personen eine enge persönliche und tatsächlich gelebte Bindung besteht.[664] Unerheblich ist, ob die Familie rechtlich formalisiert ist und ob die Kinder ehelich sind oder nicht; der Begriff der Familie ist somit unabhängig davon, ob die Eltern verheiratet sind.[665] Beziehungen zwischen Eltern und erwachsenen Kindern sowie zwischen erwachsenen Geschwistern stellen grundsätzlich kein Familienleben dar, wenn keine zusätzlichen Elemente einer Abhängigkeit bestehen, die über die übliche gefühlsmäßige Bindung hinausgeht.[666] Als Familie im Sinne von Artikel 7 EuGRCH ist zunächst die Beziehung zwischen den – auch gleichgeschlechtlichen – Partnern einzustufen, die keine Kinder voraussetzt.[667] Darüber hinaus sind die Beziehungen zwischen Eltern und Kinder als Familie einzustufen, wobei auch eine persönliche Beziehung zu einem Stief- oder Pflegekind eine Familie sein kann.[668] Kommt es zur Trennung der Eltern, bildet jeder Elternteil mit dem Kind eine eigene Familie.[669] Grundrechtsträger sind alle Familienangehörigen, mithin auch Drittstaatsangehörige und Staatenlose.[670] Im Hinblick auf die Eltern-Kind-Beziehung überschneidet sich Artikel 7 EuGRCH mit Artikel 24 EuGRCH. Dies macht deutlich, dass der Schutz der Rechte des Kindes ein besonders wichtiges Anliegen der Union ist. Auch zeigt die Vorschrift die Abgrenzung der

---

662 *Jens Meyer-Ladewig*, EMRK, Handkommentar, 3. Aufl., 2011, Rdnr. 69 zu Artikel 8.

663 *Hans D. Jarass*, Charta der Grundrechte der Europäischen Union, 2. Aufl., Artikel 7, Rdnr. 21.

664 *Peter Tettinger* in: Tettinger/Stern (Hrsg.), Europäische Grundrechtecharta, 1. Aufl., 2006, Artikel 7, Rdnr. 26.

665 *Hans D. Jarass*, Charta der Grundrechte der Europäischen Union, 2. Aufl., Artikel 7, Rdnr. 21.

666 *Jens Meyer-Ladewig*, EMRK, 3. Aufl., 2011, Artikel 8, Rdnr. 52. Vgl. auch EGMR, *A.W. Khan/the United Kingdom*, Nr. 47486/06, 12.1.2010, wo ein Familienleben verneint, aber soziale Bindungen bejaht wurden.

667 *Hans D. Jarass*, Charta der Grundrechte der Europäischen Union, 2. Aufl., Artikel 7, Rdnr. 21a.

668 Ebenda.

669 Ebenda.

670 Ebenda, Rdnr. 23.

Grundrechte der Eltern und der Kinder auf.[671] Artikel 24 Absatz 3 EuGRCH lautet wie folgt:

> *„Jedes Kind hat Anspruch auf regelmäßige persönliche Beziehungen und direkte Kontakte zu beiden Elternteilen, es sei denn, dies steht seinem Wohl entgegen."*

Artikel 24 EuGRCH stützt sich auf die von allen Mitgliedstaaten ratifizierte UN-Kinderrechtskonvention.[672] Die Vorschrift findet keine Entsprechung in der EMRK. Jedoch wird die Eltern-Kind-Beziehung von Artikel 8 EMRK mitumfasst. Das Recht der Kinder auf Kontakt zu den Eltern aus Artikel 24 Absatz 3 EuGRCH dürfte Artikel 7 EuGRCH als lex specialis vorgehen.[673] Grundrechtsträger sind die Kinder, wobei die Staatsangehörigkeit des Kindes unerheblich ist.[674] Hingegen ist für die Eltern Artikel 7 EuGRCH einschlägig. Falls sie aber grundsätzlich berechtigt sind, die Rechte ihrer Kinder geltend zu machen, können sie das auch im Hinblick auf die Rechte der Kinder aus Artikel 24 EuGRCH tun.[675] Die EMRK gewährleistet einem Ausländer kein Recht als solches, in ein bestimmtes Land einzureisen oder sich dort aufzuhalten, doch kann es einen Eingriff in das Recht auf Achtung des Familienlebens darstellen, wenn einer Person die Einreise in oder der Aufenthalt in einem Land verweigert wird, in dem ihre nahen Verwandten wohnen.[676] Zwar gewährt Artikel 8 EMRK nicht das Recht den Ort zu wählen, der am besten geeignet ist, ein Familienleben aufzubauen.[677] Zu prüfen ist also, ob das Familienleben nicht auf zumutbare Weise woanders praktiziert werden könnte (sogenannter *elsewhere approach*).[678] Allerdings verliert der Verweis auf das zumutbare Familienleben im Herkunftsland, der vom Gerichtshof vor allem in Nachzugsfällen eingebracht wurde, bei der Frage, ob ein Eingriff in das Familienleben vorliegt oder nicht, immer mehr an Bedeutung,[679] ist aber im Rahmen der Verhältnismäßigkeitsprüfung zu berücksichtigen. Die Ausweisung eines Familienangehörigen stellt mithin wegen der dadurch bedingten Trennung

---

671 Ebenda, Artikel 24, Rdrn.5.

672 Erläuterung des Grundrechtekonvents zu Artikel 24 EuGRCH.

673 *Hans D. Jarass*, Charta der Grundrechte der Europäischen Union, 2. Aufl., Artikel 7, Rdnr. 20.

674 Ebenda, Art. 24, Rdnr. 9.

675 Ebenda.

676 EuGH, *Carpenter*, Urteil vom 11. Juli 2002, C-60/00, § 42; ständige Rspr. des EGMR, vgl. etwa Üner/the Netherlands, Nr. 46410/99, 18.10.2006, § 54.

677 *Jens Meyer-Ladewig*, EMRK, 3. Aufl., 2011, Artikel 8, Rdnr. 68.

678 Vgl. hierzu ausführlich *Anne Walter*, Familienzusammenführung in Europa, 2007, S. 77.

679 Ebenda, S. 79 f.

grundsätzlich einen Eingriff in das Familienleben nach Artikel 7 EuGRCH dar.[680] Bei der Trennung des Kindes von seinen Eltern bzw. eines Elternteils wird darüber hinaus ein Eingriff in Artikel 24 Absatz 3 EuGRCH zu bejahen sein.

bb) Rechtfertigung

Liegt ein Eingriff in das Familienleben vor, ist in einem weiteren Schritt zu prüfen, ob dieser Eingriff gerechtfertigt ist. Einschränkungen der Rechte aus Artikel 7 EuGRCH sind auf der Grundlage von Artikel 52 Absatz 1 EuGRCH unter folgenden Voraussetzungen möglich:

> *„Jede Einschränkung der Ausübung der in dieser Charta anerkannten Rechte und Freiheiten muss gesetzlich vorgesehen sein und den Wesensgehalt dieser Rechte und Freiheiten achten. Unter Wahrung des Grundsatzes der Verhältnismäßigkeit dürfen Einschränkungen nur vorgenommen werden, wenn sie erforderlich sind und den von der Union anerkannten dem Gemeinwohl dienenden Zielsetzungen oder den Erfordernissen des Schutzes der Rechte und Freiheiten anderer tatsächlich entsprechen."*

Außerdem müssen wegen Artikel 52 Absatz 3 Satz 1 die Vorgaben des Artikel 8 Absatz 2 EMRK beachtet werden. Als Einschränkungsziele kommen deshalb nur die in Artikel 8 Absatz 2 EMRK aufgeführten Ziele in Betracht.[681] Auf jeden Fall darf der durch die Charta gewährleistete Schutz niemals geringer als der durch die EMRK gewährte Schutz sein.[682] Artikel 8 Absatz 2 EMRK sieht folgende Einschränkungen vor:

> *„Eine Behörde darf in die Ausübung dieses Rechts nur eingreifen, soweit der Eingriff gesetzlich vorgesehen und in einer demokratischen Gesellschaft notwendig ist für die nationale oder öffentliche Sicherheit, für das wirtschaftliche Wohl des Landes, zur Aufrechterhaltung der Ordnung, zur Verhütung von Straftaten, zum Schutz der Gesundheit oder der Moral oder zum Schutz der Rechte und Freiheiten anderer."*

Dabei nimmt der EGMR eine umfassende Abwägung der widerstreitenden Interessen vor. Der Gerichtshof hat mehrere Abwägungskriterien aufgestellt, die bei der Entscheidung darüber, ob die Ausweisung „in einer demokratischen Gesellschaft notwendig" ist und in einem angemessenen Verhältnis zum verfolgten Ziel steht, herangezogen werden sollen.[683]

---

680 *Hans D. Jarass*, Charta der Grundrechte der Europäischen Union, 2. Aufl., Artikel 7, Rdnr. 24.

681 Ebenda, Artikel 7, Rdnr. 14.

682 Erläuterung des Grundrechtekonvents zu Artikel 52 EuGRCH.

683 Vgl. EGMR, Üner/the Netherlands, Nr. 46410/99, 18.10.2006; *Kaya/Germany* Nr. 31753/02, 28.6.2007, §§ 53 ff.; *A. W. Khan/the Netherlands*, Nr. 47486/06, 12.1.2010.

- Art und Schwere der Straftat und seit der Tat verstrichene Zeitspanne
- Dauer des Aufenthalts
- Staatsangehörigkeit der Betroffenen
- familiäre Situation des Beschwerdeführers (die Dauer der Ehe etc.)
- der Umstand, ob der Gatte bzw. die Gattin über die Straftat informiert war, als die familiäre Beziehung aufgenommen wurde
- der Umstand, ob aus der Ehe Kinder hervorgegangen sind
- das Ausmaß der Schwierigkeiten, denen der Gatte bzw. die Gattin in dem Land, in das der Beschwerdeführer ausgewiesen werden soll, voraussichtlich begegnen wird
- Belange und Wohl der Kinder

Hintergrund der Rechtsprechung des EGMR zu Ausweisungsfällen bildet die in einigen Konventionsstaaten angewendete Rechtspraxis, Ausländer der zweiten Generation, die im Inland geboren oder aufgewachsen waren und ein Daueraufenthaltsrecht innehatten, aufgrund von Straftaten auszuweisen.[684] In dem vorzunehmenden Abwägungsprozess müssen das wirtschaftliche Wohl des Aufnahmelandes und das Interesse an Migrationskontrolle angesichts der weitreichenden Folgen, die es haben kann, wenn einer Person der Aufenthalt verweigert wird in einem Land, in dem ihre nahen Verwandten leben, von überwiegendem Gewicht sein, um einen gerechten Ausgleich („*fair balance*") herzustellen, selbst wenn der Aufenthalt illegal war.[685] Ein besonderer Stellenwert wird dabei der Bindung an gemeinsame Kinder zuteil.[686] Die Bedeutung der Beziehungen des Kindes zu seinen Eltern wurde durch die gesonderte Verankerung der Rechte des Kindes in Artikel 24 der Grundrechtecharta nochmals gestärkt. Erlassene Vorschriften sind im Lichte des Art. 24 Abs. 3 EuGRCH auszulegen und anzuwenden; zudem sind Maßnahmen der Familienzusammenführung wohlwollend zu beurteilen.[687] Dabei ist der Schutz des Familienlebens in Sinne von Artikel 7 EuGRCH ebenso wie von Artikel 8 EMRK nicht auf das Bestehen familiärer Beziehungen zu Unionsbürgern beschränkt, sondern umfasst grundsätzlich auch Bindungen zu Drittstaatsangehörigen, die im Aufnahmeland ansässig sind.

---

684 *Jürgen Bast,* Rechtliche Rahmenbedingungen für staatliche Programme zirkulärer Migration. Studie für den Sachverständigenrat deutscher Stiftungen für Integration und Migration (SVR), 2010, S. 10, abrufbar unter www.svr-migration.de.

685 Ebenda.

686 Vgl. EGMR, *Berrehab/the Netherlands,* Nr. 10730/84, 21.6.1988.

687 *Hans D. Jarass,* Charta der Grundrechte der Europäischen Union, 2. Aufl., Artikel 24, Rdnr. 21.

Allerdings bezieht der EGMR, wie oben festgestellt, bei der Gewichtung der unterschiedlichen Interessen die Staatsangehörigkeit der in der Europäischen Union ansässigen Familienangehörigen als ein mögliches Abwägungskriterium mit ein. Darüber hinaus hat der EuGH den aufenthaltsrechtlichen Schutz für Familienangehörigen von Unionsbürgern, die von ihrer Dienstleistungsfreiheit innerhalb der Union Gebrauch machen, zusätzlich gestärkt. Der Gerichtshof stellt fest, dass die Trennung des Unionsbürgers von seiner Ehefrau sich nachteilig auf ihr Familienleben und damit auf die Bedingungen auswirken würde, unter denen der betroffene Unionsbürger eine Grundfreiheit wahrnimmt Diese Freiheit könnte nämlich ihre volle Wirkung nicht entfalten, wenn der Betroffene von ihrer Wahrnehmung durch Hindernisse abgehalten würde, die in seinem Herkunftsland für die Einreise und den Aufenthalt seines Ehegatten bestünden.[688] Des Weiteren hält der EuGH die Verweigerung eines Aufenthaltsrechts für Familienangehörige von Unionsbürgern unter Rückgriff auf Artikel 20 AEUV dann nicht für gerechtfertigt, wenn dadurch „der Kernbestand der Unionsbürgerschaftsrechte" betroffen wird.[689] Dies trifft dann zu, wenn sich der Unionsbürger *de facto* gezwungen sieht nicht nur das Gebiet des Mitgliedsstaates, dem er angehört, zu verlassen, sondern das Gebiet der Union als Ganzes.[690] Allerdings rechtfertigt die bloße Tatsache, dass es für einen Staatsbürger eines Mitgliedsstaates aus wirtschaftlichen Gründen oder zur Aufrechterhaltung der Familiengemeinschaft im Gebiet der Union wünschenswert erscheinen könnte, dass sich Familienangehörige, die nicht die Staatsbürgerschaft eines Mitgliedsstaates besitzen, mit ihm zusammen im Gebiet der Union aufhalten können, für sich genommen nicht die Annahme, dass der Unionsbürger gezwungen wäre, das

---

688 EuGH, *Carpenter,* Urteil vom 11.7.2002, C-60/00, § 39, zur Auslegung der Dienstleistungsfreiheit; so auch *Orfanopoulos und Oliveri*, Urteil vom 29.4.2004, C-482-01 und C-493-01, § 98, wo es sich aber ausschließlich um Unionsbürger handelt.

689 EuGH, *Dereci u.a.,* Urteil vom 15.11.2011, C-256/11, § 64; *Zambrano,* Urteil vom 8.3.2011, C-34/09, § 42.

690 EuGH, *Dereci u.a.*, ebenda, §§ 65–66; *Zambrano,* ebenda, §§ 43–44. In den Rechtssachen stellte sich die Frage, ob eine derartige Auswirkung vorliegt, wenn einem Drittstaatangehörigen im Mitgliedsstaat des Wohnsitzes seiner minderjährigen Kinder, die diesem Mitgliedsstaat angehören und denen er Unterhalt gewährt, der Aufenthalt und eine Arbeitserlaubnis verweigert werden. Der Gerichtshof vertrat u.a. die Ansicht, dass eine solche Aufenthaltsverweigerung zur Folge hat, dass sich die genannten Kinder, die Unionsbürger sind, gezwungen sehen, das Gebiet der Union zu verlassen, um ihre Eltern zu begleiten. Unter derartigen Umständen wäre es den genannten Unionsbürgern, *de facto* unmöglich, den Kernbestand der Rechte, die ihnen ihr Unionsbürgerstatus verleiht, in Anspruch zu nehmen.

Gebiet der Union zu verlassen, wenn kein Aufenthaltsrecht gewährt würde.[691] Zusammenfassend lässt sich festhalten, dass der EGMR durch seine Rechtsprechung zu Artikel 8 EMRK in aufenthaltsrechtlichen Fällen einen weitreichenden Schutz des Familienlebens in Bezug auf die Kernfamilie gewährleistet. Dieser Schutz ist durch die Europäische Grundrechtecharta, insbesondere in Bezug auf die Rechte der Kinder, sowie durch die Rechtsprechung des EuGH in Bezug auf Familienangehörige von Unionsbürgern nochmals gestärkt worden. Ein pauschales Recht auf Einräumung der Einreise durch Heirat mit einem Partner, der in dem jeweiligen Staat bereits lebt, besteht jedoch nicht.[692] In den Konventionsstaaten wird allerdings ganz überwiegend ein solches Recht auf Nachzug der engeren Familie nach einer gewissen Zeit gewährt, wenn Unterhalt und Wohnung gesichert sind.[693] Ob im Einzelfall ein individuelles Bleiberecht aus Artikel 7 EuGRCH bzw. Artikel 8 EMRK bejaht werden kann, ist insbesondere anhand der vom EGMR aufgestellten Abwägungskriterien – insoweit sie auf den konkreten Sachverhalt anwendbar sind – zu entscheiden. Dabei ist zwischen dem Recht auf Achtung des Familienlebens auf der einen Seite und der Aufrechterhaltung der öffentlichen Ordnung und Sicherheit auf der anderen Seite ein angemessenes Verhältnis zu wahren.[694] Dem Interesse des über eine befristete Aufenthaltserlaubnis verfügenden Arbeitsmigranten auf Schutz seines Familienlebens dürfte jedoch angesichts des Umstandes, dass auf staatlicher Seite in der Regel „lediglich" einwanderungspolitische Interessen in Betracht kommen werden, ein großes Gewicht zukommen. Denkbar ist auch, dass der Migrant nach Ablauf seines befristeten Aufenthaltstitels ordnungsgemäß ausreist. Er wird dann ein Aufenthaltsrecht im Rahmen des Familiennachzugs begehren müssen. Zwar stellt der Gerichtshof in Nachzugsentscheidungen grundsätzlich höhere Hürden für die Feststellung einer Verletzung des Familienlebens nach Artikel 8 EMRK auf als in Ausweisungsfällen. So wird dem einwanderungspolitischen Gestaltungsspielraum der Konventionsstaaten in Nachzugskonstellationen bei der notwendigen Abwägung privater und öffentlicher Interessen tendenziell ein stärkeres Gewicht verliehen, während der Gerichtshof in Ausweisungsfällen die gegenläufige Tendenz zeigt und die Anforderungen an rechtmäßige Ausweisungen deutlich

691 EuGH, *Dereci u.a.*, ebenda, § 68.

692 *Peter Tettinger* in: Tettinger/Stern (Hrsg.), Europäische Grundrechtecharta, 1. Aufl., 2006, Artikel 7, Rdnr. 59.

693 Ebenda.

694 EuGH, *Carpenter*, Urteil vom 11.7.2002, C-60/00, § 43.

erhöht hat.[695] Im Fall befristeter, zirkulärer Arbeitsmigranten dürfte der Umstand, dass die Rückkehrverpflichtung vereinbarungsgemäß erfolgt ist, jedoch nicht zu Lasten der Betroffenen in die Waagschale gelegt werden.

c) Aufenthaltsrechtliche Relevanz des Grundrechts auf Achtung des Privatlebens

aa) Schutzbereich und Eingriff

Artikel 7 EuGRCH schützt wie Artikel 8 EMRK auch das Privatleben. Der Schutzbereich des Privatlebens umfasst neben dem Schutz der Privatsphäre und der persönlichen Identität auch die personale Selbstbestimmung und Lebensführung und damit die persönliche Entwicklung.[696] Hierzu gehört auch die Möglichkeit, persönliche Beziehungen zu anderen Menschen aufzunehmen und zu entwickeln, insbesondere der Kontakt zu engen Bezugspersonen.[697] Der EGMR misst dem Schutz des Privatlebens in aufenthaltsrechtlichen Fällen eine zunehmend eigenständige Bedeutung zu.[698] Denn die Behandlung des Schutzes sozialer Bindungen allein unter dem Stichwort „Ehe und Familie" wird dem eigenständigen Charakter des Anliegens nicht gerecht und führt zu Schutzlücken.[699] Der EGMR hat das Recht auf Achtung des Privatlebens nach Art. 8 EMRK deshalb zur zentralen Schutznorm für den „verwurzelten"[700] Aufenthalt ausgebaut.[701] Eine Entwicklung, der auch in der Wissenschaft zunehmend Beachtung geschenkt wird.[702] Das Schutzgut „Privatleben" ist umfassend zu

---

695 *Jürgen Bast,* Rechtliche Rahmenbedingungen für staatliche Programme zirkulärer Migration. Studie für den Sachverständigenrat deutscher Stiftungen für Integration und Migration (SVR), 2010, S. 10, abrufbar unter www.svr-migration.de.

696 *Hans D. Jarass,* Charta der Grundrechte der Europäischen Union, 2. Aufl., Artikel 7, Rdnr. 6–9.

697 Ebenda, Rdnr. 7.

698 Vgl. EGMR, *Slivenko/Latvia* vom 9.10.2003, Nr. 48321/99; *Kaya/Germany* vom 28.6.2007, Nr. 31753/02; *A.W. Khan/the Netherlands,* vom 12.1.2010, Nr. 47486/06.

699 *Jürgen Bast,* Aufenthaltsrecht und Migrationssteuerung, 2011, S. 197 ff.

700 In der englischsprachigen Originalrechtsprechung des Gerichtshofs wird nicht von Verwurzelung, sondern zumeist von *„settled migrants"* gesprochen.

701 *Jürgen Bast,* Rechtliche Rahmenbedingungen für staatliche Programme zirkulärer Migration, Studie für den Sachverständigenrat deutscher Stiftungen für Integration und Migration (SVR), 2010, S. 5, abrufbar unter www.svr-migration.de.

702 Vgl. etwa *Kerstin Müller,* Verwurzelung - ade? ANA-ZAR 1/2012, S. 1 f.; *Marion Eckertz-Höfer,* Neuere Entwicklungen in Gesetzgebung und Rechtsprechung zum Schutz des Privatlebens, ZAR 2/2008, S. 41–46; *Jan Bergmann,* Aufenthaltserlaubnis aufgrund von „Verwurzelung", ZAR 4/2007, S. 128–132; Kritisch: *Falk Fritzsch,* Die

verstehen und einer abschließenden Definition letztlich nicht zugänglich.[703] Die aufenthaltsrechtliche Relevanz des Privatlebens wurde vom EGMR schon früh gewürdigt und bei der Prüfung der Verletzung des Familienlebens in die vorzunehmende Abwägung eingestellt.[704] Als eigenständiges, aufenthaltsrechtlich relevantes Schutzgut wurde das Privatleben allerdings erst im Jahr 2003 im Fall *Slivenko/Lettland* anerkannt.[705] Der Entscheidung lagen die Beschwerden einer russischen Staatsangehörigen zugrunde, die als Kind eines in Lettland stationierten russischen Offiziers in das Land eingereist war und dort ihr gesamtes Leben verbracht hatte. Die Ausweisung erfolgte auf der Grundlage eines lettisch-russisches Abkommens über den Abzug der russischen Truppen und ihrer Angehörigen nach der Unabhängigkeit Lettlands.[706] Der Gerichtshof bejahte einen Eingriff in das Privatleben, da die Beschwerdeführerinnen in Lettland seit ihrer Geburt ununterbrochenen „ein Netzwerk persönlicher, sozialer und wirtschaftlicher Beziehungen" aufgebaut hätten, welches das Privatleben jedes Menschen ausmache.[707] In jüngeren Entscheidungen führt der Gerichtshof aus, dass der Begriff des Privatlebens im Sinne von Artikel 8 EMRK die „Gesamtheit der sozialen Bindungen" zwischen niedergelassenen Migranten („*settled migrants*") und der Gemeinschaft in der sie leben, umfasse.[708] Denn Artikel 8 EMRK schütze auch das Recht, Beziehungen mit anderen Menschen und der Umwelt einzugehen und zu entwickeln und könne Aspekte der sozialen Identität einer Person umfassen („*and can sometimes embrace aspects of an individual's social identity*").[709] Der Gerichtshof lässt offen, welche Aufenthaltsdauer er voraussetzt,

Grenzen des völkerrechtlichen Schutzes sozialer Bindungen von Ausländern nach Art. 8 EMRK, ZAR 1/2010, S. 14–22; *Walter Frenz,* Begrenzung ausländerrechtlicher Maßnahmen durch europäische Grundrechte, ZAR 11/12/2008, S. 385–388 (387).

703 Vgl. *Jens Meyer-Ladewig,* EMRK, Handkommentar, 3. Aufl., 2011, Rdnr. 7 zu Artikel 8.

704 *Jürgen Bast,* Aufenthaltsrecht und Migrationssteuerung, 2011, S. 198, mit Verweis auf EKMR, *X./Germany,* EKMR vom 8.12.1981, Nr. 9478/81.

705 *Jürgen Bast,* Rechtliche Rahmenbedingungen für staatliche Programme zirkulärer Migration. Studie für den Sachverständigenrat deutscher Stiftungen für Integration und Migration (SVR), 2010, S. 6, abrufbar unter www.svr-migration.de; EGMR, *Slivenko/Latvia* vom 9.10.2003, Nr. 48321/99, §§ 95–98.

706 *Slivenko/Latvia,* ebenda.

707 Ebenda, § 96:" where they had developed, uninterruptedly since birth, the network of personal, social and economic relations that make up the private life of every human being".

708 EGMR, *A. W. Khan/the Netherlands,* vom 12.1.2010, Nr. 47486/06, § 31; *Maslov/Austria* vom 23.6.2008, Nr. 1638/03.

709 *A. W. Khan/the Netherlands,* ebenda.

damit schutzwürdige Beziehungen nach Artikel 8 EMRK bejaht werden können. Die vom EGMR bisher entschiedenen Fälle, die Ausländer der zweiten Generation betrafen oder Ausländer, die als Kind mit ihrer Familie eingereist waren und nahezu ihr gesamtes Leben im Konventionsstaat verbracht hatten, bereiteten in Bezug auf die Feststellung eines Eingriffs in das Privatleben keine Probleme. Allerdings hat der Gerichtshof auch mehrfach ein Privatleben im Sinne von Artikel 8 EMRK bei Beschwerdeführern bejaht, die erst im Erwachsenenalter in den Konventionsstaat eingereist waren.[710] Im Fall Üner/Niederlande weist der Gerichtshof ausdrücklich darauf hin, dass die Grundsätze von Artikel 8 EMRK bei einer Ausweisung unabhängig davon berücksichtigt werden müssen, ob ein Ausländer als Erwachsener oder als Kind eingereist ist oder im Aufnahmeland geboren ist.[711] In diesem Zusammenhang verweist die Große Kammer auch auf die Empfehlung des Ministerkomitees des Europarates über den sicheren Aufenthalt von langjährigen Einwanderern.[712] Dort heißt es u.a., dass die Mitgliedstaaten dafür Sorge tragen sollen, dass der langjährige Einwanderer nach fünf Jahren Aufenthalt nicht mehr ausgewiesen wird, es sei denn, er wurde wegen einer Straftat zu über zwei Jahren Haft ohne Berufung verurteilt und dass nach zehn Jahren Aufenthalt keine Ausweisung mehr erfolgen soll, außer, wenn er zu einer Gefängnisstrafe von mehr als fünf Jahren verurteilt wurde.[713] Dabei empfiehlt das Ministerkomitee den Mitgliedstaaten, jeden Ausländer als „langjährigen Einwanderer“ anzuerkennen, der sich seit mindestens fünf Jahren rechtmäßig auf seinem Gebiet aufhält, außer, wenn er während dieser Zeit ausschließlich einen Studentenstatus hatte (Artikel 1 a). Auch die Daueraufenthaltsrichtlinie sieht nach einem fünfjährigen rechtmäßigen Aufenthalt den Nachweis einer Verwurzelung im Land als erbracht an („*in order to show that the person has put down roots in the* country").[714] Der EuGH hat jüngst über ein Vorabentscheidungsersuchen betreffend die Auslegung der Daueraufenthaltsrichtlinie entschieden und bestätigt, dass die Dauer des Aufenthalts das Hauptkriterium für eine langfristige

710 EGMR, *Antwi and others/Norway,* vom 14.2.2012, Nr. 26940/10, §§ 92, 105 (der ghanaische Antragsteller, der in Norwegen eine Familie mit einer norwegischen Staatsangehörigen ghanaischer Abstammung gegründet hatte, lebte bis zum Alter von 29 Jahren in Ghana und war mit falschen Pass nach Norwegen eingereist); *Sisojeva and others/Latvia* vom 15.1.2007, Nr. 60654/00.

711 EGMR, Üner/the Netherlands vom 18.10.2006, Nr. 46410/99, § 55.

712 Committee of Ministers Recommendation concerning the security of residence of long-term migrants, Rec(2000)15 vom 13.09.2000.

713 Ebenda, Artikel 4 b.

714 Erwägungsgrund 6 der Daueraufenthaltsrichtlinie 2003/109/EG.

Aufenthaltsberechtigung sein soll und ein ununterbrochener rechtmäßiger Aufenthalt von fünf Jahren belegen würde, dass die betreffende Person im Land verwurzelt ist.[715] In der Literatur wird mit Verweis auf die Anspruchseinbürgerung nach § 10 StAG teilweise vertreten, dass in der Regel ein Mindestaufenthalt von acht Jahren vorauszusetzen sei, um ein Privatleben im Sinne des Artikels 8 EMRK zu bejahen.[716] Diese Argumentation ist angesichts der Rechtsprechung des EuGH zur Daueraufenthaltsrichtlinie sowie den Empfehlungen des Ministerkomitees jedoch nicht haltbar. Im Ergebnis kann festgehalten werden, dass der EGMR zwar keine bestimmte Aufenthaltsdauer festgelegt hat, die notwendig wäre, um den Schutzbereich von Artikel 8 EMRK zu eröffnen. Doch stellt er klar, dass die Dauer des Aufenthalts ein wichtiges Kriterium ist, um nachzuweisen, dass die Beziehungen eine ausreichende Intensität erlangt haben („*having regard to the considerable period of time he has lived in the United Kingdom*")[717]. Spätestens nach einem Aufenthalt von fünf Jahren wird man aber das Bestehen sozialer Bindungen im Sinne von Artikel 8 EMRK auch bei Arbeitsmigranten, deren Aufenthalt befristet ist, in Betracht ziehen können, wobei stets eine Berücksichtigung des Einzelfalls zu erfolgen hat. Dem im Rahmen eines befristeten Arbeitsprogrammes beschäftigten Arbeitsmigranten könnte ein schutzwürdiges Privatleben im Sinne von Artikel 7 EuGRCH bzw. Artikel 8 EMRK aber auch deshalb abgesprochen werden, weil ein dauerhafter Aufenthalt im Aufnahmeland rechtlich von Anfang an nicht vorgesehen war. Fraglich ist also, ob auch solche sozialen Bindungen, auf deren Fortbestand nicht vertraut werden konnte, ein schutzwürdiges Privatleben darstellen können. Der EGMR hat zu dieser Frage noch nicht ausdrücklich Stellung genommen. Doch hat der Gerichtshof bereits mehrfach das Bestehen von sozialen Bindungen im Sinne von Artikel 8 EMRK bejaht, ohne dass bei den Beschwerdeführern ein gesicherter Aufenthaltsstatus vorlag.[718] In jüngeren Entscheidungen hat der EGMR selbst bei nicht rechtmäßigen Aufenthalten die Eröffnung des Schutzbereichs von Artikel 8 EMRK (Familienleben) bejaht, wobei hier jeweils enge familiäre Bindungen

---

715 EuGH, *Tahir*, Urteil vom 17.7.2014, C-469/13, § 33.

716 So *Falk Fritzsch*, Die Grenzen des völkerrechtlichen Schutzes sozialer Bindungen von Ausländern nach Art. 8 EMRK, ZAR 1/2010, S. 14–22 (16).

717 EGMR, *A. W. Khan/the Netherlands*, vom 12.1.2010, Nr. 47486/06.

718 EGMR, *Sisojeva and others/Latvia* vom 15.1.2007, Nr. 60654/00. In der Rechtsache *Slivenko/Latvia* vom 9.10.2003, Nr. 48321/99, hat der Gerichtshof die lange unsichere Rechtslage sogar als Argument zugunsten der Beschwerdeführerin bewertet.

bestanden (Kind bzw. Ehepartner).[719] Der irreguläre Aufenthalt wurde vom Gerichtshof allerdings in die Interessenabwägung nach Artikel 8 Absatz 2 EMRK einbezogen. Die in diesem Zusammenhang aufgeworfene und kontrovers diskutierte Frage, inwieweit der Schutz des Privatlebens nach Artikel 8 EMRK als Legalisierungsanspruch langjährig geduldeter Migranten herangezogen werden kann, ist noch nicht abschließend geklärt.[720] Jedenfalls aber würde ein grundsätzlicher Ausschluss der hier relevanten befristeten Aufenthalte zu Arbeitszwecken vom Schutzbereich des Privatlebens dem menschenrechtlichen Schutzcharakter der Vorschrift nicht gerecht werden. Die Intensität der im Aufnahmeland aufgebauten Beziehungen kann nicht nach dem rechtlichen Aufenthaltsstatus beurteilt werden. Entscheidend muss vielmehr sein, ob die Bindungen im Einzelfall stark genug sind, um als ein Teil der Identität des Betroffenen gelten zu können. Denn die sozialen Bindungen, die aus einem über längere Zeit bestehenden tatsächlichen Aufenthalt erwachsen, sind als solche menschenrechtlich geschützt.[721] Dagegen spricht auch nicht, dass der Gerichtshof in seinen Entscheidungen auf „niedergelassene“[722] Migranten (in den englischen Originaltexten „settled migrants“; in den französischen Originaltexten „immigrés de longue durée“)[723] Bezug nimmt, da sich dieser Begriff nicht notwendigerweise auf den rechtlichen Aufenthaltsstatus des Betroffenen beziehen muss, sondern lediglich auf die Dauer des Aufenthalts abzielen kann. Die deutsche Übersetzung, die aufgrund des im Aufenthaltsgesetz geregelten Aufenthaltsstatus der Niederlassungserlaubnis die Notwendigkeit eines Daueraufenthaltsrechts implizieren könnte, ist deshalb missverständlich. Im Ergebnis ist festzuhalten, dass der weit gefasste

---

719 EGMR, *Rodrigues da Silva and Hoogkamer/the Netherlands* vom 31.1.2006, Nr. 50435/99, („*The Court observes at the outset that there can be no doubt that there is family life within the meaning of Article 8 of the Convention*“); *Mengesha Kimfe/Suisse* vom 29.7.2010, Nr. 24404/05; *Agraw/Suisse* vom 29.7.2010, Nr. 3295/06.

720 Dafür wohl *Jürgen Bast,* Aufenthaltsrecht und Migrationssteuerung, 2011, S. 198f, *Jens Meyer-Ladewig,* EMRK, Kommentar, 3. Aufl., 2011, Artikel 8, Rdnr. 67; *Daniel Thym,* Respect for Private and Family Life under Article 8 ECHR in Immigration Cases: A Human Right to regularize illegal stay? in: International and Comparative Law Quarterly, Volume 57, 1/2008, S. 87–112. Kritisch: *Falk Fritzsch,* Die Grenzen des völkerrechtlichen Schutzes sozialer Bindungen von Ausländern nach Art. 8 EMRK, ZAR 1/2010, S. 14–22 (16).

721 *Jürgen Bast,* ebenda, S. 199 f.; *Jens Meyer-Ladewig,* ebenda. Kritisch: *Falk Fritzsch,* ebenda, der gänzlich auf das Kriterium des Vertrauensschutzes abstellt.

722 So die deutsche nichtamtliche Übersetzung in der Rechtsache *Maslov/Austria* vom 23.6.2008, Nr. 1638/03, siehe InfoAuslR 2008, Heft 9, S. 333 ff.

723 *Maslov/Austria* vom 23.6.2008, Nr. 1638/03, § 84.

Schutzbereich des Privatlebens im Sinne von Artikel 8 EMRK auch die sozialen Bindungen von Personen umfassen kann, die nur über einen befristeten, nicht verlängerbaren Aufenthaltstitel verfügen, soweit die Dauer des Aufenthalts sich über mehrere Jahre erstreckt. So können auch im Rahmen eines befristeten Aufenthalts zweifellos enge soziale Bindungen an das Aufnahmeland entstehen,[724] zumal der berufliche Lebensmittelpunkt während dieser Zeit im Gastland liegt. Selbst bei kürzeren, aber zirkulär stattfindenden Aufenthalten ist – bedingt durch den Faktor der Wiederholung – eine „Verwurzelung" denkbar.[725]

bb) Rechtfertigung

Kommt man zu dem Ergebnis, das ein Eingriff in das Privatleben vorliegt, ist in einem zweiten Schritt zu prüfen, ob die Aufrechterhaltung der sozialen Bindungen stärker gewichtet werden kann als das einwanderungspolitische Interesse des Konventionsstaates. Denn würde sich aus jedem befristeten Aufenthalt ein Bleiberecht ableiten lassen, könnte von einer einwanderungspolitischen Gestaltungsfreiheit der Konventionsstaaten kaum mehr die Rede sein. Artikel 8 Absatz 2 EMRK zählt die Gründe, aus denen ein Eingriff gerechtfertigt sein kann, abschließend auf. Als legitime Ziele der Aufenthaltsbeendigung kommen hier die „Aufrechterhaltung der Ordnung" sowie das „wirtschaftliche Wohl des Landes" in Frage. Ob der Eingriff im angemessenen Verhältnis zum verfolgten Ziel steht, ist unter Abwägung der widerstreitenden öffentlichen und privaten Interessen zu entscheiden. Der Gerichtshof prüft, ob die Maßnahme einen gerechten Ausgleich (*„fair balance"*) zwischen den durch die Konvention geschützten Rechten des Beschwerdeführers auf der einen Seite und dem staatlichen Interesse auf der anderen Seite geschaffen hat, wobei dem Konventionsstaat ein gewisser Beurteilungsspielraum verbleibt (*„margin of appreciation"*).[726] Dabei bestätigte der Gerichtshof jüngst, dass dem Konventionsstaat im Rahmen von Artikel 8 EMRK sowohl positive als auch negative Verpflichtungen obliegen können, deren Grenzen jedoch fließend sind.[727] Von den vom EGMR in den Ausweisungsfällen von Straftätern aufgestellten Abwägungskriterien[728] sind im Hinblick auf die Beendigung eines befristeten Aufenthalts zu Arbeitszwecken insbesondere folgenden Kriterien relevant: die Dauer des Aufenthalts, die Vorsehbarkeit der

---

724 Ebenda, S. 13.

725 Ebenda.

726 EGMR, *Slivenko/Latvia* vom 9.10.2003, Nr. 48321/99, §§ 113.

727 EGMR, *Antwi and others/Norway* vom 14.2.2012, Nr. 26940/10, § 68.

728 Vgl. EGMR, Üner/the Netherlands, Nr. 46410/99, 18.10.2006; *Kaya/Germany* Nr. 31753/02, 28.6.2007, §§ 53 ff.; *A. W. Khan/the Netherlands,* Nr. 47486/06, 12.1.2010.

Aufenthaltsbeendigung sowie die Festigkeit der sozialen, kulturellen und familiären Bindungen zum Gastland und zum Herkunftsland. Je länger der Aufenthalt und je häufiger die Wiederkehr desto größer ist die Wahrscheinlichkeit, dass der Betroffene starke Bindungen zum Zielland aufgebaut hat und desto stärker wird dies bei der Abwägung zu seinen Gunsten zu gewichten sein. Maßgeblich sind die persönlichen, sozialen und wirtschaftlichen Beziehungen zum Zielland, die im Einzelfall ermittelt werden müssen. Wie stark hierbei auch die wirtschaftliche Situation des Beschwerdeführers ins Gewicht fällt, wird in der Rechtssache Kaya gegen Deutschland deutlich, wo die fehlende Eingliederung in den Arbeitsmarkt zu Lasten des Betroffenen der sogar in Deutschland geboren wurde, gewichtet wird.[729] Auf der anderen Seite wird es sich bei Personen, die sich während eines mehrjährigen befristeten Aufenthalts zu Arbeitszwecken in die Gesellschaft integriert haben, starke persönliche, wirtschaftliche, kulturelle und soziale Bindungen aufgebaut haben, die Sprache des Aufnahmelandes beherrschen und gute Chancen auf dem Arbeitsmarkt haben, schwierig gestalten, das staatliche Interesse an einer Rückkehr höher zu gewichten als den Schutz des Privatlebens des Betroffenen, zumal das wirtschaftliche Interesse in diesem Fall gänzlich wegfällt. Die einwanderungspolitische Gestaltungsfreiheit des Konventionsstaates ist hier insbesondere an der Frage festzumachen, inwieweit die durch die Befristung bestehende Vorhersehbarkeit der Aufenthaltsbeendigung den Eingriff in das Privatleben rechtfertigt („Aufrechterhaltung der öffentlichen Ordnung"). Der Gerichtshof hatte jüngst über die Ausweisung eines ghanaischen Staatsangehörigen zu entscheiden, der mit falschem Pass in Norwegen gelebt und dort mit einer norwegischen Staatsangehörigen ghanaischen Ursprungs eine Familie gegründet hatte.[730] Bei der vorzunehmenden Interessenabwägung maß der Gerichtshof dem Umstand, dass das Familienleben zu einer Zeit gegründet wurde, als es den betroffenen Personen bewusst war, dass eine Fortdauer des Familienlebens im Gastland von Anfang an unsicher war, eine starkes Gewicht bei. Denn der Beschwerdeführer habe zu keinem Zeitpunkt davon ausgehen können, dass er Aussichten darauf habe, im Land zu bleiben.

> *"His links to Norway could not be said to outweigh those of his home country and had in any event been formed through unlawful residence and without any legitimate expectation of being able to remain in the country."*

---

729 Vgl. EGMR, *Kaya/Germany* vom 28.6.2007, Nr. 31753/02.

730 EGMR, *Antwi and others/Norway* vom 14.2.2012, Nr. 26940/10, §§ 70, 91.

In einem solchen Fall, so der Gerichtshof, liege nur *unter außergewöhnlichen Umständen* eine Verletzung von Artikel 8 EMRK vor.[731] Auch im jüngst entschiedenen Fall Butt gegen Norwegen führt der Gerichtshof aus, dass die Ausweisung der pakistanischen Beschwerdeführerin aufgrund falscher Angaben bei der Wiedereinreise nach Norwegen vorhersehbar und daher mit Artikel 8 EMRK vereinbar sei, wenn nicht außergewöhnliche Umstände vorliegen würden. Diese hat der Gerichtshof bejaht, da den Kindern das Verhalten der Mutter nicht zuzurechnen sei und eine Rückkehr nach Pakistan für sie wegen bestehender Bindungen an das Land zwar nicht mit unüberwindbaren Hindernissen, aber doch mit gesellschaftlichen und beruflichen Schwierigkeiten verbunden sei.[732] Die oben genannten Grundsätze könnten auch für Arbeitsmigranten gelten, die sich nur zu einem vorübergehenden Zwecke im Aufnahmeland aufhalten sollen. Dafür spricht, dass die Migranten von Anfang an nicht darauf vertrauen konnten, einen dauerhaften Aufenthaltsstatus zu erlangen. Im Fall Antwi gegen Norwegen wurde die Rechtmäßigkeit der Ausweisung bejaht, obwohl der Beschwerdeführer ein kleines Kind zurückließ, das die norwegische Staatsangehörigkeit besaß. Auf der anderen Seite muss berücksichtigt werden, dass sich der Beschwerdeführer jahrelang unberechtigt in Norwegen aufgehalten hat und dort eingereist war, so dass das öffentliche Interesse an der Ausweisung aufgrund der verübten Straftaten stark ins Gewicht fiel. Darüber hinaus berücksichtigte der Gerichtshof den Umstand, dass die Ehefrau ghanaischer Abstammung war und die Eheleute sich mit dem gemeinsamen Kind mehrmals für längere Zeit in Ghana aufgehalten hatten. Schließlich war die Aufenthaltssperre auf fünf Jahr beschränkt, so dass auch eine Rückkehr nicht ausgeschlossen war. Aufgrund der in hohem Maße von den Umständen des Einzelfalls gekennzeichneten Rechtsprechung des Gerichtshofs und der Tatsache, dass sich die Vorhersehbarkeit der Aufenthaltsbeendigung in den dargestellten Fällen daraus ergab, dass die Beschwerdeführer gegen ausländerrechtliche Vorschriften verstoßen haben, während sich der hier maßgebliche Personenkreis in der Regel nicht strafbar gemacht haben wird, können die vom Gerichtshof aufgestellten Grundsätze nicht ohne weiteres auf die Fallgruppe befristeter Arbeitsaufenthalte übertragen werden.[733] Entscheidend wird dabei nicht zuletzt die Gewichtung eines weiteren vom Gerichtshof aufgestellten Abwägungskriteriums sein, nämlich die Bindungen der Betroffenen zum

731 Vgl. EGMR, *Rodrigues da Silva and Hoogkamer/the Netherlands* vom 31.1.2006, Nr. 50435/99, wo allerdings zu Gunsten des Beschwerdeführers entschieden wird.

732 Vgl. EGMR, *Butt/Norway* vom 4.12.2012, Nr. 47017/09, §§ 79, 88.

733 Vgl. *Slivenko/Latvia* vom 9.10.2003, Nr. 48321/99, wo die unsichere Rechtslage sogar zugunsten des Beschwerdeführers ins Gewicht fiel.

Herkunftsland. Da solche Bindungen gerade im Fall der befristeten (zirkulären) Arbeitsmigration in der Regel unstreitig bestehen werden, stellt sich die Frage, ob eine Verletzung des Privatlebens nicht schon aus diesem Grunde ausscheidet. Der Gerichtshof hat in aufenthaltsrechtlichen Fällen, in denen eine Verletzung des Schutzes des Privatlebens bejaht wurde, stets die fehlenden oder geringen Bindungen an das Herkunftsland (und selbst im Fall von Migranten der zweiten Generation das Herkunftsland der Eltern) herangezogen, um einen Verbleib im Konventionsstaat zu rechtfertigen. Dabei legt der Gerichtshof insbesondere in seiner Rechtsprechung zur Ausweisung von Straftätern sehr strenge Maßstäbe an. So hält er in der Rechtssache Kaya gegen Deutschland die Ausweisung des in Deutschland geborenen Beschwerdeführers nicht zuletzt deshalb für verhältnismäßig, weil durch gelegentliche Besuche, einem mehrwöchigen Arbeitsaufenthalt sowie der Kenntnis der türkischen Sprache Bindungen zum Herkunftsland der Eltern fortbestanden. Es wurde ihm deshalb zugemutet, seine persönlichen Beziehungen durch Besuche aufrecht zu erhalten. Auch in der Rechtssache Antwi gegen Norwegen verneinte der Gerichtshof eine Verletzung von Artikel 8 EMRK trotz Bestehens eines Familienlebens insbesondere in Anbetracht der Bindungen des ghanaischen Beschwerdeführers und seiner Ehefrau zu Ghana, das beide erst im Erwachsenenalter verlassen und mehrmals besucht hatten.[734] In der jüngst entschiedenen Rechtssache Savasci gegen Deutschland hat der Gerichtshof die Beschwerde des türkischen Beschwerdeführers, der mit 21 Jahren nach Deutschland kam, mit einer deutschen Staatsangehörigen verheiratet ist und mit dieser zwei inzwischen volljährige Kinder hat, wegen offensichtlicher Unbegründetheit für unzulässig erklärt und zurückgewiesen (Artikel 35 Absatz 3 EMRK).[735] Der Gerichtshof stellte fest, dass der Beschwerdeführer, der wegen schweren Straftaten verurteilt worden war, über ein Drittel seines Lebens in der Türkei verbracht hatte, starke Bindungen zu dem Land hat und die Sprache spricht. Dabei berücksichtigt der Gerichtshof auch, dass die Ausweisung auf Antrag zeitlich befristet werden kann.[736] Der Gerichthof kommt zu dem Schluss, dass keine unüberwindbaren Hindernisse für eine Wiedereingliederung des Beschwerdeführers in der Türkei vorliegen würden:[737]

---

734 EGMR, *Antwi and others/Norway* vom 14.2.2012, Nr. 26940/10, §§ 92, 105.

735 Vgl. *Savasci/Germany* vom 19.3.2013, Nr. 45971.

736 Ebenda, § 30.

737 Ebenda, § 28, mit Verweis auf *Antwi and Others/Norway* vom 14.2.2012, Nr. 26940/10, § 92, sowie auf das Gegenbeispiel *Butt/Norway* vom 4.12.2012, Nr. 47017/09, § 76, wo die Einreise bereits im Alter von 3 und 4 stattfand.

„Therefore there were no insurmountable obstacles that prevented his reintegration in his country of origin"

Umgekehrt bejahte der Gerichtshof im Fall Khan gegen die Niederlande eine Verletzung des Privatlebens unter Berücksichtigung dessen, dass der Beschwerdeführer, der im Alter von drei Jahren nach Großbritannien eingereist war, seitdem niemals mehr in Pakistan war und zu dem Land keine Bindungen bestanden („*In light of the lack of any continuing ties to Pakistan*"), obwohl der Beschwerdeführer schwere Straftaten verübt hatte.[738] Der Gerichtshof stellt bei der Prüfung der Verhältnismäßigkeit von straffälligen Ausländern letztlich also entscheidend darauf ab, ob es dem Betroffenen zumutbar ist, in seinem Herkunftsland oder sogar im Herkunftsland der Eltern zu leben. Etwas anderes könnte jedoch für die Aufenthaltsbeendigung von Arbeitsmigranten gelten, bei denen auf der staatlichen Seite der Waagschale keine Gründe der öffentlichen Sicherheit (Ausweisung von Straftätern) liegen, sondern ausschließlich die einwanderungspolitische Gestaltungsfreiheit des Aufnahmestaates. So bejaht der Gerichtshof etwa in der Rechtssache Sisojeva gegen Lettland eine Verletzung von Artikel 8 EMRK bei den russischstämmigen Beschwerdeführern, die erst mit Anfang 20 nach Lettland eingereist waren. Der Gerichtshof führt aus, dass er das Recht jedes Staates anerkennt, effektive Maßnahmen zur Einhaltung seiner Einwanderungsgesetze durchzuführen.[739] Jedoch erinnert der Gerichtshof daran, dass sich die meisten der bisher unter Artikel 8 EMRK behandelten aufenthaltsrechtlichen Fälle auf Ausweisungen aufgrund schwerer Straftaten beziehen würden, was vorliegend nicht zuträfe. Der Gerichtshof stellt fest, dass die Beschwerdeführerinnen gut in die lettische Gesellschaft integriert seien und ihre persönlichen Bindungen in Russland nicht mit den in Lettland aufgebauten Beziehungen zu vergleichen seien:[740]

"none of the three applicants appears to have developed personal ties in that country comparable to those they have established in Latvia"

Der Gerichtshof gewichtet die Bindungen der Betroffenen an das Herkunftsland hier weit weniger stark als in Ausweisungsfällen wegen begangener Straftaten. Während er bei Letzteren eine Verletzung von Artikel 8 EMRK in der Regel nur dann bejaht wenn das Leben im Herkunftsland nicht zumutbar erscheint, lässt er es im Fall Sisojeva gegen Lettland bereits ausreichen, dass die Bindungen an

738 EGMR, *A. W. Khan/the Netherlands* vom 12.1.2010, Nr. 47486/06, §§ 42, 50.
739 EGMR, *Sisojeva and others/Latvia* vom 15.1.2007, Nr. 60654/00, § 108.
740 Ebenda, § 107.

das Herkunftsland nicht mit denen an das Aufnahmeland *vergleichbar* sind. Jedenfalls hat der Gerichtshof in den bisher entschiedenen Fällen immer vorausgesetzt, dass die Bindungen an das Zielland erheblich stärker sind, als an das Herkunftsland, eine Gewichtung, die letztlich zu Lasten derjenigen Migranten geht, die weiterhin Beziehungen zu ihrem Herkunftsland pflegen. Umgekehrt wirkt sich die Entfremdung zum Herkunftsland bei der Interessenabwägung zugunsten der Feststellung der Integration des Betroffenen im Aufnahmeland aus. Mit anderen Worten werden Migranten, die ihre Bindungen zum Herkunftsland nicht aufgeben (wollen) mit einem schwächeren Schutz ihres Familien- und Privatlebens im Aufnahmeland bestraft.[741] Im Fall von zirkulären bzw. transnationalen Migranten, die naturgemäß Bindungen zu zwei oder mehr Ländern haben werden, würde ein Schutz aus Artikel 8 EMRK damit gänzlich entfallen.[742] Da der Gerichtshof nach seiner bisherigen Rechtsprechung keine gleichwertigen Bindungen an Herkunfts- wie Aufnahmeland gelten lässt, um eine Verletzung von Artikel 8 EMRK zu bejahen, werden aber auch Personen, die im Rahmen befristeter Arbeitsmigrationsprogramme einreisen, aufgrund ihrer Bindungen an das Herkunftsland durch die Aufenthaltsbeendigung regelmäßig nicht in ihrem Recht auf Privatleben in Sinne von Artikel 8 EMRK verletzt sein. Dies schließt nicht aus, dass im Einzelfall Umstände entstehen können, die eine Rückkehr des Betroffenen unvereinbar mit Artikel 8 EMRK machen. Es bleibt abzuwarten, ob der EGMR an dem Kriterium der (zumindest weitest gehenden) Entwurzelung im Herkunftsland festhält, um die für eine Verletzung von Artikel 8 EMRK vorausgesetzte Integration im Aufnahmeland zu bejahen. Soweit die Rechtsfrage nicht die Auslegung von EU-Richtlinien bzw. deren Umsetzungsvorschriften betrifft, sondern ein auf rein nationalem Recht basierender Aufenthaltstitel geltend gemacht wird, wird keine in die Zuständigkeit des EuGH fallende unionsrechtliche Frage vorliegen, die eine Vorlagepflicht an den EuGH begründen könnte. Die weitere Entwicklung der Rechtsprechung zum menschenrechtlichen Schutz des verwurzelten Aufenthalts wird deshalb auch in Zukunft weitestgehend vom Menschenrechtsgerichtshof in Straßburg geprägt werden.

---

741 Vgl. hierzu *Anuscheh Farahat,* The Exclusiveness of Inclusion: On the Boundaries of Human Rights in Protecting Transnational and Second-Generation Migrants, European Journal of Migration and Law (EJML), Volume 11, 2009, S. 253–269, die die vom Gerichtshof aufgestellten Kriterien aus der Sicht transnationaler Migranten nicht für effektiv hält.

742 Ebenda.

3. Aufenthaltsrechtlich relevante EU-Richtlinien

a) Familienbedingte Aufenthaltsrechte

aa) Die Unionsbürgerrichtlinie

Die Familienzusammenführung macht einen großen, wenn auch abnehmenden Anteil der legalen Migration in die Europäische Union aus: Während sie Anfang dieses Jahrhunderts noch mehr als die Hälfte der gesamten rechtmäßigen Zuwanderung ausmachte, beträgt ihr Anteil heute nicht zuletzt aufgrund verschärfter Zulassungsbedingungen einzelner Mitgliedstaaten nur noch rund ein Drittel der gesamten Zuwanderung in die Europäische Union.[743] Relevante EU-Richtlinien für die familienbedingte Zuwanderung sind die Unionsbürgerrichtlinie[744] sowie die Familienzusammenführungsrichtlinie[745]. Erstere gewährt Unionsbürgern ein weitreichendes Recht auf Familienzusammenführung. So können grundsätzlich alle drittstaatsangehörigen Familienangehörigen von Unionsbürgern unabhängig von ihrer aufenthaltsrechtlichen Situation ein Aufenthaltsrecht erlangen, mithin auch der hier betroffene Personenkreise befristeter Arbeitsmigranten. Da die Richtlinie die Freizügigkeitsrechte von Unionsbürgern und ihren Familienangehörigen gewährleisten soll, findet sie mangels Gemeinschaftsbezug allerdings keine Anwendung in den Fällen, in denen der Migrant familiäre Beziehungen mit einem Staatsangehörigen des Ziellandes eingeht.[746] Der Familiennachzug zu inländischen Staatsangehörigen ist vom Anwendungsbereich der Richtlinie damit grundsätzlich ausgeschlossen. Das heißt: Heiratet die im Rahmen ihres vorübergehenden Arbeitsaufenthalts in Frankreich anwesende senegalesische Migrantin einen französischen Staatsangehörigen, findet das französische Einwanderungsrecht Anwendung. Heiratet sie jedoch einen in Frankreich ansässigen Deutschen, finden die Regelungen der Unionsbürgerrichtlinie Anwendung. Der EuGH hat sich in jüngeren Entscheidungen unter

---

743 Grünbuch zum Recht auf Familienzusammenführung von in der Europäischen Union lebenden Drittstaatsangehörigen (RL 2003/86/EG) vom 15.11.2011, KOM (2011) 735, S. 1.

744 Richtlinie 2004/38/EG des Europäischen Parlaments und des Rates vom 29.4.2004 über das Recht der Unionsbürger und ihrer Familienangehörigen, sich im Hoheitsgebiet der Mitgliedstaaten frei zu bewegen und aufzuhalten, ABl. EU L 158 vom 30.04.2004.

745 Richtlinie 2003/86/EG vom 22.9.2003 betreffend das Recht auf Familienzusammenführung, ABl. EU L 251 vom 3.10.2003.

746 Ausführlich zum Problem der Inländerdiskriminierung siehe *Anne Walter,* Familienzusammenführung in Europa, 2007. S 167–171.

Berufung auf den Unionsbürgerstatus nach Artikel 20 AEUV mit dem ungelösten Problem der Inländerdiskriminierung auseinandergesetzt.[747] Zwar hält der EuGH daran fest, dass nach einer grammatikalischen, teleologischen und systematischen Auslegung ein Unionsbürger, der nie von seinem Recht auf Freizügigkeit Gebrauch gemacht und sich stets in einem Mitgliedstaat aufgehalten hat, dessen Staatsangehörigkeit er besitzt, nicht unter den Begriff „Berechtigter" im Sinne von Artikel 3 Absatz 1 der Richtlinie fällt, so dass diese auf ihn und folglich auch auf seine Familienangehörigen, die lediglich über abgeleitete Rechte verfügen, nicht anwendbar ist.[748] Ungeachtet der Unanwendbarkeit der Unionsbürgerrichtlinie auf den betreffenden Personenkreis sei aber zu prüfen, ob die betroffenen Unionsbürger sich gleichwohl auf die Bestimmungen des Vertrages über die Unionsbürgerschaft berufen können, denn Staatsangehörige eines Mitgliedsstaates genießen unabhängig davon, ob sie von ihrem Recht auf Freizügigkeit Gebrauch gemacht haben als Unionsbürger gemäß Artikel 20 Absatz 1 AEUV den Unionsbürgerstatus und können sich daher auch gegenüber dem Mitgliedsstaat, dessen Staatsangehörigkeit sie besitzen, auf die mit diesem Status verbundenen Rechte berufen.[749] Auf dieser Grundlage hat der EuGH entschieden, dass Artikel 20 AEUV nationalen Maßnahmen entgegensteht, die bewirken, dass den Unionsbürgern der tatsächliche Genuss des „Kernbestands der Rechte", die ihnen dieser Status verleiht, verwehrt wird.[750] Dabei muss sich das Kriterium der Verwehrung des Kernbestandes der Rechte, die der Unionsbürgerstatus verleiht, auf Sachverhalte beziehen, die dadurch gekennzeichnet sind, dass sich der Unionsbürger *de facto* gezwungen sieht nicht nur das Gebiet des Mitgliedsstaates, dem er angehört, zu verlassen, sondern das Gebiet der Union als Ganzes.[751] Dies führt zu dem Ergebnis, dass – obwohl das das Aufenthaltsrecht von Drittstaatsangehörigen betreffende abgeleitete Recht nicht anwendbar ist – einem Drittstaatsangehörigen, der Familienangehöriger eines Staatsbürgers eines Mitgliedsstaates ist, ein Aufenthaltsrecht ausnahmsweise nicht verweigert werden darf, da sonst die Unionsbürgerschaft der letztgenannten Person ihrer praktischen Wirksamkeit beraubt würde.[752] Allerdings rechtfertigt die bloße Tatsache, dass es für einen Staatsbürger eines Mitgliedsstaates aus wirtschaftlichen

747 Vgl. EuGH, *Dereci u.a.*, Urteil vom 15.11.2011, C-256/11; *Zambrano*, Urteil vom 8.3.2011, C-34/09; *Mc Carthy*, Urteil vom 5.5.2011, C-434/09.

748 EuGH, *Dereci u.a.*, ebenda, §§ 54–55, *McCarthy*, ebenda, §§ 31, 39–42.

749 EuGH, *Dereci u.a.*, ebenda, §§ 59–63; *McCarthy*, ebenda, 46–48.

750 EuGH, *Dereci u. a*, ebenda, § 64; *Zambrano*, Urteil vom 8.3.2011, C-34/09; § 42.

751 EuGH, *Dereci u.a.*, ebenda, § 66ff.

752 Ebenda.

Gründen oder zur Aufrechterhaltung der Familiengemeinschaft im Gebiet der Union wünschenswert erscheinen könnte, dass sich Familienangehörige, die nicht die Staatsbürgerschaft eines Mitgliedsstaates besitzen, mit ihm zusammen im Gebiet der Union aufhalten können, für sich genommen nicht die Annahme, dass der Unionsbürger gezwungen wäre, das Gebiet der Union zu verlassen, wenn kein Aufenthaltsrecht gewährt würde.[753] Im Ergebnis können die vorliegend betroffenen Arbeitsmigranten, die während ihres befristeten (zirkulären) Aufenthalts familiäre Bindungen mit einem in einem anderen EU-Mitgliedsland ansässigen Unionsbürger eingehen, nach der Freizügigkeitsrichtlinie einen Anspruch auf Daueraufenthalt geltend machen. Entstehen hingegen familiäre Bindungen zu Staatsangehörigen des Aufnahmelandes, gelten grundsätzlich die nationalen Regelungen, die in der Regel ein Recht auf Familiennachzug jedenfalls in Bezug auf die Kernfamilie gewähren werden. Soweit die Familienangehörigen des Arbeitsmigranten zwingend auf dessen Anwesenheit angewiesen sind, wird nach der jüngeren Rechtsprechung des EuGH zudem zu prüfen sein, ob Artikel 20 Absatz 1 AEUV der Verweigerung einer Aufenthaltsverlängerung entgegenstehen könnte.

bb) Die Familienzusammenführungsrichtlinie

Gründet der Arbeitsmigrant während seines Aufenthalts eine Familie mit einem anderen Drittstaatsangehörigen, kommt ein Aufenthaltsrecht aus der Familienzusammenführungsrichtlinie[754] in Betracht. Die Richtlinie stellte das erste Paket von Maßnahmen zu den Einreise- und Aufenthaltsvoraussetzungen von Drittstaatsangehörigen auf der Grundlage von Artikel 79 Nr. 3 a EUV (ehem. Artikel 63 Nummer 3 Absatz a EVG) dar. Sie regelt die Einreise und den Aufenthalt von Familienangehörigen eines sich *rechtmäßig* in einem Mitgliedstaat aufhaltenden Drittstaatsangehörigen (Zusammenführender). Der Anteil der Personen, die unter die Richtlinie fallen, d.h. Drittstaatsangehörige, die Nicht-EU-Bürgern nachziehen beträgt etwa 21 % der gesamten Einreise- und Aufenthaltsgenehmigungen, das entspricht auf EU-Ebene rund 500 000 Migranten.[755] Die Richtlinie

---

753 Ebenda.

754 Richtlinie 2003/86/EG vom 22.9.2003 betreffend das Recht auf Familienzusammenführung, ABl. EU L 251 vom 3.10.2003.

755 Grünbuch zum Recht auf Familienzusammenführung von in der Europäischen Union lebenden Drittstaatsangehörigen (RL 2003/86/EG) vom 15.11.2011, KOM (2011) 735, S. 1, dort Fn. 5.

ist nur als erster Harmonisierungsschritt anzusehen.[756] Mit der Richtlinie, die eine EU-weite rechtliche Mindestgarantie darstellt, wird das Bestehen eines Rechts auf Familienzusammenführung anerkannt.[757] Der EuGH hat die Existenz dieses Rechts ausdrücklich bekräftigt.[758] Anwendung findet die Richtlinie, wenn der *Zusammenführende* im Besitz eines von einem Mitgliedstaat ausgestellten Aufenthaltstitels mit mindestens *einjähriger Gültigkeit* ist und *begründete Aussicht* darauf hat, ein *dauerhaftes Aufenthaltsrecht* zu erlangen. Hingegen ist die Rechtstellung des zuziehenden Familienangehörigen – hier also des betroffenen Arbeitsmigranten – unerheblich. Berechtigt, dem Zusammenführenden nachzuziehen, sind zumindest die Mitglieder der „Kernfamilie", d.h. der Ehepartner des Zusammenführenden und die minderjährigen Kinder. Hingegen ist die Zusammenführung von Verwandten in gerader aufsteigender Linie ersten Grades für die Mitgliedstaaten optional. Über die Hälfte der Mitgliedstaaten genehmigen die Familienzusammenführung bei Eltern des Zusammenführenden und/oder seines Ehepartners, sieben Mitgliedstaaten die Zusammenführung mit einem nicht ehelichen Lebenspartner im Rahmen einer eingetragenen Lebenspartnerschaft oder einer nachweislich auf Dauer angelegten Beziehung. Der Antrag ist grundsätzlich zu stellen und zu prüfen, wenn sich die Familienangehörigen noch außerhalb des Hoheitsgebiets des Mitgliedstaats aufhalten, in dem sich der Zusammenführende aufhält. Abweichend davon kann ein Mitgliedstaat gegebenenfalls zulassen, dass ein Antrag gestellt wird, wenn sich die Familienangehörigen bereits in seinem Hoheitsgebiet befinden. Die Mitgliedstaaten dürfen verlangen, dass sich der Zusammenführende während eines Zeitraums, der zwei Jahre nicht überschreiten darf, rechtmäßig auf ihrem Hoheitsgebiet aufgehalten hat, bevor seine Familienangehörigen ihm nachreisen. Die Gültigkeitsdauer der den Familienangehörigen erteilten Aufenthaltstitel geht grundsätzlich nicht über die des Zusammenführenden hinaus. Spätestens nach fünfjährigem Aufenthalt haben der Ehegatte oder der nicht eheliche Lebenspartner und das volljährig gewordene Kind das Recht auf einen eigenen Aufenthaltstitel, der unabhängig von jenem des Zusammenführenden ist. Integrationsmaßnahmen, die gemäß Artikel 7 Absatz 2 der Richtlinie fakultativ sind, wurden von einigen Mitgliedstaaten in die

756 Vgl. den Bericht der Kommission vom 8.10.2008 über die Anwendung der Richtlinie 2003/86/EG betreffend das Recht auf Familienzusammenführung, KOM (2008) 610.

757 Grünbuch zum Recht auf Familienzusammenführung von in der Europäischen Union lebenden Drittstaatsangehörigen (RL 2003/86/EG) vom 15.11.2011, KOM (2011) 735, S. 1.

758 EuGH, Urteil vom 27.6.2006, *Europäisches Parlament/Rat der Europäischen Union*, C-540/03, §60.

nationalen Rechtsvorschriften aufgenommen. In drei Mitgliedstaaten (Niederlanden, Deutschland und Frankreich) sind sie Voraussetzung für die Zulassung zum Hoheitsgebiet. Hierbei handelt es sich insbesondere um Sprachkenntnisse.[759] Im Fall der Ablehnung eines Antrags, dem Entzug oder der Nichtverlängerung des Aufenthaltstitels sowie der Rückführung des Zusammenführenden oder seiner Familienangehörigen berücksichtigen die Mitgliedstaaten in gebührender Weise die Art und die Stärke der familiären Bindungen der betreffenden Person und die Dauer ihres Aufenthalts in dem Mitgliedstaat sowie das Vorliegen familiärer, kultureller oder sozialer Bindungen zu ihrem Herkunftsland (Artikel 17 Absatz 2). Während seitens Nichtregierungsorganisationen und der Wissenschaft kritisiert wird, dass nur ein relativ geringes Maß an Harmonisierung erreicht worden sei, haben einige Mitgliedstaaten in den letzten Jahren sogar strengere Regelungen eingeführt und sogar Änderungen der Richtlinie verlangt, um die Familienzusammenführung an weitere Bedingungen zu knüpfen.[760] Sie argumentieren, dass diese Änderungen erforderlich sind, um gegen Missbrauch vorgehen und den großen Zustrom von Migranten besser steuern zu können.[761] Die Kommission hat deshalb im November 2011 eine öffentliche Debatte über die Familienzusammenführung eingeleitet. Sollten diese Konsultationen zu einer Änderung der Richtlinie führen, so muss diese insbesondere mit Artikel 7 und 24 EuGRCH sowie Artikel 8 EMRK in Einklang stehen. Im Ergebnis begründet die Familienzusammenführungsrichtlinie für den hier maßgeblichen Personenkreis grundsätzlich ein Aufenthaltsrecht, soweit die genannten Voraussetzungen vorliegen. Gegebenenfalls hat die Antragstellung aber vom Herkunftsland aus zu erfolgen.

b) Die Daueraufenthaltsrichtlinie

Einer zwingenden Rückkehr entgegenstehen könnten auch aufenthaltsrechtliche Ansprüche aus der Daueraufenthaltsrichtlinie. Die Richtlinie betreffend den Status langfristig aufenthaltsberechtigter Drittstaatsangehöriger[762] legt fest,

---

759 Bericht der Kommission vom 8.10.2008 über die Anwendung der Richtlinie 2003/86/EG betreffend das Recht auf Familienzusammenführung, KOM (2008) 610, S. 8.

760 Grünbuch vom 15.11.2011 zum Recht auf Familienzusammenführung von in der Europäischen Union lebenden Drittstaatsangehörigen (RL 2003/86/EG), KOM (2011) 735.

761 Ebenda.

762 Richtlinie 2003/109/EG vom 25.11.2003 betreffend die Rechtsstellung der langfristig aufenthaltsberechtigten Drittstaatsangehörigen, ABl. EU L 16 vom 23.1.2004 sowie Änderungsrichtlinie 2011/51/EU vom 11.5.2011, ABl. EU L 132 vom 19.5.2011.

unter welchen Voraussetzungen der in einem Mitgliedsstaat ansässige Drittstaatsangehörige den Status eines langfristig Aufenthaltsberechtigten erwirbt und welche Rechte mit diesem Status verbunden sind. Der Aufenthaltstitel ist mindestens fünf Jahre gültig und wird ohne weiteres verlängert. Die Richtlinie ist ein wichtiger Schritt zur Entwicklung einer gemeinsamen europäischen Einwanderungspolitik. Hauptziel der Richtlinie ist die Integration von langfristig aufenthaltsberechtigten Drittstaatsangehörigen sowie die Förderung ihrer Mobilität innerhalb der Europäischen Union. Um dieses Ziel zu verwirklichen, soll den Berechtigten eine sichere Rechtsstellung gewährt werden und eine Annäherung ihrer Rechte an diejenigen von EU-Bürgern erfolgen. Darüber hinaus genießen langfristig Aufenthaltsberechtigte einen verstärkten Ausweisungsschutz. Hauptvoraussetzung für die Erlangung des dauerhaften Aufenthaltstitels ist ein rechtmäßiger Aufenthalt von fünf Jahren im Aufnahmeland. Zeiten, in denen der Drittstaatsangehörige sich nicht im Hoheitsgebiet des Mitgliedstaats aufgehalten hat, unterbrechen die Dauer des 5-Jahres-Zeitraums dann nicht und fließen in die Berechnung dieses Aufenthalts mit ein, wenn sie sechs aufeinander folgende Monate und insgesamt zehn Monate nicht überschreiten. Ein erfolgreicher Antrag setzt feste und regelmäßige Einkünfte sowie eine Krankenversicherung voraus. Optional können die Mitgliedsstaaten verlangen, dass der Antragsteller die Integrationsanforderungen nach nationalem Recht erfüllt. Fraglich ist jedoch, ob die Richtlinie auf Arbeitsmigranten, die nur vorübergehend zu Arbeitszwecken einreisen sollen, überhaupt anwendbar ist, selbst wenn sie die Aufenthaltsdauer von fünf Jahren erreicht haben sollten. Vom Anwendungsbereich der Richtlinie ausdrücklich ausgeschlossen sind gemäß Artikel 3 Absatz 2 e der Richtlinie nämlich solche Drittstaatsangehörigen,

> *„die sich ausschließlich vorübergehend wie etwa als Au-pair oder Saisonarbeitnehmer (…) aufhalten oder deren Aufenthaltsgenehmigung förmlich begrenzt wurde."*[763]

Unklar ist, inwieweit sonstige Arbeitsmigranten, deren Aufenthalt befristet ist, die aber keine Saisonarbeitnehmer sind, vom Anwendungsbereich der Richtlinie ausgeschlossen sind. Artikel 3 Absatz 2 e der Richtlinie sieht zwei Fallgruppen vor: Ausgeschlossen werden sollen zum einen solche Migranten, die sich „ausschließlich vorübergehend" im Aufnahmeland aufhalten. Damit wollte der EU-Gesetzgeber vom Anwendungsbereich der Vorschrift solche Aufenthalte ausschließen, die bereits *ihrer Natur nach* nicht auf Dauer angelegt sind, wie dies

763 Richtlinienvorschlag vom 13.3.2001 betreffend den Status der langfristig aufenthaltsberechtigten Drittstaatsangehörigen, KOM (2001) 127, Ziff. 5.3.

bei Au-Pair und Saisonarbeitnehmer der Fall ist.[764] Diese Auslegung erschließt sich aus dem deutschen Wortlaut sowie der englischen Textfassung („*reside solely on temporary grounds*") nicht eindeutig. Jedoch kommt der temporäre *Charakter* des Aufenthalts in der französischen Textfassung („*séjournent exclusivement pour des motifs à caractère temporaire*") klar zur Geltung.[765] Der befristete (zirkuläre) Aufenthalt im Rahmen von Migrationsvereinbarungen wird, soweit es sich nicht um Saisonarbeit handelt, in der Regel nicht seiner Natur nach ein Vorübergehender sein. Fraglich ist aber, ob für diesen Personenkreis die zweite Fallgruppe von Artikel 3 Absatz 2 e greift und die Aufenthaltsgenehmigung dieser Personengruppe als „förmlich begrenzt" im Sinne der Richtlinie anzusehen ist. Die Auslegung der Wendung „deren Aufenthaltsgenehmigung förmlich begrenzt wurde" bereitete von Anfang an Schwierigkeiten. Nach Sinn und Zweck der Regelung kann die Formulierung nicht alle befristeten Aufenthaltstitel umfassen, da der Anwendungsbereich der Richtlinie sonst ausgehöhlt werden würde.[766] So soll die Richtlinie ja gerade der Festlegung der Voraussetzungen dienen, unter denen ein befristeter in einen dauerhaften Aufenthalt umgewandelt werden kann.[767] Auch die Kommission weist in ihrem Bericht über die Anwendung der Daueraufenthaltsrechtsrichtlinie im Jahr 2011 auf Auslegungsprobleme in Bezug auf Drittstaatsangehörige hin, die nur vorübergehend einreisen dürfen, und die Praxis einiger Mitgliedstaaten, diese von der Rechtstellung eines langfristig Aufenthaltsberechtigten auszuschließen.[768] Diese Einschränkung des Anwendungsbereichs aber hätte schwerwiegende Auswirkungen auf den Nutzeffekt der Richtlinie. Die Frage nach der Auslegung der „förmlich begrenzten Aufenthaltsgenehmigung" wurde im Jahr 2010 auch Gegenstand eines Ersuchens um Vorabentscheidung an den Europäischen Gerichtshof.[769] Der EuGH führt aus, dass eine Aufenthaltsgenehmigung nicht bereits deshalb als „förmlich begrenzte Aufenthaltsgenehmigung" angesehen werden könne, weil sie im Sinne des nationalen

---

764 Vgl. EuGH, Urteil vom 18.11.2012, C-502/10, Vorabentscheidungsersuchen des *Raad van State* (Niederlande) in dem Verfahren *Staatssecretaris van Justitie/Singh.*

765 Das gleiche gilt für die spanische Textfassung: „*residente exclusivamente por motivos de carácter temporal*".

766 *Jürgen Bast,* Rechtliche Rahmenbedingungen für staatliche Programme zirkulärer Migration. Studie für den Sachverständigenrat deutscher Stiftungen für Integration und Migration (SVR), 2010, S. 18, abrufbar unter www.svr-migration.de.

767 Ebenda.

768 KOM (2011) 585 vom 28.9.2011, S. 2.

769 EuGH, Urteil vom 18.11.2012, C-502/10, Vorabentscheidungsersuchen des *Raad van State* (Niederlande) in dem Verfahren *Staatssecretaris van Justitie/Singh.*

Rechts eines Mitgliedsstaats förmlich begrenzt sei.[770] Nach ständiger Rechtsprechung des Gerichtshofs folge aus dem Gebot der einheitlichen Anwendung des Unionsrechts wie auch aus dem Gleichheitssatz, dass die Begriffe einer Vorschrift des Unionsrechts, die nicht ausdrücklich auf das Recht der Mitgliedstaaten verweist, in der Regel in der gesamten Union eine autonome und einheitliche Auslegung erhalten müssen. Dabei sei zu berücksichtigen, dass die Bedeutung und Tragweite von Begriffen, die das Unionsrecht nicht definiert, insbesondere unter Berücksichtigung des Zusammenhangs, in dem sie verwendet werden, und der Regelungsziele zu bestimmen seien. Vorrangiges Ziel der Richtlinie sei die Integration von Drittstaatsangehörigen, die in den Mitgliedsstaaten langfristig ansässig sind.[771]. Nach Artikel 4 Absatz 1 der Richtlinie belege die Dauer des rechtmäßigen und ununterbrochenen Aufenthalts von fünf Jahren die Verwurzlung der betreffenden Person im Land und somit, dass sie dort langfristig ansässig ist.[772] Anders als im Fall von Drittstaatsangehörigen, deren Aufenthalt ausschließlich vorübergehender Natur sei (Au-Pair, Saisonarbeitnehmer u.a.), ergebe sich aus der förmlichen Begrenzung einer Aufenthaltsgenehmigung für sich genommen nicht, ob der Drittstaatsangehörige möglicherweise ungeachtet einer solchen Begrenzung in dem Mitgliedstaat langfristig ansässig werden könne.[773] Somit kann, wenn nicht die Verwirklichung der mit der Richtlinie verfolgten Ziele gefährdet und dieser damit ihre praktische Wirksamkeit genommen werden soll, eine förmlich begrenzte Aufenthaltsgenehmigung im Sinne des nationalen Rechts, deren förmliche Begrenzung den betreffenden Drittstaatsangehörigen aber nicht daran hindert, langfristig ansässig zu sein, nicht als förmlich begrenzte Aufenthaltsgenehmigung gelten. Der EuGH kommt deshalb zu dem Ergebnis, dass es Sache des nationalen Gerichts ist, zu prüfen, ob die förmliche Begrenzung einer Aufenthaltsgenehmigung im Sinne des nationalen Rechts es zulässt, dass der Inhaber dieser Genehmigung in dem betreffenden Mitgliedstaat langfristig ansässig ist.[774] Die Tatsache, dass eine Aufenthaltsgenehmigung immer wieder verlängert werden kann, auch über eine Dauer von fünf Jahren hinaus und insbesondere unbegrenzt, sei ein wichtiges Indiz dafür, dass die förmliche Begrenzung, mit der diese Genehmigung versehen wird, den Drittstaatsangehörigen nicht daran hindert, in dem betreffenden Mitgliedstaat langfristig ansässig

770 Ebenda, §§ 41 ff.

771 Erwägungsgründe 4, 6 und 12 der Richtlinie 2003/109/EG vom 25.11.2003.

772 EuGH, Urteil vom 18.11.2012, C-502/10, Vorabentscheidungsersuchen des *Raad van State* (Niederlande) in dem Verfahren *Staatssecretaris van Justitie/Singh,* § 46.

773 Ebenda, §§ 50 ff.

774 Ebenda, §§ 52 f.

zu sein. Im Ergebnis hält der EuGH solche Aufenthaltsgenehmigungen nicht für „förmlich begrenzt", die faktisch einen langjährigen rechtmäßigen Aufenthalt ermöglichen, ohne dass jedoch die Aussicht auf einen unbefristeten Aufenthaltstitel besteht. Diese Auslegung verbietet es nicht *per se*, den befristeten (zirkulären) Aufenthalt zu Arbeitszwecken als „formal begrenzt" anzusehen. Wird in der Migrationsvereinbarung ein Aufenthalt von zwei Jahren festgelegt mit der ausdrücklichen Bestimmung, dass dieser Aufenthalt nicht verlängerbar ist, wird von einem „formal begrenzten" Aufenthalt und damit einem Ausschluss der Anwendung der Daueraufenthaltsrichtlinie auszugehen sein, soweit das nationale Recht keine Möglichkeiten der Verlängerung vorsieht.[775] Sollte der Aufenthalt in der Folge aber etwa aus beschäftigungspolitischen Gründen doch verlängert werden und summiert sich der rechtmäßige Aufenthalt auf fünf Jahre, kann ein „formal begrenzter" Aufenthaltstitel aufgrund gegenteiliger faktischer und rechtlicher Handhabe nicht mehr bejaht werden. Fraglich ist aber auch, ob ein rechtmäßiger Aufenthalt zu Arbeitszwecken, der sich auf fünf Jahre erstreckt, unabhängig davon, ob er „formal befristet" ist oder nicht, nicht bereits aufgrund der langen Aufenthaltsdauer unter die Daueraufenthaltsrichtlinie fallen müsste. Vorrangiges Ziel der Richtlinie ist die Integration von Drittstaatsangehörigen, die langfristig in der Europäischen Union ansässig sind.[776] Hauptkriterium für das Erlangen der Rechtstellung eines langfristig Aufenthaltsberechtigten ist dabei die Dauer des Aufenthalts, der zum Nachweis der Verwurzelung der betreffenden Person im Land („*in order to show that the person has put down roots in the country*") rechtmäßig und ununterbrochen sein sollte.[777] Der EuGH hat jüngst bestätigt, dass ein rechtmäßiger Aufenthalt von fünf Jahren der wichtigste Nachweis für eine Verwurzelung ist.[778] Der europäische Gesetzgeber stellt bei der Frage, ob eine Person nach der Daueraufenthaltsrichtlinie privilegiert werden soll also maßgeblich auf die Aufenthaltsdauer[779] sowie die Rechtmäßigkeit des

---

775 Dies hätte bei einer etwaigen Änderung des Aufenthaltszweckes auch Auswirkungen auf die anrechenbaren Zeiten zur Erlangung eines Anspruchs aus der Daueraufenthaltsrichtlinie.

776 Erwägungsgründe 4 und 12 der Richtlinie 2003/109/EG vom 25.11.2003.

777 Erwägungsgrund 6 der Richtlinie 2003/109/EG vom 25.11.2003.

778 EuGH, *Tahir*, Urteil vom 17.7.2014, C-469-13, § 33.

779 Das Europäische Parlament hielt es in seiner Stellungnahme zum Richtlinienvorschlag für verfehlt, für die Verleihung einer Daueraufenthaltsberechtigung allein auf die Aufenthaltsdauer abzustellen, denn die Statusverleihung ersetze nicht eine erfolgreiche Integration, sondern setze vielmehr eine zumindest fortgeschrittene Integration in die Verhältnisse des Mitgliedstaates voraus. Siehe Bericht des EP vom

Aufenthalts ab. Ein wesentliches Kriterium für einen Ausschluss vom Anwendungsbereich der Richtlinie stellt im Umkehrschluss die Kürze und/oder die Rechtswidrigkeit des Aufenthalts dar.[780] Die Kommission führt in ihren Erwägungen zu den Zielen des Richtlinienvorschlags aus, dass Artikel 3 Absatz 1 eine „extensive horizontale Definition" des Anwendungsbereichs der vorgeschlagenen Richtlinie vorsehe. Die Richtlinie solle auf alle Drittstaatsangehörigen Anwendung finden, die rechtmäßig in einem Mitgliedsstaat ansässig sind, unabhängig davon, aus welchem Grund ihre Aufnahme im Mitgliedstaat erfolgt ist.[781] Ausnahmen von diesem horizontalen Ansatz seien in der erschöpfenden Liste in Absatz 2 festgeschrieben, wobei es sich um einen Personenkreis handele, der sich in der Regel nicht im Aufnahmeland niederlasse und deren Aufenthalt zeitlich begrenzt und häufig sehr kurz sei. Der ursprüngliche Richtlinienvorschlag sah in Artikel 3 Absatz 2 denn auch nur den Ausschluss abschließend aufgezählter Personengruppen vor (Studierende, Auszubildende, Au-Pairs, Saisonarbeitnehmer u.a.). Hingegen wurde die unklare Formulierung von Artikel 3 Absatz 2 e der Richtlinie erst zu einem späteren Zeitpunkt im Laufe des institutionellen Verfahrens eingefügt. Für eine enge Auslegung des Artikel 3 Absatz 2 e der Richtlinie sprechen auch die im Rahmen des Gesetzgebungsverfahrens vorgebrachten arbeitsmarktpolitischen Motive. So befürwortet der Ausschuss der Regionen vor dem Hintergrund des zunehmenden Bedarfs an gelernten und ungelernten Arbeitskräften den in Rede stehenden Richtlinienvorschlag als wichtigen Beitrag für die Schaffung einer kohärenteren Migrationspolitik der Europäischen Union, um – wo immer dies für notwendig erachtet wird – die

---

30.11.2001, Nr. A5-0436/2001, S. 7 f. Änderungsantrag Nr. 3, abrufbar unter http://ec.europa.eu/prelex/detail_dossier_real.cfm?CL=de&DosId=164059.

780 Der Hessische VGH stellt hingegen fest, dass bei der Umsetzung der Richtlinie in deutsches Recht auf den vorübergehenden Charakter des Aufenthalts abgestellt wurde, während die Richtlinie die Kürze des Aufenthalts im Mitgliedstaat als wesentliches Kriterium für die Herausnahme bestimmter Personengruppen aus dem Anwendungsbereich heranzieht. Ungeachtet dieser Unterschiede in der Formulierung und der inhaltlichen Akzente bei der Qualifizierung eines Aufenthalts als vorübergehend habe der nationale Gesetzgeber mit § 9a Abs. 3 Nr. 5AufenthG die Daueraufenthaltsrichtlinie aber europarechtskonform umgesetzt. Es bestünde deshalb keine Veranlassung, mit Blick auf die Daueraufenthaltsrichtlinie nur zeitlich kurzbemessene Aufenthalte als vorübergehend zu betrachten. Siehe HessVGH, Beschluss vom 31.5.2011, Az. 6 A 404/11.Z, § 19, abrufbar unter http://www.lareda.hessenrecht.hessen.de/jportal/portal/page/bslaredaprod.psml.

781 Erläuterung zu Artikel 3 des Richtlinienvorschlags vom 13.3.2001 betreffend den Status der langfristig aufenthaltsberechtigten Drittstaatsangehörigen, KOM (2001) 127.

immer größere Kluft zwischen Angebot und Nachfrage an Arbeitskräften in bestimmten Wirtschaftszweigen schließen zu können.[782] Im Ergebnis kann nicht ausgeschlossen werden, dass Arbeitsmigranten, die im Rahmen bilateraler Migrationsabkommen für einen befristeten Zeitraum angeworben werden, einen Anspruch auf die Rechtstellung eines langfristig Aufenthaltsberechtigten erfolgreich geltend machen können. Jedenfalls ausgeschlossen vom Anwendungsbereich der Richtlinie sind solche Arbeitnehmer, die als Saisonarbeitnehmer tätig sind. Im Übrigen wird es entscheidend auf die Aufenthaltsdauer sowie die Verlängerbarkeit des Aufenthalts ankommen. Die Frage nach der Auslegung einer „formal begrenzten" Aufenthaltsgenehmigung im Sinne von Artikel 3 Absatz 2 e ist nach wie vor als nicht abschließend geklärt. Eine menschenrechtskonforme Auslegung, die den Schutz des Privatlebens nach Artikel 7 EuGRCH und Artikel 8 EMRK gewährleisten muss, lässt den generellen Ausschluss von Arbeitsmigranten, die im Rahmen eines befristeten Arbeitsprogrammes in die EU einreisen, vom Anwendungsbereich der Daueraufenthaltsrichtlinie jedenfalls nicht zu. Die unklaren Regelungen der Daueraufenthaltsrichtlinie machen darüber hinaus deutlich, dass das Konzept der zirkulären bzw. befristeten Arbeitsmigration, mit Ausnahme der Regelungen für Saisonarbeitnehmer, bislang keine ausreichende rechtliche Berücksichtigung gefunden hat. Das Fehlen aufenthaltsrechtlicher Rahmenbedingungen wiederum lässt sich nicht zuletzt darauf zurückführen, dass die konzeptionelle Ausrichtung des Konzepts nach wie vor unklar ist.

c) Sektorale Regelungen für Hochqualifizierte und Saisonarbeiter

Ein spezieller Anspruch auf Aufenthaltsverlängerung kommt außerdem für Hochqualifizierte in Betracht. So gewährt der EU-Gesetzgeber vor dem Hintergrund der politisch erwünschten Zuwanderung von Hochqualifizierten dieser Personengruppe im Rahmen der Hochqualifiziertenrichtlinie günstige Bedingungen für die Verlängerung des Aufenthalts sowie den Erwerb eines unbefristeten Aufenthaltstitels, die über die Rechte aus der Daueraufenthaltsrichtlinie hinausgehen.[783] Soweit der im Rahmen einer Migrationsvereinbarung eingereiste Migrant die Voraussetzungen für den Erhalt einer Blauen Karte EU erfüllt, hat er mithin die Möglichkeit, eine solche zu beantragen und entsprechende Aufenthaltsrechte geltend zu machen. Auf die Ausschlussregelung des Artikel 3 Absatz 2 e der Daueraufenthalts-Richtlinie kann er dann

782 Stellungnahme des Ausschusses der Regionen vom 19.9.2001, Ziff. 1 und 5, ABl. EG C 19 vom 22.1.2002, S. 18 f.

783 Artikel 16 der Richtlinie 2009/50/EG (Hochqualifiziertenrichtlinie) vom 25.5.2009.

nicht mehr verwiesen werden. Hingegen ist die Aufenthaltsverfestigung von Saisonarbeitnehmern nicht vorgesehen, was aufgrund der vorübergehenden Natur des saisonalen Aufenthalts nicht weiter erstaunen mag. Vielmehr ist es gerade ausdrückliches Ziel der Richtlinie zu verhindern, dass aus einem vorübergehenden Aufenthalt von Saisonarbeitnehmern ein ständiger Aufenthalt wird.[784] Jedoch war die strikte, von der Kommission vorgeschlagene Höchstaufenthaltsdauer von maximal 6 Monaten, von Anfang an sehr umstritten. So sprachen sich gleich mehrere Mitgliedstaaten gänzlich gegen eine zwingende Befristung aus. Vielmehr sollten die Mitgliedstaaten die Wahl haben, den zugelassenen Drittstaatsangehörigen eine befristete Aufenthaltserlaubnis zu erteilen, wie von der Kommission vorgeschlagen, oder aber eine Daueraufenthaltserlaubnis.[785] Nach dem jüngsten Änderungsantrag des Europäischen Parlaments[786] hat sich nunmehr eine Lösung durchgesetzt, die sowohl eine flexiblere Höchstaufenthaltsdauer für saisonale Zwecke vorsieht, als auch den Mitgliedstaaten die Möglichkeit eröffnet, den Aufenthaltstitel zu verlängern. Artikel 14 Absatz 1 der endgültigen Fassung der Richtlinie lautet:

> *„Die Mitgliedstaaten legen eine maximale Aufenthaltsdauer für Saisonarbeitnehmer fest, die mindestens fünf und höchstens neun Monate innerhalb eines Zwölfmonatszeitraums beträgt. Nach Ablauf dieses Zeitraums muss der Drittstaatsangehörige das Hoheitsgebiet des Mitgliedstaats verlassen, sofern der betreffende Mitgliedstaat nicht einen Aufenthaltstitel nach nationalem Recht oder Unionsrecht für andere Zwecke als Saisonarbeit erteilt hat.“*

Damit wird Saisonarbeitnehmern der nachträgliche Wechsel des Aufenthaltszwecks ermöglicht. Durch die vorgeschriebene Höchstaufenthaltsdauer soll andererseits sichergestellt werden, dass die nach der Richtlinie zugelassenen Arbeitnehmer tatsächlich einer rein saisonalen Beschäftigung und keiner regulären Tätigkeit nachgehen.[787] Die Auseinandersetzungen über die Möglichkeit der Aufenthaltsverlängerung im Rahmen des Verfahrens über die

---

784 So ausdrücklich unter „Ziele und Gründe“ des Richtlinienvorschlags über die Bedingungen für die Einreise und den Aufenthalt von Drittstaatsangehörigen zwecks Ausübung einer saisonalen Beschäftigung, KOM (2010) 379 vom 13.7.2010, S. 2.

785 Vgl. Tagung des Rates Justiz und Inneres vom 7./8.10.2010, Ratsdokument 14423/10, S. 7, http://europa.eu/rapid/press-release_PRES-10-262_de.htm sowie Zweiter Jahresbericht über Einwanderung und Asyl vom 24.5.2011, KOM (2011) 291.

786 Änderungsantrag des Ausschusses für bürgerliche Freiheiten, Justiz und Inneres vom 4.11.2013; http://www.europarl.europa.eu/oeil/popups/ficheprocedure.do?id=586553#tab-0.

787 Erläuterung zu Artikel 11 des Richtlinienvorschlags KOM (2011) 379 vom 13.7.2010, S. 10.

Saisonarbeitnehmerrichtlinie machen deutlich, dass der zwingenden Befristung eines als vorübergehend angedachten Aufenthalts selbst im klassischen Fall der saisonalen Tätigkeit durchaus erhebliche – vor allem arbeitsmarktpolitische – Vorbehalte entgegen gebracht werden. Diese Vorbehalte dürften in noch stärkerem Maße für die befristete (zirkuläre) Arbeitsmigration gelten, die sich über mehrere Jahre erstrecken kann und sich von Anfang an auf nicht saisonale Tätigkeiten bezieht.

C. Die sich aus dem befristeten (zirkulären) Aufenthalt ergebenden Rechte

1. Arbeits- und sozialrechtliche Stellung zirkulärer Migranten

a) Die Rahmenrichtlinie

Nachdem die Europäische Kommission mit ihrem ersten Richtlinienvorschlag zur umfassenden horizontalen Regelung der Einreise- und Aufenthaltsbedingungen im Jahr 2002 gescheitert war, legte sie im Oktober 2007 in Einklang mit dem Strategischen Plan zur legalen Zuwanderung einen weiteren Entwurf vor, der sich auf die Erteilung einer einheitlichen Antragserlaubnis sowie eines Bündels von Rechten für Drittstaatsangehörige beschränkte.[788] Die sogenannte Rahmenrichtlinie wurde nach einem mehrjährigen Gesetzgebungsverfahren im Dezember 2011 erlassen.[789] Sie stellt einen weiteren Schritt zur Entwicklung einer gemeinsamen europäischen Einwanderungspolitik dar. Die Richtlinie bezweckt die Vereinfachung und Harmonisierung der Rechte von Drittstaatsangehörigen. Um die Ungleichheit zwischen Unionsbürgern und rechtmäßig in einem Mitgliedstaat ansässigen Drittstaatsangehörigen, die (noch) keinen langfristigen Aufenthaltsstatus erworben haben, zu verringern, soll Letzteren ein Bündel von Rechten übertragen werden, die denen der Staatsangehörigen des Aufnahmelandes entsprechen. Durch die Bestimmungen sollen gleiche Mindestbedingungen innerhalb der Union geschaffen und damit auch anerkannt werden, dass diese Drittstaatsangehörigen durch ihre Arbeit und die von ihnen entrichteten Steuern einen Beitrag zur Wirtschaft der Union leisten. Darüber

---

788 Richtlinienvorschlag KOM (2007) 638 vom 23.10.2007.

789 Richtlinie 2011/98/EU vom 13.12.2011 über ein einheitliches Verfahren zur Beantragung einer kombinierten Erlaubnis für Drittstaatsangehörige, sich im Hoheitsgebiet eines Mitgliedstaats aufzuhalten und zu arbeiten, sowie über ein gemeinsames Bündel von Rechten für Drittstaatsarbeitnehmer, die sich rechtmäßig in einem Mitgliedstaat aufhalten, ABl. L 343 vom 23.12.2011, S. 1.

hinaus soll der unlautere Wettbewerb zwischen inländischen Staatsangehörigen und Drittstaatsangehörigen und deren Ausbeutung verhindert werden.[790] Das Recht auf Gleichbehandlung in bestimmten Bereichen ist an den rechtmäßigen Aufenthalt eines Drittstaatsangehörigen und den Zugang zum Arbeitsmarkt in einem Mitgliedstaat gebunden.[791] Die Richtlinie gewährt keine Aufenthaltsrechte sondern regelt lediglich das Verfahren bezüglich der Erteilung einer einheitlichen Aufenthalts- und Arbeitsgenehmigung („*single permit*") sowie die Rechte der betroffenen Drittstaatsangehörigen. Das Recht auf Gleichbehandlung umfasst gemäß Artikel 12 der Richtlinie einen umfassenden Katalog beschäftigungsbezogener sowie sozialer Rechte. Der personelle Anwendungsbereich der Richtlinie ist nach Artikel 3 Absatz 1 weit gefasst und gilt für Drittstaatsangehörige, die beantragen, sich zu Arbeitszwecken in einem Mitgliedstaat aufzuhalten, die zu Arbeitszwecken eingereist sind oder die zu anderen Zwecken eingereist sind und eine Arbeitserlaubnis besitzen. Allerdings wird der bezweckte Schutz von Arbeitnehmern aus Drittstaaten teilweise dadurch ausgehöhlt, dass Artikel 3 Absatz 2 einen langen Katalog von Personengruppen enthält, die vom Anwendungsbereich der Richtlinie ausgeschlossen sind. Neben Personen, die bereits weitreichendere Rechte aus anderen Richtlinien erworben haben, also bereits privilegiert sind (langfristig Aufenthaltsberechtigte, Familienangehörige von EU-Bürgern), betrifft der Ausschluss insbesondere solche Personengruppen, die sich nur vorübergehend im Mitgliedsland aufhalten sollen. So werden gemäß Artikel 3 Absatz 2 e der Richtlinie Saisonarbeitnehmer und Au-Pair-Beschäftigte angesichts ihres befristeten Aufenthaltsstatus ausdrücklich vom Geltungsbereich der Richtlinie ausgenommen.[792] Einen generellen Ausschluss von Personen, die sich „ausschließlich vorübergehend" im Aufnahmeland aufhalten oder deren Aufenthaltsgenehmigung „förmlich begrenzt" wurde, wie dies in der Daueraufenthalts-Richtlinie der Fall ist,[793] enthält die Rahmenrichtlinie allerdings nicht. Vielmehr sind die Personengruppen, die nicht unter den Anwendungsbereich der Richtlinie fallen, abschließend aufgezählt. Da sonstige Arbeitnehmer mit befristetem (zirkulären) Aufenthaltstitel mithin von der Richtlinie umfasst werden, lässt sich ein Ausschluss von Saisonarbeitnehmern letztlich nur damit begründen, dass für diesen Personenkreis gesonderte Regelungen nach der Saisonarbeiterrichtlinie festgelegt worden sind. Fraglich ist deshalb, ob der mit der Richtlinie geltend gemachte Anspruch einer horizontalen Regelung erfüllt wird, wenn

790 Ebenda, Erwägungsgrund 19 der Richtlinie.

791 Ebenda, Erwägungsgrund 21 der Richtlinie.

792 Ebenda, Erwägungsgrund 9 sowie Artikel 2 Abs. 2 e der Richtlinie.

793 Vgl. hierzu ausführlich oben, Kapitel VI.B.3.b.

Ausnahmen für bestimmte Personengruppen jeweils damit begründet werden, dass es für diese Personengruppe bereits spezielle Regelungen gibt oder geben wird.[794] Aufgrund zahlreicher, in der Rahmenrichtlinie enthaltenen Ausschlussregelungen hängt die Rechtsstellung vieler Drittstaatsangehörigen weiterhin davon ab, mit welchem Aufenthaltstitel sie sich in welchem Mitgliedstaat aufhalten.[795] Maßgebliches Kriterium für eine Gleichbehandlung muss aber letztlich das Diskriminierungsverbot sein, dass Arbeitsmigranten unabhängig von der Dauer ihrer Aufenthaltserlaubnis in wirtschaftlicher, arbeitsrechtlicher und sozialer Hinsicht die gleichen Rechte gewährt wie den übrigen Arbeitnehmer.[796] Im Ergebnis aber hat die Rahmenrichtlinie den hier relevanten Personenkreis der befristeten (zirkulären) Arbeitnehmer – mit Ausnahme der Saisonarbeitnehmer – in vielen Bereichen inländischen Arbeitnehmern gleichgestellt und ihre Rechte auf europäischer Ebene harmonisiert. Die Rechtstellung von Arbeitsmigranten, die im Rahmen befristete Arbeitsmigrationsprogramme in die Europäische Union einreisen ist damit vereinheitlicht und gestärkt worden. Im Übrigen bleiben nach Artikel 13 der Rahmenrichtlinie von der Richtlinie günstigere Bestimmungen bilateraler oder multilateraler Abkommen zwischen einem oder mehreren Mitgliedstaaten und einem oder mehreren Drittstaaten unberührt. Der Abschluss einer bilateralen Migrationsvereinbarung wird somit nicht zu einer Verschlechterung der Rechtstellung der beteiligten Migranten führen.

b) Die Saisonarbeitnehmerrichtlinie

Mit der im März 2014 in Kraft getretenen Richtlinie für Saisonarbeitnehmer sind nunmehr auch die Rechte von Saisonarbeitnehmer harmonisiert und gestärkt worden. Übergeordnete Zielsetzung der Richtlinie ist es jedoch, den strukturellen und voraussichtlich zunehmenden Bedarf an gering qualifizierten Arbeitskräften in der Europäischen Union durch die Einführung zügiger flexibler Zulassungsverfahren auf Unionsebene einheitlich zu regeln.[797] Da für viele

---

794 *Hannah Tewocht*, Auf dem Weg zur Gleichstellung von Drittstaatsangehörigen und Unionsbürgern? – Zu Inhalt und Reichweite der sogenannten ‚Rahmenrichtlinie' in: ZAR 7/2012, S. 217–224.

795 Ebenda.

796 Stellungnahme des Europäischen Wirtschafts- und Sozialausschusses vom 9.7.2008 zu dem Richtlinienvorschlag KOM (2007) 638, ABl. EU C 27 vom 3.2.2009, S. 114 ff., Ziff. 4.4.

797 Vgl. den Richtlinienvorschlag für Saisonarbeitnehmer, KOM (2010), 379, S. 3, wonach die Richtlinie zwar auch Arbeit- und Beschäftigungsbedingungen regeln soll, als alleinige Rechtsgrundlage aber Artikel 79 Absatz 2 AEUV gewählt worden sei (und

EU-Bürger Saisonarbeit nicht attraktiv ist, dürfte es immer schwieriger werden, diesen Bedarf mit Arbeitskräften aus den Mitgliedsstaaten zu decken. Daneben sollen die Rechte der Saisonarbeitnehmer definiert und einheitliche Mindeststandards festgelegt werden, da diese Gruppe von Arbeitnehmern häufig ausgebeutet wird und unter unwürdigen Bedingungen mit möglichen Risiken für ihre Gesundheit und Sicherheit arbeiten müssen.[798] Hinzu kommt, dass Wirtschaftsbereiche mit einem sehr hohen Anteil an Saisonarbeitnehmern – insbesondere Landwirtschaft, Gartenbau und Tourismusbranche – wiederholt als die Bereiche identifiziert wurden, die am stärksten zur illegalen Beschäftigung von Drittstaatsangehörigen neigen.[799] Es ist daher notwendig, in diesem Bereich Rechtssicherheit zu schaffen und den Migranten einen legalen Status zu ermöglichen. Die Kommission hält ein EU-Instrument für Saisonarbeitnehmer aber auch im Hinblick auf die externen Aspekte der Migrationspolitik für die effiziente Zusammenarbeit mit den Drittstaaten von entscheidender Bedeutung. Zum einen gäbe ein solches Instrument der EU die Möglichkeit, Hindernisse für die legale Migration gering oder nicht qualifizierter Arbeitnehmer zu beseitigen, zum anderen könnte es sich im Rahmen der Stärkung des Engagements von Drittstaaten bei der Bewältigung der illegalen Einwanderung als nützlich erweisen.[800] Artikel 23 der Richtlinie („Recht auf Gleichbehandlung") enthält die beschäftigungsbezogenen und sozialen Rechte von Saisonarbeitnehmern. Durch den umfangreichen Änderungsantrag des Europäischen Parlaments vom November 2013 wurde die Rechtstellung von Saisonarbeitnehmern im Vergleich zum ursprünglichen Richtlinienvorschlag der Kommission erheblich gestärkt und in vielen Bereichen denen von Inländern gleichgestellt.[801] Bei den festgelegten Rechten für Saisonarbeitnehmer handelt es sich um Mindeststandards, so dass auch hier gemäß Artikel 4 der Richtlinie im Rahmen bilateraler Migrationsvereinbarungen günstigere Bestimmungen vereinbart werden können.

---

nicht zusätzlich Art. 153 AEUV, womit auch die Sozialpartner zu konsultieren gewesen wären), da laut ständiger EuGH-Rechtsprechung ein Richtlinienvorschlag, der zwei Zielsetzungen verfolgt, auf die Rechtsgrundlage zu stützen ist, die die hauptsächliche oder überwiegende Zielsetzung darstellt.

798 Ebenda.

799 Ebenda.

800 Ebenda, S. 7.

801 Änderungsantrag des Europäischen Parlaments vom 4.11.2013, 2010/0210/COD, abrufbar unter http://www.europarl.europa.eu/oeil/popups/ficheprocedure.do?lang=en&reference=2010/0210%28COD%29.

2. Befristete (zirkuläre) Migration und Familiennachzug

a) Menschenrechtliche Vorgaben durch die EuGRCH und die EMRK

Das EU-Konzept der zirkulären Migration sieht ein Recht auf Mitnahme bzw. Nachzug der Familienangehörigen des betreffenden Arbeitsmigranten nicht vor. Dieser Ausschluss gründet einerseits darauf, dass der Aufenthalt der Familienangehörigen migrationspolitisch nicht gewollt ist und sich die „Gefahr" eines Verbleibens im Aufnahmeland nach Ablauf der befristeten Aufenthaltsdauer auf mehrere Personen ausdehnen würde. Darüber hinaus wird die Rückkehrbereitschaft der Arbeitsmigranten durch den Verbleib der Familie im Herkunftsland für sehr viel wahrscheinlicher gehalten. Diese Instrumentalisierung der Familie als Druckmittel für die Rückkehr ist sozialethisch äußerst fragwürdig.[802] Die Trennung lässt sich schon gar nicht mit entwicklungspolitischen Argumenten dadurch rechtfertigen, dass sich die Höhe der Heimatüberweisungen durch den Verbleib der Familie im Herkunftsland steigern ließe.[803] Fraglich ist aber auch, ob ein genereller Ausschluss des Familiennachzugs mit den menschenrechtlichen Vorgaben aus Artikel 7 und 24 EuGRCH sowie Artikel 8 EMRK vereinbar ist. Nach den oben dargelegten Grundsätzen des EGMR gewährt Artikel 8 EMRK nicht das Recht, den Ort zu wählen, der am besten geeignet ist, ein Familienleben aufzubauen.[804] Eine Verletzung des Rechts auf Familienleben hängt in Nachzugsentscheidungen mithin insbesondere davon ab, ob dieses Familienleben zumutbar woanders praktiziert werden kann (sogenannter *elsewhere approach*).[805] Während der Gerichtshof bei der Beurteilung von Ausweisungs- und Abschiebungsfällen prüft, ob diese als Eingriffe gerechtfertigt sind, nimmt er in Nachzugsentscheidungen eine Prüfung der positiven Pflichten vor.[806] Dabei stellt der Gerichtshof bei der Feststellung positiver Schutz- und Handlungspflichten des Staates größere Hürden. So wird dem einwanderungspolitischen Gestaltungsspielraum der Konventionsstaaten in Nachzugskonstellationen bei der notwendigen Abwägung privater und öffentlicher Interessen tendenziell ein stärkeres Gewicht verliehen, während der Gerichtshof in Ausweisungsfällen die

---

802 *Andreas Fisch*, Zirkuläre Arbeitsmigration und entwicklungspolitische Ansprüche, Hohenheimer Tage zum Ausländerrecht 2009, S. 79–96 (89), der aus sozialethischer und christlicher Perspektive lediglich Aufenthalte, die eine dreimonatige Trennung von der Familie nicht überschreiten, für zumutbar und vertretbar hält.

803 Ebenda.

804 Vgl. *Jens Meyer-Ladewig*, EMRK, Kommentar, 3. Aufl., 2011, Rdnr. 68 zu Artikel 8.

805 Vgl. *Anne Walter*, Familienzusammenführung in Europa, 2007, S. 77–81.

806 Ebenda, S. 74 f.

gegenläufige Tendenz zeigt und die Anforderungen an rechtmäßigen Ausweisungen deutlich erhöht hat.[807] Die familiären Bindungen, die vor der Ausreise bestanden haben, werden bei Personen, die im Rahmen von bilateralen Arbeitsmigrationsabkommen zugelassen werden, in der Regel im Herkunftsland fortgesetzt werden können. Es stellt sich aber die Frage, ob dem betroffenen Arbeitsmigranten eine vorübergehende Trennung von seiner (Kern-) Familie zugemutet werden kann. Dies wird maßgeblich danach zu beurteilen sein müssen, wie lange sich der Betroffene im Aufnahmeland und damit getrennt von seiner Familie aufhält. Da die Aufenthaltsdauer befristeter (zirkulärer) Arbeitsmigration im Rahmen des EU-Konzepts nicht definiert wurde, sind Arbeitsaufenthalte von einigen Monaten im Fall der Saisonarbeit bis hin zu mehreren Jahren bei sonstigen Tätigkeiten denkbar. Darüber hinaus wird zu berücksichtigen sein, ob und wie häufig die Möglichkeit besteht, das Familienleben durch Besuchsaufenthalte aufrecht zu erhalten.[808] Schließlich ist in die Abwägung mit ein zu beziehen, dass es sich um einen freiwilligen Aufenthalt im Aufnahmeland handelt, dem kein staatlicher Eingriff zugrunde liegt. Angesichts der weitreichenden einwanderungspolitischen Gestaltungsfreiheit, die der EGMR den Konventionsstaaten einräumt, wird bei einem vorübergehenden Aufenthalt von unter einem Jahr eine Verletzung des Familienlebens grundsätzlich nicht bejaht werden können. Ab welcher Aufenthaltsdauer bei einem Ausschluss des Familiennachzugs eine Verletzung des Familienlebens nach Artikel 7 und Artikel 8 EMRK oder der Rechte des Kindes nach Artikel 24 EuGRCH in Betracht kommt, wird neben der Aufenthaltsdauer von den Umständen des Einzelfalls abhängen, wobei insbesondere die Möglichkeit der Fortsetzung des Familienlebens durch Besuchsaufenthalte relevant sein wird. Zu bedenken ist, dass bei Arbeitsmigranten aus Subsahara-Afrika ein Besuch der Angehörigen im Konventionsstaat in der Regel durch eine restriktive Visapraxis ausgeschlossen sein wird. Letztlich werden aber auch Heimreisen des Arbeitsmigranten an den erheblichen Reisekosten scheitern, die mit einem solchen Besuchsaufenthalt verbunden sind. Da davon auszugehen ist, dass das Migrationsziel der Arbeitsmigranten, die sich vorübergehend im Aufnahmeland aufhalten, in den meisten Fällen darauf gerichtet ist, soviel Geld wie möglich für die Zukunft anzusparen bzw. der Familie zu überweisen

807 *Jürgen Bast,* Rechtliche Rahmenbedingungen für staatliche Programme zirkulärer Migration. Studie für den Sachverständigenrat deutscher Stiftungen für Integration und Migration (SVR), 2010, S. 10, abrufbar unter www.svr-migration.de.

808 Die Verhältnismäßigkeit der Ausweisung wurde vom EGMR bejaht im Fall eines Familienvaters, der aus Deutschland in die Türkei ausgewiesen wurde, da Besuchsmöglichkeiten in die Türkei bestünden.

(sog. „*target earners*"), ist es sehr unwahrscheinlich und würde es diesem Ziel zuwider laufen, hohe Reisekosten für einen Besuch in der Heimat in Kauf zu nehmen, zumindest dann, wenn im Aufnahmeland Tätigkeiten ausgeführt werden, für die keine überdurchschnittlichen Arbeitsgehälter bezogen werden. Damit würden einer Fortführung des Familienlebens jedenfalls faktische Gründe entgegenstehen. Der EGMR hat mehrfach darauf hingewiesen, dass der Schutz des Familienlebens nach Artikel 8 EMRK nicht nur die rechtlichen, sondern auch die faktischen Möglichkeiten umfasst, dieses Familienleben tatsächlich zu leben. Ein genereller Ausschluss des Mitzugsrechts der Kernfamilie wird deshalb bei einem mehrjährigen Arbeitsaufenthalt insbesondere bei Fernmigranten aus Entwicklungsländern nicht mit den menschenrechtlichen Vorgaben durch die EuGRCH und die EMRK vereinbar sein.[809]

b) EU-rechtliche Ansprüche auf Familiennachzug

In Betracht kommen insbesondere Nachzugsrechte aus der Familienzusammenführungsrichtlinie, die die Bedingungen zur Ausübung des Rechts auf Familienzusammenführung von rechtmäßig in der Europäischen Union lebenden Drittstaatsangehörigen regelt mit dem Ziel, die Familiengemeinschaft aufrecht zu erhalten.[810] Die Richtlinie könnte Arbeitsmigranten, die im Rahmen eines befristeten Arbeitsmigrationsprogrammes einreisen, den Rechtsanspruch gewähren, sich von der Familie begleiten[811] oder diese nachkommen zu lassen. Dabei ist es unerheblich, ob die familiären Bindungen vor oder nach der Einreise des Zusammenführenden entstanden sind.[812] Unerheblich ist auch die Rechtstellung

---

809 So im Ergebnis auch *Petra Follmar-Otto*, Temporäre Arbeitsmigration in die Europäische Union, Menschenrechtliche Anforderungen Deutsches Institut für Menschenrechte, 2007; anders aber: *Jürgen Bast,* Rechtliche Rahmenbedingungen für staatliche Programme zirkulärer Migration. Studie für den Sachverständigenrat deutscher Stiftungen für Integration und Migration (SVR), 2010, S. 13, abrufbar unter www.svr-migration.de.

810 Richtlinie 2003/86/EG vom 22.9.2003 betreffend das Recht auf Familienzusammenführung, ABl. EU L 251 vom 3.10.2003, S. 12 ff.

811 Siehe Erwägungsgrund 7 der Familienzusammenführungsrichtlinie: „Die Mitgliedstaaten sollten diese Richtlinie auch dann anwenden können, wenn die Familie gemeinsam einreist".

812 Gemäß Artikel 2 d der Richtlinie bezeichnet der Ausdruck Familienzusammenführung „die Einreise und den Aufenthalt von Familienangehörigen eines sich rechtmäßig in einem Mitgliedstaat aufhaltenden Drittstaatsangehörigen in diesem Mitgliedstaat, mit dem Ziel, die Familiengemeinschaft aufrechtzuerhalten, unabhängig davon,

der Familienangehörigen. Jedoch findet die Richtlinie gemäß Artikel 3 Absatz 1 nur Anwendung, wenn

> *„der Zusammenführende im Besitz eines von einem Mitgliedstaat ausgestellten Aufenthaltstitels mit mindestens einjähriger Gültigkeit ist und begründete Aussicht darauf hat, ein dauerhaftes Aufenthaltsrecht zu erlangen".*

Bei den Vorarbeiten lag dieser Bedingung die Überlegung zugrunde, dass das Recht auf Familienzusammenführung Personen mit nicht verlängerbarer befristeter Aufenthaltserlaubnis nicht zugänglich sein soll.[813] Durch das Erfordernis der Mindestaufenthaltsdauer scheiden zunächst Saisonarbeitnehmer sowie sonstige Arbeitsmigranten, deren Aufenthaltstitel sich über weniger als ein Jahr erstreckt, vom Anwendungsbereich der Richtlinie aus. Da darüber hinaus die begründete Aussicht auf ein dauerhaftes Aufenthaltsrecht gegeben sein muss, sind aber auch alle sonstigen Arbeitsmigranten vom Anwendungsbereich der Richtlinie ausgeschlossen, die nur zu einem vorübergehenden Zweck einreisen, mag der Aufenthalt sich auch auf mehrere Jahre erstrecken. Diese unklar formulierte Einschränkung des Anwendungsbereichs der Richtlinie war im ursprünglichen Richtlinienentwurf zunächst nicht enthalten. Vielmehr sollte die Richtlinie für alle Drittstaatsangehörige gelten, die sich rechtmäßig im Hoheitsgebiet eines Mitgliedstaats aufhalten, ungeachtet der Gründe ihres Aufenthalts.[814] Vom Anwendungsbereich ausgeschlossen werden sollten lediglich Drittstaatsangehörige, deren Aufenthaltstitel eine Gültigkeit von weniger als einem Jahr hat oder denen zur Aufnahme einer saisonalen Beschäftigung ein Aufenthaltstitel ausgestellt wurde. In diesen Fällen sollte die Familienzusammenführung nach dem innerstaatlichen Recht geregelt werden. Erst der auf Druck einiger Mitgliedstaaten geänderte dritte Richtlinienvorschlag vom Mai 2002 sah vor, dass Artikel 3 durch eine Zusatzbedingung ergänzt werden sollte mit dem Ziel, Personen, die sich nur vorübergehend und ohne Aussicht auf eine Verlängerung der Aufenthaltsberechtigung in einem Mitgliedstaat aufhalten, keinen Anspruch auf Familienzusammenführung zu gewähren.[815] Die Kommission führt aus, dass die neue

---

ob die familiären Bindungen vor oder nach der Einreise des Zusammenführenden entstanden sind".

813 Grünbuch zum Recht auf Familienzusammenführung von in der Europäischen Union lebenden Drittstaatsangehörigen (RL 2003/86/EG) vom 15.11.2011, KOM (2011) 735, S. 2 f., dort Fn. 10.

814 Erläuterung zu Artikel 3 des Richtlinienvorschlags betreffend das Recht auf Familienzusammenführung (1. Fassung), KOM (1999) 638 vom 1.12.1999, S. 13–15.

815 Erläuterung zu Artikel 3 des Richtlinienvorschlags betreffend das Recht auf Familienzusammenführung (3. und letzte Fassung), KOM (2002) 225 vom 2.5.2002, S. 5 f.

Ausschlussregelung „insbesondere Personen mit Au-pair-Status, Praktikanten usw." betreffen würde, ist also offensichtlich nicht von der Kategorie mehrjähriger befristeter Arbeitsmigration ausgegangen. Mit dem Grünbuch zum Recht auf Familienzusammenführung von Drittstaatsangehörigen vom 15.11.2011 hat die Kommission eine erneute öffentliche Debatte über bestimmte Aspekte der Richtlinie angestoßen, die gegebenenfalls zu einer Änderung der Richtlinie führen soll.[816] Die Kommission wirft in diesem Rahmen u.a. die Frage auf, ob das Kriterium der begründeten Aussicht auf das Recht auf dauerhaften Aufenthalt bei Antragstellung gemäß Artikel 3 der Richtlinie der richtige Ansatz sei zu bestimmen, wer als Zusammenführender anerkannt werden kann oder nicht. Sie weist darauf hin, dass den Mitgliedstaaten damit ein Ermessenspielraum belassen würde, der zu Rechtsunsicherheit führen und den Ausschluss fast aller Drittstaatsangehörigen vom Anwendungsbereich der Richtlinie zur Folge haben könnte. In ihrer Stellungnahme zum Grünbuch empfiehlt der Europäische Wirtschafts- und Sozialausschuss, die Bedingung eines Aufenthaltstitels mit mindestens einjähriger Gültigkeit beizubehalten, jedoch die weitere Bedingung in Bezug auf die „begründete Aussicht" zu streichen. Darüber hinaus stellt er fest, dass die unterschiedliche Behandlung von hochqualifizierten und weniger qualifizierten Einwanderern nicht gerechtfertigt sei und weist darauf hin, dass die europäische Wirtschaft diese beiden Kategorien in gleichem Maße benötige und dass aus der jeweiligen Qualifikation keine Unterschiede hinsichtlich des Rechts auf Achtung des Privat- und Familienlebens abgeleitet werden dürfe.[817] Auch der Ausschuss der Regionen spricht sich dafür aus, eine Mindestaufenthaltsdauer ausreichen zu lassen, um den Anwendungsbereich der Richtlinie zu eröffnen, die sowohl der Notwendigkeit der Stabilität als auch dem Recht auf Familienleben Rechnung tragen würde. Der Ausschuss weist in diesem Zusammenhang darauf hin, dass die Richtlinie, die laut Grünbuch in einigen Fällen als Abschreckungsmittel verwendet werde, nicht als Instrument der Eindämmung der Migrationsströme verstanden werden dürfe, sondern der Integration der legalen Migranten und der Wahrung des Rechts auf Familienleben diene. Das Recht des Einzelnen auf ein gemeinsames Leben im Sinne der Einheit der Familie und das Recht, aber auch die Pflicht, Kinder zu

816 Grünbuch zum Recht auf Familienzusammenführung von in der Europäischen Union lebenden Drittstaatsangehörigen vom 15.11.2011, KOM (2011) 735, S. 2 f., dort unter Fußnote 10. Zu den einzelnen Etappen des Grünbuchs siehe http://ec.europa.eu/prelex/detail_dossier_real.cfm?CL=de&DosId=201035.

817 Stellungnahme des Europäischen Wirtschafts- und Sozialausschusses vom 23.5.2012 zum Grünbuch zum Recht auf Familienzusammenführung, ABl. EU C 229 vom 31.7.2012, S. 72 ff.

versorgen, auszubilden und zu erziehen, und sie folglich bei sich zu haben, unabhängig von der Staatsangehörigkeit gehöre zu den Grundrechten und -pflichten und würde von den meisten nationalen und internationalen in diesem Punkt übereinstimmenden Erklärungen anerkannt werden.[818] Im Ergebnis enthält die Familienzusammenführungsrichtlinie Arbeitsmigranten, selbst wenn sie sich im Rahmen einer Migrationsvereinbarung ununterbrochen für einen Zeitraum von mehreren Jahren in einem Mitgliedsstaat aufhalten, das Recht auf Mitnahme bzw. Nachzug selbst der Kernfamilie vor.[819] Damit wird die Richtlinie ihrem Ziel, die materiellen Voraussetzungen für die Wahrnehmung des Rechts auf Familienzusammenführung zum Schutz der Familie und zur Wahrung oder Herstellung des Familienlebens zu schaffen[820], nicht gerecht. Ein genereller Ausschluss des Rechts auf Familiennachzug bei einem mehrjährigen vorübergehenden Aufenthalt zu Arbeitszwecken ist nicht mit menschenrechtlichen Vorgaben vereinbar. Der einwanderungspolitischen Gestaltungsfreiheit der Aufnahmeländer steht hier das stärker zu gewichtende Recht der betroffenen Migranten auf den Schutz ihres Familienlebens entgegen. Letztendlich liegt dem Ausschluss des Familiennachzugs aber vor allem die Befürchtung zugrunde, dass – wurde der Zugang zum Hoheitsgebiet des Staates erst einmal ermöglicht – aus dem vorübergehenden Aufenthalt ein dauerhafter werden könnte. Damit käme zu dem „Risiko", dass der Zusammenführende nach Ablauf seiner befristeten Aufenthaltsgenehmigung nicht zurückkehrt, das Risiko hinzu, dass auch die nachgereisten Familienangehörigen mit ihm oder gegebenenfalls getrennt von ihm im Aufnahmeland verbleiben. Zwar wird mit der Ausschlussklausel das legitime Ziel der staatlichen Zuwanderungskontrolle verfolgt. In Anbetracht des völkerrechtlich geschützten Rechts auf Familienleben ist ein solcher genereller Ausschluss jedoch unverhältnismäßig. Die in der Richtlinie aufgestellten Nachzugsvoraussetzungen stellen ein milderes Mittel dar, um der einwanderungspolitischen Gestaltungsfreiheit zumindest teilweise gerecht zu werden. So darf die Gültigkeitsdauer der den Familienangehörigen erteilten Aufenthaltstitel gemäß Artikel 13 der Richtlinie grundsätzlich nicht über die des Aufenthaltstitels des Zusammenführenden

818 Stellungnahme des Ausschusses der Regionen vom 3.5.2012 zum Grünbuch zum Recht auf Familienzusammenführung, ABl. EU C 225 vom 27.7.2012, S. 7 ff.

819 Auch die Europäische Sozialcharta sieht nach Art. 19 Nr. 6 ESC ein Recht auf Familiennachzug nur für solche Wanderarbeitnehmer vor, die zur Niederlassung im Hoheitsgebiet berechtigt sind *(„the reunion of the family of a foreign worker permitted to establish himself in the territory")*.

820 Erwägungsgrund Nr. 6 der Richtlinie 2003/86/EG betreffend das Recht auf Familienzusammenführung.

hinausgehen. Das Recht auf Erwerbstätigkeit der Familienangehörigen kann im ersten Jahr eingeschränkt werden. Ein Recht auf einen eigenen Aufenthaltstitel, der unabhängig von jenem des Zusammenführenden erteilt wird, ist spätestens nach fünfjährigem Aufenthalt zu erteilen, davor besteht lediglich ein vom Zusammenführenden abgeleitetes Aufenthaltsrecht. Darüber hinaus können die Mitgliedstaaten vom Zusammenführenden gemäß Artikel 7 der Richtlinie den Nachweis über ausreichenden Wohnraum, eine Krankenversicherung für sich und seine Familie sowie feste und regelmäßige Einkünfte, die ohne Inanspruchnahme der Sozialhilfeleistungen des betreffenden Mitgliedstaates für seinen eigenen Lebensunterhalt und den seiner Familienangehörigen ausreicht, verlangen. Dem staatlichen Interesse daran, Belastungen für den Sozialstaat zu vermeiden, dürfte durch diese Zulassungsvoraussetzungen weitestgehend Genüge getan sein. Eine weitere Restriktion wurde mit Artikel 8 der Richtlinie vorgenommen, die es den Mitgliedstaaten ermöglicht, eine Wartefrist von bis zu zwei Jahren festzulegen, bevor der Zusammenführende seine Familie nachzuholen darf. Die Frage, inwieweit die Festlegung eines solchen Mindestaufenthalts die Ausübung des Rechts auf Familienzusammenführung untergräbt, ist Gegenstand des Grünbuchs vom November 2011. Nach dem ursprünglichen Kommissionsvorschlag durfte die Wartezeit ein Jahr nicht überschreiten.[821] Die Festlegung einer Mindestwartezeit wird mit dem Recht auf Achtung des Familienlebens teilweise für unvereinbar erklärt.[822] Einem Anspruch auf Familiennachzug entgegengehalten werden könnte schließlich, dass der im Rahmen eines befristeten Arbeitsmigrationsprogramms einreisende Migrant sein Herkunftsland und damit seine Familie aus freien Stücken verlässt, nicht daran gehindert ist, sein Familienleben im Herkunftsland fortzuführen und ihm unter dem Gesichtspunkt der Vorhersehbarkeit bewusst ist, dass er sein Familienleben im Aufnahmeland nicht wird leben können. Hiergegen muss jedoch eingewendet werden, dass der Aufnahmestaat mit der Anwerbung von Arbeitsmigranten den Bedarf des heimischen Arbeitsmarktes decken will und damit eigene, wenn auch durchaus legitime, wirtschaftliche Interessen verfolgt. Schafft er aber die Möglichkeit eines legalen Aufenthalts zu Arbeitszwecken für Drittstaatsangehörige, so übernimmt er damit auch Schutzpflichten für den auf seinem Hoheitsgebiet zugelassenen Migranten. Diese umfassen zumindest bei einem mehrjährigen Aufenthalt auch den Zuzug des Ehegatten und der Kinder. Die Familienzusammenführung ist nach Erwägungsgrund 4 der

821 Begründung zu Artikel 10 des Richtlinienvorschlags betreffend das Recht auf Familienzusammenführung, KOM (1999) 638.

822 Der EWSA spricht sich seiner Stellungnahme zum Grünbuch aus diesem Grund für eine Streichung des Mindestzeitraums bezüglich des rechtmäßigen Aufenthalts aus.

Richtlinie eine notwendige Voraussetzung dafür, dass ein Familienleben möglich ist, sie trägt zur Schaffung soziokultureller Stabilität bei, die die Integration Drittstaatsangehöriger in dem Mitgliedstaat erleichtert und dadurch auch den wirtschaftlichen und sozialen Zusammenhalt fördert, der als grundlegendes Ziel der Gemeinschaft im Vertrag aufgeführt wird. Es ist nicht ersichtlich, warum diese Grundsätze nicht auch für Arbeitsmigranten gelten sollten, die sich über mehrere Jahre hinweg zu Arbeitszwecken in der Europäischen Union aufhalten. Dabei steht die Integration der Migranten nicht im Widerspruch zu ihrem vorübergehend Aufenthalt, denn auch ein solcher, insbesondere, wenn er von mehrjähriger Dauer ist, kann nicht ohne die Einbeziehung der Migranten in die Gesellschaft des Aufnahmelandes stattfinden. Sowohl die Europäische Konvention über die Rechtsstellung der Wanderarbeitnehmer als auch die Internationale Konvention zum Schutz der Wanderarbeiter und ihrer Familien gewährleisten Wanderarbeitnehmern, die ordnungsgemäß im Gebiet eines Vertragsstaates aufhalten das Recht, die Kernfamilie nachziehen zu lassen, ohne dieses von der Dauerhaftigkeit des Aufenthalts abhängig zu machen. Dass der Familiennachzug bei vorübergehender Arbeitsmigration nicht in allen Fällen ausgeschlossen ist, zeigen die privilegierten Regelungen der Hochqualifizierten-Richtlinie, die vor dem Hintergrund des globalen Wettbewerbs um hochqualifizierte Arbeitskräfte günstigere Bedingungen für die Einreise der Familienangehörigen von Hochqualifizierten sowie für den Zugang der Ehepartner zum Arbeitsmarkt vorsieht.[823] Das Kriterium der Dauerhaftigkeit des Aufenthalts in Bezug auf den Zusammenführenden spielt hier keine Rolle. So liegt die (verlängerbare) Standard-Gültigkeitsdauer der Blauen Karte EU gemäß Artikel 7 Absatz 2 der Richtlinie zwar zwischen ein und vier Jahren. Abweichend von der Familienrichtlinie wird der Familiennachzug gemäß Artikel 15 Absatz 2 aber ausdrücklich nicht davon abhängig gemacht, ob der Inhaber der Blauen Karte EU begründete Aussicht darauf hat, ein dauerhaftes Aufenthalts recht zu erlangen, und ob er eine Mindestaufenthaltsdauer nachweisen kann. Die Achtung des Rechts auf Familienleben aber kann nicht von der Qualifikation des Betroffen abhängig gemacht werden. Die Ungleichbehandlung von hochqualifizierten sowie weniger qualifizierten Arbeitsmigranten macht deutlich, dass die Achtung des Rechts auf Familienleben nicht nur von menschenrechtlichen Aspekten geleitet wird. Die Gewährleistung dieses fundamentalen Rechts aber darf nicht von der Qualifikation des Betroffenen abhängen.

823 So ausdrücklich Erwägungsgrund Nr. 23 der Richtlinie.

D. Zusammenfassende Betrachtung

Dem Konzept der zirkulären Migration liegt ein entwicklungspolitischer Ansatz zugrunde, der seit einigen Jahren diskutiert wird und auf die positiven Auswirkungen der Rückkehr von Migranten auf die Entwicklung der Herkunftsländer abstellt. Die Europäische Union hat den Begriff der zirkulären Migration aufgegriffen und befürwortet die Förderung der zirkulären Migration als ein geeignetes Instrument der Migrationssteuerung. Doch obwohl sich der Begriff in der politischen Diskussion großer Beliebtheit erfreut, ist das EU-Konzept der zirkulären Migration bis heute erstaunlich unausgereift und kaum in die Praxis umgesetzt worden. Dies liegt nicht zuletzt darin begründet, dass mit dem Ziel, zirkuläre Migration zu erleichtern, sehr unterschiedliche Erwartungen und politische Zielrichtungen verbunden sind. Denn wenngleich das Konzept den ambitionierten Ansatz verfolgt, eine Triple-Win-Situation zu schaffen, von der die Aufnahmeländer, die Herkunftsländer sowie die Migranten gleichermaßen profitieren können, wird bei näherer Betrachtung deutlich, dass das Konzept auf europäischer Ebene primär zur Durchsetzung sicherheitspolitischer Interessen entwickelt wurde. So wurde die Erleichterung zirkulärer Migration ausdrücklich als strategisches Instrument im Rahmen der Zusammenarbeit mit den Herkunftsländern von den beiden ehemaligen Innenminister Sarkozy und Schäuble, beides Vertreter einer restriktiven Migrationspolitik, in die europapolitische Debatte eingebracht. Vor dem Hintergrund der irregulären Migration aus Afrika sollte insbesondere afrikanischen Herkunfts- und Transitländern ein zusätzlicher Anreiz für den Abschluss von Rückübernahmeabkommen geboten werden. Fehlende Fortschritte bei der Umsetzung des Konzepts lassen sich zum Teil mit den grundsätzlichen Bedenken vieler Mitgliedstaaten gegen die Schaffung legaler Migrationsmöglichkeiten für Arbeitsmigranten aus Afrika erklären. Denn wo keine Zuwanderung gewollt wird, ist auch keine zirkuläre Migration erwünscht. Erheblich erschwert wird die Realisierung des Konzepts auch dadurch, dass es den Akteuren bislang nicht gelungen ist, die verschiedenen Zielrichtungen des Konzepts in Einklang zu bringen und zu einem kohärenten Ansatz zu verbinden. Denn während der entwicklungspolitische Ansatz sich positive Auswirkungen auf die Entwicklungsländer durch ein „Mehr“ an Bewegungsfreiheit im Sinne eines Hin- und Herreisens zwischen Herkunfts- und Zielland verspricht, steht im Mittelpunkt des EU-Konzepts der zirkulären Migration die Rückkehr, also die Befristung des Aufenthalts. Aus der zirkulären Migration ist im Rahmen des EU-Konzepts mithin eine temporäre Migration geworden. Von einer Anerkennung transnationaler Praktiken durch das EU-Konzept der zirkulären Migration kann mithin keine Rede sein. Auch wurden entwicklungspolitische Ziele mit dem Konzept bislang in keiner Weise verwirklicht. Die Richtlinien für Hochqualifizierte und Saisonarbeitnehmer machen vielmehr deutlich, dass die Europäische Union ihre eigenen wirtschaftlichen Interessen klar in den Vordergrund stellt. So fördert die Europäische Union gerade nicht die zirkuläre bzw. temporäre Migration von Hochqualifizierten. Vielmehr wird die Aufenthaltsverfestigung bei dieser Personengruppe erleichtert und dem Brain-Drain damit Vorschub geleistet. Hingegen schließt die Richtlinie für Saisonarbeitnehmer eine Verlängerung des Aufenthalts aus. Auch bestehen –entgegen dem Richtlinienziel, zirkuläre Migration zu fördern – nur sehr eingeschränkte Möglichkeiten der Wiedereinreise. Von einer Win-Win-Situation ist die bisherige Umsetzung des Konzepts also weit entfernt. Darüber hinaus könnten dem von der Europäischen Union als Sine qua non für die Umsetzung des Konzepts der zirkulärer Migration erachteten Rückkehrzwang menschenrechtliche Vorgaben durch die Europäische Grundrechtecharta sowie die EMRK entgegenstehen, welche die einwanderungspolitische Gestaltungsfreiheit der Aufnahmestaaten beschränken. Zwar hindert die EMRK sowie die EuGRCH die Konventionsstaaten grundsätzlich nicht daran, die Einreise und die Dauer des Aufenthalts von Ausländern zu regeln. Doch schützen Artikel 7 EuGRCH sowie Artikel 8 EMRK sowohl das Familienleben als auch das Privatleben von Personen, die sich in einem Mitgliedstaat aufhalten. Die Aufenthaltsbeendigung könnte durch das Entstehen von Bindungen im Aufnahmeland mithin eine Verletzung von Artikel 7 EuGRCH und Artikel 8 EMRK sowie von Artikel 24 EuGRCH (Rechte des Kindes) darstellen. Da der EuGH sowie der EGMR in aufenthaltsrechtlichen Fällen einen weitreichenden Schutz des Familienlebens in Bezug auf die Kernfamilie gewährleisten, wird ein Bleiberecht im Fall der Familiengründung während des als vorübergehend angedachten Aufenthalts in der Regel zu bejahen sein. In Betracht kommt daneben auch der menschenrechtliche Schutz der sozialen Bindungen. Der EGMR hat das Privatleben als eigenständiges, aufenthaltsrechtliches Schutzgut anerkannt. Fraglich ist aber, ob im Rahmen eines befristeten Aufenthalts zu Arbeitszwecken, der von Anfang an keinen Daueraufenthalt vorsieht, überhaupt schutzwürdige Bindungen im Sinne von Artikel 7 EuGRCH, Artikel 8 EMRK entstehen können. Nach der Rechtsprechung beider Gerichtshöfe ist die Dauer des Aufenthalts ein wichtiges Kriterium für den Nachweis, ob die Beziehungen eine ausreichende Intensität erlangt haben. Spätestens nach einer Aufenthaltsdauer von fünf Jahren wird je nach den Umständen des Einzelfalls eine Verwurzelung in Betracht gezogen werden können. Ein grundsätzlicher Ausschluss befristeter Aufenthalte vom Schutzbereich des Privatlebens ergibt sich auch nicht daraus, dass die Aufenthaltsbeendigung aufgrund der vereinbarten

Befristung von Anfang an vorhersehbar war. Denn die Intensität der im Aufnahmeland aufgebauten Beziehungen kann nicht nach dem rechtlichen Aufenthaltsstatus beurteilt werden. Vielmehr sind die sozialen Bindungen also solche, die einen Teil der Identität des Einzelnen ausmachen, menschenrechtlich geschützt. Der grundsätzliche Ausschluss befristeter Aufenthalte vom Schutzbereich des Privatlebens würde dem menschenrechtlichen Schutzcharakter der Vorschrift nicht gerecht werden. Andererseits würde es die einwanderungspolitische Gestaltungsfreiheit unverhältnismäßig einschränken, würde sich aus jedem befristeten Aufenthalt ein Bleiberecht ableiten lassen. Insofern ist ein gerechter Interessenausgleich („fair balance") zwischen den schutzwürdigen Belangen des Betroffenen auf Fortsetzung des Aufenthalts sowie dem staatlichen Interesse auf Einhaltung der festgelegten Befristung vorzunehmen. Maßgeblich sind die persönlichen, sozialen und wirtschaftlichen Beziehungen zum Zielland, die im Einzelfall ermittelt werden müssen. Auf der anderen Seite wird es sich bei Personen, die sich während eines mehrjährigen Aufenthalts zu Arbeitszwecken in die Gesellschaft gut integriert haben, starke Bindungen aufgebaut haben und über einen Arbeitsplatz verfügen als schwierig erweisen, das staatliche Interesse an einer Rückkehr höher zu gewichten als den durch Artikel 7 EuGRCH und Artikel 8 EMRK gewährleisteten Schutz des Privatlebens. Schließlich stellt der EGMR in seine Interessenabwägung aber ein weiteres Kriterium mit ein, durch welches sich die Verhältnismäßigkeit der Aufenthaltsbeendigung in der Regel bejahen lassen wird. So setzt eine Verletzung des Privatlebens nach der bisherigen Rechtsprechung des Gerichtshofs voraus, dass an das Herkunftsland keine starken, zumindest aber keine mit dem zum Aufnahmeland vergleichbaren Bindungen bestehen dürfen. Aufgrund ihrer Bindungen zum Heimatland werden Personen, die zu Arbeitszwecken vorübergehend in das Aufnahmeland einreisen durch die Versagung einer Aufenthaltsverlängerung somit in der Regel nicht den Schutz des Artikel 8 EMRK genießen. In Betracht kommt ein Bleiberecht aus der Daueraufenthaltsrichtlinie, wenn sich der Aufenthalt auf insgesamt fünf Jahre erstreckt. Somit wird sich die Aufenthaltsbeendigung rechtlich zwar in der Regel durchsetzen lassen. Inwieweit ein solcher Rückkehrzwang in der Praxis umsetzbar ist, ist zweifelhaft. Sollte die Europäische Union an ihrem Konzept der zirkulären bzw. befristeten Arbeitsmigration festhalten, wird sie hierfür aufenthaltsrechtliche Rahmenbedingungen schaffen müssen, die die strikte Trennung von dauerhaftem und vorübergehendem Aufenthalt auflöst. Hingegen hat die Europäische Union mit der Rahmenrichtlinie Mindeststandards in Bezug auf die beschäftigungsbezogenen sowie sozialen Rechte von Personen, die im Rahmen befristeter Migrationsprogramme einreisen, geschaffen. Gleiches gilt für

Saisonarbeitnehmer, deren Rechte durch die speziellen Regelungen der Saisonarbeitnehmerrichtlinie vereinheitlicht und gestärkt wurden. Nicht ausreichend gewährleistet ist jedoch der Schutz des Familienlebens der im Rahmen von befristeten Arbeitsmigrationsprogrammen einreisenden Migranten, da die Familienzusammenführungsrichtlinie die begründete Aussicht auf ein dauerhaftes Aufenthaltsrecht voraussetzt, um die Mitnahme bzw. den Nachzug von Familienangehörigen zu ermöglichen. Der generelle Ausschluss von Arbeitsmigranten, die sich vorübergehend im Konventionsstaat aufhalten, vom personellen Anwendungsbereich der Richtlinie ist spätestens dann, wenn sich der Aufenthalt auf mehrere Jahre erstreckt, mit menschenrechtlichen- und völkerrechtlichen Vorgaben nicht vereinbar.

Resümee

Die vorliegende Arbeit hat sich der Frage gewidmet, inwieweit das von der Europäische Union entwickelte Instrument der Mobilitätspartnerschaft dazu beitragen kann, legale – und insbesondere zirkuläre – Möglichkeiten der Arbeitsmigration aus Afrika im Sinne einer Triple-Win-Situation für die Aufnahmeländer, die Herkunftsländer sowie die Migrantinnen und Migranten zu schaffen. Im Folgenden sollen die zentralen Ergebnisse der Untersuchung zusammengefasst werden:

1. Die eindimensionale Perspektive auf die Migration aus Afrika

Das wenig differenzierte und in weiten Teilen nicht realistische Bild der Migration aus Afrika nach Europa verhindert eine sachliche Auseinandersetzung mit der Frage, wie mit dem Migrationsdrang und der faktisch stattfindenden Arbeitsmigration konstruktiv umgegangen werden kann. Die Geschehnisse im Mittelmeerraum sowie die in jüngster Zeit wieder zunehmenden Überschreitungen der Grenzzäune zwischen Marokko und den spanischen Enklaven Ceuta und Melilla bestimmen weitestgehend die öffentliche Wahrnehmung der Migration aus Afrika nach Europa. Die Reduzierung des Migrationsgeschehens auf das Schlagwort „Lampedusa" wird der Vielschichtigkeit der Migration aus Afrika allerdings nicht gerecht. Die Mehrzahl der afrikanischen Migrantinnen und Migranten wandert in ein anderes Land, um dort zu arbeiten und damit ihren materiellen und immateriellen Lebensstandard zu erhöhen. Sie unterscheiden sich insofern nicht von der überwiegenden Mehrheit der Migrantinnen und Migranten weltweit. Afrikanische Migrantinnen und Migranten, die nach Europa wandern, gehören selten zum ärmsten Teil der Bevölkerung und verfügen oft über einen überdurchschnittlichen Bildungsgrad, denn Migration – gerade über größere Distanzen – erfordert Mittel und Fähigkeiten, über die die Ärmsten meist nicht verfügen. Dies trifft selbst auf diejenigen Migrantinnen und Migranten zu, die den gefährlichen Weg über das Mittelmeer oder die Grenzzäune auf sich nehmen, um in die „Festung Europa" zu gelangen. Neben der berechtigten Forderung nach einer humaneren Flüchtlingspolitik sind deshalb Wege und Möglichkeiten der legalen Arbeitsmigration zu ermitteln, die dazu beitragen können, die Menschenrechte sowie die Menschenwürde der Migrantinnen und Migranten zu gewährleisten. Dabei sollte die Suche nach Lösungswegen auch nicht von der durch Politik und Medien geschürten Angst vor „Massenzuwanderungen" aus Afrika behindert werden. Die Süd-Nord-Migration spielt in Europa eine weitaus geringere Rolle als in anderen wohlhabenden Regionen der Welt. Der Anteil afrikanischer Migrantinnen und Migranten an der irregulären Migration insgesamt ist in keinem europäischen Land prägend. Angesichts der Tatsache, dass sich die große Mehrheit der Migrationswilligen südlich der Sahara die mit sehr hohen Kosten verbundene Reise gen Europa gar nicht leisten kann – von den weltweit 48 am wenigsten entwickelten Ländern befinden sich 33 in Subsahara-Afrika – mag dies auch nicht erstaunen. Bei der überwiegenden Zahl der Migrantinnen und Migranten mit irregulärem Aufenthaltsstatus, die sich in den Industrieländer aufhalten, handelt es sich um sog. „*overstayer*", die zunächst im Besitz eines befristeten Visums sind und nach Ablauf des Aufenthaltstitels im Aufnahmeland verbleiben, oder um Personen, die mit gefälschten Papieren einreisen. Über die Hälfte der insgesamt 4,5 Millionen in der Europäischen Union mit regulärem Aufenthaltsstatus lebendenden afrikanische Migrantinnen und Migranten stammt aus Nordafrika, davon allein 1,7 Million aus Marokko. Aus dem gesamten afrikanischen Kontinent südlich der Sahara mit einer Bevölkerung von etwa 900 Millionen Menschen[824] halten sich lediglich knapp zwei Millionen Migrantinnen und Migranten mit regulärem Aufenthaltsstatus in der Europäischen Union – einer der reichsten und stabilsten Regionen der Welt – auf. Hauptherkunftsregion der Migrantinnen und Migranten aus Subsahara-Afrika stellt mit etwa 820.000 Zuwanderern Westafrika dar, einer Region, die sich neben den Maghreb-Staaten Nordafrikas traditionell durch eine außerordentlich hohe interregionale Arbeitskräftemobilität auszeichnet. So findet nahezu die Hälfte der gesamten Migrationsbewegungen innerhalb Afrikas zwischen den Ländern Westafrikas statt. Migrantinnen und Migranten aus einzelnen afrikanischen Herkunftsländern konzentrieren sich in besonderem Maße auf einzelne europäische Zielländer. Dies ist zum einen auf die kolonialen Wurzeln und den damit einhergehenden Einreiseerleichterungen sowie der gemeinsamen Sprache zurückzuführen. Zum anderen hat die starke Nachfrage nach billigen Arbeitskräften in Südeuropa eine Rolle gespielt. Von entscheidender Bedeutung sind schließlich gut ausgebildete Netzwerke. Je höher der Bildungsgrad, desto wahrscheinlicher ist die Migration in ein Industrieland. Allerdings übt

---

824 Jeder zweite Einwohner ist unter 15 Jahre alt. Die Stiftung Weltbevölkerung sieht bis zur Mitte des Jahrhunderts eine Verdoppelung der Bevölkerung Subsahara-Afrikas voraus. In Deutschland ist im Vergleich hierzu lediglich jeder Zehnte unter 15 Jahre alt.

ein großer Teil der Migrantinnen und Migranten im Aufnahmeland Tätigkeiten aus, für die sie überqualifiziert sind. Ein Phänomen, das in besonderem Maße auf Migrantinnen und Migranten mit irregulärem Aufenthaltsstatus zutrifft. Dies darf auf der anderen Seite aber nicht darüber hinwegtäuschen, dass die Migrantinnen und Migranten bei ihrer Rückkehr als sozial erfolgreich, modern und wohlhabend angesehen werden und ihren gesellschaftlichen Status sowie den der gesamten Familie enorm verbessern können, weshalb von einem „Statusparadox der Migration" gesprochen wird. Wirtschaftliche Gründe alleine reichen mithin nicht aus, um den großen Migrationsdrang zu erklären. Dabei entsprechen die Fernmigranten Subsahara-Afrikas in der Regel sehr genau dem Typus des zielorientierten Verdieners („*target earners*"). Die große Mehrheit der Migrantinnen und Migranten beabsichtigt in ihre Heimat zurückzukehren sobald sie ihre wirtschaftlichen und kulturellen Ziele erreicht haben. Inwieweit sie ihren Rückkehrwunsch in die Tat umsetzen, ist eine andere Frage. Für die europäische Migrationspolitik lassen sich vor diesem Hintergrund insbesondere folgende Schlussfolgerungen ziehen: Die Annahme, dass irreguläre Migration aus Afrika durch Entwicklungshilfe eingedämmt werden könnte, ist nicht zutreffend. Vielmehr kommen Arbeitsmigranten aus Subsahara-Afrika gerade nicht aus den ärmsten Ländern, da die Migration gen Europa erhebliche Ressourcen, Investitionen aber auch Netzwerke verlangt. Insofern ist sogar die Annahme berechtigt, dass die Entwicklung der Herkunftsländer zu einer Zunahme von Auswanderung führt. Die Abschottungspolitik der Europäischen Union, die insbesondere gegen Migrantinnen und Migranten aus Subsahara-Afrika gerichtet ist, lässt sich angesichts des starken Migrationsdrangs und der demographischen Entwicklung nicht auf Dauer aufrechterhalten. Der Umfang der irregulären Migration weist im Übrigen darauf hin, dass die Nachfrage nach Arbeitsmigranten nicht vom Angebot gedeckt ist und sich politische Ansprüche und wirtschaftliche Realitäten insoweit nicht decken. Es ist deshalb nach geeigneten Instrumenten zu suchen, die den Interessen der Beteiligten weit möglichst entgegen kommen.

2. ‚Zirkuläre Migration' als Schlagwort

Aufbauend auf dem deutsch-französischen Strategiepapier der damaligen Innenminister Schäuble und Sarkozy über eine neue europäische Migrationspolitik hat die Kommission im Jahr 2007 in ihrer Mitteilung über zirkuläre Migration und Mobilitätspartnerschaften den Grundstein für das EU-Konzept der zirkulären Migration gelegt. Die Kommission führt aus, dass zirkuläre Migration, die als wichtige Wanderungsform zunehmend anerkannt sei, Angebot und Nachfrage nach Arbeitskräften weltweit in Übereinstimmung bringen und dadurch zu einer effizienteren Verteilung der Ressourcen und zum Wirtschaftswachstum beitragen könne. So könne zirkuläre Migration einerseits dazu beitragen, den Arbeitsmarktbedarf der EU-Mitgliedstaaten zu decken, die Vorteile der Migration für die Herkunftsländer zu optimieren und die negativen Auswirkungen einzudämmen sowie dazu beitragen, irreguläre Migration zu reduzieren. Dieser konstruktive Ansatz lehnte sich an die neue entwicklungspolitische Debatte über die positiven Auswirkungen der Rückkehrmigration auf die Herkunftsländer an, die von der *Global Commission on International Migration* im Jahr 2005 angestoßen worden war. Da die althergebrachte Vorstellung von einer notwendig dauerhaften Niederlassung der Migrantinnen und Migranten von der *Global Commission* nicht mehr als zeitgemäß betrachtet wird, empfiehlt sie befristete Migrationsprogramme, die die positiven Auswirkungen von Rückkehr und zirkulärer Migration auf die Entwicklung der Herkunftsstaaten maximieren sollen. Zu diesem Zweck sollten Mechanismen entwickelt werden, die es den Migrantinnen und Migranten ermöglichen, relativ einfach zwischen Herkunfts- und Zielland hin –und herzureisen. Wenngleich die Förderung zirkulärer Migration seither als ein Ziel der EU-Migrationspolitik gilt, ist es der Europäischen Union nicht gelungen, dem Konzept klare Konturen zu verleihen. Dies liegt nicht zuletzt daran, dass die Bereitschaft zur Umsetzung zirkulärer Migration nicht vorhanden ist. Vielmehr wird das Konzept der zirkulären Migration in der migrationspolitischen Debatte als Schlagwort verwendet, das aufgrund seiner Unschärfe mit einer gewissen Beliebigkeit für unterschiedliche Zwecke herangezogen wird. Fest steht, dass das relativ neue politische Interesse an zirkulärer Migration von Seiten der Union *nicht* als Anerkennung transnationaler Praktiken zu werten ist, da das wesentliche Element der Zirkularität weder in dem Konzept noch in seiner rechtlichen Umsetzung wiederzufinden ist. So spricht sich der Rat zwar einerseits für einen angemessenen Rechtsrahmen zur Förderung der zirkulären Migration aus, definiert zirkuläre Migration aber als „eine befristete legale Migration zwischen einem und mehreren Mitgliedstaaten und bestimmten Drittstaaten". Als zentrales Element des Konzepts und unabdingbare Voraussetzung für seine Umsetzung wird die Rückkehr nach Ablauf des befristeten Aufenthalts angesehen. Da ein Hin- und Her der Wanderungsbewegungen nicht vorgesehen ist, ist unter dem EU-Konzept der zirkulären Migration mithin nichts anderes zu verstehen als die Förderung befristeter Migration, bei der die Perspektive auf einen Daueraufenthalt von Anfang an ausgeschlossen werden soll.

3. Das „Problem“ mit der Rückkehr

Auch die Förderung befristeter Migration – mag sie zirkuläre Elemente auch vermissen lassen – kommt als Instrument in Betracht, legale Wege der Arbeitsmigration für afrikanische Migranten zu eröffnen. Fraglich ist jedoch, ob sich der generelle Ausschluss einer aufenthaltsrechtlichen Verfestigung rechtlich und tatsächlich überhaupt umsetzen lässt. Die Europäische Grundrechtecharta und die EMRK hindern die Konventionsstaaten grundsätzlich nicht daran, die Einreise und die Dauer des Aufenthalts von Ausländern zu regeln und geben kein Recht, in ein bestimmtes Land einzureisen und sich dort aufzuhalten. Der einwanderungspolitischen Gestaltungsfreiheit sind durch Artikel 7 EuGRCH und Artikel 8 EMRK jedoch Grenzen gesetzt, soweit hierdurch das Recht der Betroffenen auf Achtung ihres Familien- oder Privatlebens verletzt wird. In Betracht kommt darüber hinaus eine Verletzung der Rechte des Kindes aus Artikel 24 EuGRCH. Der EuGH und der EGMR gewährleisten in aufenthaltsrechtlichen Fällen einen weitreichenden Schutz des Familienlebens in Bezug auf die Kernfamilie, so dass die Familiengründung im Aufnahmeland in der Regel einer Aufenthaltsbeendigung entgegenstehen wird. Darüber hinaus stehen den betroffenen Arbeitsmigranten familienbedingte Aufenthaltsrechte aus der Unionsbürgerrichtlinie, der Familienzusammenführungsrichtlinie sowie aus nationalem Recht zu. Daneben könnte aber auch der Schutz der während des vorübergehenden Aufenthalts entstandenen sozialen Bindungen (Privatleben) eine Rückkehr rechtlich unmöglich machen. Dies kommt insbesondere dann in Betracht, wenn durch einen mehrjährigen Aufenthalt persönliche, soziale und wirtschaftliche Beziehungen entstanden sind, die eine so starke Intensität erlangt haben, dass sie als Teil der Identität des Betroffenen gelten können. Ob eine Verletzung des Privatlebens vorliegt ist unter Abwägung der widerstreitenden öffentlichen und privaten Interessen zu entscheiden („*fair balance*“). Hierbei ist zu prüfen, ob die einwanderungspolitische Gestaltungsfreiheit des Aufnahmelandes stärker zu gewichten ist als das Interesse des Betroffenen an der Aufrechterhaltung seiner sozialen Bindungen. Dies wird jedenfalls dann sehr zu bezweifeln sein, wenn der Betroffene über mehrere Jahre hinweg persönliche, soziale und wirtschaftliche Bindungen im Aufnahmeland aufgebaut hat und eine berufliche Perspektive fortbesteht. An der Verhältnismäßigkeit eines solchen Eingriffs in das Privatleben aus rein migrationspolitischen Gründen bestehen angesichts der Tatsache, dass der Aufnahmestaat den Arbeitsmigranten – ob aus strategischen oder arbeitsmarktpolitischen Gründen – zugelassen und von seiner Arbeitskraft profitiert hat, aus menschenrechtlicher Sicht erhebliche Zweifel. Nach der bisherigen Rechtsprechung des EGMR wird eine Verletzung von Artikel 8 EMRK jedoch aufgrund eines weiteren vom Gerichtshof aufgestellten Abwägungskriteriums zu verneinen sein. So hat der Gerichtshof in aufenthaltsrechtlichen Fällen bislang stets die fehlenden Bindungen des Betroffenen an sein Herkunftsland in die Abwägung einbezogen, um die Verhältnismäßigkeit des Eingriffs zu bejahen. Umgekehrt gewichtete der Gerichtshof die einwanderungspolitische Gestaltungsfreiheit in den Fällen höher als das Interesse des Betroffenen an der Fortsetzung des Aufenthalts im Konventionsstaat, wenn zum Herkunftsland Bindungen bestehen, die zumindest mit denjenigen an das Aufnahmeland vergleichbar sind. Im Fall der hier betroffenen Personengruppe, die zum Zwecke eines vorübergehenden Arbeitsaufenthalts in die Europäische Union einreist, wird eine Verletzung des Privatlebens im Sinne von Artikel 7 EuGRCH und Artikel 8 EMRK aufgrund der zum Heimatland bestehenden Bindungen deshalb in aller Regel verneint werden müssen. Im Ergebnis werden menschenrechtliche Vorgaben einer Rückkehrverpflichtung nach der bisherigen Rechtsprechung des EuGH sowie des EGMR – außer im Fall der Familiengründung – deshalb regelmäßig nicht entgegenstehen. Nach einem befristeten Aufenthalt von fünf Jahren wird aber ein EU-rechtlicher Anspruch aus der Daueraufenthaltsrichtlinie in Betracht kommen. Ungeachtet der rechtlichen Möglichkeiten stellt sich jedoch die Frage, inwieweit sich eine Rückkehr, die nicht gewollt ist, tatsächlich umsetzen lässt. Migrantinnen und Migranten die nicht bereit sind zu gehen, werden entweder die Flucht in die Irregularität ergreifen oder sich dem Markt der Scheinehen zuwenden. In beiden Fällen werden sie aufgrund ihrer prekären Situation dem Risiko der Ausbeutung ausgesetzt sein. Eine freiwillige Rückkehr aber wird dadurch immer unwahrscheinlicher. Vieles spricht deshalb dafür, eine Rückkehr im Rahmen von Migrationsvereinbarungen zu erleichtern und zu fördern.

4. Unilaterale versus bilaterale Instrumente der Migrationssteuerung

Als Instrumente zur Regelung von Arbeitsmigration kommen unilaterale Einwanderungsvorschriften sowie bilaterale bzw. multilaterale Migrationsvereinbarungen in Betracht, die zwischen Herkunfts- und Zielland ausgehandelt werden. Auf EU-Ebene wurden die Richtlinien für Hochqualifizierte sowie für Saisonarbeitnehmer erlassen, die sich allerdings auf die Regelung der Einreise- und Aufenthaltsbedingungen für bestimmte Personengruppen beschränken. Die Vorstöße der Kommission, einen horizontalen Rechtsrahmen für alle Drittstaatsangehörigen zu schaffen, die zwecks Ausübung einer unselbständigen oder selbständigen Erwerbstätigkeit in die Europäische Union einreisen wollen, scheiterten an den Vorbehalten der Mitgliedstaaten. Mit dem Erlass der beiden sektoralen Richtlinien sind nunmehr erste Schritte zur Harmonisierung der Arbeitsmigrationspolitik vorgenommen worden. Damit hat eine Abkehr vom Prinzip der Nullzuwanderung stattgefunden und sich die Erkenntnis über die Notwendigkeit eines Vorgehens auf EU-Ebene durchgesetzt, wenngleich die nationalen Souveränitätsansprüche im Bereich der Arbeitsmigration nach wie vor sehr groß sind. Es wird sich zeigen, inwieweit die Richtlinie für Hochqualifizierte ihren Zweck, nämlich die Attraktivität der Europäischen Union für hoch qualifizierte Arbeitskräfte zu erhöhen, erfüllen wird. In Bezug auf die Regelungsbedürftigkeit der Arbeitsmigration aus Afrika wird sie jedoch aus mehreren Gründen kein maßgebliches Regelungsinstrument darstellen können. Denn zum einen hat der in den personellen Anwendungsbereich der Richtlinie fallende Personenkreis im zunehmend globalen Wettbewerb ohnehin wenig Probleme damit, legale Wege der Migration zu finden. Zum anderen steht die Richtlinie, die deutliche Anreize für einen Daueraufenthalt setzt, im Widerspruch zu entwicklungspolitischen Zielen, nämlich die mit gravierenden Folgen für die Entwicklungsländer verbundene dauerhafte Auswanderung von Hochqualifizierten zu vermeiden. Was die Richtlinie für Saisonarbeitnehmer betrifft, so kann diese zwar einen Beitrag dazu leisten, Arbeitsmigranten, die saisonale Tätigkeiten ausführen, mehr Rechtssicherheit zu geben und vor Ausbeutung zu schützen. Für Fernmigranten aus Subsahara-Afrika wird ein Aufenthalt, der sich auf mehrere Monate beschränkt aufgrund der hohen Investitionskosten in der Regel jedoch nicht in Betracht kommen. Hinzu kommt, dass die Mitgliedstaaten bei einem Antrag auf eine Genehmigung nach Artikel 6 Absatz 5 der Richtlinie überprüfen, ob bei dem Drittstaatsangehörigen nicht die Gefahr der illegalen Einwanderung besteht. Inwieweit die Behörden hier – wie bei der Visapraxis für Kurzzeitaufenthalte – eine Art ‚Generalverdacht' gegen Reisende aus Subsahara-Afrika erheben werden, steht noch offen. Vor diesem Hintergrund spricht vieles für die Schaffung legaler Migrationswege im Rahmen von Migrationsabkommen, die mit den Herkunftsländern individuell ausgehandelt werden können. Auf diese Weise könnte afrikanischen Ländern, die sich durch einen hohen Migrationsdrang nach Europa auszeichnen, bestimmte Kontingente angeboten und dadurch Möglichkeiten der legalen Arbeitsmigration geschaffen werden. Insbesondere könnten durch entsprechende Abkommen Rückkehrregelungen geschaffen werden, die eine Rückkehr nach Ablauf der vorgesehenen Aufenthaltsdauer erleichtert, aber auch realistischer macht. Die Vereinbarungen könnten damit eine wirksame Methode zur Verhütung der illegalen Anwerbung und Ausbeutung irregulärer Migranten darstellen. Gleichzeitig könnten Herkunftsländer ihren Arbeitskräften Zugang zu internationalen Arbeitsmärkten verschaffen, deren berufliche Kompetenzen (Brain-Gain) stärken und durch Rückkehrregelungen dem Brain-Drain entgegenwirken. Auf diese Weise könnten Migrationsvereinbarungen ein wichtiges Instrument zur Regulierung internationaler Migration im Interesse der Ziel- und Herkunftsländer sowie zur effektiven Gewährleistung der Rechte von Migrantinnen und Migranten sein und eine Alternative zur unilateralen Einwanderungsgesetzgebung darstellen.

5. Die Zulassung von Arbeitsmigranten als strategisches Instrument der externen Dimension der EU-Migrationspolitik

Die Kommission stellte im Mai 2007 erstmals das Instrument der Mobilitätspartnerschaften vor, das im Rahmen der externen EU-Migrationspolitik Arbeitsmigration aus Drittstaaten erleichtern soll. Im Gegensatz zu herkömmlichen Arbeitsmigrationsabkommen, die vor allem wirtschaftspolitische Ziele verfolgen, ist das neue Konzept von sicherheitspolitischen Interessen geleitet. So sollen Mobilitätspartnerschaften einen strategischen Kooperationsrahmen zur Eindämmung der irregulären Migration darstellen. Die Einbeziehung von Migrationsbelangen in die Außenbeziehungen der Europäischen Union basiert auf der Überzeugung der Union und ihrer Mitgliedstaaten, unerwünschte Migration nach Europa nicht unilateral, ohne Mitwirkung der Herkunfts- und Transitstaaten, verringern zu können. Vor diesem Hintergrund legen die Staats- und Regierungschefs im Jahr 1999 in Tampere das politische Fundament für die externe Dimension der europäischen Migrationspolitik. Die Partnerschaft mit den Herkunftsländern gilt fortan als eines der vier Grundbestandteile der zukünftigen europäischen Migrationspolitik. Dabei verfolgt die Europäische Union einen äußerst restriktiven Ansatz. Hauptziel der Zusammenarbeit ist die Verwirklichung einer effektiven Rückübernahmepolitik. Allerdings wurde der Widerstand der afrikanischen Verhandlungspartner in Bezug auf den Abschluss der von der Union vorgesehenen Rückübernahmeabkommen von Anfang an erheblich unterschätzt. Neben der weitverbreiteten großen Unpopularität von Rückübernahmeabkommen in der afrikanischen Bevölkerung stellt insbesondere die von der Union geforderte Verpflichtung zur Rückübernahme nicht nur eigener, sondern auch sonstiger Staatsangehöriger oder Staatenloser dar, die über das betroffene Land eingereist sind. Schließlich wird die Fokussierung und Reduzierung der Zusammenarbeit im Bereich Migration auf das Thema der irregulären Migration von afrikanischer Seite sehr kritisch betrachtet. War das Interesse der Union zunächst auf Nordafrika gerichtet, so gewannen die Länder südlich der Sahara, und insbesondere Westafrika, durch die Ereignisse in Ceuta und Melilla im Herbst 2005 sowie der Zunahme von Bootsmigranten aus Subsahara-Afrika plötzlich an politischer Bedeutung. Bereits im Dezember 2005 verabschiedete der Europäische Rat den Gesamtansatz zur Migrationsfrage mit Schwerpunkt Afrika und Mittelmeerraum, der den Ausbau des Dialogs und der Zusammenarbeit mit den afrikanischen Transit- und Herkunftsstaaten vorsieht. Während der Aktionsplan in Bezug auf gemeinsame Küstenpatrouillen und Überwachung der Seegrenzen aus europäischer Sicht Erfolge verzeichnen konnte, verlaufen die Verhandlungen über Rückübernahmeabkommen weiterhin schleppend. So sieht sich die Europäische Union schließlich gezwungen, ein stärkeres Anreizsystem für relevante Drittstaaten zu schaffen. Das zu diesem Zweck entwickelte Instrument der Mobilitätspartnerschaften soll innerhalb des Gesamtansatzes zur Migrationsfrage Maßnahmen zur Erleichterung der legalen Migration, zur Eindämmung der irregulären Migration sowie zur Entwicklung der Herkunfts- und Transitstaaten miteinander verbinden. In diesem Rahmen soll mit den betreffenden Drittländern unter Berücksichtigung des Potenzials an Arbeitskräften eine Politik der Arbeitsmigration verwirklicht werden. Das Konzept der Mobilitätspartnerschaft wird im Europäischen Pakt für Einwanderung und Asyl im Jahr 2008 sowie im Stockholmer Programm in 2010 bekräftigt. Die durch den Arabischen Frühling verursachte Zunahme der Migration aus Afrika führte zu einer verstärkten Zusammenarbeit mit den Ländern des Mittelmeerraums im Rahmen von Frontex-Operationen. Gleichzeitig spricht sich die Kommission aufgrund des nach wie vor geringen Verhandlungserfolgs in Bezug auf den Abschluss von Rückübernahmeabkommen mit afrikanischen Drittstaaten erneut dafür aus, stärkere Anreize zu setzen. Vor diesem Hintergrund entwickelte die Europäische Union den neuen Gesamtansatz für Migration und Mobilität (GAMM). Die Union bekräftigt die politische Bedeutung von Mobilitätspartnerschaften, die einen umfassenden Rahmen zur Steuerung des Personenverkehrs zwischen der Europäischen Union und einzelnen Partnerländern bilden sowie sicherstellen sollen, dass die Migration und Mobilität einschließlich der Möglichkeiten einer größere Arbeitskräftemobilität für alle Beteiligten von Nutzen sind. Als neuer Hauptbestandteil von Mobilitätspartnerschaften wird der Abschluss von Visaerleichterungsabkommen in den Gesamtansatz eingebracht, um wichtige Drittstaaten zum Abschluss von Rückübernahmeabkommen zu bewegen. Eine Erweiterung des Gesamtansatzes auf die Visapolitik ist angesichts der fehlenden Regelungsbefugnisse der Union in Bezug auf die Vereinbarung von Arbeitsmigrationsabkommen und der fehlenden Bereitschaft der Mitgliedstaaten, den Verhandlungspartnern legale Migrationsmöglichkeiten im Rahmen von Mobilitätspartnerschaften anzubieten, eine logische Konsequenz.

6. Die mangelnde Umsetzung des Konzepts der Mobilitätspartnerschaften

Das Instrument der Mobilitätspartnerschaft soll die Voraussetzungen für eine gut gesteuerte Migration und Mobilität, einschließlich einer größeren Arbeitskräftemobilität unter sicheren Rahmenbedingungen schaffen. Zwischen diesem ambitionierten und vom Grundsatz her konstruktiven Ansatz der Europäischen Union und der tatsächlichen Umsetzung klafft eine große Lücke. Die Kommission begann im Jahr 2007 erste Sondierungsgespräche mit relevanten afrikanischen Herkunfts- und Transitländern aufzunehmen. Im Juni 2008 kam es zu einer ersten Pilotpartnerschaft mit dem westafrikanischen Inselstaat Kap Verde unter Beteiligung von Portugal, Spanien, Frankreich, Luxemburg und die Niederlande. Im Juni 2013 wurde nach schwierigen und langwierigen Verhandlungen mit Marokko eine weitere Mobilitätspartnerschaft mit einem afrikanischen Land begründet. Darüber hinaus wurden unlängst die Verhandlungen mit Tunesien abgeschlossen. In der politischen Erklärung zur Begründung der Mobilitätspartnerschaft mit Kap Verde wird das Ziel genannt, den Personenverkehr sowie die legale Migration – insbesondere die zirkuläre und temporäre – zu erleichtern. Initiativen zur Förderung der Arbeitsmigration werden von Portugal, Frankreich und Luxemburg eingebracht. Doch hat bis heute lediglich Frankreich seinen Vorschlag, der sich auf die Erweiterung eines bereits bestehenden Migrationsabkommens bezog, umgesetzt. Das Migrationsabkommen, das ein jährliches Kontingent von 500 Aufenthaltstiteln im Jahr umfasst, ist im April 2011 im Rahmen der französischen Politik der *„gestion concertée des flux migratoires“* in Kraft getreten. Darüber hinaus wurde im Rahmen der Mobilitätspartnerschaft im Oktober 2012 nach langen Verhandlungen ein Visaerleichterungsabkommen sowie im April 2013 ein Rückübernahmeabkommen zwischen der Europäischen Union und Kap Verde unterzeichnet – die ersten Abkommen dieser Art zwischen der Europäischen Union und einem afrikanischen Land. Damit sind zwei Hauptbestandteile der Mobilitätspartnerschaft von der Europäischen Union umgesetzt worden, während im Bereich der Arbeitsmigration kaum Ergebnisse erzielt werden konnten. Hingegen erweisen sich die Verhandlungen mit Marokko als äußerst schwierig. Zwar kam es im Juni 2013 zur Unterzeichnung einer Mobilitätspartnerschaft, doch wurden Fortschritte in Bezug auf den Abschluss eines Rückübernahmeabkommens bislang nicht erzielt. Das strategische Interesse der Europäischen Union an einer Zusammenarbeit mit dem nordafrikanischen Land ist groß. Stellt Marokko doch eines der wichtigsten Transitländer für Migrantinnen und Migranten aus Subsahara-Afrika dar. Gespräche über ein Visaabkommen wurden aufgenommen. Der Abschluss eines solchen Abkommens wird jedoch davon abhängen, ob ein Rückübernahmeabkommen zustande kommen wird. Initiativen in Bezug auf die Erleichterung der Arbeitsmigration sind bislang nicht eingebracht worden. Allerdings bestehen bereits bilaterale Migrationsabkommen mit Frankreich, Spanien, Italien und Deutschland, allesamt Länder, die an der Mobilitätspartnerschaft beteiligt sind. Das maßgebliche Interesse an der Mobilitätspartnerschaft wird für Marokko auf die Zusage von Visaliberalisierungen gerichtet sein. Hingegen werden die von der Europäischen Union eingeleiteten Gespräche mit Senegal über den Abschluss einer Mobilitätspartnerschaft als gescheitert betrachtet. Als wichtiges Herkunftsland- und Transitland afrikanischer Migranten spielt das westafrikanische Land eine strategisch bedeutsame Rolle. Eine Beteiligung an der Mobilitätspartnerschaft sagten die drei Hauptzielländer senegalesischer Migranten, namentlich Frankreich, Spanien und Italien zu. Für das Scheitern der Vertragsverhandlungen mitverantwortlich gemacht wird die Forderung der Union, Senegal solle eine Rückübernahmeverpflichtung von Nicht-Staatsangehörigen übernehmen. Darüber hinaus spricht vieles dafür, dass Senegal den bestehenden bilateralen Migrationsabkommen mit einzelnen europäischen Ländern den Vorzug gab und keinen ‚Mehrwert' in einer Mobilitätspartnerschaft erkennen konnte. Gleiches trifft aber auch für den Hauptakteur Frankreich zu, der schon im Vorfeld der EU-Verhandlungen Gespräche mit Senegal über ein bilaterales Migrationsabkommen führte. Die Europäische Union leitete in 2007 auch Gespräche mit dem wichtigen Herkunftsland Ghana ein, das sich in seinem Migrationsprofil allerdings in zwei wichtigen Punkten von demjenigen Senegals unterscheidet: Erstens spielt Ghana als Transitland keine Rolle, wodurch die Notwendigkeit der umstrittenen Rückübernahmepflicht für fremde Staatsangehörige sowie der Sicherung der Seegrenzen entfällt. Zweitens zeichnen sich ghanaische Auswanderer durch ein überdurchschnittlich hohes Qualifikationsniveau aus, was sie von der Mehrzahl der senegalesischen Migranten gen Europa unterscheidet und den nationalen Migrationsdialog verstärkt auf das Problem des Brain-Drain und entwicklungspolitische Aspekte lenkt. Zwar verkündete die Europäische Kommission im Juli 2010 den baldigen Abschluss einer Mobilitätspartnerschaft, doch scheinen die Verhandlungen inzwischen unterbrochen worden zu sein. Im Bereich der Regelung der Arbeitsmigration wird von ghanaischer Seite die beschränkte Handlungsmacht der Union wahrgenommen, so dass Vereinbarungen auf bilateraler Ebene hier einen weitaus größeren Anreiz darstellen. Im Ergebnis kann festgehalten werden, dass sich die Verhandlungen über Mobilitätspartnerschaften mit den afrikanischen Herkunfts- und Transitstaaten als äußerst schwierig erweisen und die Europäische Union der afrikanischen Länder bei weitem unterschätzt hat. Die Mobilitätspartnerschaft mit Kap Verde kann aufgrund der besonderen politischen, wirtschaftlichen und geographischen Nähe des Inselstaates zur Europäischen Union sowie seiner geringen Bevölkerungszahl nicht als Gradmesser für den Abschluss weiterer Mobilitätspartnerschaften mit afrikanischen Ländern gewertet werden. Darüber hinaus konnte die Mobilitätspartnerschaft in Bezug auf die Schaffung neuer Möglichkeiten der legalen Arbeitsmigration bislang kaum Erfolge verzeichnen. Vielmehr wird deutlich, dass die Bereitschaft der Mitgliedstaaten, im Rahmen von Mobilitätspartnerschaften Kontingente für afrikanische Arbeitsmigranten anzubieten, sehr gering ist. Ebenso gering ist die Bereitschaft der afrikanischen Länder zum Abschluss von Rückübernahmeabkommen mit der Europäischen Union, da diese innenpolitisch gegenüber der Bevölkerung sehr schwer zu vertreten sind. Die Verhandlungen mit Marokko und Tunesien, aber auch das Ende 2013 zwischen der Europäischen Union und der Türkei unterzeichnete Rückübernahmeabkommen – im Gegenzug dessen mit dem Land Gespräche über Visaerleichterungen aufgenommen wurden – lassen erkennen, dass der Schwerpunkt der künftigen Zusammenarbeit der Europäischen Union mit relevanten Drittstaaten auf den beiden Bereichen Visa und Rückübernahme liegen wird. Diese Entwicklung wird einerseits eine größere Mobilität von Staatsangehörigen der betreffenden Transitstaaten zur Folge haben. Für Migrantinnen und Migranten aus Subsahara-Afrika werden sich die Bedingungen, in die Europäische Union zu gelangen, dadurch jedoch nochmals verschlechtern. Sie können insofern als die Leidtragenden der neuen Politik betrachtet werden.

7. Arbeitsmigration im Rahmen bilateraler Migrationsabkommen der „neuen Generation"

Aufgrund der oben aufgezeigten politischen und rechtlichen Schwierigkeiten, Arbeitsmigration aus Afrika im Rahmen von Mobilitätspartnerschaften zu regeln, käme alternativ die Vereinbarung bilateraler Migrationsabkommen der neuen Generation in Betracht. Auch diesen liegt jedoch ein sicherheitspolitischer Ansatz zugrunde, der den Grundsätzen des EU-Gesamtansatzes entspricht. Fraglich ist also, ob eine Öffnung für Arbeitsmigranten auf diesem Wege wahrscheinlicher ist oder ob hier – aufseiten beider Verhandlungspartner – mit denselben Hürden zu rechnen ist. Am Beispiel Spaniens und Frankreichs, die eine Vorreiterrolle in Bezug auf die neue Generation bilateraler Migrationsabkommen einnehmen, wird deutlich, wie stark die jeweiligen Verhandlungen von den Beziehungen der Länder zueinander geprägt sind. Gemeinsam ist beiden Konzepten, dass sie vor dem Hintergrund der Migration aus Afrika entwickelt wurden und sich ihre Anwendung auf afrikanische Länder konzentriert. Während Frankreich aufgrund seiner kolonialen Vergangenheit eine lange Tradition der Zuwanderung aus dem frankophonen Afrika hat, begann Spanien allerdings erst im Zuge seines Wirtschaftsbooms verstärkt billige reguläre und irreguläre Arbeitskräfte aus Afrika anzuziehen. Frankreich hat im Rahmen seiner Politik der „*gestion concertée des flux migratoires*" insgesamt acht individuell ausgehandelte Migrationsabkommen mit Ländern Subsahara-Afrikas unterzeichnet, die allesamt Regelungen zu den Bereichen Visa, Arbeitsmigration, Rückübernahme, polizeiliche Zusammenarbeit, Co-Development und Entwicklung enthalten. Die individuell ausgehandelten Abkommen weichen in Bezug auf den Umfang der Kontingente für Arbeitsmigranten sowie der Anzahl von Berufen, die ausgeübt werden dürfen, erheblich voneinander ab. Zumeist handelt es sich um qualifizierte Tätigkeiten. Einige Abkommen umfassen aber auch geringqualifizierte Tätigkeiten. Der Aufenthalt ist grundsätzlich verlängerbar. Die Abkommen enthalten Vereinbarungen über die Rückkehrförderung und Reintegration für die freiwillige Rückkehr qualifizierter Arbeitsmigranten. Die Zuwanderung von Hochqualifizierten wird besonders gefördert. Allerdings sind mit einigen Ländern Höchstgrenzen zur Vermeidung des Brain-Drain vereinbart. Studierende haben darüber hinaus die Möglichkeit, ihren Aufenthalt zu Arbeitszwecken zu verlängern. Insgesamt wird deutlich, in welchem Ausmaß die in den Migrationsabkommen individuell ausgehandelten Regelungen von den Verhandlungsspielräumen, der Verhandlungsmacht und dem Verhandlungsgeschick der Vertragspartner abhängig sind. Sine qua non für die Öffnung des Arbeitsmarktes ist jedenfalls – ganz im Sinne des EU-Gesamtansatzes – der Abschluss eines Rückübernahmeabkommens. Diese beschränken sich allerdings – mit Ausnahme von Benin, Burkina Faso, Kongo und Gabun – auf die Rücknahmeverpflichtung eigener Staatsangehöriger. Hingegen findet die traditionelle außenpolitische Abwesenheit Spaniens in Subsahara-Afrika erst durch die Ereignisse in Ceuta und Melilla ein plötzliches Ende. Im Rahmen des „*Plán Africá*", der einen Aktionsplan für die Länder Subsahara-Afrikas enthält, unterzeichnet Spanien zwischen 2006 und 2008 sechs bilaterale Migrationsabkommen mit westafrikanischen Ländern. Im Gegensatz zu den französischen Abkommen der neuen Generation handelt es sich bei den Kooperationsabkommen Spaniens um Standardrahmenvereinbarungen, die insbesondere umfassende Maßnahmen im Bereich der Bekämpfung der irregulären Migration vorsehen. Im Bereich der Arbeitsmigration sind lediglich allgemein gehaltene Absichtserklärungen enthalten, was nicht zuletzt auf das unterschiedliche spanische System der Anwerbung von Arbeitnehmern aus Drittstaaten („*gestión colectiva de contratación en origen*"), das eine stärkere Einbeziehung der Privatwirtschaft beinhaltet, zurückzuführen ist. Da Spanien seine Ausgaben im

Bereich der Einwicklungszusammenarbeit im selben Zeitraum verdreifacht hat, ist davon auszugehen, dass ein Anreiz für die Zusammenarbeit im Bereich der irregulären Migration auf dieser Ebene geschaffen wurde. Eine Rückübernahme von Drittstaatsangehörigen wird in den Standardvereinbarungen allerdings ausdrücklich ausgeschlossen. Hingegen ist es Spanien trotz seines großen strategischen Interesses nicht gelungen, ein Migrationsabkommen mit Senegal zum Abschluss zu bringen. Als Hauptgründe für das Scheitern sind die starke Ablehnung in dem westafrikanischen Land gegen ein Rückübernahmeabkommen mit Spanien sowie auf der anderen Seite das Fehlen ausreichender Anreize in Form von Möglichkeiten der legalen Arbeitsmigration zu betrachten. Der Entwicklung bilateraler Migrationsabkommen der neuen Generation als Instrument der Regelung der Arbeitsmigration aus Afrika sollte weitere, vertiefte Aufmerksamkeit geschenkt werden.

8. Mobilitätspartnerschaften als „*Insecurity-Partnerships*" für Migrantinnen und Migranten?

Die Untersuchung der Praxis von Mobilitätspartnerschaften und bilateralen Migrationsabkommen der zweiten Generation hat deutlich gemacht, dass die strategischen Interessen bei der Aushandlung von Migrationsvereinbarungen nicht nur im Vordergrund stehen, sondern diese zum Teil auch für ein Scheitern der Vertragsverhandlungen verantwortlich sind. Hierbei darf aber nicht übersehen werden, dass auch auf Seiten der afrikanischen Verhandlungspartner Interessen bestehen, die nicht notwendigerweise mit denen der Migrantinnen und Migranten identisch sein müssen. Dies trifft in besonderem Maße auf die nordafrikanischen Transitländer im Verhältnis zu Migrantinnen und Migranten aus Subsahara-Afrika zu. Aber auch die Herkunftsländer südlich der Sahara, deren Hauptinteresse auf die entwicklungspolitischen Aspekte der Migration gerichtet ist, vertreten nicht notwendigerweise und jederzeit die Interessen ihrer auswanderungswilligen Bürgerinnen und Bürger. Insbesondere die den Migrantinnen und Migranten zugewiesene Rolle als „*development agent*" kann für den Einzelnen einen enormen zusätzlichen Druck darstellen. Fraglich ist aber, ob die übergeordneten strategischen Erwägungen, die zwar für den Abschluss von Migrationsvereinbarungen entscheidend sind, Auswirkungen auf die Rechtsstellung der Migrantinnen und Migranten haben. Dies ist jedenfalls insofern zu bejahen, als das Zustandekommen von Arbeitsmigrationsabkommen den Migrantinnen und Migranten erst ermöglicht, durch die legale Migration eine gesicherte Rechtsposition inne zu haben. Die Vulnerabilität der Migrantinnen und Migranten aber entsteht nicht aus dem *Soft-Law*-Charakter der Mobilitätspartnerschaft,[825] sondern vielmehr daraus, dass die Möglichkeit eines legalen Aufenthalts nicht eröffnet wird. Auch der Einwand, die Migrantinnen und Migranten befinden sich aufgrund des vertraglichen Charakters der Migrationsabkommen in der Regel in der schwächeren Verhandlungsposition und würden sich dadurch grundlegender Rechte entledigen,[826] hält der Untersuchung nicht stand. Zunächst wird hierbei übersehen, dass Vertragspartner des Migrationsabkommens nicht die betroffenen Migranten sind, sondern Aufnahme- und Zielstaat. Unabhängig davon aber, ob die Migranten im Rahmen einer Migrationsvereinbarung oder auf der Grundlage unilateraler Zuwanderungsvorschriften einreisen, sind sie an die vorhandenen rechtlichen Rahmenbedingungen gebunden – mögen diese vereinbart worden sein oder durch den Gesetzgeber festgelegt. Vielmehr wird es den Vertragspartnern ermöglicht, im Rahmen bilateraler Migrationsvereinbarungen günstigere Regelungen zu vereinbaren, als dies gesetzlich vorgesehen ist. Hingegen werden die an der Migrationsvereinbarung beteiligten Migrantinnen und Migranten nicht schlechter gestellt werden können, als es die gesetzlichen Rahmenbedingungen erlauben. Darüber hinaus besteht im Rahmen der Vereinbarungen die Möglichkeit, individuelle Regelungen auszuhandeln, die eine zielgerichtete Vorbereitung auf den Auslandsaufenthalt umfassen kann sowie die Erleichterung der Rückkehr und Wiedereingliederung der Migrantinnen und Migranten in ihr Herkunftsland.

9. Fazit

Die vorliegende Untersuchung hat ergeben, dass sowohl politische als auch rechtliche Rahmenbedingungen den erfolgreichen Abschluss von Arbeitsmigrationsvereinbarungen mit afrikanischen Ländern im Rahmen von Mobilitätspartnerschaften erschweren. Der vielversprechende Ansatz der Europäischen Union, eine Triple-Win-Situation für alle Beteiligten zu schaffen, wurde bislang nicht in die Tat umgesetzt. Als Hauptursache für das Scheitern sind einerseits kompetenzrechtliche Gründe heranzuziehen. Darüber hinaus steht das strikte Beharren auf eine sicherheitspolitisch fokussierte Sine-qua-non-Politik, die die Perspektive

825 So *Sergio Carrera/Raül Hernández i Sagrera*, The Externalisation of the EU's Labour Immigration Policy. Towards Mobility or Insecurity Partnerships? Centre for European Policy Studies (CEPS) Working Document No. 321, Oktober 2009, S. 28 ff.

826 So *Andreas Fisch*, Zirkuläre Arbeitsmigration und entwicklungspolitische Ansprüche, Hohenheimer Tage 2009, S. 79–96 (88), der eine sozialethische Analyse des Konzepts der zirkulären Migration vornimmt.

der afrikanischen Herkunftsländer außer Acht lässt, dem Abschluss von Mobilitätspartnerschaften im Wege. Das mit dem EU-Gesamtansatz zur Migrationsfrage verfolgte Ziel, eine umfassende Lösung der Migrationsfrage anzustreben, die auch die Erleichterung der Arbeitsmigration im Wege von Migrationsvereinbarungen vorsieht, sollte dennoch nicht als gescheitert betrachtet werden. Vielmehr gilt es, nicht bei der Kritik stehen zu bleiben, sondern die konstruktiven Elemente des Ansatzes aufzugreifen. In Betracht gezogen werden sollten in diesem Zusammenhang insbesondere befristete Arbeitsmigrationsprogramme im Rahmen der „neuen Generation" bilateraler Migrationsabkommen mit Ländern Subsahara-Afrikas, die umfassende Vereinbarungen zur Erleichterung der freiwilligen Rückkehr sowie entwicklungspolitische Aspekte umfassen sollten. Diese bilateralen Abkommen sollten in einen EU-rechtlichen Rahmen eingebettet werden, der auch die aufenthaltsrechtliche Stellung der Migrantinnen und Migranten einschließlich der Möglichkeiten der Aufenthaltsverlängerung sowie des Familiennachzugs regelt. Eine positive und offene Haltung der Europäischen Union und ihrer Mitgliedstaaten zu der Frage, wie mit dem starken Migrationsdrang insbesondere westafrikanischer Migrantinnen und Migranten in Zukunft umgegangen werden soll, wird nicht nur ihre Glaubwürdigkeit gegenüber Afrika und damit auch die Kooperationsbereitschaft afrikanischer Länder bei der Eindämmung der irregulären Migration beeinflussen, sondern dazu beitragen, die Menschenrechte und Menschenwürde von Migrantinnen und Migranten zu schützen. Mit einer Politik der Abschottung wird die Europäische Union dem Phänomen der Migration aus Subsahara-Afrika weder gerecht noch wird sie damit langfristige Erfolge erzielen können.

Literaturverzeichnis

Adams, Richard H., International Remittances and the Household: Analysis and Review of Global Evidence, World Bank Policy Research Working Paper 4116, Februar 2007.

Adepoju, Aderanti, Patterns of Migration in West Africa, in: Takyiwaa Manuh (Hrsg.), At Home in the World: International Migration and Development in Contemporary Ghana and West-Africa, Accra, 2005, S. 24–54.

Angenendt, Steffen, Zirkuläre Migration: Ein tragfähiges migrationspolitisches Konzept? SWP-Aktuell 27, April 2007.

—., Migration, Mobilität und Entwicklung: EU-Mobilitätspartnerschaften als Instrument der Entwicklungszusammenarbeit, SWP-Studie, November 2012.

Arthur, John A., The African Diaspora in the United States and Europe: The Ghanaian Experience, Hampshire / Burlington, 2008.

Awumbila, Miriam u. a., Migration Country Paper: Ghana, Centre for Migration Studies University of Ghana, Legon, Accra, 2008.

Bast, Jürgen, Aufenthaltsrecht und Migrationssteuerung, 1. Auflage, Tübingen, 2011.

—., Rechtliche Rahmenbedingungen für staatliche Programme zirkulärer Migration. Studie für den Sachverständigenrat deutscher Stiftungen für Integration und Migration (SVR), 2010, abrufbar unter www.svr-migration.de.

Bergmann, Jan, Aufenthaltserlaubnis aufgrund von „Verwurzelung", ZAR 4/2007, S. 128–132.

Blanke, Hermann-Josef / St. Mangiameli, Stelio (Hrsg.), The Treaty on European Union (TEU) – A Commentary -, 1. Auflage, Heidelberg 2013.

Brinkbäumer, Klaus, Der Traum vom Leben: Eine Afrikanische Odyssee, 1. Auflage, Frankfurt am Main, 2006.

Brinkmann, Gisbert, Externe Europäische Migrationspolitik, in: Barwig/Beichel-Benedetti/Brinkmann (Hrsg.), Hohenheimer Tage zum Ausländerrecht 2009, S. 32–43.

Brüne, Stefan, Europas Außenbeziehungen und die AKP-Staaten: das Abkommen von Cotonou, Nord-Süd-aktuell, 2. Quartal 2002, S. 301–314.

Callies, Christian / Ruffert, Matthias (Hrsg.), Kommentar, EUV/EGV, 3. Auflage, München, 2007.

—., Kommentar, EUV/AEUV, 4. Auflage, München, 2011.

Carrera, Sergio / Hernández i Sagrera, Raül, The Externalisation of the EU's Labour Immigration Policy. Towards Mobility or Insecurity Partnerships? Centre for European Policy Studies (CEPS), Working Document No. 321, 2009.

Carvalho, Francisco Avelino, Cape Verde: Migration Profile 2009 (portugiesisch mit englischer Zusammenfassung), International Organization for Migration, Genf, 2010, S. 21–24, http://www.iomdakar.org/profiles/content/migration-profile-cape-verde.

Cassarino, Jean-Pierre, Patterns of Circular Migration in the Euro-Mediterranean Area: Implications for Policy-Making, Robert Schuman Centre for Advanced Studies, 2008, abrufbar unter http://www.carim.org/circularmigration.

Chou, Meng-Hsuan / Gibert, V. Marie, The EU-Senegal mobility partnership: from launch to suspension and negotiation failure, Journal of Contemporary European Research, Volume 8, Issue 4 (2012), S. 408–427, abrufbar unter http://www.jcer.net.

Currle, Edda, Theorieansätze zur Erklärung von Rückkehr und Remigration, Fachbeiträge Migration und Ethnische Minderheiten, GESIS, Leibnitz-Institut für Sozialwissenschaften, 2006.

Cyrus, Norbert, CLANDESTINO, Country Report Germany, Undocumented Migration: Counting the Uncountable, Data and Trends across Europe, 2008 abrufbar unter http://irregular-migration.net/.

de Haas, Hein, International migration and national development: Viewpoints and policy initiatives in counties of origin: The case of Nigeria, Working papers Migration and Development series No 6, Radboud University Nijmegen, 2006.

—., The Myth of Invasion: The inconvenient realities of African migration to Europe, Third World Quarterly 2008, 29 (7), S. 1305–1322.

—., Irregular Migration from West Africa to the Maghreb and the European Union, International Organization for Migration, 2008.

—., Länderprofil Marokko, Februar 2009, abrufbar unter http://www.focus-migration.de/.

Düvell, Franck, Europäische und internationale Migration: Einführung historische, soziologische und politische Analysen, 1. Auflage, Hamburg, 2006.

Economic Commission for Africa (ECA), International Migration and Development: Implications for Africa, Addis Ababa, 2006.

Eckertz-Höfer, Marion, Neuere Entwicklungen in Gesetzgebung und Rechtsprechung zum Schutz des Privatlebens, ZAR 2/2008, S. 41–46.

Elwert, Georg, Unternehmerische Illegale. Ziele und Organisationen eines unterschätzten Typs illegaler Einwanderer, IMIS-Beiträge 19, 2002, S. 7–20.

Euro-Mediterranean Human Right Network (EMHRN): Analysis of the Mobility Partnership signed between the Kingdom of Morocco, the European Union and nine Member States, 2014, http://www.euromedrights.org/eng/wp-content/uploads/2014/02/PM-Morocco_Final-Version-EN.pdf.

European Migration Network (EMN), Temporary and Circular Migration in Portugal: Facts, Policies and Strategies, 2010, abrufbar unter http://ec.europa.eu/dgs/home-affairs/what-we-do/networks/european_migration_network/reports/studies/index_en.htm.

European Migration Network (EMN), Circular and Temporary Migration: Empirical Evidence, Current Policy Practice and Future Options in Luxembourg, 2011, abrufbar unter: http://ec.europa.eu/dgs/home-affairs/what-we-do/networks/european_migration_network/reports/studies/index_en.htm.

*European Migration Network (EMN),*Temporary and Circular Migration: Empirical Evidence, Current Policy Practice and Future Options in EU Member States, 2011, abrufbar unter http://ec.europa.eu/dgs/home-affairs/index_en.htm.

Eurostat / Netherlands Interdisciplinary Demographic Institute (NIDI), Push and pull factors of international migration: A comparative report, European Communities, 2000, http://www.nidi.nl/shared/content/output/2000/eurostat-2000-theme1-pushpull.pdf.

Farahat, Anuscheh, The Exclusiveness of Inclusion: On the Boundaries of Human Rights in Protecting Transnational and Second-Generation Migrants, European Journal of Migration and Law (EJML), Volume 11, 2009, S. 253–269.

Fargues, Peter, Circular Migration: Is it relevant for the South and East of the Mediterranean? Robert Schuman Centre for Advanced Studies, 2008, abrufbar unter http://www.carim.org/circularmigration.

Fisch, Andreas, Zirkuläre Arbeitsmigration und entwicklungspolitische Ansprüche, in: K. Barwig/S. Beichel-Benedetti/G. Brinkmann (Hrsg.), Hohenheimer Tage zum Ausländerrecht 2009, S. 79–96.

Follmar-Otto, Petra, Temporäre Arbeitsmigration in die Europäische Union, Menschenrechtliche Anforderungen, Deutsches Institut für Menschenrechte, Policy Paper No. 7, April 2007.

Frenz, Walter, Begrenzung ausländerrechtlicher Maßnahmen durch europäische Grundrechte, ZAR 11–12/2008, S. 385–388.

—., EU-Recht gegen das Flüchtlingselend – Einordnungen und Folgerungen aus Lampedusa, ZAR 1/2014, S. 1–5.

Fritzsch, Falk, Die Grenzen des völkerrechtlichen Schutzes sozialer Bindungen von Ausländern nach Art. 8 EMRK, ZAR 1/2010, S. 14–22.

Geiger, Rudolf / Khan Daniel-Erasmus / Kotzur, Markus, Kommentar, EUV/AEUV, 5. Auflage, München, 2010.

Global Commission on International Migration (GCIM), Migration in an Interconnected world: New directions for action, Final Report, 2005, http://www.refworld.org/docid/435f81814.html.

Gnisci, Donata, West African Mobility and Migration Policies of OECD Countries, West African Studies, OECD, 2008.

González-Enríquez, CLANDESTINO, Country Report Spain, Undocumented Migration: Counting the Uncountable: Data and Trends across Europe, 2009, abrufbar unter http://irregular-migration.net/.

Grabenwarter, Christoph / Pabel, Katharina, Europäische Menschenrechtskonvention, 5. Auflage, München, Basel, Wien, 2012.

Grabitz, Eberhard / Hilf, Meinhard / Nettesheim, Martin (Hrsg.), Das Recht der Europäischen Union: EUV/AEUV, Band I und II, 53. EL, München, Mai 2014.

Gratius, Susanne, Außenpolitik im Eigeninteresse: Die neue spanische Lateinamerikapolitik, SWP-Aktuell 4, Januar 2014.

Hailbronner, Kay, European Immigration and Asylum Law under the Amsterdam Treaty, Common Market Law Review (CMLRev) 35, 1998, S. 1047–1067.

Hecker, Jan, Zur Europäisierung des Ausländerrechts, ZAR 1/2011, S. 46 ff.

Heckmann, Friedrich / Hönekopp, Elmar / Currle, Edda, Guest Worker Programs and Circular Migration: What works? GMF, The German Marshall Fund of the United States, Washington, June 2009, abrufbar unter http://www.gmfus.org/publications-archive/.

Hilllgruber, Christian, Stellungnahme vom 14.5.2003 zur Anhörung des Innenausschusses des Deutschen Bundestages zum Entwurf des Zuwanderungsgesetzes, http://www.migration-online.de/data/stellungnahmeprofdrchristianhillgruber.pdf.

Hofmann, Michael, Migration als Chance begreifen, Tagungsbeitrag enthalten in der Publikation „Brain Drain oder Brain Gain – Die Migration Hochqualifizierter“, Migration & Development, GTZ, 2003.

Internationales Arbeitsamt (AA), Veränderung bewältigen: Einen Rahmen für menschenwürdige Arbeit schaffen, Bericht des Generaldirektors, Band II, Genf, 2005, http://www.ilo.org/public/german/standards/relm/rgmeet/7erm/dgrepvol2.pdf.

International Labour Organization (ILO), Towards a fair deal for migrant workers in the global economy, Genf, 2004, http://www.ilo.org/public/english/standards/relm/ilc/ilc92/pdf/rep-vi.pdf.

dies., Multilateral, bilateral agreements and memorandum of un—tandings on labour migration, Genf, 2005, http://www.ilo.org/migrant/areas/multilateral-bilateral-agreement/lang--en/index.htm.

Jarass, Hans D., Charta der Grundrechte der Europäischen Union, Kommentar, 2. Auflage, München 2013.

Jünemann, Annette, Europas Migrationspolitik im Mittelmeerraum: Strategien im Spannungsfeld zwischen Festungsmentalität und neuem Partnerschaftsgeist, in: Schulte/Thränhardt (Hrsg.), Internationale Migration und freiheitliche Demokratien, Jahrbuch Migration 1999/2000, S. 185–211.

Kernic, Franz, Die Außenbeziehungen der Europäischen Union, 1. Auflage, Frankfurt am Main, 2007.

Kohnert, Dirk, Afrikanische Migranten vor der „Festung Europa", GIGA Focus, Institut für Afrika-Kunde, Nr. 12/2006.

Laaser, Mirjam, Rückkehr und Entwicklung – Folgen der Rückkehr im Herkunftsland, Working Paper 36/2008, COMCAD – Center on Migration, Citizenship and Development Bielefeld, http://www.uni-bielefeld.de/tdrc/ag_comcad/downloads/workingpaper_36_Laaser.pdf.

Lara, Rafael, Regulación de Flujos? 20 años de Muerte en las Fronteras, in: Derechos Humanos en la Frontera Sur 2008, Asociación pro Derechos Humanos de Andalucía (APDHA), S. 91–103, http://www.apdha.org/media/frontera-sur2008.pdf.

Martín, Iván, Bilateral Labour Agreements in Practice: Issues and Challenges, International Organization for Migration (IOM), Genf, 2011, http://www.academia.edu/2067682/_2011_Bilateral_Labour_Agreements_in_Practice_Issues_and_Challenges.

Meyer-Ladewig, Jens, Kommentar zur Europäischen Menschrechtskonvention (EMRK), 3. Auflage, Baden-Baden, 2011.

Müller, Kerstin, Verwurzelung – ade? ANA-ZAR 1/2012, S. 1 ff.

Nieswand, Boris, Theorising Transnational Migration: The Status Paradox of Migration, 1. Auflage, New York, 2011.

Oda-Ángel, Francisco, España en el África Subsahariana: Multilaterismo eficaz. Quórum. Revista de pensamiento iberoamericano, No. 19, 2007, Universidad de Alcalá, S. 87–93.

Organisation for Economic Co-operation and Development (OECD), International Migration Outlook, Annual Report 2008.

—.,International Migration Outlook, Annual Report 2009.

—., West African Studies, Regional Challenges of West African Migration: African and European Perspectives, 2009.

Oltmer, Jochen, Einführung: Migrationsverhältnisse und Migrationsregime nach dem Zweiten Weltkrieg, in: Oltmer J. / Kreienbrink A. / Sanz Díaz C. (Hrsg.), Das "Gastarbeiter"-System: Arbeitsmigration und ihre Folgen in der Bundesrepublik Deutschland und Westeuropa, München, 2012, S. 9–21.

Parusel, Bernd / Schneider, Jan, Zirkuläre Migration, ZAR 8/2011, S. 247–253.

Quartey, Peter, Migration in Ghana: A Country Profile, International Organization for Migration, Genf, 2009, http://publications.iom.int/bookstore/free/Ghana_Profile_2009.pdf.

Rannveig Agunias, Dovelyn / Newland Kathleen, Circular Migration and Development: Trends, Policy Routes and Ways Forward, Migration Policy Institute (mpi), Policy Brief April 2007, abrufbar unter http://www.migrationpolicy.org/.

Ratha, Dilip / Mohapatra, Sanket / Silwal,Ani, Migration and Remittance Trends 2009, Development Brief 11, World Bank, November 2009, abrufbar unter http://www.worldbank.org/.

Rathgeber, Theodor / Schröder, Tim, Zirkuläre Migration – Ansätze zur Regelung durch die Europäische Union, Positionspapier, Forum Menschenrechte, Berlin, 2008.

Renner, Günter, Das Zuwanderungsgesetz – Ende des deutschen Ausländerrechts?, IMIS-Beiträge Heft 27/2005, S. 9 ff.

Robert, David, AKP-EU-Beziehungen machen Halbzeitbilanz, Länderbericht Konrad-Adenauer-Stiftung vom 24.10.2010, http://www.kas.de/wf/doc/kas_20346-1522-1-30.pdf?101207165214.

Salis, Ester, Labour migration governance in contemporary Europe: The Case of Italy, Country Reporter, International and European Forum on Migration Research (FIERI), Torino 2012, abrufbar unter http://www.labmiggov.eu/country-reports/.

Schmitz, Andrea, Konditionalität in der Entwicklungspolitik, SWP-Studie 5/2006, http://www.swp-berlin.org/fileadmin/contents/products/studien/2006_S12_smz_ks.pdf.

Schwarze, Jürgen (Hrsg.), EU-Kommentar EUV/EGV, 2. Auflage, Baden-Baden 2009.

—.,EU-Kommentar, EUV/AEUV, 3. Auflage, Baden-Baden 2012

Schwiertz, Helge, Foucault an der Grenze: Mobilitätspartnerschaften als Strategie des europäischen Migrationsregimes, Berlin 2011.

Serón, Gema / Jolivel, Audrey / Serrano Martín de Vidales, María / Gázquez, José-Luis, Coherencias de Políticas Españolas hacia África: Migraciones, Grupo de Estudios Africanos (GEA) de la Universidad Autónoma de Madrid, November 2011, abrufbar unter http://www.uam.es/otros/gea/Publicaciones.htm.

Sethi, Meera, Migration Trends in Sub-Saharan Africa, in: World Migration Report 2005: Costs and Benefits of International Migration, International Organization for Migration, S. 33–47.

Streinz, Rudolf (Hrsg.), Kommentar, EUV/EGV, 1. Auflage, München 2003.

—.,Kommentar, EUV/AEUV, 2. Auflage, München 2012.

Süssmuth, Rita, Migration und Integration: Testfall für unsere Gesellschaft, München 2006.

ter Steeg,Marcus, Das Einwanderungskonzept der EU: Zwischen politischem Anspruch, faktischen Regelungsbedürfnissen und den primärrechtlichen Grenzen in Titel IV des EG-Vertrages, Baden-Baden 2006.

Tettinger, Peter / Stern, Klaus (Hrsg.), Kölner Gemeinschafts-Kommentar, Europäische Grundrechte-Charta, 1. Auflage, München 2006.

Tewocht, Hannah, Auf dem Weg zur Gleichstellung von Drittstaatsangehörigen und Unionsbürgern? – Zu Inhalt und Reichweite der sogenannten ‚Rahmenrichtlinie', ZAR 7/2012, S. 217–224.

Thränhardt, Dietrich, Entwicklung durch Migration: Globalisierung auch für Menschen, Heinrich-Böll-Stiftung, 2007, http://heimatkunde.boell.de/2007/06/18/entwicklung-durch-migration-globalisierung-auch-fuer-menschen.

Thym, Daniel, Respect for Private and Family Life under Article 8 ECHR in Immigration Cases: A Human Right to regularize illegal stay? in: International and Comparative Law Quarterly, Volume 57, 1/2008, S. 87–112.

Tonah, Steve, Ghanaians Abroad and their Ties Home: Cultural and Religious Dimensions of Transnational Migration, Working Paper, COMCAD 2007.

van Criekinge, Tine, The EU-Africa migration partnership: A case study of the EU's migration dialogue with Senegal and Ghana, EUI Migration Working Group, European University Institute Florence, 2010.

Vedder, Christoph / Heintschel von Heinegg, Wolff (Hrsg.), Europäisches Unionsrecht, Handkommentar, EUV/AEUV/Grundrechte-Charta, 1. Auflage, Baden-Baden 2012.

Velling, Johannes, Schengen, Dublin, Maastricht: Etappen auf dem Weg zu einer europäischen Immigrationspolitik, Working Paper, Zentrum für Europäische Wirtschaftsforschung (ZEW), März 1993.

Vertovec, Steven, Circular Migration: the way forward in global policy? International Migration Institute, University of Oxford, IMI Working Paper 4, 2007.

Von der Groeben, Hans / Schwarze, Jürgen (Hrsg.), Kommentar zum EUV/EGV, 6. Auflage, Baden-Baden 2004.

Walter, Anne, Familienzusammenführung in Europa, Baden-Baden 2009.

Ward, Natasha, Facilitating the temporary movement of natural persons: economic partnership agreements versus bilateral migration agreements and Mobility Partnerships, in: Multilayered Migration Governance: The promise of partnership, Kunz/Lavenex/Panizzon (Hrsg.), 2011, S. 143–182.

Weber, Albrecht, Möglichkeiten und Grenzen europäischer Asylrechtsharmonisierung vor und nach Amsterdam, ZAR 4/1998, S. 147–152.

—., Menschenrechtlicher Schutz von Bootsflüchtlingen. Bedeutung des Straßburger Hirsi-Jamaa-Urteils für den Flüchtlingsschutz, ZAR 8/2012, S. 265–270.

West Africa Observer, West Africa, one year after the Crisis, SWAC/OECD, No. 3/4 July-December 2009, S. 13–19, http://www.oecd.org/swac/publications/44800213.pdf.

Wollenschläger, Michael, Das Asyl- und Einwanderungsrecht der EU, EuGRZ 2001, 354–363.

World Bank, Global Economic Prospects 2006: Economic Implications of Remittances and Migration, abrufbar unter http://www.worldbank.org/reference/.

Zerger, Frithjof, Migrationssteuerung und Entwicklungseffekte durch zirkuläre Migration? ZAR 1/2008, S. 1–5.

www.ingramcontent.com/pod-product-compliance
Ingram Content Group UK Ltd.
Pitfield, Milton Keynes, MK11 3LW, UK
UKHW021901290926
8980IPUK00015B/993